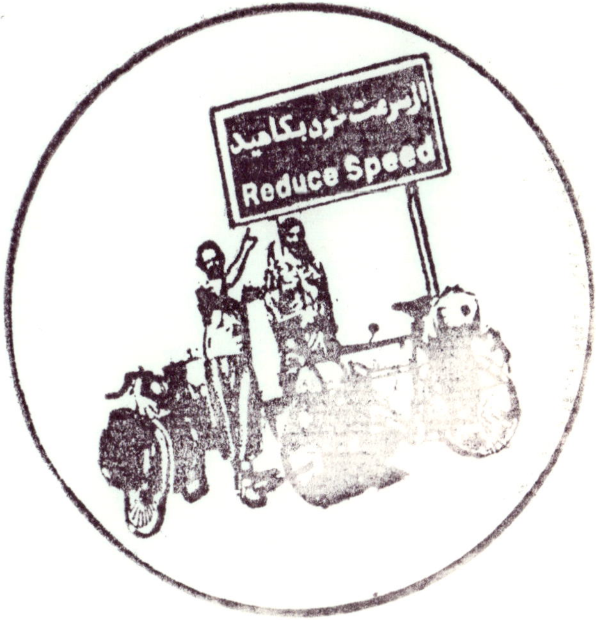
از سرعت خود بکاهید
Reduce Speed

ODYSSEE INS GLÜCK

Dorothee Krezmar
und Kurt Beutler

Reise Know-How im Internet:

www.reise-know-how.de

- ⚠ Aktuelle Reisetipps und Neuigkeiten
- ➕ Ergänzungen nach Redaktionsschluß
- ❌ Büchershop und Sonderangebote
- ➡ Weiterführende Links zu über 100 Ländern

eMail-Adresse des Verlags:

- ▶ **rkhhermann@aol.com**

Dorothee Krezmar · Kurt Beutler

10 Jahre, 160.000 km und 5 Kontinente

ODYSSEE INS GLÜCK

Als Rad-Nomaden um die Welt

Dorothee Krezmar · Kurt Beutler

10 Jahre, 160.000 km und 5 Kontinente

ODYSSEE INS GLÜCK

Als Rad Nomaden um die Welt

erschienen im
REISE KNOW-HOW Verlag

978-3-89662-520-5

1. Auflage 2009

© Helmut Hermann
Untere Mühle, D-71706 Markgröningen
rkhHermann@aol.com
Website von REISE KNOW-HOW:
www.reise-know-how.de

Umschlag- und Inhaltskonzept: Carsten C. Blind, Asperg
Fotos: Dorothee Krezmar, Kurt Beutler
Lektorat und Karten: Helmut Hermann
Realisierung: Johann Schrauf
Druck u. Bindung: Pustet, Regensburg

Dieses Buch ist erhältlich in jeder Buchhandlung in Deutschland,
Österreich, Schweiz, Niederlande und Belgien
Bitte informieren Sie Ihren Buchhändler über folgende Bezugsadressen:
D: PROLIT GmbH, Postfach 9, 35461 Fernwald
        www.prolit.de (sowie alle Barsortimente),
CH: AVA-buch 2000, Postfach 27, 8910 Affoltern, www.ava.ch
A: Mohr Morawa Buchvertrieb GmbH, Postfach 260, 1011 Wien
NL, B: Willems Adventure, www.willemsadventure.nl
Wer im Buchhandel trotzdem kein Glück hat, bekommt
unsere Bücher auch über unsere Büchershops im Internet (s.o.)

PROLOG

Der kleine argentinische Ort El Calafate liegt am Rande der argentinischen Pampa, eine Oase für müde Radfahrer, denn El Calafate ist auf Hunderten von Kilometern so ziemlich das einzige, was die Bezeichnung „Ort" verdient. Nach Osten hin erstreckt sich die endlose Pampa bis zum Atlantik, in der es außer weit verstreuten *estancias*, riesigen Schaf- und Rinderfarmen, nicht viel gibt.

Von Dorothee, der alleinradelnden Frau aus Deutschland, hatte ich von anderen Radfahrern schon vor Wochen gehört, denn alleinreisende Tourenfahrerinnen sind dünn gesät, vor allem in Südamerika.

Hier traf ich sie, auf einem Zeltplatz, unter anderen Radfahrern, von denen ich einige bereits kannte.

Dorothee brauchte eine Auszeit von ihrer Doktorarbeit in Biologie und war für ein halbes Jahr nach Südamerika geflogen, um vorwiegend Chile zu beradeln, während ich die flauen Wintermonate an meinem Arbeitsplatz im Fahrradladen in Thun dafür nutzte, von Santiago de Chile nach Ushuaia auf Feuerland zu radeln.

Abends beim Bier saßen wir alle zusammen und gaben „Heldengeschichten" von uns. Die meisten hatten gerade die bei Radfahrern legendäre und gefürchtete „Ruta 40" hinter sich gebracht. Auf dieser einsamen Schotterpiste durch die karge Pampa kommt wohl jeder an seine physischen wie psychischen Grenzen. Dabei ist es nicht einmal der grobe Schotter, der einen fertig macht, es ist der Wind, der einem ununterbrochen um die Ohren pfeift, so dass man sich nur brüllend unterhalten kann und das Radfahren zu einem wahren Problem und Kampf gegen den Wind wird. Nur Dorothee blieb erstaunlich ruhig und bescheiden, was sie für mich nur noch sympathischer machte.

Tagsüber schraubten wir an den Rädern, auch ihr Rad brauchte eine Generalüberholung.

„Soll ich Deine Laufräder zentrieren?", fragte ich. Demonstrativ drehte sie das Rad auf den Kopf und machte es selbst.

Einige von uns ließen die Räder für ein paar Tage stehen, um im Nationalpark Torres del Paine Wandern zu gehen. Dabei teilte ich mir mit Dorothee ein Zelt, aus Platz- und Gewichtsgründen, versteht sich!

So kamen wir uns langsam näher und freuten uns auf das gemeinsame Radfahren nach der Wanderung.

Leider waren es nur ein paar Tage, an denen wir jede einzelne Minute genossen, denn Dorothee wollte von Punta Arenas mit dem Bus zurück ins chilenische Seengebiet, während ich mein großes Ziel, das Ende der Straße auf Feuerland, erreichen wollte.

Mit dem Versprechen, uns in Santiago wieder zu treffen, trennten wir uns. (Zu dieser Zeit konnte man sich nicht einfach eine eMail schicken oder gar aufs Handy anrufen, wir schrieben uns postlagernd Briefe.)

Alles klappte! Gut eine Woche bevor wir beide zurück in die Heimat mussten, trafen wir uns wieder. Als erstes gingen wir unsere Flüge umbuchen, glücklicherweise flogen wir mit der gleichen Fluggesellschaft und konnten so unsere Trennung bis Rom hinauszögern.

In der uns verbleibenden Woche bis zum gemeinsamen Rückflug unternahmen wir eine Kurztour durch die nahe gelegenen Anden, das Radeln und Zelten klappte erstaunlich gut, wir genossen die Zeit zusammen und hofften, dass es nicht unsere letzte gemeinsame Radtour sein würde.

Auf dem Rückflug hoch oben über dem Atlantik träumten wir von einer gemeinsamen, langen Radtour, die nicht durch ein lästiges Rückflugticket begrenzt ist. Wir wägten verschiedene Dinge ab – so mussten wir noch genügend Geld ansparen und Dorothee wollte natürlich ihre Doktorarbeit abschließen – und kamen zu dem Schluss, dass es im Frühling 98 auf der Seidenstraße in Richtung China losgehen könnte. Bei der Trennung auf dem Flughafen in Rom ging es für Dorothee weiter nach Deutschland und für mich zurück in die Schweiz.

Wir hielten an unserem Traum fest, doch bei nüchterner Betrachtung fiel es uns schwer, daran zu glauben.

INHALT

OZEANIEN

AFRIKA

EUROPA

Start der
Weltumradlung
Thun/Schweiz
18. Mai 1998

Deutsch-
land
Köln
Schweiz
Griechenland
Mazedonien
Albanien
Montenegro
Bosnien-Herzegowina
Kroatien
Slowenien
Italien

U S A

Flug von Hong Kong
nach San Francisco
San Fco
Denver

3 Jahre

Las
Vegas

Mazatlán

Vera-
cruz

Mexiko-Stadt

M e x i k o

Belize
Guatemala
Honduras
Nicaragua
Costa Rica
Panama

Nördlicher
Wendekreis

Caracas

Panama City

Bogota

Venez-
zuela

4 Jahre

Kolumbien

Äquator

Manaus

Peru

B r a s i l i e n

Lima

Cusco

Bolivien

La Paz

Brasília

Para-
guay

São Paulo

Rio de Janeiro

Namibia

Windhuk

Asunción

Flug von São Paulo
nach Neuseeland

7 Jahre

Südlicher
Wendekreis

Chile

Uruguay

Südafrika

Montevideo

Santiago de Chile

Buenos Aires

Kapstadt

Bari-
loche

5 Jahre

A r g e n t i n i e n

Punta Arenas

Ushuaia

Auf und davon

Das Gefühl ist unbeschreiblich. Der Tag, auf den wir so lange gewartet hatten, dem wir stets zugestrebt sind, ist endlich da. Unser Traum, den wir vor vier Jahren auf dem Flug nach Rom zu träumen begonnen und nie zu träumen aufgehört hatten, ist wahr geworden!

Wir wachten in der Wohnung meiner Mutter auf, gestern noch hatte Dorothee ihren letzten Arbeitstag gehabt. Hinter uns lagen ein paar geschäftige Wochen, unser Hab und Gut musste untergestellt, verteilt oder verschenkt werden. Die Wohnung polierten wir auf Hochglanz bevor wir sie verließen, das gehört sich nun mal so in der Schweiz. Auch bei der Gemeinde hatte ich mich abgemeldet und die letzte noch ausstehende Steuerrechnung bar bezahlt.

Doch mit jedem derartigen Akt warfen wir ein bisschen mehr Ballast ab und fühlten uns leichter und leichter.

Was übrig blieb, ließ sich auf zwei Fahrräder packen, und wir hatten Zeit, sehr viel Zeit, ein kostbares Gut in dieser betriebsamen Konsumwelt!

Vor dem Veloladen, in dem ich die letzten sieben Jahre gearbeitet hatte, wartete bereits eine kleine Gruppe Radfahrer auf uns. Langjährige Kunden, Freunde und Bekannte, die uns auf unserer ersten Etappe begleiten wollten, sogar meine Mutter radelte ein paar Kilometer mit.

Unser erstes Fernziel war Köln, dort wollten wir uns von Dorothees Eltern verabschieden. Doch davor ging es noch kreuz und quer durch die halbe Schweiz. Freunde begleiteten uns immer wieder etappenweise, wir verbrachten einen letzten Abend zusammen mit ihnen, und es hieß zum tausendsten Mal Abschied nehmen. Daran mussten wir uns nun gewöhnen. Der große Nachteil beim Reisen ist, dass man viel zu oft „bye bye" sagt. Dafür sagt man genauso oft „Hallo", was das Reisen so interessant macht.

An unsere schwerbepackten Räder gewöhnten wir uns langsam, die ersten Kilometer waren die schwierigsten. Dabei kamen uns Zweifel, ob wir es so bis China schaffen würden. Es war nicht nur das schwerere Treten, sondern mehr noch das Lenken, was uns zu schaffen machte. Wir fuhren so unsicher wie auf dem Heimweg nach unserer Abschiedsfete – wenn ihr versteht, was ich meine.

Je weiter wir kamen, desto leichter fiel uns das Radeln, und wir konnten uns mehr und mehr den eigenen Gedanken hingeben. Mir fielen auf einmal die Worte der Wahrsagerin wieder ein. Die Frau war vor einigen Wochen in ihrem wallenden Gewand plötzlich bei mir im Fahrradladen aufgetaucht. „Darf ich Ihnen Ihre Zukunft lesen?" Dankend lehnte ich ab, denn an so etwas glaubte ich nicht. Bevor sie sich verabschiedete, zeigte sie mit ihrem Zeigefinger auf einen Punkt mitten auf meiner Stirn und sagte: „Sie werden eine lange, eine sehr lange Reise machen und dabei viel Glück haben …"

Genau 1000 Kilometer später trafen wir in Köln ein, wir waren „warmgefahren" und die Brooks-Ledersättel eingesessen. Auch hier hieß es wieder: Freunde und Verwandte treffen und Abschied nehmen.

Doch wir verspürten das große Ziehen, fühlten uns so frei wie nie zuvor.

Auf dem Donau-Radwanderweg wimmelte es geradezu von Tourenfahrern. Trotzdem fielen wir mit unseren schwerbepackten Rädern auf. Wahrscheinlich hielten uns die meisten für verrückt, wie kann man nur so viel Kram durch die Gegend schleppen.

Man sprach wenig miteinander, dies waren nicht die Patagonien-Radler, die wir vor vier Jahren in Südamerika getroffen hatten. Bei Passau fragte uns einer: „Fahrt ihr auch bis nach Wien?" Unsere Antwort: „Ja, und dann noch weiter nach China." Darauf meinte er nur „Aha" und radelte weiter.

Das passierte uns oft, wenn wir Leuten erzählten, wohin wir fuhren. Sich vorzustellen, in den Nachbarort zu fahren, war für viele kein Problem, aber bei Fernzielen stießen wir auf Unverständnis. Vielleicht fühlten sich einige nicht ernst genommen oder hielten uns für Aufschneider. Vielleicht war das auch eine ganz normale Reaktion auf eine Antwort, mit der sie nichts anfangen konnten. Erst wenn wir sie das zweite Mal trafen kamen mehr Fragen, und dann entwickelten sich oft gute Gespräche oder sogar Freundschaften daraus.

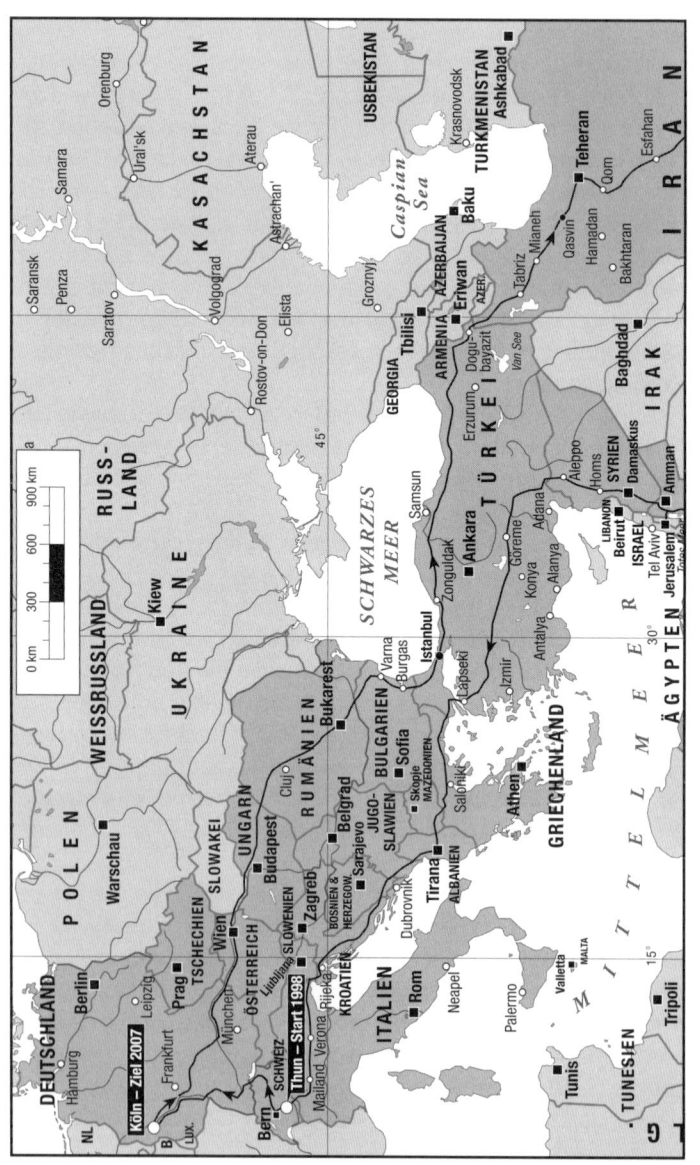

Osteuropa – Türkei

Schweiz, Deutschland, Österreich und Ungarn hatten wir bereits hinter uns gelassen, in Rumänien fuhren wir auf Draculas Spuren weiter. Jetzt wurde das Einkaufen zunehmend zum Problem. Es gab keine Selbstbedienungsläden mehr und Milch nur beim Bauern direkt zu kaufen, daran mussten wir uns erst einmal gewöhnen. Wenn wir nach einem Zeltplatz fragten, wurden wir einfach die Straße weiter geschickt. Zuerst fanden wir es merkwürdig, doch mit der Zeit hatten wir verstanden, dass ein Zeltplatz einfach ein Platz ist wo man ein Zelt aufbauen kann, der muss nicht eingezäunt oder gar mit WC und Dusche versehen sein. Als wir das begriffen hatten, waren wir schon fast in Bulgarien. Die Küste konnten wir in diesem Land vor lauter Sonnenschirmen kaum sehen.

Dann kam die Türkei. Wir wunderten uns über den schlagartigen Wechsel an der Grenze. Vorher gab es noch viele Kirchen, jetzt nur noch Moscheen. In Bulgarien fuhren wir durch große Wälder, alles war grün. Jetzt wurde die Landschaft trocken, es gab viele Olivenhaine und die Felder waren abgeerntet. Auch die Menschen waren ganz anders. In Bulgarien schien sich niemand für uns zu interessieren, die Leute waren sehr zurückhaltend. Ganz anders die Türken. Wir wurden sofort von den zahlreichen Männern, die vor den Teehäusern saßen, zum Tee eingeladen. Viele sprachen Deutsch, denn sie hatten in Deutschland gearbeitet. Nun waren sie froh, wieder in der Heimat zu sein, die deutsche Arbeitsmoral hatte ihnen nicht zugesagt, doch von dem Ersparten konnten sich die meisten hier eine Existenz aufbauen. Von den Bauern auf den Feldern wurden wir hergewunken. Sie schenkten uns gleich tütenweise frisch geerntete Tomaten und Gurken. Am Abend fanden wir immer einen Platz an einem Fluss oder einem Brunnen, wo wir das Zelt aufstellen konnten. In jeder Nacht, die wir in der Türkei verbrachten, konnten wir den Muezzin rufen hören.

Istanbul

In Istanbul hatten wir das Gefühl, schon ein gutes Stück geradelt zu sein, denn diese äußerst interessante Stadt unterschied sich so sehr von den bisherigen. Die ganze Stadt schien ein riesiger Basar zu sein in dem das Leben pulsierte. Dazu kam natürlich die wunderschöne Lage am Bosporus, auf dem sich in einem wilden Durcheinander die unterschiedlichsten Boote tummelten. Wir blieben ganze zwei Wochen und wurden es nie satt, einfach durch die Gassen zu schlendern und den Hauch von Orient in uns aufzusaugen.

Blick nach Asien vom Dach des Deutschen Konsulats in Istanbul

Ein anderer Grund für unseren langen Aufenthalt waren die Behördengänge. Da die meisten Visa nur eine Zeitspanne von drei Monaten bis zur Einreise erlauben, war es uns nicht möglich gewesen, diese schon in der Schweiz oder in Deutschland zu beantragen.

Als erstes nahmen wir das iranische Visum in Angriff und machten uns auf zu deren Konsulat.

„Für ein zwei Monate gültiges Touristenvisum müssen wir Ihre Pässe nach Teheran schicken. Das dauert etwa 14 Tage, und es besteht keine Garantie, dass es Ihnen ausgestellt wird."

Dies erklärte uns kühl der Beamte am Schalter. „Es besteht jedoch die Möglichkeit, ein bis zu fünf Tage gültiges Transitvisum zu beantragen", fügte er gleich hinzu.

„Wie viel Zeit würde dies in Anspruch nehmen?", erkundigte ich mich mit größtmöglicher Zurückhaltung. Dorothee hatte sich ein Kopftuch umgebunden und hielt sich, ohne ein Wort zu sagen, immer hinter mir auf.

„Etwa eine Woche, doch Sie müssen bereits im Besitz eines Pakistan-Visums sein", war seine Antwort.

Wir wussten bereits von dieser Problematik, hatten aber gehört, dass es relativ einfach und günstig sein soll, ein Transitvisum zu verlängern. Also fuhren wir gleich weiter zum Konsulat von Pakistan. Wir bevorzugten die öffentlichen Verkehrsmittel und ließen die Räder lieber im sicheren Hotelzimmer zurück. Doch es war Samstag, das Konsulat hatte geschlossen.

Am nächsten Montag hatten wir mehr Glück. Zu unserer Freude waren keine weiteren Leute anwesend, langes Schlangestehen blieb uns erspart. Dafür empfing uns ein aggressiver Mann mit Schnauzbart – ich schätzte ihn auf Mitte 40.

„Warum haben sie das Visum nicht in Ihrem Heimatland beantragt?", fragte er mich in barschem Ton, als ich ihn höflich um zwei Antragsformulare bat.

„Zeigen Sie mir, wann Sie Ihr Land verlassen haben", schnauzte er mich weiter an.

So freundlich wie nur möglich erklärte ich ihm, dass wir bei der Ausreise aus der Schweiz oder aus Deutschland keinen Ausreisestempel bekommen. Doch meine Bemühungen blieben erfolglos, er wolle wissen, wann wir unsere Länder verlassen haben, sonst gebe es kein Visum. Schluss der Diskussion.

Wir glaubten zu wissen, was der Mann wollte. Um möglichst nicht noch einen weiteren Tag zu verlieren, machten wir uns gleich im Taxi auf zum Deutschen Konsulat. Ich fuhr von dort allein weiter zum Schweizer Konsulat.

Ausgerüstet mit Empfehlungsschreiben von unseren Konsulaten versuchten wir unser Glück noch einmal. Wir erschienen kurz vor Schalterschluss beim Pakistanischen Konsulat.

„Wer hat Ihnen gesagt, dass Sie einen Brief von Ihrem Konsulat bringen sollen?!", schrie mich der Schnauzbärtige an, kaum dass wir den Raum betreten hatten. Wir waren einfach nur baff.

„Was machen wir nun?", fragten wir uns. Dann hatte ich eine Idee und zog unsere Zeitungsartikel vom Thuner Tagblatt aus der Tasche. Die Lokalzeitung meiner Heimatstadt Thun hatte am Tag vor unserer Reise einen Artikel über uns und unsere Reisepläne veröffentlicht, später folgten weitere Berichte. Ich legte den ersten Artikel vor ihm auf den Schalter und begann zu erklären: „Das hier bin ich, und das ist meine Frau am Tag, als wir in der Schweiz unsere Reise begannen", dabei auf das Foto zeigend.

Wir konnten es kaum glauben, seine finstere Miene hellte sich mehr und mehr auf, je länger er den Zeitungsartikel bestaunte. Er war plötzlich wie ein umgedrehter Handschuh, freundlich und doch schleimig.

„Hier oben sehen Sie das Datum, den 17. Mai 1998", fügte ich weiter hinzu.

Nun ging alles schnell und reibungslos, und nur zwei Tage später klebte das Pakistanvisum in unseren Pässen.

Wir machten uns früh auf zum iranischen Konsulat, auch dort ging alles zügig. Der Beamte schob uns die Pässe jedoch gleich wieder zurück. Er nahm nur das Antragsformular entgegen und das müsse noch eine Woche lang auf dem Fußboden liegen, erklärte er uns. Ich glaubte, mich verhört zu haben, doch tatsächlich warf er die Formulare hinter sich auf den Boden.

Eine Woche später, wieder auf dem Weg zum Konsulat, war unsere Stimmung gedrückt. „Werden wir unsere Visa bekommen oder heißt es weiter warten?" Solche Gedanken gingen uns durch den Kopf. Wir gaben unsere Pässe ab und warteten. Schon nach kurzer Zeit wurde mein Name aufgerufen. Ich bekam zwei Zettel, auf denen „50 Dollar" stand, in die Hand gedrückt. Damit mussten wir zu einer bestimmten Bank ganz in der Nähe gehen und die 100 Dollar einzahlen. Im Konsulat gaben wir danach die Quittungen ab und mussten wieder warten. Schließlich hatten wir unsere Visa, fünf Tage Transit für 50 Dollar, also 10 Dollar am Tag. Ein teurer Eintritt.

Mit der Fähre überquerten wir gleich am Tag darauf den Bosporus und verließen damit Europa. Wir waren gespannt auf Asien und was uns dort alles erwarten würde.

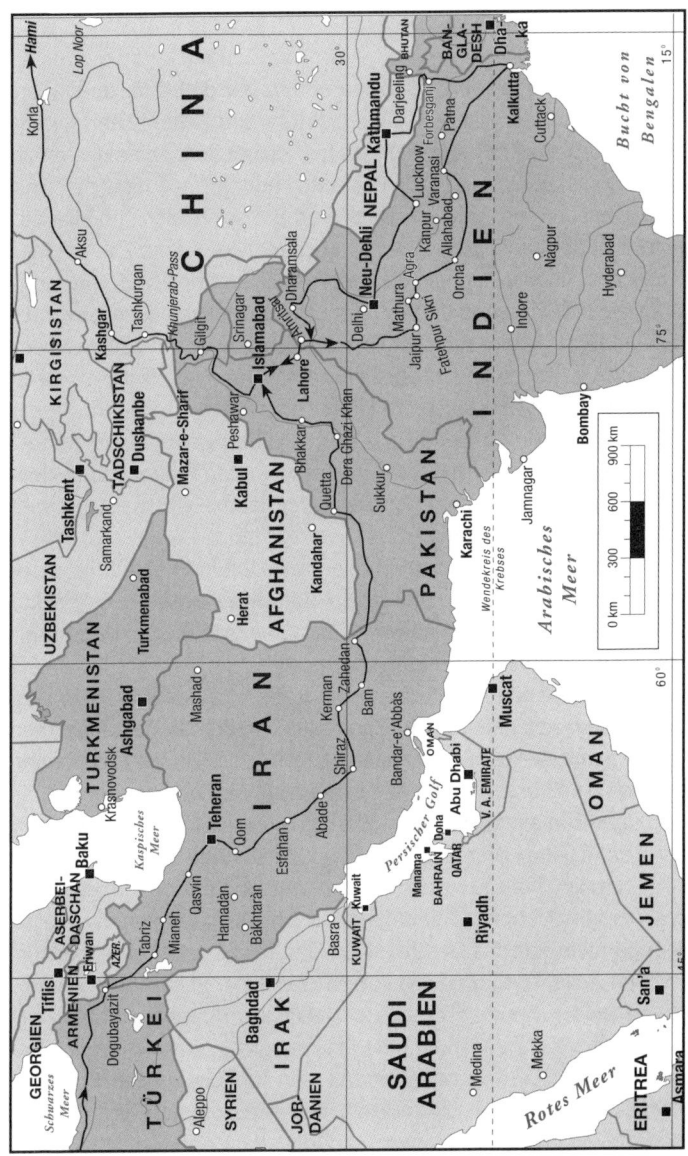

Iran

(Vorbemerkung: Die Personennamen wurden geändert). Der Abschied von der Türkei passte nicht zu den Erlebnissen, die wir dort gehabt hatten. Auf den letzten Kilometern vor der Grenze zum Iran liefen uns drei halbwüchsige Hirtenjungen hinterher und bewarfen uns mit Steinen. Dabei lernten wir gleich die Hilfsbereitschaft der Iraner zum ersten Mal kennen, denn der Fahrer eines iranischen Sattelschleppers, der den Vorfall gesehen hatte, verlangsamte sein Tempo und veranstaltete ein lautes Hupkonzert, worauf die Bande das Weite suchte. Die Schlange der vor dem Zoll wartenden Lastenzüge zog sich über Hunderte von Metern hin, und so konnten wir uns bei unserem Helfer bedanken.

Speziell für den Iran neu „gestylt", rollten wir der Grenze entgegen. Im langen weiten Hemd, schlabbernden Hosen, mit Socken in den Sandalen und dem Kopftuch unter dem Helm war Dorothee kaum wiederzuerkennen.

Ich hatte es wesentlich einfacher, und obwohl keine Pflicht bestand, zog auch ich mir eine lange, flatternde Hosen über, nackte Beine sind sowohl bei Frauen als auch bei Männern in der iranischen Öffentlichkeit ungern gesehen.

Mit Blick auf den Ararat hatten wir gestern meinen 33. Geburtstag in Dogubayazit gefeiert, 35 Kilometer vor der Grenze. Dorothee schenkte mir eine neue kurze und enge Radhose. Die Ironie dabei war, dass ich sie frühestens in Indien zum ersten Mal tragen konnte.

Da der Iran ein in jeder Hinsicht „trockenes" Land ist, ließen wir noch einmal die Korken knallen. Uns kam zu Ohren, dass die Zöllner sogar an den Fahrradflaschen rumschnüffeln würden, um den letzten Tropfen Alkohol zu finden. Wir waren also auf einiges gefasst. Jedoch nicht auf das Geschrei und Gedränge am Schalter der türkischen Zollabfertigung, das von einer eben angekommenen iranischen Reisegruppe veranstaltet wurde. Die Frauen in ihren vorwiegend schwarzen, bis zum Boden reichenden Mänteln und schwarzen Kopftüchern saßen mit den Kindern auf den riesigen Koffern in der Abfertigungshalle. Einige waren in den Tschador gewickelt, ein großes schwarzes Tuch, das den Kopf und den ganzen

Körper bedeckt. Sie tragen ihn so, dass sie die Stoffenden mit der einen Hand vor dem Gesicht festhalten und nur die Augen zu sehen sind. Wenn sie beide Hände benötigen, dann stecken sie sich die Enden des Tschadors in den Mund und halten ihn mit den Zähnen fest. Die Männer drängten sich am Schalter, das Ganze machte den Anschein, als würden sie in Panik aus der Türkei in ihre Heimat flüchten. Mindestens zehn Hände drückten gegen die Glasscheibe, selbst aus der fünften Reihe versuchten noch Männer, dem Zöllner den Stapel Reisepässe von seiner gesamten Familie zu reichen. Ich dachte, jeden Moment bricht die Scheibe.

Die Menge anschreiend, schloss der Beamte kurzum seinen Schalter und wartete, bis sich der Mob wieder beruhigt hatte. Toll, das konnte ja noch lange dauern!

Nach einer dreiviertel Stunde kamen wir dann endlich an die Reihe, es ging alles reibungslos, doch den schwierigeren Teil hatten wir noch vor uns, die iranische Seite.

Die iranischen Zollbeamten waren sich nicht einig, ob wir draußen bei den Fahrzeugen oder im Gebäude mit den Fußgängern passieren sollten. Die drinnen schickten uns hinaus und die dort wieder hinein. Doch dann verlief alles sehr angenehm. Wir bekamen einen Sonderservice, wurden in ein Büro geführt und dort von einem freundlichen Mann in gutem Englisch begrüßt. Er trug westliche Kleidung und machte einen weltoffenen Eindruck.

Er war sehr erstaunt, als er in unseren Pässen das Fünftage-Transitvisum sah.

„Wie wollt ihr denn die 3000 Kilometer durch den Iran in so kurzer Zeit schaffen?", wollte er wissen.

Wir entgegneten, dass wir in zwei bis drei Tagen in Tabriz sein und dort unser Visum verlängern lassen würden. Sofort folgte der Dämpfer.

„Meines Wissens machen die in Tabriz keine Verlängerungen mehr. Wenn Sie bereit sind, die Telefonkosten zu übernehmen, werde ich dies gleich abklären."

Nach einem kurzen Telefonat hatte er gute Nachrichten für uns. „Meldet euch in Tabriz bei Mister Rahimi, er wir euch ausnahmsweise die Visa verlängern", und notierte uns den Namen auf einem Zettel.

Heimlich zu einem Schwarzmarktkurs tauschte er uns, als gerade niemand in seinem Büro war, einige Dollars in Rial um. Die von uns so gefürchtete Gepäckkontrolle fiel ganz weg, nachdem wir ihm zehn Dollar für das Telefongespräch bezahlt hatten. Da wollten wir uns mal nicht über die hohen Gebühren beschweren.

Drei Tage später bei der Fremdenpolizei in Tabriz fragten wir nach Mister Rahimi. Ein junger Gehilfe führte uns durch das verwinkelte Gebäude zu ihm. Mit „Ah, die Radfahrer", wurden wir von einem im schwarzen Anzug und Krawatte schwitzenden Mister Rahimi freudestrahlend begrüßt. Wie landesweit üblich, schüttelte er mir überschwenglich die Hand. Dorothee wurde dagegen ignoriert.

Eine halbe Stunde später verließen wir mit einer vierzehntägigen Visumsverlängerung in den Pässen erleichtert das Gebäude. Damit hatten wir genug Zeit, um bis nach Teheran zu gelangen. Genau so hatten wir uns das vorgestellt, dass man das Visum im Land einfach und günstig verlängern konnte. Zum Glück wussten wir noch nicht, was durch dieses Transitvisum noch alles auf uns zukommen sollte, sonst hätten wir vielleicht mehr Wartezeit in Istanbul auf uns genommen und ein Touristenvisum beantragt.

Um Geld zu tauschen, reihten wir uns auf der Bank in die lange Warteschlange ein.

„Was? Wie viel?", fragten wir ungläubig den Bankangestellten im westlichen Anzug, als dieser uns den Umtauschkurs nannte. Doch wir hatten richtig verstanden, es war ungefähr die Hälfte von dem, was man auf dem Schwarzmarkt bekam. Unentschlossen diskutierten wir, was nun zu tun war. In akzentfreiem Deutsch hörten wir in der Nebenschlange plötzlich eine Männerstimme zu uns sagen: „Tauscht hier nicht! Sobald ich mit meinen Geschäften fertig bin, werde ich euch helfen."

Im Taxi fuhren wir mit Mohammed zur Arztpraxis seines Vaters. Damit er nicht vom Militär eingezogen und in dem Krieg gegen den Irak kämpfen musste, hatten ihn seine reichen Eltern mit 14 Jahren nach Deutschland zur Schule geschickt. Nach dem Krieg wollten sie ihn wieder zurück im Iran haben. Obwohl er viel lieber in Deutschland geblieben wäre, studierte er in Moskau Zahnmedizin.

Erst seit zwei Monaten war er wieder zurück und bereits mit einer Iranerin verheiratet.

„Habt ihr nicht Lust, heute Abend mit mir etwas zu trinken? Etwas Richtiges trinken, meine ich", betonte er noch einmal. Ihm gefiel es im Iran überhaupt nicht mehr, dauernd schimpfte er über die Leute und das Regime, er hatte Heimweh nach seiner zweiten Heimat Deutschland. Selbstverständlich sagten wir zu und freuten uns schon auf den Abend.

Dann lernten wir seinen Vater kennen, einen freundlichen, gebildeten Mann Mitte 50, der den Iran liebte, weil es seine Heimat war und seine Familie da wohnte, auch wenn er das Regime nicht mochte. Er war zurückhaltender mit den Äußerungen über sein Land, da war der jüngere Mohammed viel stürmischer und impulsiver, wenn er über den Iran schimpfte.

Bei dem Vater erhielten wir einen viel besseren Wechselkurs als an der Grenze. Mohammed brachte uns mit einem Taxi zurück ins Zentrum und gab uns seine Telefonnummer, damit wir ihn am Abend anrufen konnten, denn er wollte uns mit seinem Auto abholen.

Den Nachmittag verbrachten wir im Basar, schauten uns nach einem kleinen und nicht zu dicken Teppich um, damit wir abends etwas stilvoller vor dem Zelt sitzen konnten, ein echter Perser sollte es eben doch sein. Schon der Kaufakt war ein Erlebnis für sich.

Bald hatten wir einen tüchtigen „Schlepper" am Hals. Erst waren wir durch ihn genervt, doch bald zeigte sich seine Nützlichkeit. Er sprach, im Gegensatz zu den meisten Händlern, passables Englisch. Was wir suchten, war nicht gerade überall erhältlich. Wir wurden von ihm durch den Basar geführt, durch enge Gässchen, treppauf und treppab durch die verschiedenen Etagen, wo wir allein nie hingekommen wären. Diese gedeckten Basare im Iran sind einfach fantastisch, man taucht sofort ein in die orientalische Welt aus 1001 Nacht.

In den Teppichläden wurde zuerst unser Anliegen erklärt, der Teppich durfte nicht zu dick oder zu groß sein und sollte gerollt auf dem Rad bequem transportiert werden können. In den meisten Geschäften winkten die Inhaber sofort ab, einen geeigneten Teppich für uns hatten sie nicht. In anderen Geschäften wurde ein

Teppich nach dem anderen vor uns auf den Boden geworfen, während wir den angebotenen Tee schlürften.

Wir tranken den Tee nach persischer Art. Dabei nimmt man ein Stück Würfelzucker in den Mund und trinkt den Tee durch den Zucker, eine süße Angelegenheit, die Zahnärzte wird es wohl freuen.

Unser Nomadenteppich

Lange Zeit wurden wir nicht fündig, doch den Händlern schien es trotzdem Spaß zu machen, uns ihre Ware zu zeigen. Nie hätten wir gedacht, dass Teppiche so interessant sein können. Oft erzählten die Händler uns die Geschichte des Teppichs oder erklärten uns die eingewebten Symbole und ihre Bedeutung. Am Anfang war es wohl nur eine Schnapsidee, uns einen Teppich zu kaufen, doch je länger wir suchten, desto mehr waren wir davon überzeugt, dass wir unbedingt einen persischen Teppich brauchten. Wieder waren wir in einem kleinen Teppichladen, hatten den Tee in der Hand und saßen auf einem dicken Stapel aus Teppichen. Vor uns wurde einer nach dem anderen auf den Boden geworfen, bis uns schließlich einer ins Auge stach. Genau der entsprach unserer Vorstellung, wir waren sofort in ihn verliebt. Nur bestand der Teppich aus drei gleich großen Teilen, und zwei davon hätten genau die richtige Größe gehabt. Die Teile unterschieden sich nur durch die Farben, alle hatten die gleichen Muster und Tiermotive.

„Es ist kein Problem, den einen Teil abzuschneiden", meinte der Verkäufer.

Beim Tee wurden wir nach einer kurzen Feilscherei bald handelseinig. Während unser Teppich in die Basarwerkstatt gebracht wurde, erfuhren wir mehr über ihn. Er wurde von Nomaden gewebt, diese besitzen meist nur kleine Webstühle, und deshalb bestehen die Nomadenteppiche aus mehreren kleinen Einzelteilen, also genau das Richtige für Rad-Nomaden, wie wir es waren.

Eine Stunde später konnten wir in der Werkstatt gerade noch zuschauen, wie das letzte Stück vom abgeschnittenen Rand in mühseliger Handarbeit vernäht wurde. Dann konnten wir den Teppich stolz in Empfang nehmen.

Abends riefen wir Mohammed an, und er holte uns wie verabredet im Hotel ab. Wir fuhren zu seiner Frau Pari, die wie Mohammed noch bei ihren Eltern wohnte, bis ihre gemeinsame Wohnung in ein paar Wochen fertig sein sollte. Außer uns war noch ein iranisches Ehepaar, das einige Jahre in den USA gelebt hatte, eingeladen.

Uns versetzten vor allem die Frauen ins Staunen. Im Haus erkannte man sie nicht wieder. Die langen schwarzen Mäntel und das Kopftuch hingen in der Garderobe, darunter trugen sie die neueste westliche Mode. Das waren Miniröcke und figurbetonende Tops.

Das Abendessen war sehr fein und von bester Qualität, wir hatten verschiedene Kebabs, vor allem das Safranhuhn schmeckte wunderbar. Whiskey und Wodka flossen in Strömen, Alkoholisches zu kaufen schien für die reichen Iraner kein Problem zu sein, war aber mit Sicherheit eine teure Angelegenheit.

Im Laufe des lustigen Abends rief Mohammeds Vater ein paar Mal an, er machte sich Sorgen, denn durch uns und den Alkoholkonsum könnten sie leicht in Schwierigkeiten geraten. Er hatte wohl auch Bedenken, dass wir von diesem feuchtfröhlichen Abend bei einer offiziellen Stelle berichten könnten. Er hielt es für recht leichtsinnig, dass sein Sohn uns eingeladen hatte.

Spät in der Nacht fuhr Mohammed uns mit dem Auto zurück zum Hotel. Für den Fall, dass uns die Polizei kontrollieren sollte, mussten wir alle einen Kaugummi kauen.

Es war 1.30 Uhr, und der Eingang zum Hotel war fest verschlossen. Sturmläuten und Hämmern an die Tür waren umsonst. Mohammed nahm uns wieder mit zurück, die Nacht durften wir bei seinen Schwiegereltern in einem Luxusbett schlafen.

Am nächsten Tag mussten wir ihm versprechen, dass wir uns im Hotel nicht beschweren würden, da sie sonst große Schwierigkeiten bekommen könnten. Beim Abschied gab er uns die Telefonnummer von seinem Freund Javid in Teheran, mit ihm zusammen hatte er in Deutschland die Schule besucht. Dann sagte er: „Ihr müsst euch unbedingt bei ihm melden, sobald ihr in Teheran seid, ich werde ihm von euch erzählen."

Wir saßen in unserem großzügigen Hotelzimmer in Teheran. Die Fahrt von Tabriz hierher war recht ereignisreich gewesen. Leider war der Lkw-Verkehr manchmal ganz schön heftig. In den Orten waren wir immer die Attraktion, es gab jedesmal einen Menschenauflauf, wenn wir irgendwo stoppten. Daran mussten wir uns noch gewöhnen, denn das würde sich bis Indien sicher nicht ändern. Je nachdem wie gut wir selbst „drauf waren", ertrugen wir es besser oder schlechter.

Auch die Motorradfahrer nervten uns oft. Sie fuhren, statt zügig zu überholen, erst eine Weile hinter uns her, dann fuhren sie neben mir und versuchten, sich mit mir zu unterhalten. Selbst auf Deutsch wäre bei dem Krach eine Unterhaltung sehr schwierig gewesen, und in Farsi war das ganz einfach unmöglich. Wenn das nicht dauernd vorgekommen wäre, wäre es gut zu ertragen gewesen, doch leider passierte es ständig. Dorothee hatte dabei ihre Ruhe, weil sie als Frau nicht angesprochen werden durfte, ärgerte sich aber über den dauernden Lärm und Gestank.

Während der Fahrt streckte mir einmal ein Motorradfahrer einen Geldschein hin. Natürlich winkte ich heftig ab, doch er blieb hartnäckig und wollte nicht von meiner Seite rücken. Ich glaubte aus seinem Geschrei in diesem Höllenlärm das englische Wort „poor" verstanden zu haben, und weil das laute Motorengeknatter nicht mehr zu ertragen war, nahm ich den Schein schließlich entgegen. Es waren 5000 Rial, damit konnten zwei Personen im Iran essen gehen. Hatte er wirklich geglaubt, wir seien arm, nur weil wir Fahrrad fuhren? Dabei hatte sein schepperndes Motorrad bestimmt nicht halb soviel Wert wie eines unserer Räder.

Dafür genossen wir das Zelten in der Wüste umso mehr. Auf unserem Nomadenteppich sitzend, konnten wir die Sternschnuppen am klaren Firmament zählen, ein schöneres Abendprogramm gibt es kaum. Mit unserem kleinen Weltempfänger hielten wir uns auf dem Laufenden. Etwas skurril hörten sich in der Wüste der Seewetterbericht von Nord- und Ostsee und die Lottozahlen am Wochenende an.

Wir fuhren nicht direkt nach Teheran, sondern machten noch einen Abstecher ins Elbursgebirge, welches zwischen Teheran und dem Kaspischen Meer liegt. Dort gehen die reichen Iraner im Winter Skifahren. Schnee lag da zum Glück noch nicht, aber abends wurde es so kalt, dass wir auf das Sternschnuppenzählen verzichteten und uns stattdessen in die Schlafsäcke verkrochen.

In Teheran gingen wir als erstes zur Fremdenpolizei, um unsere Visa verlängern zu lassen. Hier lief das nicht so freundlich und problemlos ab wie bei Mister Rahimi. Leute drängten sich im Eingang und auf den Fluren. Die uniformierten Polizisten behandelten uns sehr abweisend. Dorothee wurde kurzerhand aus dem Gebäude verwiesen, weil sie so „freizügig" gekleidet war und nicht wie die Iranerinnen einen langen Mantel trug. Es war zum Verzweifeln. Nur sehr widerwillig wurde mir erklärt, was zu tun war, ich konnte ja überhaupt nichts lesen. Sogar das Antragsformular musste gekauft werden, dann mussten wir auf eine ganz bestimmte Bank, um die Gebühren zu zahlen. Die Quittung gab ich mit dem ausgefüllten Formular bei der Polizei ab. Dann wurde ich schnell abgefertigt. Sie sagten mir, ich solle in drei Tagen wiederkommen.

Ich rief bei Javid an, Mohammeds Freund, und der machte mir gleich Vorwürfe, weil wir, statt direkt zu ihm zu kommen, erst in ein Hotel gezogen waren. Wir mussten gleich unsere Sachen packen, eine Stunde später fuhr er im roten BMW vor. „Herzlich willkommen in Teheran", begrüßte er uns in akzentfreiem Deutsch.

Javid, ein ruhiger Typ Anfang Dreißig, war durch und durch Geschäftsmann. Er importierte Maschinen und machte gute Geschäfte damit. Obwohl er sich im Iran sehr wohl fühlte, hielt er sich in Dortmund eine Wohnung, denn er wollte sein Bleiberecht in Deutschland nicht verlieren und hatte dort regelmäßig geschäftlich zu tun.

Seine Geschäftsräume in Teheran und die Arztpraxis seines Vaters waren ganz in der Nähe von unserem Hotel. Wir folgten seinem Wagen, der mit eingeschalteter Warnblinkanlage schön langsam vor uns durch den dichten Stadtverkehr fuhr. Dort angekommen, stellten wir die Räder in den Keller und packten unsere Taschen in den Kofferraum. Es war gerade Mittagszeit, und Javid fragte uns: „Was wollt ihr essen?"

Natürlich wollten wir was Iranisches. Im Auto, auf dem Weg zum Restaurant, rief seine Mutter an. Sie wusste bereits von uns und erkundigte sich nach unseren Wünschen fürs Abendessen.

Javid führte uns in ein sehr stilvolles Restaurant in dem auf Perserteppichen sitzend gegessen wurde. Auch das Essen war vom Feinsten, wir aßen *abguscht*, eine Art Fleischsuppe mit Gemüse. Glücklicherweise war Javid dabei und konnte uns zeigen, wie man das isst: Man schüttet die Suppe in einen Blechnapf ab, zerreißt das Brot und legt die Stücke darin ein. Als nächstes kommen Fleisch und Gemüse in den Napf, mit einem Mörser zerdrückt man alles zu einer Paste, schmiert diese auf das Fladenbrot und lässt es sich schmecken.

Javid und seine Familie bewohnten ein riesiges Haus mit 20 Appartements oberhalb von Teheran, in Shemiran, dem besten Viertel der Stadt. Dort oben ist die Luft viel besser, und tatsächlich konnte man auf die Smogglocke der Stadt herunterschauen. In der Mitte des Gebäudeinnenhofs stand ein Brunnen aus Marmor. Wir bekamen für uns allein ein möbliertes Appartement, die weißen Fliesen waren mit dicken schweren Teppichen belegt. Ein Hausangestellter brachte uns Tee, Kekse und Obst auf einem silbernen Tablett mit Spitzendecke. Die Küche konnten wir nie benutzen, da wir immer von Javid oder seiner Mutter zum Essen geholt wurden. Wir fragten uns, wie wir das verdient hatten, so gut war es uns noch nie gegangen!

Jede Etage des Hauses bestand aus vier großen Appartements. Javids Familie gehörte eine ganze Etage. In einem Appartement wohnten die Eltern, in dem daneben Javid mit seiner Frau, im dritten eine befreundete Familie und das vierte wurde derzeit als Gästeappartement benutzt. Da Javids Bruder, der gerade auf den Philippinen Medizin studierte, demnächst heiraten würde – und zwar die Tochter des besten Freundes der Eltern –, würde die befreundete Familie bald ausziehen, um dem neuen Paar die Wohnung zu überlassen. Die vierte Wohnung würde wohl erst gebraucht, wenn die jüngste Schwester, die noch bei den Eltern wohnte, heiratet. Sie studierte Informatik in Teheran und war erst 18 Jahre alt. Die Söhne konnten nicht im Iran studieren, Männer, die nicht im Krieg gegen den Irak gekämpft hatten, bekamen nicht oder nur selten einen Studienplatz im eigenen Land.

Am Abend durften wir mit zu einer Geburtstagsfeier, bei der Javids Familie eingeladen war. Es handelte sich um einen Kindergeburtstag, die Feier begann erstaunlicherweise erst um 20.30 Uhr, und es wurde Bier und Whiskey getrunken. Außer dem siebenjährigen Geburtstagskind waren keine anderen Kinder anwesend.

Wieder staunten wir über den Unterschied zwischen dem öffentlichen und dem Privatleben der Iraner.

Auf der Straße herrschte ein tristes Bild. Die Leute trugen, wenn nicht Schwarz, dann wenigstens Grau. Auch die Stimmung war entsprechend. Die Fröhlichkeit fehlte und nirgends hörte man Musik. Ganz anders sah es hinter den festungsähnlichen Mauern der Privathäuser aus. Wer durch den Iran reist und nur das Straßenbild sieht, wird ein komplett falsches Bild bekommen.

Auf dem Geburtstagsfest wurde laute westliche Musik gespielt, dazu getanzt und viel gelacht. Viele Frauen trugen ärmellose Tops und Miniröcke, natürlich fehlte auch das Make-up nicht. Langsam begannen wir zu verstehen, warum die Häuser wie Festungen aussahen.

Die Fete ging bis tief in die Nacht, der Junge war längst im Bett, während wir Erwachsenen uns bestens amüsierten.

Tags darauf bei der Fremdenpolizei wurde ich schnell abgefertigt. Zum Glück musste ich wenigstens nicht lange in der Warteschlange stehen und durfte an allen vorbei direkt zum Schalter gehen. Dorothee vermied den Rausschmiss und wartete draußen vor dem Gebäude.

„Die Verlängerung ist noch nicht fertig, kommen Sie am Samstag wieder, morgen ist Freitag, da haben wir geschlossen."

Die Wartezeit war für uns kein Problem, bei Javid waren wir bestens aufgehoben. Zusammen mit ihm und seinen Freunden fuhren wir zum Wochenendhaus der Familie. Das Haus lag am Rande des Elbursgebirges, idyllisch an einem rauschenden Bach.

Natürlich fehlten auch hier die schützenden Mauern ums Grundstück nicht, damit wir uns frei bewegen, Alkohol trinken und Musik hören konnten.

Auf der Rückfahrt gerieten wir, während die Nacht anbrach, in ein heftiges Gewitter. Toll, wie die Blitze überall zuckten und die Umgebung hell erleuchteten! Uns fielen die maroden Autos auf der Autobahn auf, die wenigsten davon hatten funktionierendes Licht. Bei manchen funktionierte vorn noch ein Scheinwerfer, einige hatten immerhin noch ein schwach leuchtendes Rücklicht, doch als wir einen verbeulten Paikan überholten, bei dem nicht einmal die Scheibenwischer funktionierten, blieb mir die Spucke weg. Ich konnte mir kaum vorstellen, dass der Fahrer bei diesem Gewitterregen überhaupt noch etwas sehen konnte!

Am Samstagmorgen versuchten wir als erstes unser Glück bei der Polizei. Wie schon am Donnerstag wartete Dorothee auf der Straße, ich stellte mich in die Schlange. Es dauerte und dauerte, sie winkten mich nicht wie beim letzten Mal an der Warteschlange vorbei.

„Die Visa sind noch nicht fertig, kommen Sie morgen wieder!", wurde mir wieder gesagt, als ich nach langem Warten endlich an der Reihe war. Doch so leicht ließ ich mich nicht abspeisen und protestierte. Einer der herumstehenden Beamten erbarmte sich und ging in die obere Etage. Mit einem Lächeln im Gesicht kam er die Treppe herunter.

„In einer halben Stunde können Sie Ihre Pässe abholen", sagte er sichtbar erleichtert.

Also setzte ich mich zu Dorothee vor das Gebäude, und wir warteten geduldig.

Der gleiche Mann lief sofort, als er mich wieder eintreten sah, die Treppe hoch, kam aber sehr bald mit leeren Händen herunter und erklärte mir: „Sie müssen die Pässe oben selbst abholen."

In einem mit Aktenordnern und Papierstapeln überfüllten Büro saßen zwei Beamte in ziviler Kleidung hinter unaufgeräumten Schreibtischen. Einer der beiden begann in dem Chaos zu wühlen und zog zu meinem Erstaunen auf Anhieb unsere Pässe heraus. Höflich bedankte ich mich und ging erleichtert hinunter zu

Dorothee auf die Straße. Beim Kontrollieren der Verlängerung fiel unsere Stimmung gleich wieder in den Keller.

„Was, nur um fünf Tage verlängert", sagte ich verzweifelt zu Dorothee. Genervt lief ich wieder die Treppe hoch direkt in das Büro von vorhin.

„Für die Strecke nach Esfahan brauchen wir mindestens sieben Tage", verdeutlichte ich – leicht übertreibend – den beiden Beamten. Nach einer längeren Diskussion machten sie schließlich aus den fünf Tagen sieben. Es war kaum zu glauben: Ganze fünf Tage hatten wir auf die Visaverlängerung warten müssen und danach nur eine Verlängerung von sieben Tagen bekommen!

Gleich am nächsten Tag verabschiedeten wir uns von Javid und waren froh, die Millionenstadt verlassen zu können.

„Fahrt auf der Autobahn, dort ist es viel weniger gefährlich, weil die Autobahn für Lastwagen verboten ist!" Dies hatten uns Javid und seine Freunde empfohlen.

Mit einem leicht mulmigen Gefühl radelten wir die Autobahnauffahrt hoch, vorbei am Fußgänger- und Fahrradverbotsschild. Tatsächlich gab es auf der sechsspurigen Autobahn kaum Verkehr, wir konnten entspannt auf dem Pannenstreifen nebeneinander fahren. Bald kamen wir an die erste Mautstelle und erwarteten, dass uns die Kontrolleure in den Kassenhäuschen stoppen würden. Doch nichts dergleichen, freundlich winkten sie uns zu, als wir an ihnen vorbeikurbelten. Nur wenig später, als wir gerade auf der Leitplanke sitzend eine kleine Trinkpause machten, sahen wir ein Polizeiauto näherkommen. „Nun ist es vorbei", dachten wir. Doch die Polizisten rasten an uns vorüber. Radfahren auf Autobahnen schien im Iran die normalste Sache der Welt zu sein.

Kurz hinter Teheran kamen wir am Mausoleum von Ajatollah Khomeini vorbei, direkt neben der Autobahn. Ein hässlicher und noch nicht ganz vollendeter Bau aus Beton. Auch innen hat er den Charme eines Flugzeughangars mit viel Betrieb. Frauen und Männer haben getrennte Eingänge und küssen an unterschiedlichen Stellen das goldene Metallgitter, das den Sarg des Revolutionsführers umgibt. Hinter dem hohen Gitter liegen unzählige Geldscheine und Münzen auf dem Boden.

Hinter Qom endete die Autobahn. Wir befolgten den Tipp von Mashud, einem Freund von Javid, und fuhren auf der noch nicht ganz fertiggestellten Autobahn weiter. Nun hatten wir die sechs Spuren für uns allein, einen solch breiten Fahrradweg hatten wir noch nie gehabt! Wir konnten uns kaum entscheiden, auf welcher Seite wir fahren wollten.

Die zweite Nacht nach Teheran zelteten wir in einer Kiesgrube neben der fast fertigen Autobahn – ein einsamer und ruhiger Platz. Nach dem Abendessen schalteten wir unser Kurzwellenradio ein und hörten auf der Deutschen Welle, dass Schröder der neue Bundeskanzler Deutschlands war.

In Esfahan brauchten wir uns nicht um eine Unterkunft zu kümmern. In einem Hotel konnte ich das Telefon benutzen und rief Basim, einen weiteren Schulkollegen von Javid und Mohammed, an. Basim holte uns wenig später ab, und wir konnten hinter seinem Auto herradeln. Er führte uns zur Wohnung seiner Freunde, die gerade im Urlaub waren. Während unseres Aufenthalts in Esfahan durften wir dort wohnen. Er selbst lebte noch in der Wohnung seiner Eltern.

Am selben Abend war Basim bei einer Geburtstagsfeier eingeladen und nahm uns gleich mit. Wie bei der Feier in Teheran wurde auch

*Irans Autobahn,
der breiteste Radweg
auf unserer Reise*

hier Alkohol konsumiert und getanzt. Nur bei der Lautstärke der Musik waren sie sich nicht einig. Die Eltern des Geburtstagskindes, welches gerade 18 Jahre alt geworden war, stellten die Musik immer wieder leiser. Sie hatten Angst, dass die Polizei kommen könnte, denn Partys solcher Art sind im Iran verboten.

Als gegen Mitternacht die Hausglocke schellte, verstummte die Musik abrupt und eine Stimmung der Angst lag in der Luft. Dann ging eine Welle der Erleichterung durch die Partygäste, als ein verspäteter Gast eintrat. Die Musik wurde wieder eingeschaltet, und weiter ging die Fete.

Zwischendurch wurden die Geschenke ausgepackt. Das Geburtstagskind durfte dabei nur zuschauen, ihre ältere Schwester übernahm das Auspacken. Ein junger Mann spielte die Trommel, und der Gast, dessen Geschenk gerade ausgepackt wurde, musste einen Tanz aufführen. Wenn sich Geld im Geschenk befand, wurde dieses laut gezählt, und die Gäste johlten dazu. Je höher der Betrag war, desto lauter wurde gejohlt. Erst um zwei Uhr in der Früh war das Geburtstagsfest zu Ende, und wir fielen müde ins Bett. Es war für uns ein langer, anstrengender, aber auch interessanter Tag gewesen, schließlich waren wir vor der Party schon 160 Kilometer Rad gefahren.

An den folgenden drei Tagen schauten wir uns die Stadt an. Vor allem die alten, reich verzierten Moscheen und der gedeckte Basar, in dem auch Basim seinen kleinen Teppichladen betrieb, waren unvergessliche und beeindruckende Erlebnisse. Wir entdeckten schon am ersten Tag in einer Eisdiele das Safraneis, es schmeckte uns so dermaßen gut, dass wir immer wieder davon essen mussten. Nie zuvor hatten wir solcherart Eis gegessen, und wir fanden es auch später nie wieder.

Leider stand auch wieder die Visaverlängerung auf dem Programm. Basim bot uns seine Hilfe an und begleitete uns zur Fremdenpolizei. Schon an der Eingangstür hing ein großer Papierzettel, auf dem in fetten Buchstaben stand, dass Transitvisa maximal um fünf Tage verlängert werden konnten. Unsere Karten standen schlecht, doch als Trumpf hatten wir Basim dabei. Er legte sich für uns tüchtig ins Zeug. Außer dem Kopfschütteln der Polizisten verstanden wir gar nichts. Die Diskussion dauerte eine ganze Weile, doch dann stempelten sie uns zehn Tage in unsere Pässe.

„Mein Vater war im Krieg gegen den Irak ein General, und der eine Beamte von vorhin hat zufällig unter ihm gedient", erklärte uns Basim später.

Wie immer wenn wir in einer Stadt waren, stand auch Einkaufen auf der Liste. Bis nach Shiraz, der nächsten großen Stadt, würden wir etwa vier Tage brauchen. Wir machten eine lange Einkaufsliste und hofften, möglichst alles zu finden. Wie schön und einfach war das Einkaufen doch noch in Europa gewesen, wo wir in den nächsten Supermarkt gehen konnten und alles kauften, was wir brauchten. Wir zogen also los mit unserer langen Liste und steuerten den nächsten Krämerladen an.

Dort versuchten wir dem Verkäufer hinter dem Ladentisch klarzumachen, was wir suchten. Mit einem Sack Nudeln und einem Glas Kirschmarmelade verließen wir den Laden nach etwa zehn Minuten und liefen auf der Suche nach anderen Läden durch die Gassen Esfahans. So ging das dann weiter, in manchen Läden fanden wir gar nichts, in anderen konnten wir mit etwas Glück zwei bis

drei Sachen von der Liste abhaken. So ein Einkauf nahm meistens mehrere Stunden in Anspruch und war sehr ermüdend, aber auch viel ereignisreicher als das Einkaufen in den Supermärkten. Meist lernten wir während unserer Einkäufe die Städte kennen.

Brot kaufte man beim Bäcker. Direkt am Bürgersteig waren zwei kleine Fenster in der grob verputzten, ungestrichenen Mauer. Davor hatten sich zwei Schlangen gebildet, rechts standen die Männer und links die Frauen. Die

Moschee in Esfahan   Frauenschlange war wesentlich kürzer, darum stellte sich Dorothee an. Die Warterei hatte sich gelohnt, Dorothee kam freudestrahlend mit den noch warmen und duftenden Fladenbroten zurück. Am liebsten hätten wir gleich alle auf der Stelle verputzt.

Bevor wir Esfahan am nächsten Morgen endgültig verließen, fuhren wir noch kurz bei Basims Teppichladen im Basar vorbei. Wir konnten uns nicht genug für seine Hilfe und Gastfreundschaft bedanken. Ein Gefühl der Freiheit überkam uns, als wir die letzten Häuser der Stadt hinter uns hatten und durch die Wüste Richtung Süden rollten.

Sasan

Am zweiten Tag, nachdem wir Esfahan verlassen hatten, ging es immer noch mühselig die „schiefe Ebene" hinauf. Das meint, dass die Straße ständig leicht ansteigt, was eigentlich nicht zu sehen, dafür aber deutlich zu spüren ist. Man fragt sich, warum das Kurbeln so schwer geht und schaut nach, ob vielleicht zu wenig Druck in den Reifen ist oder die Bremsen an der Felgenwand schleifen, und kommt darauf, dass es immer nur leicht bergauf geht.

Die Straße war stark befahren, wir waren froh um unsere Rückspiegel, die uns ein sichereres Gefühl vermittelten. Ein belgisches Paar auf einem Enduro-Motorrad hielt am Straßenrand, nachdem sie uns überholt hatten. Sie waren auf dem Weg nach Indien, wollten nur schnell „Hallo" sagen und nachfragen, ob bei uns alles okay ist. Obwohl wir meist keine Hilfe brauchten, fanden wir es immer nett, wenn andere Touristen kurz zum Gruß anhielten, allzu oft traf man in diesen Gegenden keine anderen Reisenden.

Zur Mittagspause setzten wir uns ein paar Meter von der Straße entfernt auf den Rand eines Bewässerungskanals, aßen hauchdünnes Fladenbrot und dazu getrocknete Datteln. Ein Auto hielt am Straßenrand, die vierköpfige Familie schälte sich aus dem beigen Paikan, und das Familienoberhaupt begann, uns hemmungslos beim Essen zu filmen. Ein weiterer Wagen stoppte, und der Fahrer schoss, gleich einem Paparazzo, Fotos durch das offene Autofenster.

Die Pause war nicht entspannend, darum winkten wir nur freundlich und fuhren dankend an den Leuten vorbei, die uns beim Weiterfahren einen Imbiss aus ihrem Kofferraum anboten.

Nur 500 Meter weiter drehte ein uns entgegenkommender Pick-up um und fuhr rechts neben uns auf den Randstreifen der Fahrbahn. Leicht genervt winkten wir dem Fahrer zu, machten aber keine Anstalten anzuhalten. Erst als uns der Fahrer durchs offene Fenster zurief „I'm a cyclist! I'm a cyclist!", stoppten wir. Er stellte sich uns als „Sasan, the most famous tourist hunter" vor und fragte uns, ob wir nicht heute Abend seine Gäste sein wollten. Vom Beifahrersitz holte er ein dickes großes Buch, sein Gästebuch. Darin gab es viele Einträge von westlichen Touristen, vielen, die mit Fahrrädern, Motorrädern oder sogar mit Autos unterwegs waren. Sie alle hatten den Iran durchquert und waren bei Sasan zu Gast gewesen.

„Besitzen Sie ein Gästehaus?", fragte ich ihn, was er entschieden verneinte. Ein bisschen verrückt kam er uns schon vor, aber wir waren neugierig und nahmen seine Einladung gerne an.

Nachdem er uns den Weg zu seinem Haus in Abade erklärt hatte, drohte er mit erhobenem Zeigefinger: „Wenn ihr nicht kommt, dann werde ich Helmut Kohl anrufen und mich bei ihm beschweren!" und fuhr in die Richtung zurück, aus der er gekommen war.

Später erzählte er uns, dass sein Schwager Lastwagenfahrer ist, und der hatte uns am Vortag auf unseren Rädern gesehen, wie auch die Belgier auf dem Motorrad. Sasan hatte sich ausgerechnet wann wir ungefähr in Abade sein könnten und fuhr uns mit seinem Auto entgegen, bis er uns 40 Kilometer später begegnete. Einfach unglaublich, so was!

In Abade angekommen, war es überhaupt kein Problem, Sasans Haus zu finden. Wir mussten gar nicht groß suchen, Sasans Gastfreundschaft ist in seinem Heimatort legendär. So war allen Bewohnern auf Anhieb klar, wohin Ausländer mit Fahrrädern in diesem Ort wollten.

Mit einer Melone als Gastgeschenk ausgerüstet klopften wir an das große Eisentor zum Innenhof. Seine Frau Zari öffnete, verschwand jedoch sofort wieder im Haus. Wir fanden das merkwürdig und begriffen ihr Verhalten erst später. Sie hatte kein Kopftuch an, so konnte sie sich nicht auf der Straße blicken lassen, ohne mit dem Gesetz in Konflikt zu kommen.

Nachdem wir das Tor hinter uns geschlossen hatten, waren diese Probleme beseitigt. Nach einem süßen Tee mit Gebäck zeigte uns Zari die Dusche. Tat das gut, danach frisch und sauber in die „Abendgarderobe" zu schlüpfen.

Inzwischen war auch Sasan von der Arbeit in seinem „Weinberg" zurück. Natürlich wird im Iran kein Wein angebaut, dafür werden aber sehr, sehr feine Rosinen und Sultaninen produziert. Des Öfteren waren wir an den am Straßenrand ausgelegten Weintrauben vorbeigefahren, auf großen Plastikplanen trocknen sie in der Sonne.

Der Abend war erholsam, Sasans beide Kinder hatten Freude daran, mir beim Jonglieren zuzuschauen. Das Nachahmen klappte aber noch nicht so gut. Auf dem großen weichen Teppich sitzend aßen wir gemeinsam Spaghetti mit Tomatensoße.

„Wisst ihr wie wir unser Englisch gelernt haben?", fragte uns Sasan und holte gleich die Videokassette des Films „Titanic" aus dem Regal. Tatsächlich haben die beiden mit Hilfe dieses Videos ihr Englisch gelernt. In ihrem besten Hollywood-Englisch erzählten sie viel von ihren anderen Gästen. Dadurch kamen wir auch zu erstklassigen Informationen über die vor uns liegende Strecke. Sasan spielte für uns eine Kassette ab, auf der Martine und Laurent aus Sion ihre Reiserlebnisse von 1996 schildern, als sie mit dem Tandem nach China fuhren. Dann hatten sie noch eine zweite Kassette von einem holländischen Paar, das mit einem Motorrad unterwegs war. Alles was uns erwartete schien sehr spannend zu sein. Auch Sasan schien förmlich mitzufahren beim Hören der Kassetten, denn wenn er schon nicht selbst Reisen kann, so holt er sich eben die Reisenden und ihre Erlebnisse ins Haus.

Am nächsten Morgen wachte ich auf dem dicken Perserteppich mit einem Kratzen im Hals auf, ich hatte nicht sonderlich gut geschlafen. Trotzdem schmeckte mir das aus frischem Fladenbrot, Honig und Käse bestehende Frühstück. Gern wären wir noch etwas länger bei dieser Familie geblieben und hätten uns ihren Betrieb angesehen, doch wir standen leider immer noch unter Zeitdruck und mussten schauen, dass wir vorankamen und den Iran verlassen hatten, bevor unsere Visa abgelaufen waren. Einige Tage später mussten wir deshalb eine weitere Einladung ablehnen und bereuen das noch heute. Ein Mann hatte extra seinen Nachbarn geholt, gemeinsam waren sie auf einem Motorrad hinter uns hergefahren, um uns zum Mittagessen einzuladen.

Die ersten Kilometer hinter Abade liefen wie von selbst, wahrscheinlich ging es nun die „schiefe Ebene" hinunter. Damit war bald Schluss, wir kamen raus aus dem kultivierten Tal. Die Straße schlängelte sich durch eine karge Berglandschaft, in der es kaum noch Vegetation gab. Diese Steigungen machten mir schwer zu schaffen, ich hatte große Mühe, mit Dorothee mitzuhalten. Mein Puls raste, und ich schnaufte wie ein Pferd als ein Wagen vor uns stoppte, drei sportlich gekleidete Iraner ausstiegen und uns um ein Foto baten. Natürlich posierten wir mit den fremden Männern, die mir die Arme über die Schultern hängten (bei Dorothee waren sie viel zurückhaltender), bis einer nach dem anderen sein Bild geknipst hatte. Einer gab mir zum Dank einen Kuss auf die Wange, ein anderer klopfte mir so stark auf den Rücken dass es schmerzte. Dann waren sie auch schon wieder im Auto und rasten davon.

Von der schönen Landschaft nahm ich nichts mehr wahr. Ich weiß noch, dass uns irgendwann auch noch die Polizei kontrollierte und mich einer der beiden Polizisten fragte, ob ich müde sei. Ich sah wohl nicht aus wie das blühende Leben.

Endlich war der Pass geschafft, doch die Freude hielt nicht lange und wir standen nach einer kurzen Sausefahrt vor der nächsten langen Steigung. „Da komme ich nicht mehr hoch", dachte ich. Obwohl es noch früher Nachmittag war, beschlossen wir, hier unser Lager aufzuschlagen. Dazu hatten wir aber noch nicht genug Wasser, doch ganz in der Nähe stand ein einzelnes Lehmhaus. Wir hatten Glück und trafen dort einen älteren Mann an.

Sasan hatte uns in Farsi „Dürfen wir hier zelten?" auf einen Zettel geschrieben. Zum Glück konnte der Mann lesen, so gab es keine Missverständnisse. Später auf der Reise ergänzten wir unser „Point-it", ein kleines Büchlein, in dem jede Menge Gegenstände, vom Apfel bis zum Toilettenpapier, abgebildet waren, durch eigene Fotos von unserem Zelt und verschiedenen Brunnenarten. Damit konnten wir uns auch im hintersten Winkel verständlich machen, wenn wir Wasser oder einen Platz für die Nacht suchten.

Dorothee stellte unser Zelt ein paar hundert Meter vom Haus entfernt in einem trockenen Bachbett auf, packte auch mein Rad ab und machte alles fertig für die Nacht. Mir verschrieb sie absolute Ruhe, ich musste mich hinlegen und Fieber messen. „Oh Schreck, 39,7 Grad! Vielleicht ein Lungeninfekt?"

Die nächste Stadt war weit entfernt, und einfach nur abzuwarten, empfahl sich nicht. Der einzige Ausweg war eine Behandlung mit Antibiotika.

Natürlich musste ich viel trinken, nach einigen Litern Tee schwitzte ich die ganze Nacht hindurch und schlief einen fiebrigen und unruhigen Schlaf. Immerhin waren wir trotz allem an diesem Tag 112 Kilometer vorangekommen.

Als uns die Sonne weckte ging es mir zwar etwas besser und das Fieber war auf 37,7 Grad gesunken, jedoch bezweifelte ich, stark genug zum Radfahren zu sein.

Versuchen wollte ich es auf jeden Fall, auch wenn wir nicht weit kommen sollten. Zum Frühstückstee aß ich etwas Fladenbrot mit Kirschmarmelade, so schlecht ging es mir also doch nicht mehr.

Als alles auf den Rädern verpackt war, konnte der Versuch beginnen. Um Kraft zu sparen, legte ich den kleinsten Gang ein. Im Schneckentempo schaffte ich die ersten 300 Höhenmeter ohne große Probleme, je älter der Tag wurde, desto kräftiger fühlte ich mich. Unser Tagesziel, die Ruinenstätte Persepolis, erreichten wir am späteren Nachmittag. Wir waren wieder 112 Kilometer gefahren und mein Fieber war weg. Antibiotika plus Radfahren schien die beste Therapie zu sein.

Weit verstreut um Persepolis, Hauptstadt des antiken Perserreichs, liegen bewässerte Felder und einzelne Hütten. An einen Platz in der Wüste, wo wir unentdeckt unser Lager hätten aufschlagen können, war nicht zu denken. Wir waren wieder gezwungen, bei Leuten um Erlaubnis zu fragen.

Ein günstiger Platz unter einem Baum, ein Stück weg von der

Straße, stach uns sofort ins Auge. Ganz in der Nähe arbeiteten zwei Männer auf dem Feld, und ich ging zu ihnen. „As-salamu alaikum" (Friede sei mit Euch) grüßte ich, und ein „wa alaikum s-salam" (und auf Euch der Friede) kam zurück. Danach kam wieder Sasans Zettel zum Einsatz. Die Männer streckten die Köpfe zusammen, lasen das Geschriebene und begannen miteinander zu diskutieren. Um in Körpersprache alles klarzumachen, wies ich mit dem Zeigefinger auf die Stelle unter dem Baum, wo wir unser Zelt aufstellen wollten, hielt die flache Hand auf mein rechtes Ohr und legte den Kopf dabei schräg zur Seite.

Aus welchem Grund auch immer, die beiden Männer schüttelten heftig die Köpfe, führten uns über die Straße und zeigten auf ein Stück brachliegendes Land. Die Vorstellung, dort direkt am Straßenrand und für jedermann sichtbar zu übernachten, gefiel uns nicht. Wir beschlossen, uns nach einem besseren Platz umzuschauen.

Ein etwa Zwanzigjähriger sprach uns auf Farsi kurze Zeit später an, als wir unsere Blicke über die Felder schweifen ließen. Als er den hilfreichen Zettel gelesen hatte, zeigte er über die Felder auf eine Hütte, drückte uns einen Schlüssel in die Hand und schickte uns dorthin.

Vor der Lehmhütte stand auf dem Platz ein großer Baum, ideal, um darunter das Zelt aufzuschlagen. Auf dem sauber gefegten kleinen Vorhof aus gestampftem Lehm gab es einen stetig tropfenden Wasserhahn, das kostbare Nass wurde in einer weißen Schüssel aufgefangen, in der sich ein paar Blechteller und Tassen befanden.

Wir hatten es uns gerade im Schatten unter dem Baum bequem gemacht, da kam der Jüngling lächelnd mit einer Hacke auf der Schulter anmarschiert. Ich gab ihm seinen Schlüssel zurück, und er öffnete damit das Vorhängeschloss an seiner Haustür. Die fensterlose Hütte bestand aus einem einzigen Raum, außer einem Bett war kein weiters Mobiliar vorhanden.

Mit Händen und Füßen machten wir ihm klar, dass wir lieber unter dem Baum in unserem Zelt schlafen wollten. Er hatte verstanden und hängte uns sogar eine Glühlampe nach draußen in den Baum, denn inzwischen war die Sonne bereits untergegangen. Als das Zelt stand, brachte er uns einen Tee und stellte sich als Majid vor, dann verschwand er. Derweil kochten wir uns auf unserem

Benzinkocher ein Pilzrissotto aus getrockneten Steinpilzen, ein einfaches und leicht zu transportierendes Essen, das auch noch hervorragend schmeckte. Majid kam bald wieder, er hatte sich etwas zum Essen geholt und ließ es sich auf seinem Bett sitzend schmecken, nachdem er uns auch etwas davon angeboten hatte. Danach zog er wieder los und ließ uns allein. Bald verschwanden wir in unserem Zelt.

Plötzlich rüttelte jemand am Zelt. Es war 23 Uhr, wir hatten bereits eine Weile gut geschlafen. Ich öffnete den Reißverschluss und erblickte einen wild gestikulierenden Majid. Aus seiner Körpersprache ging deutlich hervor, dass wir in seiner Hütte schlafen sollten. Jemand hatte ihm wohl massiv Angst gemacht, ihn vielleicht sogar geschlagen. Wenn uns etwas zustoßen sollte, dann würden sie ihn umbringen, machte er uns anschaulich deutlich, indem er mit dem Zeigefinger quer über seinen Hals strich.

Natürlich wollten wir dem lieben Kerl nicht noch mehr Schwierigkeiten machen und zogen in seine Hütte um. Er half uns dabei, nichts durfte draußen bleiben, sogar die Fahrräder mussten rein. Neben seinem Bett auf dem Fußboden konnten wir auf unseren bequemen Matten weiterschlafen.

Bei den Muslimen hat der Gastgeber die Verantwortung für seinen Gast und dessen Habseligkeiten, deswegen ließen uns die beiden Männer zuvor wohl auch nicht unser Zelt auf ihrem Grund und Boden aufschlagen.

Beim ersten Tageslicht stand Majid auf, um seine Feldarbeit zu beginnen. Als Dankeschön für seine Gastfreundschaft schenkten wir ihm unsere restlichen Lebensmittel. Denn bis Shiraz war es nicht mehr weit, und dort konnten wir uns wieder mit Vorräten eindecken. Aber davor schauten wir uns die fast 3000 Jahre alten Ruinen von Persepolis an, mit ihren in den Himmel ragenden Säulen und gut erhaltenen Reliefs. Die beiden Männer an der Kasse freuten sich sichtlich, als wir mit unseren schwerbepackten Rädern angerollt kamen, und verlangten von uns nur den halben Eintrittspreis.

Mein Gesundheitszustand war erstaunlich gut. Die 60 Kilometer bis Shiraz schaffte ich problemlos, obwohl noch zwei felsige Bergketten zu überwinden waren. In der letzten Abfahrt kurz vor der Stadt hatten wir genau 9000 Kilometer seit Thun zurückgelegt. Bei jedem geradelten Tausender legten wir eine kurze, andächtige Pause ein und dies sollte bis zum Ende unserer Reise so bleiben.

Erstaunlich schnell hatten wir ein sauberes und erschwingliches Hotel gefunden, sein Name war Hotel Sasan, wie unser verrückter und liebenswerter Freund in Abade!

Wüste Lut

Shiraz gefiel uns vom ersten Moment an sehr gut. Der Basar stellte alles bisher Gesehene in den Schatten. Die Atmosphäre nahm uns völlig gefangen, wir tauchten in eine ganz andere Welt und Zeitepoche ein. Es gab so gut wie keinen Tourismus, alles wirkte noch echt und authentisch. Zwischen den verschiedenen Buden, an denen vom Teppich bis zur orientalisch verschnörkelten Suppenschüssel alles angeboten wurde, befanden sich in kleinen Nischen immer wieder Teehäuser, wo Männer mit langen Bärten ihre Wasserpfeifen rauchten.

Es war gerade Mittagszeit, als wir nach dem Basarbesuch an einer Moschee vorbeikamen. Moscheen sind nicht nur Orte des Gebets, sondern auch Begegnungs- und Erholungsstätten. Uns lockten eine kleine Pause und die Ruhe der Moschee. Am Eingang stand ein Wächter, der Dorothee ein weißes Tuch aushändigte, in das sie sich einwickeln musste. Es handelte sich um ein Mausoleum, und es herrschte Tschadorpflicht.

Beim Eintreten „erschlug" es uns beinahe! Aus allen Richtungen funkelte und spiegelte es uns entgegen. Die Moschee war innen über und über mit Spiegelmosaiken dekoriert, es gab kaum einen Flecken Wand oder Decke ohne Spiegel. In der Mitte des Raumes hing ein großer Kristallleuchter, dessen Lichter überall reflektierten. Wir setzten uns neben einer Gruppe junger Frauen, die gerade Picknick machten, auf den mit Perserteppichen ausgelegten Boden und bestaunten die funkelnde Pracht. Die Frauen sprachen uns an, wollten wissen woher wir kamen und boten uns von ihrem Essen an. Auf einmal erschien der Wächter und versuchte mir etwas zu sagen. Ich verstand natürlich gar nichts, und die netten Frauen mischten sich ein. Sie redeten eine Weile mit dem Wächter, dann zog er lächelnd ab. Erst später, als wir längst wieder draußen waren, wurde uns klar, was er gewollt hatte. Als Mann hätte ich nie im Sektor der Frauen sitzen dürfen.

Auf der Fahrt im Taxi zur Visaverlängerung waren wir angespannt und nervös. Was würden sie uns hier wohl erzählen? Mit dem Rad waren noch 14 Tage bis zur pakistanischen Grenze erforderlich, und wir hatten nicht vor, einen Bus zu nehmen. Immer

Spiegelmoschee in Shiraz

wieder hatten wir von anderen Tourenradlern gehört, die wegen Problemen mit den Visa auf öffentliche Verkehrsmittel umstiegen. Die Beamten waren sehr freundlich, wir schöpften neue Hoffnung. Es brauchte viel Überzeugungsarbeit von mir, um ihnen klarzumachen, dass wir eine Visaverlängerung von 14 Tagen brauchten und keinen Tag weniger. Ich zeigte ihnen den Zeitungsartikel von der Thuner Lokalpresse, die Weltkarte mit unserer eingezeichneten Route und ein Schreiben von der örtlichen Touristeninformation, das wir uns zuvor dort geholt hatten. Dorothee hielt sich wie immer schön im Hintergrund auf, das hatte sie im Iran gelernt, und ließ mich verhandeln. Und wir hatten Glück, nach langem Hin und Her ließen sie sich erweichen.

„Nun ist aber Schluss mit weiteren Verlängerungen, ein Transitvisum darf nur maximal dreimal verlängert werden", rügten sie uns.

Draußen auf der Straße atmeten wir erleichtert auf. Was für ein Glück, dass sie die eine Verlängerung weiter hinten im Pass, direkt hinter dem Visum für Pakistan, nicht gesehen hatten. Sie hatten uns nämlich gerade die vierte Verlängerung in den Pass gestempelt!

Die Weiterreise gestaltete sich nun etwas entspannter. Wir waren seit Shiraz schon zwei Tage unterwegs und hatten den 15. Oktober 1998, Dorothees 40. Geburtstag. Diesen Tag hatten wir uns schöner vorgestellt. Um in Shiraz zu bleiben und dort zu feiern, fehlte uns dann doch die Zeit. Seit dem frühen Morgen blies uns ein kräftiger Wind entgegen, wir hatten die Abzweigung zu einer Nebenstrecke verpasst und fuhren auf der von Lastwagen stark befahrenen Hauptstraße. Manchmal gibt es Tage, an denen das Radfahren überhaupt keinen Spaß macht. Ein kleiner Trost war am Abend der schöne Platz mit der atemberaubenden Sicht über den Salzsee unten im weiten Tal. Als der Kaffee in unseren Blechtassen dampfte, waren die Strapazen schon wieder vergessen. Leider hatten wir gar nichts, womit wir den besonderen Tag hätten feiern können. Darum hatten wir uns im letzten Dorf Zigaretten gekauft, damit sich dieser Tag von anderen Tagen unterschied. In anderen Ländern hätten wir eine Flasche Wein dabei gehabt, aber der Iran ist halt so trocken wie der Salzsee, auf den wir gerade blickten. Eine Überraschung hatte ich dann doch noch dabei, eine kleine Packung Gummibärchen von Haribo. Die hatte ich heimlich in der Türkei gekauft und Tausende von Kilometern mitgeschleppt. Damit hatte Dorothee nicht gerechnet. Es war während der ganzen Reise immer schwierig, eine Überraschung für den Geburtstag parat zu haben, schließlich waren wir fast immer zusammen und hatten auch eine gemeinsame Kasse.

Einige Tage später rollten wir in die Oasenstadt Bam ein. Sie liegt am Rande der Wüste Lut. Schon lange hatten wir von dieser Stadt gehört, hier sollten die besten Datteln aus dem Iran herkommen, und es gab da ein altes und sehr sehenswertes Fort. Schlagartig wechselten das Klima und die Vegetation. Nach der kargen Wüste radelten wir plötzlich mitten durch große Dattelpalmenhaine.

Wir fanden recht schnell eine Unterkunft, da wir schon im Reiseführer von dem bei Travellern sehr beliebten Guest House gelesen hatten. Der Besitzer, ein netter Mann um die 40, empfing uns freundlich. Wir waren sehr überrascht, als er uns mit einer ungewöhnlichen Bestimmtheit sagte: „Ab hier müsst ihr mit dem Bus weiterfahren, die Strecke zur pakistanischen Grenze ist viel zu

Das Fort in Bam, das ein paar Jahre später
durch ein Erdbeben zerstört wurde

gefährlich, da durch die Wüste Lut die Drogen von Afghanistan herausgeschmuggelt werden."

Natürlich dachten wir gleich: „Ach was, wir haben nichts mit den Schmugglern zu tun." Verladen kam für uns nicht in Frage, jetzt erst recht nicht mehr, seit wir genug Zeit zum Fahren hatten. Etwas nachdenklicher wurden wir, als er uns einen Warnzettel für Radfahrer in die Hand drückte. Auf diesem berichtete ein holländisches Paar, das vor kurzer Zeit auch mit den Fahrrädern diese Strecke fahren wollte, von ihrem schrecklichen Erlebnis: Sie hatten für die erste Nacht hinter Bam bei einem markanten Turm mitten in der Wüste ihr Lager aufgeschlagen. In der Nacht kamen Fahrzeuge quer durch die Wüste gefahren. Plötzlich waren Schüsse gefallen, die Geschosse durchbohrten ihr Zelt und beschädigten ihre Räder, als sie dort einschlugen. Das hörte sich ganz anders an, als diese allgemeinen Warnungen von gefährlichen Gegenden, die wir schon oft gehört hatten. Ganz nüchtern versuchten wir zu überlegen, erkundigten uns bei unserem Gastgeber nach Polizeiposten auf dieser Strecke. Denn offensichtlich fanden diese

Schmuggelaktionen bei Nacht statt, und die beiden Holländer befanden sich zur falschen Zeit am falschen Ort.

„Wenn wir also die Nächte in Dörfern oder bei Polizeistationen verbringen werden, statt in der Wüste, ist das Risiko kalkulierbar", dachten wir.

So machten wir es dann auch. Beladen mit Proviant, darunter ein ganzes Kilo der berühmten feinen Datteln aus Bam, flogen wir mit Rückenwind förmlich aus der Oase hinaus. Am Vortag hatten wir uns das Fort angeschaut, eine recht unwirkliche Kulisse in der Wüste, kein einfacher viereckiger Klotz, sondern ein schön geschwungener, majestätischer Bau aus Lehm, der Jahre später durch ein starkes Erdbeben dem Erdboden gleichgemacht werden sollte. Als wir in Australien im Radio von den vielen Todesopfern hörten, die dieses Beben gefordert hatte, dachten wir natürlich an die nette Familie, die dieses Gästehaus geführt hatte, und fragten uns, ob sie wohl überlebt hatte.

Wir rasten mit 40 km/h durch die Salzwüste. Mir wurde fast schwindlig, denn zu sehen war nur Horizont, und alles flimmerte. Von weitem konnten wir den Turm sehen, bei dem die Holländer beschossen worden waren. Uns war sofort klar, warum das der falsche Platz zum Zelten war. Es war weit und breit der einzige Orientierungspunkt in der Gegend, und als wir später an ähnlich markanten Punkten vorbeikamen, waren diese immer vom Militär besetzt und mit Maschinengewehren bestückt. Keine gute Gegend, um wild zu kampieren.

Der Wind ließ nach, das Radeln wurde wieder anstrengender. Surgaz erreichten wir nach 115 Kilometern bereits am Mittag. Es war ein Geisterdorf, außer dem Militärposten gab es kein Leben im Dorf.

Von den Soldaten erfuhren wir, dass es 50 Kilometer bis zum nächsten Posten waren. Das konnten wir auch ohne Rückenwind noch schaffen. Ab und zu lagen halb verweste Kamele neben der Straße, die ersten lebenden sahen wir tags darauf, als zwei dieser erstaunlichen Wüstentiere vor uns gemächlich den flimmernden Asphalt überquerten. Das Wüsten-Feeling war perfekt.

Noch vor Sonnenuntergang erreichten wir nach 165 Kilometern

Kahurak, so weit waren wir bisher auf dieser Reise noch nie an einem Tag gefahren. Außer dem Militär lebte dort in einem ehemaligen Restaurant Ali, der hartnäckig versuchte, Palmen zu kultivieren. Zwischen seinen Palmen durften wir unser Zelt aufstellen und eine ruhige Nacht verbringen.

Zwanzig Kilometer hinter Kahurak schrieben wir mit Kreide „10.000 km Wüste Lut" auf die Straße. Noch bevor wir mit der Kamera diesen Moment festhalten konnten, verwischten uns zweimal Lastwagen das Geschriebene. Beim dritten Mal klappte es dann. Ein unbeschreibliches Gefühl war das, so mitten in der Wüste zu stehen und zurückzudenken, was wir auf diesen 10.000 geradelten Kilometern schon alles erlebt hatten.

Ohne Schwierigkeiten erreichten wir die Grenze zu Pakistan bei Mirjaven. Wir hatten unterwegs immer ein sicheres Plätzchen für die Nacht gefunden und mussten in dieser unsicheren Gegend nie in der Wüste zelten. Aus den fünf Tagen Transitvisum waren schlussendlich 53 Tage geworden, und wir waren stolz, dass wir dem ständigen Zeitdruck nicht nachgegeben und den gesamten Iran mit dem Rad durchquert hatten.

Pakistan

Kurz vor der Grenze trafen wir einen anderen Tourenfahrer, Vince aus England. Mit ihm wollten wir durch Belutschistan fahren, eine ebenfalls unsichere Gegend. Gemeinsam rollten wir zur Grenze. Hier ließ ich Kurt und Vince mit unseren Pässen zur Kontrolle gehen, ich blieb bei den Rädern und war überzeugt, dass ich sowieso nicht in das Gebäude musste. Zu meinem Erstaunen wollten mich die Zöllner dann aber doch noch sehen, das Kopftuch behielt ich lieber auf. An dieses hatte ich mich mittlerweile so gewöhnt, dass ich mir ohne das Tuch unvollständig angezogen vorkam. Auch sollte ich in der ersten Zeit ohne Kopftuchpflicht immer an den Ohren frieren.

Bis zur Grenze waren wir auf guter Asphaltstraße gefahren, jetzt war es eine Staubpiste, auf der die Ziegen zwischen den

Schlaglöchern spazierten. Zahllose pakistanische Laster standen an der Grenze, alle fantastisch-bunt dekoriert. Solcherart Fahrzeuge hatten wir bis jetzt noch nie gesehen! Die hohen Seitenwände waren bemalt mit bunten Ornamenten, die Türen waren oft aus Holz geschnitzt und die Fenster winzig klein. Auf der Fahrerkabine gab es einen Aufbau, auch bunt bemalt, und dort durften die Passagiere mitfahren. Sie winkten uns zu, wenn die Laster langsam an uns vorübertuckerten. Die Windschutzscheibe war bis auf einen Sehschlitz bunt mit Koransuren bemalt. Am unteren Rand der Lastwagen hingen an kleinen Ketten viele Metallplättchen und Glöckchen, die beim Fahren aneinander stießen und bimmelten. Lange bevor uns die Lastwagen überholten, meldeten sie sich mit ihrem Gebimmel an. Selten war es möglich, Lastwagen ohne Besitzer zu fotografieren. Diese waren sehr stolz auf ihre Fahrzeuge und ließen sich in ihren landesüblichen „Pyjamas" gern mit auf das Foto nehmen.

Laster mit stolzem Besitzer

Zu dritt fuhren wir durch die Wüste von Belutschistan. Aufgrund der politischen Situation (die Taliban regierten in Afghanistan, und ihre Sympathisanten waren in Belutschistan recht zahlreich, außerdem blühte der Rauschgifthandel in dieser Region), verzichteten wir weiterhin auf das Zelten in der Wüste. Wir steuerten abends ein Resthouse oder eine Polizeistation an. Auch bei Kasernen könnten wir übernachten, wurde uns gesagt. Doch als wir zum ersten Mal bei einer Kaserne fragten, wurden wir abgewiesen. Der Grund war, dass ich als Frau in einer Kaserne nichts zu suchen hatte.

In dieser Gegend begegneten uns sehr selten Frauen, und wenn, dann nur in der alles bedeckenden Burka, am Straßenrand sitzend und uns den Rücken zukehrend.

Als wir in Dalbandin in einem kleinen Hotel ein Zimmer im ersten Stock bezogen, rissen wir sofort die großen Fenster weit auf und setzten uns direkt davor an den Tisch. Es war Herbst, und wir wollten die letzten Sonnenstrahlen genießen. Doch dies war ein Fehler, es hatte sich ganz schnell eine Männermenge unten auf der anderen Straßenseite gebildet. Alle standen sie da und sahen staunend in unser Zimmer hinauf.

Immer wenn wir irgendwo anhielten, hatte sich in Kürze eine Menschentraube gebildet. Beim Reinfahren in die große Stadt Quetta sahen wir am Straßenrand so eine Menschentraube, und wir witzelten: „Da muss ein Tourist in der Mitte stecken."

Nicht sonderlich überrascht waren wir, danach mitten drin Vince stehen zu sehen. Er war uns vorausgefahren und hatte angehalten, um seine Karte zu studieren. Sichtlich erleichtert fuhr er mit uns zusammen weiter, doch schon bald trennten sich unsere Wege.

Wenige Tage später in Dera Ghazi Khan, schon fast am Indus, suchten wir uns eine Bleibe für die Nacht. Kurt wurde von einem Motorradfahrer angesprochen, und schon stoppten andere Motorräder. Alle begleiteten uns dann zu einem Hotel. Das waren nicht wenige, denn bis zu vier Erwachsene haben auf einem Motorrad Platz. Glücklicherweise war der Hotelhof von einer zwei Meter hohen Mauer umgeben, unsere Eskorte musste draußen bleiben. Doch wir bekamen ein Zimmer im ersten Stock, sehr zur Freude der Männermenge draußen auf der Straße. Alle standen an der Mauer und beobachteten, wie wir erst das Gepäck und dann unsere Räder über die Außentreppe hochwuchteten. Endlich war es geschafft und wir konnten die Zimmertüre schließen. Aber es dauerte keine fünf Minuten, bis es an unserer Tür klopfte. Kurt öffnete und wurde fast vom Hotelmanager überrannt, der ohne Aufforderung mit einem kleinen Jungen an der Hand in unser Zimmer trat. „Dies ist mein Neffe", sagte er, „er möchte gern die ‚Engländer' (so werden in Pakistan und Indien alle Europäer genannt) sehen."

Wir waren so perplex, dass wir sogar noch dem Dreikäsehoch wortlos die Hand schüttelten, die er uns schnell entgegenstreckte.

Aftab

Nordwärts fahrend hatten wir kurz vor Bhakkar wieder Sicht auf das breite, grüne Industal. Nach vielen durchquerten Wüsten war es die erste bewachsene Landschaft, eine willkommene Abwechslung. Wir überwanden einen Gebirgszug, auf dessen Straßen hauptsächlich Lastwagen unterwegs waren. Sie kamen nicht schneller voran als wir. Mühsam umkurvten sie die zahlreichen Schlaglöcher, da hatten wir es mit unseren wendigen Rädern bedeutend leichter.

In Bhakkar war es Zeit zum Übernachten, denn der nächste Ort war noch etliche Kilometer entfernt, und wir waren müde. Also begannen wir, uns nach einem Hotel durchzufragen. Von einigen Leuten wurden wir in Richtung Basar geschickt, andere wiederum erklärten, es gäbe hier kein Hotel, wir müssten weiter nach Dera fahren.

Warum wir solch gegensätzliche Antworten bekamen, wurde uns schnell klar, als wir ein Hotel entdeckten. Es war ein langer Schuppen, der nach vorn offen war und in dem die für Indien und Pakistan so typischen Betten standen. Die einfachen Holzgestelle waren mit Schnüren bespannt, so dass sie als Sitz und Liegegelegenheit genutzt werden können. Solche „Bettgestell-Hotels" sind in Indien und Pakistan häufig an Überlandstraßen anzutreffen, sie wurden von uns gerne als Esslokal angesteuert. Besonders Lkw-Fahrer benutzen sie als Übernachtungsmöglichkeit.

Schon hatte sich eine große Menschenmenge um uns versammelt. Natürlich nur Männer und alle mit den für Pakistan üblichen Pyjamas gekleidet. So standen wir mitten im Basar zwischen Metzgerständen, an denen lebende Tiere und Fleisch, auf dem die Fliegen herumkrabbelten, feilgeboten wurden. Da lag Rohes, Gegrilltes und Gekochtes nebeneinander, die Köpfe verschiedener Tiere türmten sich auf und schauten uns aus glasigen Augen an.

Wir überlegten, was jetzt zu machen war. Hier bleiben wollten wir nicht, das wäre nicht entspannend gewesen, schon gar nicht für mich als Frau zwischen all diesen Männern. Der Gedanke, dass jedes Zucken von uns neugierig beobachtet wird, war alles andere als angenehm. Da war an einen erholsamen Schlaf nicht zu denken. Fragwürdig war ebenfalls, ob wir mitten im Basar in diesem offenen Schuppen mit all unserem Hab und Gut schlafen konnten, ohne dass am nächsten Morgen einige unserer Sachen Beine bekommen hätten.

Was sollten wir nun machen? Trotz unserer Müdigkeit würden wir die 30 Kilometer bis Dera noch schaffen, darum fuhren wir los.

Wir hatten Bhakkar schon fast verlassen, da kamen wir an eine Straßenkontrolle. Zwei Männer stoppten uns, wohl aus Langeweile, aber sicher auch, weil sie Englisch sprachen.

„Trinkt doch einen Tee mit uns", sagten sie, während wir es doch eilig hatten, denn wir wollten ja noch bei Tageslicht in Dera ankommen.

„Wir fahren nur sehr ungern nach Einbruch der Dunkelheit", erklärten wir, aber davon wollte Aftab nichts wissen.

„Wenn es in Bhakkar kein Hotel gibt, heißt das noch lange nicht, dass ihr hier nicht übernachten könnt." Er lud uns ein, bei sich und seiner Familie zu schlafen. Er war verheiratet, hatte eine kleine Tochter und ein Baby. Bei Tee und einer netten Unterhaltung warteten wir bis Aftab Dienstschluss hatte.

Schnell hatte es sich herumgesprochen, dass sich an der Straßenkontrolle zwei „Engländer" aufhielten. Es kamen immer wieder neue Freunde, um uns zu begutachten, dabei wurde viel geredet und Tee getrunken. Schließlich schwangen wir uns auf die Räder und fuhren mit Aftab zu seinem Haus. Unser Bett war bereits gemacht, wir durften gleich duschen. Aftab zeigte mir davor noch die Parfüm-Sammlung seiner Frau, ich musste an allen Flaschen riechen, es gelang mir aber schließlich doch, ihm klarzumachen, dass ich so etwas nicht brauchte.

Das Duschen tat gut. Als Kurt unter der Dusche stand, kamen die Frauen der Familie, und ich saß mitten unter ihnen im Besucherzimmer. Dabei gab es viel Gekicher. Schade, dass keine von ihnen Englisch sprach.

Sobald Kurt wieder zurück war, verschwanden die Frauen eine nach der anderen, und stattdessen erschienen immer mehr Männer. War der Raum zuvor noch erfüllt mit den farbenfrohen Kleidern der Frauen, herrschte auf einmal das Weiß der Männerkleidung vor. Das Gekicher machte einer höflichen, manchmal auch gequälten Unterhaltung auf Englisch Platz.

Die Türglocke bimmelte ununterbrochen. Mehr und mehr Menschen aus der Nachbarschaft wollten die „Engländer" sehen. Doch nicht alle wurden hineingelassen, das erfuhren wir aber erst später.

Nach dem Abendessen, das wir allein mit Aftab einnahmen, während seine Frau und die Kinder in der Küche mit dem Hauspersonal aßen, besuchten wir einen Freund Aftabs. Bei ihm vertrieben sich Aftab und seine Freunde mit Kartenspielen und Kautabak-Kauen die Abende. Nebenbei wurde noch ein Kampfvogel trainiert, indem der kleine Vogel in einer Hand gehalten wurde und ihm abwechselnd an seinem rechten und linken Bein gezogen wurde. „Das stärkt die Muskulatur", wurde uns erklärt.

Besonders wohl fühlte ich mich in dieser Männerwelt nicht. Auch Kurts Welt war das nicht. So waren wir froh, als wir wieder in Aftabs Haus waren, wo wir todmüde ins Bett fielen.

„Trinkt ihr gern Wein?", wollte Aftab am nächsten Morgen wissen. Er nahm sich extra den Tag frei, weil er unbedingt mit uns ins christliche Dorf fahren wollte. Für ihn war klar, dass Christen Alkohol trinken, und weil auch er ganz gern mal einen trank, war das die Gelegenheit für ihn.

„Regelmäßig fahre ich ins christliche Dorf und bringe auch ab und zu eine Flasche Wein mit nach Hause. Nur meine Frau darf davon nichts erfahren. Als sie sich einmal nach dem Inhalt der Flasche erkundigte, erzählte ich ihr, es handele sich um Medizin für meine Kampfhähne."

Seine Frau war eine strenge Muslima. Sie ging nur in der Burka auf die Straße, da ihr Mann Landbesitzer war und sie sich dadurch als etwas Besseres fühlte. Aftab hat vier Brüder. Das Land, welches sie vom Vater geerbt hatten, wurde in fünf Teile aufgeteilt. Nun konnte aber keiner von seinem kleinen Stück Land leben. Deshalb war Aftab froh über den Posten bei der Straßensperre.

Schon früh am Morgen kamen die ersten Besucher. Bald war ich umringt von einer bunten Schar Frauen, die mir Bilder von ihren Kindern zeigten. Darauf konnte man höchstens die Hände und den Oberkörper der das Kind haltenden Frau sehen. Darum wollten wir versuchen, ein Foto von den Frauen zu machen, was in Pakistan per Gesetz verboten ist. Sie hatten nichts dagegen, nur die Frauen aus Aftabs Familie wollten nicht mit auf das Bild. Später erfuhren wir, dass die anderen Frauen nicht aus Landbesitzerfamilien stammten, und mit sozial niedriger gestellten Frauen wollte Aftabs Familie nicht abgelichtet werden.

Schließlich fuhren Aftab und sein Freund Shandy mit uns zu dem christlichen Dorf. Auf dem Weg dorthin wurden uns noch Aftabs Kampfhähne vorgestellt. Er band Stoff um deren Sporen und ließ sie für uns gegeneinander kämpfen. Wegen des Stoffs konnten sie sich nicht gegenseitig verletzen. Trotzdem konnten wir diesen Kampf nicht genießen und waren froh, als die Hähne wieder getrennt wurden.

Im christlichen Dorf wollte uns Aftab unbedingt dem Pfarrer vorstellen. Doch der machte gerade seinen Mittagsschlaf. Nur Schwester Martha, eine Nonne, war anwesend. Sie sprach Englisch, und für mich war es eine Freude, mich nach langer Zeit einmal wieder mit einer Frau unterhalten zu können.

Weil der Pfarrer nicht gestört werden wollte, gingen wir mit Aftab weiter zu seinen christlichen Freunden. In deren Häusern sah es genauso aus wie in allen pakistanischen Häusern: Auch hier gab es ein Empfangszimmer, in das der Besuch geführt wurde und wo selten die Frauen des Hauses zu sehen waren. Uns wurde Tee mit süßen Nudeln von einem Jungen serviert. Die Frauen der Familie schauten höchstens einmal neugierig durch den Türschlitz, auch sie hatten die Haare unter Kopftüchern versteckt.

Wein wurde organisiert, und weil Aftab die Flasche nicht für jedermann sichtbar transportieren wollte, hatte er Kurt gebeten, seine Fahrradtasche mitzunehmen. Darin versteckt wurde der Wein nach Bhakkar befördert.

Wieder bei ihm zu Hause, verzog sich Aftab mit uns ins Besucherzimmer, schloss die Fensterläden und verriegelte die Tür.

„Unsere Gäste wollen Tagebuch schreiben und dabei ungestört sein", erklärte er seiner Frau bevor er die Türe schloss.

Jetzt konnten wir das, was sie „Wein" nannten, trinken. Wir würden es in Europa Schnaps nennen, doch mit Cola war es genießbar.

Später waren wir im Haus einer mit Aftab befreundeten Familie zum Tee eingeladen. Dort musste Aftab mit seinen Freunden im Empfangszimmer bleiben, während Kurt und ich in ein riesiges Zimmer geführt wurden. Am einzigen Tisch in dem großen Raum saß Abdul, ein älterer Mann mit weißem Rauschebart. Wir wurden aufgefordert, bei ihm Platz zu nehmen. Um uns herum war der Raum voller Frauen, es herrschte ein buntes Gedränge. Die Burka oder den Schleier hatten sie vom Gesicht weggezogen. Kurt galt wohl hier nicht als fremder Mann, oder die Neugier der Frauen hatte doch über alle religiösen Sitten und Bräuche gesiegt.

Wir bekamen wieder Tee und süße Nudeln. Die Frauen kicherten und lachten. Manche stellten Fragen, und Abdul übersetzte. Aber auch ohne Worte ging es sehr lustig und entspannt zu, ein außergewöhnliches und kaum beschreibbares Erlebnis. Die Zeichensprache funktionierte perfekt, die Atmosphäre war ganz anders als bei der Anwesenheit einer Männergruppe.

Am Abend machte Aftab die große Ausnahme: Auf unseren Wunsch hin aßen wir mit den Kindern und seiner Frau gemeinsam das Abendessen. Seine Frau schien sich dabei jedoch nicht wohl zu fühlen, sie achtete darauf, nicht neben ihrem Mann zu sitzen. Auf einem großen Orientteppich saßen wir alle im Schneidersitz um die verschiedenen, in silbernen Schüsseln dampfenden *currys*. Mit der rechten Hand reißt man ein Stück Fladenbrot ab und fischt sich damit etwas Linsenbrei *(dal)*, Gemüse oder Lammfleisch aus den schön verzierten Schalen.

Bevor unsere Reise am Tag darauf weitergehen konnte, waren wir bei Shandys Familie zum Frühstück eingeladen.

Aftabs bester Freund war nicht verheiratet und wohnte bei seiner Großfamilie. Wir saßen mit Aftab und Shandys Vater an einem mit leckeren Speisen überladenen Tisch. Um uns herum standen wohl so um die 30 Familienmitglieder, diesmal Frauen und Männer, und schauten uns beim Essen zu. Das Ganze machte den Eindruck, als handelte es sich um eine spannende Pokerpartie und nicht um ein Frühstück. Uns wurden die verschiedensten Leckereien auf die Teller gefüllt und dabei genau beobachtet, was uns am besten schmeckte. Genau das wurde dann ein zweites oder auch drittes Mal auf unsere Teller gehäuft, und die jeweilige Köchin des Gerichts war sehr stolz. Zum Glück können Radfahrer viel essen. Wir unterhielten uns in gepflegtem Englisch, da Männer dabeiwaren.

Die Zeit, die wir mit Aftab und seinen Freunden in Bhakkar verbracht hatten, war sehr spannend und erlebnisreich. Trotzdem ist es immer anstrengend, Gast zu sein und im Mittelpunkt zu stehen. Aber nicht nur für uns, auch für Aftab war es anstrengend. Seine Hausglocke bimmelte fortwährend, solange wir seine Gäste waren. Als er uns einlud, wusste er wohl nicht, auf was er sich eingelassen hatte.

Aftab und Shandy begleiteten uns noch bis hinter das Dorf. Zum Abschied bekam Kurt einen Kuss von den beiden, mir dagegen reichten sie noch nicht einmal die Hand. Kurt hatte mit Aftabs Einverständnis seiner Frau zum Abschied die Hand gegeben, ihr war dies jedoch gar nicht recht gewesen.

Nur etwa drei Kilometer weiter wurden wir von einer Horde junger Burschen gestoppt. Sie waren auf dem Weg zur Schule, und jeder hielt uns sein Schulheft hin, um ein Autogramm von uns zu bekommen.

Islamabad

Einige Tage später erreichten wir Islamabad, die Hauptstadt Pakistans. Sie wurde auf dem Reißbrett geplant, mit großen Prachtstraßen, vielen grünen Rasenflächen, Alleen und moderner Architektur. Nur an den Passanten in landesüblicher Kleidung konnte man erkennen, dass wir uns noch in Pakistan befanden.

Im interessantesten Teil der Stadt lag der Zeltplatz. Er war ausschließlich Nicht-Pakistani vorbehalten, was auf den ersten Blick aussah, als würden die Touristen dort in ein Ghetto gesperrt. Doch sehr bald schätzten wir das, denn hier konnten wir uns frei bewegen, ohne dass uns jemand anstarrte. Das war sehr erholsam, wenn wir von den Ausflügen aus der Stadt zurückkamen. Wir waren nicht allein, denn bald danach kamen drei andere Radfahrer an. Chris, Peter und Julien hatten sich im Iran zusammengetan, ihr Ziel war Australien. Neben einigen Überlandfahrern in großen Wohnmobilen campierten noch die Franzosen Ive und Christine auf dem Zeltplatz, ebenfalls Radfahrer. Zusammen mit so vielen Radfahrern wurde es uns nicht langweilig. Abends machten wir ein wärmendes Lagerfeuer und brieten uns Kartoffeln darin. Jetzt im Dezember war es ganz schön kalt.

Wir hatten Beatrice kennengelernt, eine Mitarbeiterin der Schweizer Botschaft. Sie führte uns in das Leben der Europäer hier im trockenen Pakistan ein. Die Europäer schließen sich zusammen und gestalten gemeinsam ihre Freizeit. In den Botschaften gibt es Clubabende, zu denen nur Nicht-Pakistani Einlass haben. Sonst würden die Botschaften Schwierigkeiten bekommen, da dabei Alkohol ausgeschenkt wird. So gibt es eine Europäische Gemeinde mitten in Islamabad, zu der wir auch bald gehörten.

Wir mussten hier unsere Indien-Visa beantragen. Bei der indischen Botschaft herrschte ein riesiger Andrang. Auf den Rasen vor und neben der Botschaft hatten die Wartenden Zelte aufgebaut. Sie wohnten dort mit ihren Familien oft tage- und wochenlang und warteten geduldig, bis sie endlich ihre Visa erhielten. Viele Pakistani haben Verwandte in Indien und wollen diese besuchen. Sie durften jeden Morgen Nummern ziehen, anschließend wurden

Lose gezogen. Wessen Nummer dabei war, durfte in der Botschaft ein Visum beantragen. Aber ob jemand eines erhielt, stand noch in den Sternen. In der Umgebung der Botschaft gab es keine Toiletten oder Mülleimer, entsprechend sah es da auch aus. Europäer durften direkt ins Gebäude und bekamen auch problemlos ein Visum. Gerecht war das nicht, trotzdem waren wir froh, uns nicht in dieses System einreihen zu müssen.

Wenige Tage später fuhren wir Richtung indische Grenze nach Lahore.

Indien

Vor uns lag das zehnte Land auf unserer Reise, Indien. Wir waren gespannt auf dieses große Land, von dem wir die unterschiedlichsten und unglaublichsten Geschichten erzählt bekommen hatten. Bisher waren wir immer von den grenznahen Bewohnern des vorhergehenden Landes gewarnt worden, wie schlecht die Leute im Nachbarland wären und wie gefährlich es dort sein würde. Indien war nun das erste Land, vor dem uns niemand gewarnt hatte.

In dichtem Morgennebel packten wir unser nasses Zelt im Garten des Y.W.C.A. in Lahore zusammen. Wie schon so oft hatten wir unser Zelt einem wenig Platz und Privatsphäre bietenden Schlafsaal im Haus vorgezogen.

Seit ein paar Tagen gab es morgens dichten Nebel. Dadurch war es ziemlich frisch geworden, und wir mussten die warmen Klamotten aus den Tiefen unserer Taschen ausgraben. Sobald die Sonne den Kampf mit dem Nebel gewonnen hatte, herrschten wieder angenehme Temperaturen.

Je näher wir der Grenze kamen, desto mehr ließ der Verkehr nach. Viel Betrieb schien dort nicht zu sein, was einen eigentlich nicht wundert, da Pakistan und Indien nicht gerade miteinander befreundet sind und dieser Grenzübergang für Inder oder Pakistani geschlossen war. Lediglich Touristen durften diesen einzigen internationalen Grenzübergang zwischen den beiden Ländern benutzen.

An einem Holzpult, auf dem ein dickes, großes Buch aufge-schlagen lag, saß ein bärtiger Zöllner. Zum Schutz vor der Sonne hatte er sich ein weißes Tuch um den Kopf gewickelt, er trug die weiten Kleider der Pakistani. Mit ernster Miene schrieb er von Hand die Daten unserer Pässe in sein Buch und wies uns wortlos die Richtung zum nächsten Posten, schräg gegenüber auf der anderen Straßenseite.

Dort empfing uns ein fettleibiger Beamter, tief in seinem Büro-sessel versunken. Langsam, ja fast in Zeitlupe und vor „Taten-drang" nur so „strotzend", richtete er sich auf. Auch er hatte vor sich ein großes Buch aufgeschlagen, das mehr als die Hälfte des Schreibtisches in Anspruch nahm, und füllte in stoischer Ruhe Namen, Passnummer, Visum-Nummer etc. in die dafür vorgese-henen Spalten. Diese Prozedur wiederholte sich noch einige Male, wir schoben unsere Räder weiter von Posten zu Posten. Auf der pakistanischen Seite wurden unsere Daten drei- und auf der indi-schen sogar viermal handschriftlich in dicke, große Folianten ein-getragen. Dazwischen war Gepäckkontrolle. Einer der beiden Kontrolleure befahl uns: „Schiebt bitte eure Räder in diesen Raum."

Dazu hätten wir eine kleine Stufe überwinden müssen, was kein großes Problem gewesen wäre, nur hatten wir überhaupt keine Lust, alles ab- und auszupacken.

„Das geht leider nicht, die Räder sind viel zu schwer", gaben wir lapidar zurück und weigerten uns entschieden. Dass wir mit dieser plumpen Masche so einfach und ungeschoren davonkommen würden, hätten wir nie gedacht. Doch schon nach einer kurzen Diskussion ließen sie uns weiterziehen.

Während der ganzen Zeit an diesem Grenzübergang konnten wir staunend beobachten, wie Ware aus Pakistan nach Indien gebracht wurde. Ein kunstvoll dekorierter und vollbeladener Lastwagen aus Pakistan fuhr rückwärts bis auf etwa 50 Meter an die auf dem Asphalt klar markierte Grenzlinie. Auf der indischen Seite wartete bereits in gleicher Position ein Tata-Laster. Groß stand hinten auf der Stoßstange „HORN PLEASE TATA HORN PLEASE" („Bitte hupen – TATA – bitte hupen")

Plötzlich ging es zu wie in einem Ameisenhaufen. Wir staunten, denn alles lief geordnet ab und die Fracht fand ihren Weg zum indischen Laster. Die Träger in roten Westen standen Schlange, um sich ein Paket von der Ladefläche des pakistanischen Lasters geben zu lassen. Das Paket auf dem Kopf balancierend gingen sie damit zur Grenzlinie und übergaben es ihrem indischen Kollegen in Blau. Von der Last befreit liefen sie im Laufschritt zurück, um sich ein weiteres Paket geben zu lassen. Die blauen indischen Lastenträger brachten ihr Paket zum indischen Laster, und dann liefen sie wie ihre Kollegen aus Pakistan rasch wieder zur Grenzlinie, um sich erneut ein Paket zu holen. Schön synchron spielte sich dieser Kreislauf auf beiden Seiten ab, einmal in Blau und einmal in Rot.

Hinter der indischen Grenze offenbarte sich eine ganz neue Welt, alles erschien uns bunter und lebensfroher. Ungläubig gafften wir den Fahrrad fahrenden Frauen nach. Unter ihren farbenprächtigen Saris guckten entblößte Bäuche und Bauchnabel hervor. Sie hatten sich die Tücher, wenn überhaupt vorhanden, locker um den Kopf gelegt. Die langen Haare darunter flatterten im Wind. Eine Sinfonie von Gerüchen stieg uns in die Nase, ein erster Vorgeschmack auf die indische Küche. Die Verkaufsstände am Straßenrand quollen von reifen Südfrüchten über, ein geschäftshungriger Rikschafahrer fuhr neben uns her und rief andauernd: „Rikscha, Rikscha!" Wie er uns mitsamt den bepackten Rädern transportieren wollte, hatte er sich wohl nicht überlegt.

Von riesigen Werbeplakaten prangte „GODFATHER SUPER STRONG", „GURU SUPER STRONG BEER" oder „HE-MAN 9000 ULTRA SUPER STRONG". Seit der Türkei war es unmöglich gewesen, legal und öffentlich Alkohol zu kaufen. Wir steuerten gleich den ersten Laden dieser Art an, denn inzwischen schien die Sonne wieder, ein kühles Bier lockte. Aber mit dem Kauf hörte die Freiheit dann auch schon wieder auf, denn wir konnten es nicht schnell im Stehen beim Rad trinken, wir mussten es sichtgeschützt vor der Öffentlichkeit im dunklen Raum einer Spelunke tun. Das kühle Bier tat zwar gut, schmeckte uns allerdings nicht besonders, und das sollte auch während unseres ganzen Aufenthalts in Indien so bleiben. Zu Indien passt eben besser Tee als Bier.

Ausnahmsweise fiel die Hotelsuche aus. Wir waren in Amritsar, wo sich der Goldene Tempel mit dem Heiligen Buch befindet. Dieses Haupttheiligtum der Sikhs bietet jedem Unterkunft und Verpflegung, egal welcher Nationalität oder Glaubensrichtung er angehört.

Die Sikhs sind eine eigenständige Glaubensgemeinschaft. Die Männer fallen durch ihre oft riesigen, bonbonfarbenen Turbane auf, unter denen sich ihre volle Haarpracht, zu einem Dutt hochgebunden, befindet. Denn den gläubigen Sikhs ist es verboten, sich die Haare zu schneiden. Auch die langen Barthaare sind manchmal unter einer Bartbinde versteckt. Um die Hüfte haben sie sich große Scheiden gebunden, in denen schwertähnliche Messer stecken. Es ist eine Religion, die sich – zumindest früher – oft gegen andere Glaubensrichtungen blutig verteidigen musste.

Es herrschte eine einzigartige Atmosphäre über der großzügigen Anlage des Tempels. Von morgens bis abends wurde musiziert und gesungen. Der goldene Hauptteil liegt inmitten eines riesigen Wasserbeckens und ist nur über einen Steg, auf dem sich die Pilger

drängen, zu erreichen. Auch wir reihten uns barfüßig und bedeckten Hauptes in den Strom ein und zogen an dem Heiligen Buch vorbei. Ein wahrer Geldsegen von Spenden rieselte dort auf den Boden. Ein Mann kehrte das Geld ununterbrochen mit einem Besen zusammen. Der Raum ist übersät mit verschiedenen Blüten und Früchten, die intensiv riechen. Die Menge der Pilger schien nie abzureißen, weder tags noch nachts, da wir gerade an einem hohen Feiertag der Sikhs zu Gast sein durften.

Goldener Tempel in Amritsar

Ein unvergessliches Erlebnis war die Verpflegung. In dem Essraum, der uns an eine Turnhalle erinnerte, können bis zu 500 Leute gemeinsam essen. Vor dem Eingang wartete eine große Menschentraube, während drinnen bereits gegessen wurde. Als die Gruppe fertig war, strömte sie durch den Seitenausgang aus der Halle. Nachdem eine Putzkolonne durchgekehrt hatte, öffnete sich das Tor für die anderen Wartenden und uns. Kaum war die Halle voll, wurde das Tor geschlossen, und jeder suchte sich einen Platz.

In langen Reihen saßen wir auf den am Boden markierten Plätzen inmitten dieser Pilgerschar. Als erstes wurden Blechtabletts verteilt, dann schöpften Männer mit Suppenkellen aus großen gusseisernen Eimern *dal* (Linsen) darauf. Andere gaben jedem zwei oder drei *chapatis* (Fladenbrote), und ein Dritter teilte eingelegte scharfe *pickles* aus. Alles ging mit einer wahnsinnigen Geschwindigkeit. Man wartete, bis jeder sein Essen auf dem Tablett hatte, und nach dem Gebet wurde, wie in Indien üblich, mit der rechten Hand gegessen. Es war ein einfaches, aber schmackhaftes Essen. Danach leerte sich die Halle für die nächste Schicht.

Die schmutzigen Tabletts konnte man gleich hinter dem Ausgang bei den Waschtrögen abgeben, dort waren freiwillige Helfer eifrig und pausenlos mit Spülen beschäftigt. Auch für die Zubereitung des Essens braucht es viele Helfer: Das Gemüse wird in großen Waschschüsseln gewaschen, geputzt und geschnitten. In riesigen Kesseln wird Dal gekocht. Alles ist gut organisiert, Essen wird rund um die Uhr ausgegeben.

Als Dorothee aus der Gemeinschaftsdusche der Frauen kam, erzählte sie: „Du glaubst es nicht, die Frauen tragen unter ihrer weiten Kleidung ebenfalls ein kleines Schwert und legen es nicht einmal unter der Dusche ab!"

Für Touristen gab es in dem riesigen Schlafgebäude einen Extraraum. Vor diesem saß immer ein Wächter, so dass wir ohne Bedenken unser ganzes Hab und Gut hierlassen konnten. Die Quartiere waren einfach: Mehrere Feldbetten standen in einem hohen Raum, Deckenventilatoren mischten ohne Unterbrechung die heiße Luft.

Da Amritsar der einzige Grenzübergang zwischen Pakistan und Indien ist, standen außer unseren Fahrrädern noch ein paar weitere neben den Feldbetten. Fast alle Radfahrer kannten wir bereits aus Pakistan, wo wir sie in Islamabad oder Lahore getroffen hatten, und wenn nicht, hatten wir zumindest schon von ihnen gehört. Wie immer, wenn sich Tourenradler treffen, wurden Erlebnisse und Erfahrungen ausgetauscht.

Der erste Diebstahl

Von Amritsar fuhren wir nach Süden. Überall gab es faszinierende Paläste und Moscheen zu bestaunen, die neben dem pulsierenden Leben eine angenehme Ruhe ausstrahlten. Wir übernachteten in preisgünstigen Hotels und legten großen Wert darauf, dass unsere Räder immer mit auf das Zimmer kamen. Die Inder waren sehr neugierig und besonders am „gear system", der Gangschaltung unserer Räder, interessiert. Die indischen Fahrräder sind nie mit Schaltungen ausgerüstet, darum reizten die Schalthebel ständig zum Herumfummeln. Ein bestimmtes „don't touch" von uns reichte jedoch aus, damit die schaulustigen Männer auf respektvollen Abstand von den Räder abrückten. Meist war dann einer darunter, der den anderen die Technik der Gangschaltung erklärte. Kamen später – angelockt durch die Menschentraube – Neuankömmlinge dazu, die versuchten, an Schalt- oder Bremshebel herumzuspielen, wurden sie sofort von den anderen zurechtgewiesen.

An Zelten war nicht zu denken. Wir wären nie allein gewesen, und Erfahrungen, wie sie andere Radfahrer gemacht hatten, wollten wir uns ersparen. Bei einem soll tatsächlich am Morgen, als er das Zelt öffnete, ein Inder im Vorzelt gesessen haben, um ihn mit einem „good morning, mister" zu begrüßen. Im Zimmer konnten wir die Türe schließen und hatten unsere Ruhe.

Während der Fahrt war aber nicht an Ruhe zu denken, jeder indische Radfahrer, den wir überholten, musste sich an unsere Hinterräder klemmen oder sogar neben uns herfahren. Oft mühten sich drei bis fünf ganz Ehrgeizige ab, um unser Tempo zu halten. Wenn einer dann fast sein Ziel erreicht hatte, überholte er in knappem Abstand, schnitt uns dabei gefährlich den Weg ab und bog in den nächsten Feldweg ein.

Es gab Momente der Einsamkeit, und diese nutzten wir sofort zu einer Pause. Solche Momente waren leider immer sehr kurz, denn entweder tauchten wie aus dem Nichts irgendwelche Feldarbeiter auf oder ein einsamer Radfahrer kam dahergeradelt. Der brauchte ebenfalls gerade jetzt eine Verschnaufpause und setzte sich einen halben Meter neben uns an den Straßenrand. Ich kann mich nicht daran erinnern, dass einer an uns vorbeigefahren wäre.

In den Dörfern stimmten die Kinder den Schlachtruf „Angresi, Angresi, Angresi" an, „Engländer, Engländer"! Das Geschrei begleitete uns vom ersten bis zum letzten Haus des Dorfes, als gehörten wir der Spitzengruppe bei der Tour de France an und müssten angefeuert werden.

Unser Zimmer in der Großstadt Jaipur hatte einen großen Balkon, auf dem wir gern saßen und uns die Vielfalt der Tropenfrüchte schmecken ließen. Wir wuschen gerade im Badezimmer unsere Wäsche aus, als wir seltsame Geräusche auf dem Balkon hörten. Sofort gingen wir den Geräuschen nach und entdeckten ein großes Exemplar von einem Affen, der sich gerade an unserem Abfallsack gütlich tat und dabei den Inhalt auf dem Balkon verteilte. Eine riesige Sauerei, da klebrige Ananasschalen darunter waren. Wir machten uns gleich daran, ihn zu verscheuchen. Doch als er uns seine beeindruckenden Zähne zeigte und angriffslustig auf uns zu kam, waren wir schnell wieder im Zimmer und schlossen die Balkontüre. Bewaffnet mit einem Eimer Wasser wagten wir uns ein paar Minuten später wieder ganz vorsichtig auf den Balkon, die kalte Dusche schlug ihn tatsächlich in die Flucht.

Auf dem Weg nach Mathura, dem Geburtsort Krishnas, wo man sich mit „Hare Krishna" begrüßt, stoppten wir bei einem Tempel, auf dessen Türmchen gerade eine Gruppe Affen herumturnte. Ein tolles Motiv, dachte ich, und zog meine schwere Spiegelreflex aus der linken Vordertasche. Um ein möglichst gutes Bild zu schießen, beeilte ich mich und ließ die Tasche offen. Ich war noch keine drei Meter vom Rad entfernt, da sah ich einen dieser Affen wie ein Blitz auf mein Rad zuschießen. Er hob den Deckel der Tasche hoch, griff rein und zog eine Rolle Klopapier heraus. So schnell wie er gekommen war, war er wieder bei seinen Kollegen auf der Tempelmauer. Gemeinsam schmückten sie den Hindutempel mit unserem Klopapier.

Der erste Dieb auf unserer Reise

Eigentlich hatten wir sogar Glück gehabt, denn direkt neben der Rolle Klopapier befanden sich die Wechselobjektive der Kamera. Hätte er eines von diesen erwischt, wäre der Schaden wesentlich größer gewesen. Noch lange konnten wir erzählen, dass das einzige, was uns auf der Reise gestohlen worden war, eine Rolle Klopapier war, und zwar geklaut von Affen in Indien.

Bienenstich

Noch immer herrschte dieses kaltfeuchte Wetter, wir mussten jeden Morgen im Nebel starten. Über den ersten Nebel hatten wir uns noch gefreut, nach all den Wüstendurchquerungen, die wir hinter uns hatten. Doch nach dem zweiten und dritten Tag wünschten wir uns wieder wärmeres Wetter. So kalt hatten wir uns Indien nicht vorgestellt.

Die Inder schienen die Kälte auch nicht zu mögen. Wir sahen sie immer wieder in kleinen Gruppen um brennende Autoreifen sitzen. Sie qualmten und stanken bestialisch!

Um uns aufzuwärmen, tranken wir bei einer Teebude am Straßenrand Tee Masala. Er wurde in kleinen, unbehandelten Tonbechern serviert, die nach dem Gebrauch gleich auf dem Müllberg hinter dem Verkaufsstand landeten.

Um die Mittagszeit löste sich der Nebel langsam auf. Wie jeden Mittag genossen wir das vegetarische indische Essen, das in riesigen Töpfen fertiggekocht zur Auswahl dastand. Diese Garküchen gibt es zahlreich entlang der Hauptrouten. Sie eigneten sich für uns vortrefflich: Keine langen Wartezeiten, und es schmeckte einfach himmlisch. Vor allem Lastwagenfahrer aßen dort, und die waren – für indische Verhältnisse – unaufdringlich.

Bis Fatehpur Sikri waren es nur noch ein paar Kilometer. Der Ort schien mit seinem Fort und der alten Moschee sehr interessant zu sein. Wir freuten uns bereits auf das frühe Eintreffen und auf einen Ruhetag dort.

Doch kurz darauf passierte das bisher Schlimmste auf unserer gesamten Reise. Wir hatten mit Überfällen, Pannen und Stürzen gerechnet, mit so etwas jedoch nicht. Glücklicherweise hatten wir uns der warmen Kleidung noch nicht entledigt, so waren wenigstens Arme und Beine geschützt.

Denn plötzlich stürzte sich ein großer Bienenschwarm auf uns. Wir befanden uns in einem Waldstück, die Bienen kamen aus den Bäumen auf uns herunter. Sofort begannen sie, uns in Gesicht, Nacken und Hände zu stechen.

Panikartig stoppten wir, schmissen die Räder auf den Asphalt und vollführten einen wilden Tanz mitten auf der Straße. Alles half nichts, die Biester wurden nur noch aggressiver. Also ergriffen wir die Flucht. Ein paar hundert Meter weiter hörte das Gesurre der uns folgenden Bienen auf, wir hatten sie abgeschüttelt und stellten die Räder ab, um uns die toten Bienen aus den langen Haaren zu zupfen und die in der Haut steckenden Stachel zu ziehen.

Dann waren sie auf einmal wieder da! Jetzt nur nicht um sich schlagen, sofort fliehen! Das hatten wir gelernt. Dieses Mal fuhren wir deutlich weiter als bei der ersten Flucht, erst dann befreiten wir uns erneut gegenseitig von Stacheln und Bienenleichen.

Hände, Hals und Kopfhaut schmerzten! Während unserer Weiterfahrt bekam ich es mit der Angst zu tun, und ich fragte Dorothee, die auch Krankenschwester ist: „Wie viele Bienenstiche verträgt eigentlich ein Mensch?"

„Halt den Schnabel und denk an etwas anderes", erwiderte sie unerfreut.

Doch kaum hatte ich gefragt, wurde mir schwindlig. Glücklicherweise kamen wir gerade an einer Teebude vorbei, wo ich mich auf eines der „Betten" legen konnte. Wie in Pakistan gab es auch in Indien diese mit Schnüren bespannten Bettgestelle.

Schnell hatte sich eine Menschentraube um das Bett gebildet, auf dem ich frierend lag. Ein Lastwagenfahrer brachte mir eine Wolldecke, der Dorflehrer wollte wissen, was geschehen war. Doch niemand schien etwas unternehmen zu wollen. Alle starrten mich nur mitleidig an und suchten bald das Weite, da die Situation brenzlig werden konnte. Da wollten sie lieber nichts mit zu tun haben. Dorothee handelte sofort und gab mir, solange ich noch bei Bewusstsein war, Cortisontabletten. Diese hatten wir für den Fall einer Höhenkrankheit in unserer Reiseapotheke.

Mein Sehvermögen ließ nach. Träumte ich, oder stand da wirklich Chris mit seinem bunten Rad neben dem Bett?

In Islamabad hatten wir ihn auf dem Zeltplatz kennengelernt. Er war aus Deutschland und auf dem Weg nach Australien. In Lahore hatten sich unsere Wege getrennt, er wollte weiter nach Goa, wir dagegen steuerten Kalkutta an.

Ich war ziemlich verwirrt, meine ersten Worte an ihn waren: „Haben dich die Bienen auch erwischt?"

Meine Sehkraft verließ mich gänzlich. Zwar konnte ich noch Licht sehen, aber nichts mehr erkennen. Oder hatte ich bereits das Bewusstsein verloren? In dem Moment glaubte ich wirklich, dass meine letzte Stunde geschlagen hat.

Wie lange dieser Zustand anhielt, vermag ich nicht mehr zu sagen. Ich weiß nur, dass es mir auf einmal wieder besser ging, und zwar in rasantem Tempo. Dorothee hatte ganz richtig und schnell gehandelt. Nicht auszudenken, was geschehen wäre, wenn ich sie nicht dabei gehabt hätte. Wir zählten und schätzten die Anzahl der Stiche auf etwa 20 bis 25. Bei wärmerem Wetter, in kurzer Hose und T-Shirt, wären es sicher deutlich mehr gewesen. Natürlich hatte auch Dorothee fast so viele Stiche abbekommen. Vielleicht liegt es in der Natur der Frauen, dass sie stärker sind.

Dann sah ich, dass es sich wirklich um Chris handelte und nicht um eine Halluzination. Was für ein Zufall, dass wir uns wiedergetroffen hatten, bei dieser Straßendichte Indiens!

Nach etwa anderthalb Stunden war ich soweit und konnte wieder Fahrrad fahren, allerdings noch ziemlich geschwächt. Doch bis Fatehpur Sikri waren es nur noch zehn Kilometer, und die Aussicht auf ein paar Ruhetage trieb mich an. Obwohl Chris gerade aus diesem Ort kam, ließ er sich leicht überreden, mit uns noch einmal zurückzufahren.

Mir wurde nach kurzer Fahrt plötzlich kotzübel, und ich musste mich in den Straßengraben übergeben.

Auf Schleichwegen umgingen wir die belebte Basarstraße. Dabei gab es ein paar steile Rampen mit Stufen zu überwinden. Dafür war ich zu schwach. Dorothee und Chris mussten mir helfen, mein Rad hochzuschieben.

Chris kannte bereits ein nettes Gästehaus. Normalerweise sind diese billigen Unterkünfte schmuddelig, unpersönlich und einfach nur zweckmäßig. Da war dieses Gästehaus eine große Ausnahme. Mit liebevoll angelegtem Innenhof stand unter den üppigen Pflanzen ein mit Früchten vollhängender Papayabaum. Die Wände waren mit Abbildungen von Hindugöttern dekoriert, unsere Zimmerwand von einer Krishnamalerei fast vollständig ausgefüllt. Der Blick von der Dachterrasse über die Altstadt mit der Moschee war wunderschön. Dies war genau der richtige Ort zum Regenerieren. An etwas anderes war zu dem Zeitpunkt nicht zu denken. Der tolle Palast und die alte Moschee konnten warten.

Zur Abwechslung kochten wir, gemeinsam mit Chris, selbst unser Essen. Wohl zum ersten Mal, seit wir in Indien waren. Dorothee musste wegen ihrer angeschwollenen Hände beim Gemüseschneiden passen. Dafür ging es mir erstaunlich gut. Meine Schwellungen waren dank Cortison fast vollständig verschwunden.

Auf einmal herrschte große Aufregung im Haus. „Ist jemand von euch ein Arzt oder Krankenpfleger?" Wir wurden vom Besitzer in seine Privaträume geführt, wo sein Bruder gerade einen epileptischen Anfall hatte. Er lag auf dem Bett und krampfte. Vier Leute mussten ihn festhalten. Dorothee handelte schnell, nahm ein Bettlacken und stopfte es ihm in den Mund. Allmählich beruhigte er sich, mehr konnte sie in dem Moment nicht tun. Als sie später noch einmal nach ihm schaute, krampfte er wieder, doch inzwischen war ein Arzt anwesend. Es ging uns durch Mark und Bein, als auf einmal lautes Weinen der Frauen zu hören war. „Nun ist der arme Kerl gestorben", dachten wir. Doch so schlimm war es nicht. Wir sahen, wie er von mehreren Männern aus dem Haus getragen wurde. Sie brachten ihn ins Krankenhaus.

Am nächsten Tag waren wir froh und erleichtert, als wir den jungen Mann gesund und munter wiedersahen. Er kam zu Dorothee, um sich bei ihr für ihre Hilfe zu bedanken. Ich war richtig stolz auf Dorothee. Erst hatte sie mir geholfen und dann noch diesem jungen Inder.

Die Welt ist klein

Bei dem Touristenprogramm in Fatehpur Sikri und später in Agra erholten wir uns von dem Bienenüberfall. Natürlich stand auch das berühmte Taj Mahal in Agra auf unserem Programm. So oft wir das Grabmal auf Postkarten gesehen hatten, dachten wir, dass die Moscheen im Iran schöner und beeindruckender waren. Als wir aber davor standen und es langsam aus dem Frühnebel auftauchte, kamen wir aus dem Staunen nicht mehr heraus. Die Größe, die Reinheit und die Liebe zum Detail bei den Einlegearbeiten aus Edelsteinen waren einfach umwerfend!

Erst als wir Agra viele Kilometer hinter uns hatten, ließ der Verkehr langsam nach. Die Straße bestand aus einem Teppich von Löchern, und selbst für Radfahrer war es unmöglich, sie im Slalom zu umfahren. Es waren einfach zu viele. Die zahlreichen Lastwagen fuhren im Schritttempo von einem Schlagloch zum nächsten. Auch wir kamen nicht mehr so zügig voran und waren abends müder als sonst. Zum Mittagessen stoppten wir bei den Garküchen am Straßenrand, abends kauften wir uns meist ein paar *samosas* an den zahlreichen Essständen auf der Straße.

Wenn das Tagebuch geschrieben war, blieb uns am Abend noch Zeit zum Lesen. In Indien kamen wir viel zum Lesen. In Gegenden, in denen wir oft zelteten oder es keinen elektrischen Strom gab, war das kaum möglich. Die Bücher, die wir von der Schweiz mitgenommen hatten, blieben lang in unserem Gepäck, erst in Indien haben wir sie zu Ende gelesen und konnten sie mit anderen Touristen tauschen. So machten wir es während der ganzen Reise, wir tauschten Bücher mit anderen Reisenden, besonders oft in den Herbergen mit Rucksack-Reisenden. Wir bekamen immer deutschsprachige Bücher. Manchmal waren Perlen dabei, doch oft auch irgendein Schund.

In Orchha trafen wir schon um die Mittagszeit ein. Unterwegs hatte ich meinen elften Platten, langsam wurden die ersten Mäntel zu dünn und die Pannen häuften sich. In diesem kleinen Ort gab es nur zwei einfache Hotels, dafür umso mehr Tempel. Vom Balkon unseres Zimmers hatten wir einen Blick auf die belebte Basarstraße mit ihren Stoffgeschäften, Krämerläden, Süßwarenhandlungen und einigen Fressbuden. In einer hatten wir uns gebratene Nudeln gegönnt, zwar nichts Indisches, dafür aber eine Abwechslung. Wir saßen auf dem Balkon und beobachteten das Geschehen unten im Basar, hörten das Geschrei und rochen die Gerüche. Eine „Beschäftigung", bei der einem nie langweilig wird. Ab und zu drängten sich Lieferanten mit ihren Eselkarren durch die Menschenmassen oder ein Rikschafahrer hupte sich eine Schneise frei.

Mitten in diesem Treiben stach mir plötzlich ein westlicher Tourist ins Auge. Wir Westler fallen schon sehr auf. Doch dieser Typ kam mir bekannt vor. Ich glaubte ihn schon einmal irgendwo gesehen zu haben. Klar, das ist Dave aus England, schoss es mir durch den Kopf! Mit ihm war ich vor fünf Jahren sechs Wochen lang durch Chile und Argentinien gefahren! Das kann ja wohl nicht wahr sein, warum soll der gerade jetzt hier in diesem kleinen Nest sein? „Dave, Dave", schrie ich in den Basarlärm hinunter, doch er reagierte nicht, ich musste mich also getäuscht haben. Trotzdem wollte ich der Sache auf den Grund gehen und lief so schnell ich konnte, mehrere Stufen auf einmal nehmend, die Treppe hinunter. Auf der Straße drängte ich mich zwischen den Leuten durch, und als ich zwei Meter hinter ihm war, rief ich noch einmal seinen Namen. Fassungslos stand ich da, als er sich umdrehte und es wirklich Dave war! Ihm ging es nicht anders, die Freude war riesig. Am Abend gingen wir gemeinsam essen. Wir hatten uns viel zu erzählen, denn unser Briefkontakt war immer spärlicher geworden, bis er schließlich ganz abgebrochen war. Wir hatten nur diesen einen Abend zusammen, er war auch am selben Tag in Orchha angekommen und wollte am nächsten Morgen mit dem Bus schon wieder weiterfahren. Die Fahrkarte dafür hatte er bereits gekauft. Leider reiste er ausnahmsweise nicht mit dem Fahrrad, sonst wären wir sicher wieder ein Stück zusammen geradelt.

Dave habe ich seitdem nie wieder gesehen, aber wer weiß schon, wann und wo sich unsere Wege wieder mal kreuzen werden. Die Welt ist doch so klein.

Für uns ging es zwei Tage später weiter nach Varanasi am heiligen Ganges. Dann besuchten wir Bodhgaya – dort steht der Baum, unter dem Buddha die Erleuchtung hatte –, und weiter nach Kalkutta, dem vorerst südöstlichsten Punkt unserer Reise. So faszinierend Indiens farbenfrohe Kultur auch ist, dagegen stehen die tiefe Armut vieler Leute und die geschäftstüchtigen und neugierigen Inder, die uns oft auf die Nerven gingen.

Die Straßen waren immer noch so schlecht, dass wir mit unseren Rädern schneller vorankamen als die Lastwagen. Da wunderten uns die unzähligen Laster nicht, die mit gebrochener Achse die Fahrbahn blockierten. Als wir hinter Varanasi den Fluss Son auf der längsten Brücke Indiens überquerten, war der Verkehr in beide Richtungen komplett zum Erliegen gekommen. Die Tata-Laster standen Stoßstange an Stoßstange, und zwar auf beiden Spuren in die gleiche Richtung. Wir kamen mit unseren Drahteseln gerade noch so durch. Als wir die Brückenmitte erreicht hatten, sahen wir den Grund: Ein Laster stand mit geknickter Achse quer auf der Straße und blockierte dadurch beide Fahrbahnen. In der anderen Richtung dann das gleiche Bild. Auch da hatten Schlaumeier versucht, die stehende Kolonne zu überholen und standen nun auf der falschen Spur. Wir waren froh, uns durchschlängeln zu können. Wie und wann sich dieses Verkehrschaos wieder auflöste, blieb uns ein Rätsel.

Bevor wir in die Metropole Kalkutta einradelten, hatten wir uns Staubmasken aus Stoff gekauft, doch damit ließ es sich nicht mehr so gut atmen. Die Dusche im Hotel war dringend nötig, dreimal shampoonierten wir unsere Haare, und nach dem Waschen der Radelkleidung war das Wasser nicht nur braun, sondern schwarz.

Kalkutta ist voller Gegensätze. Im Zentrum mit seinen Banken und Bürogebäuden hatten wir das Gefühl, nicht mehr in Indien zu sein. Doch andere Viertel waren „Indien hoch drei". Abends legten sich die Ärmsten der Armen reihenweise auf dem Bürgersteig zum Schlafen nieder. Bedrückend fanden wir die Laufrikschas. Barfuß liefen die Kulis durch die dreckige Stadt und zogen die fetten, reichen Inder mit ihren vollen Einkaufskisten nach Hause. Nie wären wir mit einer dieser Rikschas mitgefahren, obwohl wir wussten, dass wir den armen Kulis damit keinen Gefallen taten. Denn schließlich war dies ihr Einkommen, und auch ihre Familien mussten davon leben.

Schon am Nachmittag reservierten wir uns Karten fürs Kino am Abend. Es lief gerade „Kuch Kuch Hota Hai" in allen Kinos des Landes, man konnte sich der Musik dieses Filmes nicht entziehen. Wo immer wir uns gerade befanden, wir hörten die Filmmusik, an jeder Wand lächelten uns die Bollywood-Stars entgegen. In Jaipur hatten wir schon einmal versucht, uns diesen Film anzusehen. Wir hatten uns in die lange Warteschlange vor dem Kino eingereiht. Es ging nur langsam voran. Als es nur noch etwa zehn Meter bis zum Eingang waren, kam über den Lautsprecher eine uns unverständliche Meldung, worauf sich die Warteschlange auflöste. Es gab keine Tickets mehr.

In Kalkutta schafften wir es dann endlich, an Karten zu gelangen und schauten uns in dem großen, ausverkauften Kino diesen

Kino in Kalkutta

Hindi-Film an. Der riesige Saal war bis auf den letzten Platz besetzt. In dem Film wurde viel getanzt, die Tränen flossen in Strömen. Noch nie hatten wir einen so tränenreichen Film gesehen. Im Publikum wischten sich die Frauen mit ihren langen Saris die Tränen ab. Natürlich gibt es immer ein Happy end, meist in Form eines Hochzeitsfestes. Wegen der Überlänge von satten drei Stunden wusste ich nicht mehr wie ich sitzen sollte. Trotzdem war für uns dieser Kinobesuch ein unvergessliches Erlebnis, zu sehen, wie die Inder mit den Filmstars mitlachen und mitleiden und ihre persönliche Situation für eine Zeitlang vergessen können.

Besuch aus der Heimat

Wir fuhren durch ländliche Gegenden Richtung Norden. Auf den mit Wasser überfluteten Reisfeldern waren Frauen in bunten Saris und Männer in den landesüblichen *dotis* (Wickelröcke) dabei, die sattgrünen Reissetzlinge in gleichmäßigen Abständen in den Schlamm zu stecken.

Unser nächstes Ziel war Nepal, wo uns Freunde aus der Schweiz besuchen wollten.

In Kalkutta hatten wir uns die Visa für Nepal organisiert und uns bei den nepalesischen Beamten nach dem Grenzübergang bei Biratnagar erkundigt. Auf unserer Karte war nicht zu erkennen, ob dieser Grenzübergang ein internationaler war und wir dort einreisen konnten. Kein Problem, so wurde uns auf der nepalesischen Botschaft in Kalkutta versichert. Also machten wir uns auf den Weg.

Mitten in einem Dorf war plötzlich Dorothees Hinterrad platt, und was wir uns immer als Horrorvision vorgestellt hatten, traf nun ein. Schnell hatte sich das ganze Dorf um uns versammelt und schaute uns stumm beim Flicken zu. So unangenehm, wie wir uns die Situation immer ausgemalt hatten, war sie dann doch nicht. Das Dorf war nicht sehr groß, darum hatten wir relativ wenige Zuschauer, und der Schaden war auch bald behoben. Trotzdem waren wir froh, weiterfahren zu können.

Unangenehmer waren die Teepausen, die wir in den kleinen und aus groben Brettern gezimmerten Lokalen am Wegrand machten. Hemmungslos wurden wir angestarrt, und oft verdunkelte sich der Raum, weil sich die Menschenmenge vor der Türe und den Fenstern staute. Wenn es dann ums Zahlen ging, mussten wir hart kämpfen, um nicht ein Vielfaches vom normalen Preis zahlen zu müssen. Selbst wenn wir zuvor den Preis ausgehandelt hatten, verlangten sie, ohne rot zu werden, das Doppelte.

Je länger wir in Indien waren, desto aggressiver reagierten wir auf die Menschen, was uns ärgerte und gleichzeitig beschämte. Wir dachten immer, wir würden uns daran gewöhnen, ständig beobachtet und angestarrt zu werden. Doch genau das Gegenteil war der Fall, wir reagierten immer genervter und unverhältnismäßig gereizt. In Nepal, so wurde uns von vielen Touristen erzählt, solle es entspannter sein, darum kurbelten wir voller Zuversicht der Grenze entgegen.

Kurz vor der Grenze in Forbesganj erklärte uns der Hotelmanager an der Rezeption, dass wir diesen Grenzübergang nicht benutzen könnten. Er rief sogar noch für uns dort an. Die Grenze war nicht für den internationalen Verkehr geöffnet. Die Information auf dem nepalesischen Konsulat in Kalkutta war also falsch gewesen. Uns blieb nur der ganz im Westen gelegene Übergang, was einen Umweg von drei Tagen bedeutete. Wir ärgerten uns, obwohl es eigentlich egal war. Aber wozu hatten wir uns denn erkundigt?

Zwei Tage später als geplant waren wir dann in Nepal, unserem elften Land auf dieser Tour. Gleich im Grenzort nahmen wir ein Zimmer in einer Herberge. Als wir am nächsten Morgen aufwachten, stand ein etwa vierzehnjähriger Junge an unserem Fenster. Er hatte den Vorhang zurückgezogen und schaute direkt in unser Bett. So viel anders schien es in Nepal auch nicht zu sein. Erst ein paar Tage zuvor hatten wir eine ähnliche Situation in Indien erlebt.

Damals wachten wir mitten in der Nacht auf und sahen zwei eigenartige Schatten an der Fensterscheibe. Bei genauerem Hinschauen war deutlich zu sehen, dass es sich um zwei Gesichter handelte. Zwei Halbwüchsige drückten ihre Nasen am Glas unseres Zimmerfensters platt. Als wir ihnen mit den Taschenlampen direkt in die Gesichter leuchteten, verschwanden sie nicht, sondern drückten die Nasen nur ein paar Zentimeter neben dem Lichtkegel erneut an die Scheibe. Erst als wir laut zu schimpfen begannen, hauten sie ab.

Glücklicherweise wurde es in Nepal später etwas entspannter. Alles klappte bestens. Rechtzeitig trafen wir in Katmandu ein und konnten Martin und Susanne am Flughafen abholen. Es waren zwei erholsame Wochen mit unseren Schweizer Freunden. Sie brachten uns auch wichtige Ersatzteile mit, denn seit Istanbul gab es keine für uns brauchbaren Fahrradläden mehr. Dorothees Hinterradfelge hatte mittlerweile große Risse zwischen den Speichenlöchern. Nun waren wir im Besitz einer Ersatzfelge. Auch

Wichtigstes Transportmittel in Nepal

Qualitätsmäntel hatten sie uns mitgebracht, denn die Reifen, die wir unterwegs kaufen konnten, hielten meist nur ein paar hundert Kilometer.

Später, als Martin und Susanne bereits wieder zurück in die Schweiz geflogen waren, mieteten Dorothee und ich uns einen großen Rucksack. Wir ließen unsere Räder für eine Woche stehen und machten eine gemütliche Wanderung im Himalaja. Es war gerade die Zeit der blühenden Rhododendren. Im Gegensatz zu den Büschen in Europa sind das in Nepal große Bäume. Die roten Blüten mit den schneebedeckten Gipfeln im Hintergrund wirkten schon fast kitschig, hinterließen jedoch einen bleibenden Eindruck.

Hitzewelle

Wieder zurück in Indien erlebten wir eine Hitzewelle mit Temperaturen weit über 40 Grad im Schatten. Ein Grund, unseren Tagesrhythmus zu ändern. Wir fuhren morgens noch früher los, machten kaum eine Mittagspause und suchten uns schon um 15 Uhr ein Zimmer. Dabei achteten wir darauf, dass das Zimmer mit einem funktionstüchtigen Ventilator ausgestattet war. Sobald wir die Räder samt Gepäck im Zimmer hatten, duschten wir uns mit dem warmen Wasser aus der Leitung, denn kaltes gab es nicht. Noch feucht legten wir uns dann unter den laufenden Ventilator, und sobald uns wieder zu heiß wurde, wiederholten wir das Ganze. Pech war, wenn der Strom ausfiel, was in Indien mehrmals täglich vorkam. Dann lagen wir im eigenen Saft und hofften, dass das Hotel seinen eigenen Generator besaß. Kurz nach einem Stromausfall fing das Geknatter der Generatoren an, denn fast jedes Geschäft hatte seinen eigenen Generator auf der Straße stehen, und der Lärm wurde fast unerträglich.

Erst wenn die Sonne verschwunden war, trauten wir uns wieder auf die Straße und suchten uns ein Restaurant. Sogar auf der Deutschen Welle im Kurzwellenradio berichteten sie von der Hitzewelle in Indien, die schon etliche Todesopfer unter der Bevölkerung gefordert hatte.

Nachdem wir in Delhi unsere Visa für China organisiert hatten, konnten wir wieder in die kühleren Berge radeln. Bisher hatten wir von Indien nur mehr oder weniger plattes Land gesehen, nun war unser Ziel Dharamsala in der indischen Provinz Himachal Pradesh. Im Nachbarort Mecleodganj hatte der Dalai Lama seinen Sitz im indischen Exil, doch für uns war nicht er der Hauptgrund dorthin zu fahren, sondern das Gebirge. Nachdem wir wieder etwas höher waren, wurde es kühler. Die Menschen in dieser nicht so dicht besiedelten Region waren entspannter und nicht mehr ganz so penetrant neugierig.

Ein paar Tage später trafen wir in Dharamsala ein. Die Stadt liegt am Fuße einer Bergkette, direkt darüber klebt das 500 Meter höher gelegene Mecleodganj. Wir hatten an diesem Tag schon einiges an Höhenmetern und Stunden im Sattel hinter uns, was uns eigentlich gereicht hätte. Dennoch nahmen wir diesen Schlussaufstieg in Angriff. Die kühle, gute Bergluft und die Aussicht auf ein paar Ruhetage ließen uns die Müdigkeit vergessen. Mecleodganj ist ziemlich touristisch mit einem großen Angebot an erschwinglichen Hotels, was die Zimmersuche erleichterte.

Tags darauf schlenderten wir ziellos durch den Ort, staunten über die Anzahl an Restaurants und darüber, dass es auf einmal deutsches Brot und deutschen Kuchen zu kaufen gab.

In einem Tempel hatte sich eine große Schar tibetischer Mönche versammelt. Neugierig traten wir ein und sahen, wie vor den am Boden sitzenden Mönchen seine Heiligkeit persönlich aus einem länglichen Buch vorlas. Angenehm überrascht, den Dalai Lama einfach so bei seiner Arbeit angetroffen zu haben, setzten wir uns ganz hinten hin und nahmen die Atmosphäre in uns auf. Die noch recht jungen Mönche schienen nicht alle so richtig bei der Sache zu sein. Wir beobachteten, wie einer eine Papierkugel dem schräg vor ihm sitzenden Kollegen an den Rücken warf. Der drehte sich lachend um und schmiss das Geschoss zurück. Andere tuschelten, doch der Dalai Lama fuhr unbeirrt in seiner ruhigen Art fort. Der Tempel war voll mit Leuten. Um den Tempel herum saßen die älteren tibetischen Frauen und Männer, die ihre Gebetsmühlen drehten.

Unser nächstes Fernziel war Islamabad, dort wollten wir

nochmals Beatrice von der Schweizer Botschaft besuchen. Dazu mussten wir die Berge verlassen und den gleichen Grenzübergang bei Amritsar nehmen, denn das ist, wie schon erwähnt, der einzige Grenzübergang zwischen Indien und Pakistan. Sobald wir uns in den tieferen Lagen befanden, quälte uns wieder die Hitze.

In einem Ort kam uns im dichten Verkehr ein Rikschafahrer entgegen. Auf der Sitzbank saßen keine Fahrgäste, dort lag eine riesige Eisstange, die langsam vor sich hinschmolz. Der Fahrer trat heftig in die Pedale, um das Eis so schnell wie möglich an seinen Bestimmungsort zu bringen.

Es war Mangozeit, die süßen Früchte wurden überall in großen Eimern am Straßenrand verkauft. Wir konnten gar nicht genug davon kriegen. Schon zum Frühstück verdrückten wir zu zweit ein ganzes Kilo der gelben Früchte.

Bald waren wir wieder an der Grenze nach Pakistan. Wie immer an Grenzübergängen brachten wir viel Zeit und Geduld mit.

Einer der zahllosen Beamten war besonders mühsam. Ich musste ihm zweimal in sein Büro folgen, in dem wir ungestört waren. „Bakschisch, Bakschisch", sagte er und hielt mir seine hohle Hand hin, „give me ten Dollars". Doch wir hatten Zeit und waren bereit, die Sache auszusitzen. Früher als erwartet ließ er uns zum nächsten Posten ziehen. Ansonsten ging alles reibungslos. Niemand wollte in unser Gepäck sehen, bereits eine Stunde später waren wir wieder in Pakistan.

Gleich hinter dem Grenzposten gab es eine Buchhandlung, die gebrauchte Bücher kaufte und verkaufte. Unseren Indien-Reiseführer konnten wir nicht mehr gebrauchen. Wir hatten ihn vor fünf Monaten in Islamabad für umgerechnet einen US-Dollar gebraucht gekauft. Auf meine Frage, was er für diesen Reiseführer zu zahlen gedenke, meinte der Ladenbesitzer nach gründlicher Prüfung: „50 Rupien". Dies entsprach etwa dem Gegenwert von einem US-Dollar. Der Deal war perfekt, und wir hatten etwas weniger zu schleppen.

Auf dem Weg nach Lahore vernahmen wir plötzlich einen Knall. Wir stoppten und prüften die Reifen, doch alles schien bestens zu sein. Erst am Abend, als ich auf unserem Benzinkocher einen Tee zubereiten wollte, entdeckte ich den Grund: Auf der Suche nach dem Feuerzeug fand ich nur noch Kunststoffsplitter. Es lag ganz oben direkt unter dem Deckel und hatte wohl etwas zuviel Hitze abbekommen. Also hatten die im Radio schon recht, dass es außergewöhnlich heiß war in Indien.

Karakorum Highway

Nach mehr als einer Woche In Islamabad fuhren wir noch kurz bei der Schweizer Botschaft vorbei, um uns beim dortigen Personal zu verabschieden. Durch Beatrice, bei der wir die ganze Zeit wohnen durften, hatten wir viele Leute kennengelernt. Sie nahm uns von einer Botschaftsparty zur nächsten mit. Kollegen und Freunde von ihr luden uns zum Abendessen ein, tagsüber planschten wir entweder im Pool der Schweizer- oder der deutschen Botschaft. Am 18. Mai 1999 feierten wir unser erstes Jahr „on the road". Kaum zu glauben. Einerseits kam uns dieses Jahr kurz vor, doch die Fülle von Erlebnissen war immens.

Wieder hatten wir eine tolle Zeit in Islamabad verbracht. Nachdem wir die Erinnerungsfotos vor dem Schweizer Hoheitszeichen am Eingangstor zur Botschaft geknipst hatten, fragte uns Beatrice: „Habt ihr noch etwas Platz in eurem Gepäck?" Sie schenkte uns zum Abschied eine kleine Flasche Sekt, eine Rarität im muslimischen Pakistan. „Den Sekt dürft ihr erst auf dem Khunjerab-Pass trinken", meinte sie bei der Verabschiedung.

Weiter ging es auf dem Karakorum Highway, der höchsten asphaltierten Straße der Welt, nach China. Schon viel hatten wir über diese Strecke gehört, vor allem der obere Teil ab Gilgit ist bei Radfahrern sehr beliebt. Dafür sind die 600 Kilometer davor durch Kohistan allgemein gefürchtet. Das Gebiet wird von fundamentalistischen Muslimen bewohnt und gilt als praktisch nicht regierbar. Wir waren froh über unsere Helme, denn hier wurde scharf mit Steinen nach uns geworfen. Schon öfter hatten uns Kinder Steine hinterhergeschmissen, doch die flogen meistens knapp über dem Boden an uns vorbei. Trotzdem war das kein gutes Gefühl. Noch schlimmer wurde es in Kohistan, wo auch Heranwachsende und

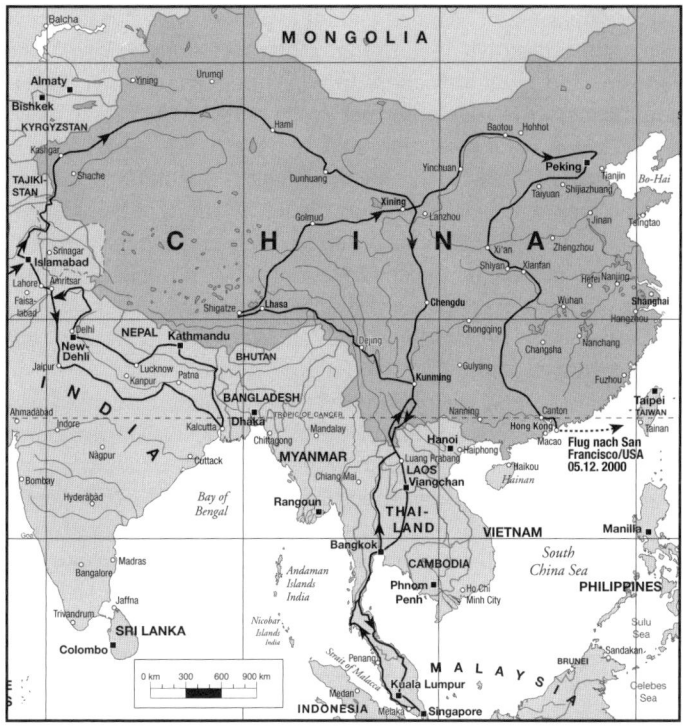

selbst Männer uns mit Steinen bewarfen. Wir hatten richtig Glück, dass wir nie getroffen wurden. Ein Geschoss prallte mit voller Wucht an Dorothees Lenkervorbau ab und hinterließ dort seine Spur. Nur einen halben Meter höher hätte er Dorothees Kiefer getroffen. Andere Radfahrer hatten weniger Glück, sie erzählten uns von Leuten, die aus Autos heraus mit Stöcken auf ihr Gepäck eingeschlagen haben, von schmerzhaften Körpertreffern und dass sie bespuckt wurden!

Obwohl wir immer weiter in die Berge kamen, konnten wir die Landschaft nicht so ganz genießen, denn hinter jedem Strauch oder Fels konnte auf einmal ein Steineschmeißer hervorspringen. Wenn wir auf dem Markt einkauften, begleitete uns meistens eine

Gruppe neugieriger Männer, die uns in jeden Laden folgten.

In pakistanischen Restaurants gibt es „Family Rooms" für Familien und Frauen. Männer in Begleitung von Frauen dürfen dort auch essen. In den normalen Restaurant-Räumen essen meist nur Männer. Frauen werden dort angestarrt, als wären sie aus einer anderen Welt. Wenn immer möglich, benutzten wir diese „Family Rooms". Doch wenn wir die Räder auf der Straße lassen mussten und sie nicht von unserem Tisch aus sehen konnten, wichen wir auf den normalen Gästeraum aus. Unsere Räder waren für uns heilig, die ließen wir nur äußerst ungern aus den Augen. Da war es noch besser, die ganze Zeit angestarrt zu werden und sich unwohl zu fühlen.

Nachts schlugen wir nie unser Zelt auf, sondern suchten uns eine sichere Unterkunft in einem der zahlreichen Dörfer. Dann hörten wir manchmal Schüsse knallen. Einmal schlief sogar zu unserem Schutz direkt vor unserer Zimmertür ein Polizist. Er unterschied sich nur durch seine Kalaschnikow, die er die ganze Nacht nicht losließ, von den anderen Pakistani. Auch er hatte einen langen roten Bart und trug den weiten Pyjama.

Auf dem Karakorum Highway

Wir waren erleichtert, als wir in Gilgit eintrafen. Tatsächlich waren danach die Leute ganz anders. Sie gehören zur Glaubensrichtung der Ismaeliten, bei ihnen war kein Hass zu spüren. Ab da ließen wir uns viel mehr Zeit. Die Berglandschaft war einfach zu schön für überlange Tagesetappen. Wir fuhren durch tief eingeschnittene Flusstäler und gewöhnten uns langsam an die Höhe. In den engen Tälern gab es zahlreiche Obstplantagen, vor allem Aprikosen- und Kirschbäume wuchsen da. An den steilen und steinigen Hängen graste höchstens mal eine kleine Ziegen- oder Schafherde. Zwischen den Obstplantagen standen die kleinen Dörfer. Die Gegend war recht karg und dünn besiedelt.

Wir waren nicht mehr allein. In Gilgit hatten wir Dave und Christine, zwei Radfahrer aus England, getroffen. Christine war gebürtige Deutsche und lebte mit Dave zusammen in England. Auch wenn wir nicht immer gemeinsam fuhren, war es schön, mal mit anderen Radfahrern am Abend zusammenzusitzen und endlose Radgeschichten zu erzählen. Erst in Kashgar trennten sich unsere Wege.

Es war Kirschenzeit, und in manchen Hotelgärten gab es Kirschbäume, von denen sich die Hotelgäste bedienen konnten. Wenn wir in solchen Gärten zelteten, fühlten wir uns wie im Schlaraffenland. Wir blieben oft einen Tag länger und plünderten die Bäume. Zwischendurch machten wir kleine Spaziergänge zu einem Gletscher oder durch das Dorf.

Obwohl wir sehr langsam stiegen, spürten wir die dünne Luft, als wir die 3000-Meter-Marke überschritten hatten. Ab da schalteten wir lieber in den nächstkleineren Gang und versuchten, mit möglichst geringem Kraftaufwand zu treten. Die Fahrzeiten zwischen den Pausen wurden kürzer und die Pausen länger.

Die Straße kletterte langsam, aber stetig. Ein Grund, dass Autofahrer meinten, es würde nicht bergauf gehen. Erst auf den letzten Kilometern fuhren wir die Serpentinen zur pakistanisch-chinesischen Grenze hinauf. Doch dann hatten wir es geschafft, standen oben auf dem 4700 Meter hohen Khunjerab-Pass. Ein großartiges Gefühl, trotz meiner leichten Kopfschmerzen! Dorothee dagegen hatte keine Beschwerden.

Sofort stellten wir den Sekt zum Kühlen in den Schnee und kochten uns eine Nudelsuppe. Es war gerade Zeit für das Mittagessen. Auch unser Benzinkocher bestand den Höhentest. Nur die Sektgläser fehlten, man kann halt nicht alles haben, die Blechtassen mussten es auch tun.

Sekt auf dem Khunjerab Pass

Nur etwas weiter trafen wir auf die gelangweilten chinesischen Zöllner. Sie waren für die Gepäckkontrolle zuständig. Bis zur eigentlichen Zollabfertigung waren es noch einige weitere Kilometer. Auch diese Hürde hatten wir bald überwunden, kurbelten weiter durch eine endlos scheinende, karge Landschaft.

Unterschiedlicher hätte alles nicht sein können. Stieg die Straße in Pakistan noch durch enge Täler und Schluchten an, so befanden wir uns nun auf einer Art Hochplateau. Auch die Menschen waren ganz anders. Die Uiguren tragen die seltsamsten Hüte, die uns stark an Lampenschirme erinnerten und waren gekleidet, wie wir es aus alten Stummfilmen kennen, die zur Zeit von Charly Chaplins Jugend gedreht wurden. Die Frauen hatten bunte, weite Röcke an und waren auf der Straße und in den Dörfern überall zu sehen, was für uns nach Pakistan sehr ungewöhnlich war. Als Lasttiere benutzten sie Kamele. Solche Kamele mit langem, zottigen Fell hatten wir noch nie zuvor gesehen. Sonst sahen wir Kamele nur in Wüsten, doch hier war es wegen der Höhe kälter. Die Ziegen und Schafe waren viel größer als in Pakistan, auch sie hatten ein langes, zottiges Fell und passten gut in die weite Landschaft. Nur die Menschen waren immer noch sehr neugierig und standen um uns herum, wenn wir eine Pause machten. Wir kamen uns in der Tat so vor, als befänden wir uns mitten in einem alten Film.

In Tashkurgan, der ersten größeren Ortschaft, bekamen wir endlich die Einreisestempel in unsere Pässe gestempelt. Ganze drei Tage waren vergangen, seit uns die Pakistani ihren Ausreisestempel in unsere Pässe gedrückt hatten.

Die letzte Nacht vor Kashgar werden wir nie vergessen. Kaum standen unsere Zelte, setzte ein kräftiger Wind ein. Wir waren noch richtige Greenhorns und hatten nicht auf Windschutz geachtet. Auch die Heringe fanden in dieser baum- und buschlosen, sandigen Gegend keinen Halt im Boden. Dave und Christine hatten es besser, ihr Zelt war ganz klein und stromlinienförmig. Es bot dem Wind kaum Angriffsfläche. Auch das Abendessen war kein Spaß. Wir hatten Spaghetti mit Tomatensoße gekocht, und der Sand war

Stürmische Nacht vor Kashgar

in den Topf geflogen. Er knirschte jetzt zwischen den Zähnen. Um unser Zelt wenigstens ein bisschen abspannen zu können, legten wir unsere Räder und die von Dave und Christine vor dem Zelt in den Sand und befestigten die Schnüre daran. Auch das half nur wenig, wir saßen die halbe Nacht wach im Zelt und pressten den Rücken gegen die Zeltstangen, damit sie nicht brachen.

Wir hatten unsere Lektion gelernt. Danach suchten wir immer windgeschützte Stellen und testeten mit einem Hering die Festigkeit der Böden, bevor wir unser Lager aufschlugen.

Melonen in der Wüste

In Kashgar mussten wir uns endgültig von Dave und Christine verabschieden. Traurig, denn wir hatten uns mit den beiden so gut verstanden. Vor allem Daves Humor war immer erfrischend. Dank Internet behielten wir all die Jahre hindurch Kontakt, während wir auf Achse waren. Erst neun Jahre später in Köln trafen wir uns wieder, und der „Draht" zueinander war immer noch vorhanden. Es war, als wären zwischendurch nur ein paar Tage vergangen.

Für uns ging es erneut mit Begleitung weiter. Karin und Philipp aus Deutschland wollten auch die nördliche Route entlang der Taklamakan-Wüste radeln. Wir kannten uns bereits aus Pakistan und hatten uns in Kashgar wiedergetroffen.

Die Strecke war nicht ganz einfach, oft hatten wir Wind. Es gab sogar den einen oder anderen Sandsturm und Regen, mit letzterem hatten wir am wenigsten gerechnet. Die Straße stieg manchmal über viele Kilometer so sanft an, dass wir die Steigung nicht sehen konnten und einfach nicht wussten, warum wir nur mit zehn Stundenkilometern durch die endlose, weite Wüstenlandschaft krochen.

In den Oasen wurden überall auf den bewässerten Feldern die Honigmelonen angebaut. Die Größe dieser Dinger war beeindruckend. Die brachten locker drei bis vier Kilo auf die Waage und waren eine willkommene Erfrischung in der heißen, trockenen Wüste. Nicht nur für uns Radfahrer, auch Lastwagenfahrer saßen öfter im Schatten ihrer Fahrzeuge und aßen die Früchte. „Stopp, Stopp", riefen sie uns zu und gaben uns einen Teil davon ab.

Wir tranken viel und schleppten dementsprechend viel Wasser mit. Tankstellen waren immer gut geeignet, um nachzufüllen. Wir hatten gerade unsere Wassersäcke und Flaschen gefüllt, vor uns lagen 130 Kilometer Wüste, da schenkte uns der Tankwart eine dieser riesigen Honigmelonen.

„Was sollen wir damit tun?", fragte Dorothee, und da ich immer an die Räder denke, meinte ich: „Wir müssen die Melone hier sofort essen, unsere Räder sind mit Wasser schon schwer genug beladen."

Zusammen mit Karin und Philipp verspeisten wir die riesige Melone problemlos. Wir mussten sie sichtlich mit viel Genuss gegessen haben, denn kaum waren wir fertig, kam der nette Tankwart mit zwei noch größeren Exemplaren an und überreichte sie uns freudestrahlend. Verdutzt sahen wir uns an, es blieb uns nichts anderes übrig als sie mitzunehmen. Philipp nahm die eine, und ich packte mir die andere vorn auf den Gepäckträger, so ging es hinein in die Wüste. Auch wenn es mühsam war und ich mit den schwerbeladen Rädern mitlitt – die zwei Melonen haben später unser Abendessen sehr bereichert.

Zwischendurch kamen wir in große Städte, die wie aus dem Nichts aus der Wüste auftauchten. Dort nahmen wir uns ein Zimmer, gingen essen und kauften in den Supermärkten ein. Wenn wir in diesen Städten auf den Nachtmarkt gingen und Bier tranken, konnten wir uns schlecht vorstellen, in der Wüste zu sein. Zum ersten Mal, seit wir Europa verlassen hatten, konnten wir wieder völlig ungezwungen in der Öffentlichkeit ein Bier trinken. Die Märkte waren einfach großartig! Neben den Ständen, an denen feine Nudelgerichte und Gemüsepfannen zubereitet, aber auch Innereien und Schafsköpfe zum Verzehr angeboten wurden, befanden sich die Karaoke-Stände. Auf einem Tisch waren ein Fernseher und Getränke aufgebaut. Davor standen Stühle, und ein Heft lag auf dem Tisch. Die zukünftigen Popstars konnten sich aus dem Heft ein Lied aussuchen und ihr Können zum Besten geben. Die Chinesen liebten Karaoke, darum gab es immer viele solcher Stände in Reih und Glied nebeneinander. Das Durcheinander der verschiedenen Möchtegern-Stars hörte sich dann nicht sonderlich harmonisch an.

Auf der Strecke nach Hami hielt ein uns entgegen kommender Lastwagen an und der Fahrer schenkte uns eine Flasche voll Tee, die wir gerne annahmen. Ein paar Kilometer weiter – der Grüntee war längst getrunken –, kam derselbe Laster zurück. Wir dachten erst, er wolle seine Flasche wieder haben. Doch dieses Mal stieg er mit einem Wasserkanister, einer Waschschüssel und einem Handtuch aus. Er goss Wasser in die Schüssel, und einer nach dem anderen durfte sich mitten in der Wüste Gesicht und Hände waschen – das tat gut! Danach wendete er seinen Lastwagen und setzte seine Fahrt fort.

In Dunhuang fuhren Karin und Philipp weiter nach Golmud und Tibet. Bei uns musste Tibet noch etwas warten. Wir hatten vor, den kommenden Winter in Südostasien zu verbringen, dort lang-währende chinesische Visa zu organisieren, um dann im nächsten Frühling nach Tibet zu reisen.

Es war schön, wieder allein unterwegs zu sein, alles hat seine Vor- und Nachteile. Einen Vorgeschmack auf Tibet bekamen wir schon kurze Zeit später. Wir radelten auf dem östlichen Ausläufer des tibetanischen Hochplateaus durch das Zoige-Grasland nach Süden. Dort leben, mit Ausnahme der chinesischen Straßenarbeiter, nur tibetische Nomaden in ihren Zelten. Zum Umziehen werden die Yaks mit allem Hab und Gut beladen, die Tibeter reiten auf Pferden oder laufen zu Fuß mit. Hunde treiben die Herde immer wieder zusammen, besonders die jungen Yaks haben nur Unsinn im Kopf, sie jagen sich zwischen den alten Tieren und machen sicherlich jeden Weg drei Mal.

Das Ganze erinnerte an alte Indianerfilme. Es war Sommer, die Zeit der Wildblumen. Die sanfte, hügelige Graslandschaft war bunt geschmückt.

Unser Weg folgte immer wieder breiten Flusstälern. Rechts und links der Flüsse blühten bunte Blumenteppiche. Unzählige Edelweiß gab es hier, und es war uns unmöglich, eine Pause zu machen oder das Zelt aufzustellen, ohne dass wir Edelweiß zerdrückten. Es gab kaum Büsche und keine Bäume, deshalb wurde unser Zeltplatz von den in der Nähe lebenden Nomaden sofort entdeckt. Meist ließen sie uns in Ruhe. Nur einmal kamen zwei Tibeter auf ihren Yaks angeritten, setzten sich, ohne ein Wort zu sagen, neben uns und unserem Zelt auf den Boden, zogen eine lange Pfeife aus ihren großen Manteltaschen hervor und fingen an zu rauchen. Den angebotenen Tee lehnten sie ab, luden uns aber ein, in ihren Zelten zu übernachten. Unser Zelt stand bereits, deshalb lehnten wir dankend ab. Nach einem anstrengenden Radeltag war uns wichtig, Ruhe zu haben. Die zwei Tibeter blieben nicht lang, nachdem sie ihre Pfeife geraucht hatten, bestiegen sie wieder ihre Yaks und ritten zu ihrem Lager zurück.

Chengdu war die erste wirkliche chinesische Großstadt, durch die wir fuhren. Wir staunten über die unzähligen Radfahrer und noch mehr über die Radwege. Da gab es einen Kreisverkehr auf zwei Etagen, die untere war ausschließlich für Radfahrer und stark frequentiert. Das Fahren in dem Pulk von Radfahrern war jedoch nicht nach unserem Geschmack. Die Chinesen fahren sehr langsam und machen häufig unerwartete Schlenker. Überholen ist dadurch immer schwierig und riskant. Wir versuchten, uns bei den Ampeln einen möglichst guten Startplatz zu sichern, möglichst ganz vorn. Sogar

Zoige-Grasland

mit unseren schwer beladenen Rädern konnten wir dann dem Feld locker davonfahren und hatten freie Fahrt bis zur nächsten Ampel.

Mit unseren Visa wurde die Zeit langsam knapp, wir wussten nicht, ob wir damit noch bis nach Laos kommen würden. Wegen falscher Kilometerangaben auf unserer Übersichtskarte und dem ständigen Auf und Ab kamen wir immer mehr unter Zeitdruck. Bis Kunming konnten wir es noch schaffen, dort mussten wir entweder eine dritte Verlängerung bekommen oder wir wären gezwungen, mit öffentlichen Transportmitteln das Land zu verlassen. Keine schöne Vorstellung, nachdem wir bis hierher alles selbst gefahren waren.

Greencard

Zwischen Chengdu und Kunming hatten wir wieder viele Höhenmeter zu überwinden, dazu gab es Regen. An einer Stelle hatten Arbeiter die Straße komplett aufgerissen und waren dabei, eine neue zu bauen. Es hatte so viel geregnet, dass die ganze Baustelle völlig matschig war. Fahren war unmöglich. Wir schoben durch einen knöcheltiefen Brei, der sich in den Schutzblechen festsetzte. Bald blockierten auch die Räder. Wir versuchten, den Dreck mit einem Zelthering aus den Blechen zu kratzen, was immer nur ganz kurz half bei dieser Schlammschlacht.

Glücklicherweise war die Baustelle nur fünf Kilometer lang, trotzdem waren wir ziemlich fertig, als wir sie hinter uns hatten. Nicht nur unsere Räder waren voller Matsch, auch die Schuhe und Hosen waren durchnässt und verdreckt. Kurz darauf kamen wir an einer Tankstelle vorbei, und wir taten etwas, was wir sonst nie machten: Mit einem Wasserschlauch reinigten wir unsere Räder und Schuhe.

Es war noch früh, als wir in Kunming einrollten. Ein Hotelzimmer war schnell gefunden, und wir hatten noch Zeit, um zur Ausländerpolizei PSB zu gehen. Wir waren gespannt: Würde man unsere Visa noch einmal verlängern? Die Beamtin brauchte nicht lang, um festzustellen, dass wir schon zweimal verlängert hatten. „Gemäß Vorschrift ist es uns nicht erlaubt, Ihnen Ihre Visa zu

Schlammschlacht wegen einer Baustelle

verlängern", erklärte sie uns in korrektem Englisch. „Die einzige Möglichkeit ist, Sie fliegen nach Bangkok oder Hong Kong und lassen sich dort neue Visa geben."

So schnell gaben wir aber nicht auf und diskutierten weiter. Dadurch wurden Carla und Michele aus Italien auf uns aufmerksam. Sie führten eine Pilzfabrik in der Nähe von Kunming und waren gerade dabei, einige Formalitäten bei der Polizei zu erledigen. Nachdem wir ihnen unsere Lage erklärt hatten, fragte Carla die Polizistin am Schalter: „Wie ist es denn, wenn wir die beiden bei uns einstellen?" Die Polizistin: „Dann erhalten sie eine ‚Greencard' (Arbeitserlaubnis), die sie jedes Jahr verlängern können."

Carla fragte uns: „Wollt ihr das?"

Überglücklich bejahten wir diese Frage, und schon am nächsten Tag fuhren wir mit Luisa, der chinesischen Dolmetscherin von Carla und Michele, zur medizinischen Untersuchung in eine Klinik. Dort wurden wir auf Herz und Nieren getestet. Ein EKG wurde erstellt, HIV-Test und andere Blutuntersuchungen gemacht, Sehvermögen geprüft, Größe, Gewicht und Blutdruck gemessen, und zum Schluss wurden wir auch noch geröntgt. Bereits am nächsten Tag hielten wir ein ärztliches Attest in den Händen.

Alles Weitere wurde von Carla und Michele erledigt, wir mussten nur ab und zu irgendwelche Formulare ausfüllen und unsere Arbeitsverträge unterschreiben. Dorothee war auf einmal eine Kontrolleurin und ich ein Manager in der Pilzfabrik.

Die Formalitäten dauerten ein paar Tage. Für uns die Gelegenheit, unsere Räder zu überholen. Gut so, denn durch die kurze Wasserbehandlung der Räder war Wasser in die Radlager gedrungen, und sie drehten sich nicht mehr gut. Wir brauchten neue Lager. Also suchten wir einen Laden, in dem wir die Industrielager bekommen könnten. Sie hatten bestimmte Nummern, die mussten übereinstimmen, sonst passten die Lager nicht in die Muffen. Die Nummern hatten wir, und damit liefen wir durch Kunming. Die entsprechenden westlichen Fabrikate könnte man bestellen, wurde uns gesagt, sie seien aber sehr teuer. Der nette Verkäufer wollte uns anderweitig helfen und ging mit uns zu einer riesigen Halle, in der die Regale gefüllt waren mit chinesischen Industrielagern jeder Größe. Sie hatten chinesische Nummernzeichen, aber es gab viele dicke Bücher, in denen die jeweiligen kompatiblen Nummern verzeichnet waren, und es gab hilfsbereite Leute. Mit fünf Mitarbeitern dieses Betriebs studierten wir die Bücher, suchten die entsprechenden Lager aus den vielen Regalen und verglichen diese mit den alten Lagern, schauten in weiteren Büchern nach, suchten andere Lager, verglichen wieder, brachten sie zurück und suchten neue. Nach einigen Stunden hatten wir schließlich das gefunden, was wir brauchten, und gingen erleichtert zurück ins Hotel. Trotzdem waren wir gespannt, ob diese chinesischen Lager auch wirklich die richtigen waren. Doch zu unserem Erstaunen passten sie, und so waren zumindest unsere Räder wieder fahrbereit.

Der Zufall wollte es, dass Carla und Michele ein paar Tage später ein Firmenessen organisierten und wir als „neue Mitarbeiter" auch eingeladen waren.

Luisa hatte uns den Namen des Restaurants in Chinesisch auf einen Zettel geschrieben, diesen drückten wir dem Taxifahrer in die Hand, und der legte ihn auf das Armaturenbrett. Nur wenig später sahen wir, wie der Zettel vom Zugwind aus dem offenen Wagenfenster flog.

„Wenn das nur gut geht", sagte ich zu Dorothee.

Vor einem schicken Restaurant hielt der Taxifahrer und deutete auf das Lokal. Als keiner von unseren „Arbeitskollegen" anwesend war, kamen uns die ersten Zweifel. Wir versuchten beim Personal herauszufinden, wo wir uns gerade befanden, damit wir Luisa anrufen konnten. Doch niemand verstand uns. Dann zeigte ich einem der Kellner Luisas Karte, und der verschwand damit. Wir hofften, dass es mit dem Essen noch klappen würde und warteten ab. Der Kellner kam zurück und sagte zu uns: „Sie werden von Ihren Freunden in fünf Minuten abgeholt."

So erschienen wir doch noch rechtzeitig am richtigen Ort. Neben den Angestellten der Firma waren auch die Steuerbeamten zum Bankett eingeladen. Ihnen wurden Geschenke gereicht, anders könne man in China keine Geschäfte machen, erklärte uns Michele später. Die Auswahl der Speisen hatten die Italiener dem chinesischen Personal überlassen. Darum war das Essen für westliche Gaumen etwas ungewöhnlich: Der Fisch und die Pilzgerichte schmeckten uns hervorragend, auch Schlangensuppe und gegrillte Schlange war nicht übel. Die gerösteten Bienen waren zwar schön knusprig, doch sie schmeckten eigentlich nach gar nichts. An den Hühner- und Gänsefüßen konnten wir nur knabbern, es gab kaum etwas daran zu essen, dabei gelten vor allem Gänsefüße als Delikatesse.

Nach dem Bankett luden uns Carla und Michele in ihrer Wohnung zu einem richtigen italienischen Espresso ein. Carla erzählte von ihrem Vater, der bereits 72 Jahre alt war und noch immer jedes Jahr mit seinem Rennrad 10.000 Kilometer fuhr. Ihm müsse sie unbedingt von uns erzählen.

Bis wir dann endgültig unsere Greencards hatten, dauerte es noch ein paar Tage. Vor allem an den Wochenenden war es interessant, dem Treiben der Chinesen zuzuschauen. Überall auf Plätzen wurde in Gruppen getanzt, wurden choreographische Gruppenübungen mit Schwertern oder Tai Chi gemacht.

Die Leute waren besonders fein gekleidet, vor allem die kleinen Einzelkinder waren wie Prinzen und Prinzessinnen rausgeputzt. Straßenfotografen hatten Hochkonjunktur. Hochzeitspaare, ganz

Schwertertanz in Kunming

klassisch in weiß und schwarz gekleidet, ließen sich vor Spring-
brunnen ablichten, Kinder thronten auf Kunststoffpferden oder
posierten in mittelalterlichen Klamotten vor künstlichen Burg-
kulissen.

Auf der Einkaufsmeile waren sonntags sämtliche Geschäfte
geöffnet. Laute chinesische Popmusik hämmerte aus Mode-
geschäften, an den Eingängen klatschten Verkäufer zur Animation
im Takt dazu. Die Stadtbevölkerung befand sich im Konsumrausch.
Mit einem kommunistischen China hatte das Treiben hier nichts
mehr zu tun.

Genau zwei Wochen nach unserer Ankunft in Kunming konnten
wir die Stadt mit Greencards in den Taschen wieder verlassen. Nun
war auch unser Tibetproblem gelöst. Mit dieser Aufenthaltsbewilligung konnten wir locker im Frühling durch Tibet fahren.
Aber erst wollten wir den Winter in wärmeren Gefilden verbringen
und machten uns auf in den Süden. Einen kleinen Haken hatte die
Sache: Um im Frühjahr wieder ohne Schwierigkeiten in China einreisen zu können, brauchten wir „re-entry visa" (Wiedereinreise-
Visa). Es war auch kein Problem ein solches zu bekommen, doch
mussten wir bereits das genaue Einreisedatum festlegen. Wir entschieden uns für den 20. März 2000. Es gefiel uns zwar gar nicht,
zeitlich gebunden zu sein, doch damit konnten wir leben.

Nur 20 Kilometer hinter Kunming befanden wir uns wieder im ländlichen China. Der Kontrast hätte nicht größer sein können. Liefen in der Großstadt die Menschen noch mit Mobiltelefonen am Ohr durch die Konsumtempel, so bestellten die Bauern hier ihre Reisfelder mit vor den Pflug gespannten Wasserbüffeln.

Endlich war der Zeitdruck weg, und wir konnten entspannter weiterreisen. Trotzdem schien die Grenze zu Laos nicht näherrücken zu wollen. In endlosen Bögen schlängelte sich die Straße über zahllose Hügelzüge. Kaum hatten wir einen Berg erklommen, sahen wir in der Ferne bereits den nächsten Aufstieg. Einige alte Straßenabschnitte waren mit Kopfsteinpflaster befestigt, was ziemlich zermürbend und kräftezehrend war.

Auf einer kurvenreichen Bergstraße hatte sich eine mehrere Kilometer lange Autoschlange gebildet. Einige Leute hatten sich aus Planen Unterstände gebaut, andere kochten auf Holzfeuern, überall Lag Müll auf dem Boden. Wir waren gespannt, was da kommen würde, und staunten nicht schlecht, als wir das Ende der Schlange erreicht hatten: Vor uns klaffte ein Abgrund, die Fahrbahn

Ländliches China

war auf etwa 300 Meter Länge komplett weggerissen und endete im Nichts. Es war Mittagszeit, also kochten wir uns eine Suppe und überlegten, wie es weitergehen sollte. Unser Kocher war immer die Attraktion, er machte einen unglaublichen Lärm, schon das Zusammensetzen war für die technikbegeisterten Chinesen ein Hingucker. Entspannend war es nicht, etwa 50 Leute standen um uns herum und schauten uns beim Essen zu. Zwei Bagger waren pausenlos dabei, eine neue Fahrspur in den Abhang zu graben. Es gab zwar einen kleinen Fußweg, auf dem sich immer wieder mutige Leute an den arbeitenden Baggern vorbeimogelten, aber das sah ziemlich gefährlich aus. Wir warteten zunächst ab, die Bagger kurvten herum, uns war nicht ganz klar, wie viel die Fahrer von ihrer Umgebung wahrnahmen. Nach etwa drei Stunden des Wartens unterbrachen sie ihre Arbeit, denn die Fahrzeuge mussten aufgetankt werden. Sofort nutzten wir die Gelegenheit, packten alles von den Rädern ab und trugen einzeln die Taschen und die Räder auf die andere Seite. So ganz geheuer war uns dabei nicht, denn die Bagger konnten jederzeit wieder mit ihrer Arbeit beginnen. Kurz nachdem wir die letzten Taschen über den schmalen Pfad gebracht hatten, ließen die Baggerführer die Motoren wieder an. Froh, es gerade so geschafft zu haben, fuhren wir fast ohne Verkehr weiter.

Nach der langen Zeit in Kunming gefiel uns die ländliche Idylle sehr gut. In den Tälern fanden wir immer wieder Nachtquartiere und feines Essen. Auffallend waren die Karaoke-Bars. Selbst in noch so kleinen Dörfern gab es mehrere davon. Bis spät in die Nacht waren wir und der Rest der Dorfbevölkerung gezwungen, den falschen Tönen eines Hobbysängers zu lauschen.

Je weiter südlich wir kamen, desto idyllischer wurden die Dai-Dörfer. Die Menschen trugen ihre traditionellen Kleider. Im Süden Chinas leben viele Minoritäten wie die Dai. Das Besondere an den Dai-Dörfern sind die Wind- und Regenbrücken, die überdacht sind. Der wöchentliche Markt findet oft auf oder bei diesen Brücken statt, außerdem sind sie Begegnungsstätten für die Bevölkerung. Kinder tollen herum, alte Männer sitzen in der Maotracht zusammen – auch hier hat die Kulturrevolution ihren Tribut gefordert –, die Karten oder Schach spielen. In der Mitte der

Dörfer stehen die Trommeltürme. Sie wurden früher für Versammlungen benutzt. Jetzt hängen die Dai ihre Maiskolben zum Trocknen darin auf. An der Grenze endete der Asphalt, und weiterging es in Laos auf Erdpisten.

Südostasien

Der Süden von China und der Norden von Laos sind nicht so sehr unterschiedlich. Auch in Laos gibt es viele Bevölkerungsgruppen, die noch nach ihren alten Traditionen lebten. Bei ihnen tragen sogar die Männer althergebrachte Kleidung, die aus einer schwarzen, wadenlangen Hose und einem schwarzem Hemd besteht.

Wir fuhren durch die Dörfer, wo jede Frau mindestens ein oder zwei Kinder an der Hand, eines im Tragetuch und eines im Bauch hatte. So kam es uns jedenfalls vor, wohl weil wir aus China kamen, wo die Ein-Kind-Politik ihre Wirkung gezeigt hatte.

Unser Weg führte durch endlose gerodete Gegenden und über unzählige Hügelzüge. In den Dörfern begrüßten uns strahlend die Kinder, und sie freuten sich noch mehr, wenn wir zurückwinkten. Die Häuser waren auf Pfählen an den Hängen erbaut, die flacheren Stücke Land waren für die Felder reserviert. Die Versorgung mit Lebensmitteln gestaltete sich für uns recht schwierig. Die Laoten aßen, was auf ihren Feldern wuchs – deshalb gab es in den kleinen Läden auf dem Land so gut wie kein Gemüse, nicht einmal eine Zwiebel zu kaufen! Zum Glück hatten wir genug Proviant aus China mitgebracht und waren im Improvisieren schon recht geübt.

In Luang Prabang, der zweitgrößten Stadt des Landes, war trotzdem alles so richtig nach unserem Geschmack. Es gab noch kaum Touristen, alles ist übersichtlich und vor allem sehr, sehr langsam. Es stehen hier unglaublich viele buddhistische Tempel, die alle ihren eigenen Charakter haben. Einige sind ganz neu, mit großen, schlafenden Buddhas, in anderen sind, mit bunten Glasmosaiken geschmückt, Szenen aus dem Leben Buddhas dargestellt. Wiederum andere sind mit viel Gold verziert, und an einigen schließen sich bewohnte Klöster an.

Für uns war es toll, durch die verschiedenen Tempel zu schlendern, das Leben am Mekong zu beobachten und dabei endlos Zeit zu haben. Im Fluss wurde geangelt, gebadet und die Kleidung gewaschen. Es gab Fischer-, Haus- und Schnellboote, die Passagiere beförderten. Die Jungen spielten am Strand Fußball, die Mädchen wuschen das Geschirr im Fluss. Es gab Bananenverkäufer und einige Imbissbuden. Gern saßen wir hier und tranken „Beer Lao".

Obwohl wir keine Langeweile hatten, fuhren wir schließlich weiter. Wieder kamen wir an vielen kleinen Dörfern vorbei, die an den steilen Hängen klebten. Der Wald an den Berghängen war komplett abgeholzt, viele Flächen waren gar nicht bebaut, und es wuchsen Büsche darauf. So sahen die Berge wie ein nicht komplett geschorener Kopf aus. Mit etwas Wehmut verließen wir Laos. Iran, China und jetzt das so langsame und gemächliche Laos waren Länder, die uns besonders gut gefallen hatten.

Über die „Friendship Bridge" wollten wir nach Nordthailand hinein. Trotz des friedvollen Namens wurde uns die Überquerung der Brücke aber per Rad nicht erlaubt. Wir wurden für die 500 Meter lange Strecke in einen Bus verladen. Dabei füllten wir mit unserem Gepäck und den Rädern den halben Bus aus und ließen viele enttäuschte Passagiere zurück, die keinen Platz mehr fanden.

In Thailand war dann alles ganz anders, uns kam es unheimlich westlich vor. In Laos hatten fast alle Frauen Sarongs um ihre Hüften gewickelt. Jetzt sah man diese bunten Stoffe kaum mehr, dafür viele Jeans und noch mehr Autos, die auf breiten Straßen an uns vorbeisausten. Anders als in Laos schien hier niemand mehr Zeit zu haben. Die Thailänder waren vorwiegend mit Motorrädern unterwegs, auf denen bis zu fünf Leute saßen. Wie in Indien bestand auch hier Helmpflicht für Motorradfahrer. Deshalb trug der Fahrer einen Helm, oft nur ein Bauhelm, doch für die anderen Passagiere schien die Helmpflicht nicht zu gelten. Richtig ländliche Dörfer haben wir nur selten gesehen, und in den Städten gab es, wie in Europa, viele übergewichtige Menschen. Vor allem die dicken Kinder fielen auf. Trotzdem hatten wir ein Problem, denn die Portionen in den Restaurants waren für uns hungrige Radfahrer viel zu klein.

Wir fühlten uns in dieser Hektik zunächst gar nicht wohl, doch dann entdeckten wir die Nationalparks. Fast jeder Wasserfall wurde in Thailand zum Nationalpark erklärt. Dann gab es, fernab der Touristenhochburgen, zahlreiche Nationalparks an Stränden. Sie sind mit öffentlichen Verkehrsmitteln sehr schlecht zu erreichen – also genau das, was sich Radfahrer wünschen, die Zelt und Kochutensilien dabeihaben. In den Nationalparks ist es erlaubt zu zelten. Es gibt dort immer Trinkwasser und eine Art Dusche, und alles war meistens auch noch kostenlos. Zudem konnten wir das Zelt direkt am Strand im Schatten der Bäume aufstellen und hatten nur wenige Meter zum Korallenriff.

Nationalpark in Thailand

Mit Begeisterung hüpften wir mit Schnorchel und Tauchermaske ins Meer und bestaunten die bunte Unterwasserwelt der Korallenriffe. Manchmal kam es vor, dass tagsüber eine Thaifamilie kam und Picknick machte, ein bisschen im Wasser planschte und nach zwei Stunden wieder verschwand. So richtig sauber war der Strand nach ihrem Besuch nicht mehr, aber dass die Strände normalerweise sauber sind, lässt vermuten, dass sie gereinigt werden.

Nachdem wir die Nationalparks für uns entdeckt hatten, waren wir mit Thailand wieder versöhnt. Selbst im Paradies kann es nicht viel schöner sein. Über eineinhalb Jahre waren wir schon unterwegs, und zum ersten Mal auf dieser Reise schwammen wir im Meer.

Auch beim Millenniumswechsel 2000 befanden wir uns noch in Thailand, doch dieser Wechsel in ein anderes Jahrtausend hatte im buddhistischen Thailand einen anderen Stellenwert als im westlichen Kulturkreis. Um Mitternacht flogen zwar ein paar vereinzelte Feuerwerkskörper durch die Luft, jedoch viel beliebter schien es zu sein, mit dem Motorrad laut knatternd durch die Straßen der kleinen Stadt Betong an der malaysischen Grenze zu kurven.

Im muslimischen Malaysia hatte gerade der Fastenmonat Ramadan begonnen, als wir die Grenze passierten. Das hätte für uns eigentlich bedeutet, nach Sonnenaufgang und vor Sonnenuntergang in der Öffentlichkeit weder essen noch trinken zu können. Für hungrige und durstige Radfahrer ein Ding der Unmöglichkeit. Die Restaurants machten erst am Abend auf, darum kochten wir uns mittags unsere Nudelsuppe selbst und aßen am Straßenrand, wo uns möglichst niemand sehen konnte. Wenn wir dann abends in einem Ort waren, gingen wir mit Begeisterung auf die Nachtmärkte. Dort waren, kurz bevor der Muezzin rief, schnell alle Tische besetzt. Ganze Großfamilien saßen da, um gemeinsam das Fastenbrechen zu feiern. Jeder hatte sich bereits alle möglichen Leckereien auf den Teller geladen und saß wartend davor. Beim ersten Ton des Muezzins begannen alle, das Essen in sich hineinzuschaufeln. Sie hatten schnell gegessen und machten sofort der nächsten Schicht Platz. Für uns war es schwer einen Sitzplatz zu ergattern, zumindest in der ersten Stunde nach dem Ruf des Muezzins. Danach wurde es sehr ruhig auf dem Nachtmarkt, die Malaien zogen sich in ihre privaten Häuser zurück und feierten dort die halbe Nacht weiter.

Nicht nur muslimische Malaien leben in Malaysia, auch viele Chinesen und Inder. Die drei Bevölkerungsgruppen mit ihren verschiedenen Religionen leben friedlich zusammen, und das macht Malaysia so besonders.

Als wir im Süden von Malaysia waren, feierten die Inder ihr

Thaipusan-Fest. Die wohl bekannteste Feststätte liegt in der Nähe von Kuala Lumpur, aber auch in Melaka feierte die indische Gemeinde beim Tempel. In ihm weihräucherten Priester verschiedene Gottesbilder. Auf dem Platz vor dem Tempel wurden Opfer gebracht. Anders als in Kuala Lumpur, wo sich die Erwachsenen kasteien, wurden hier nur die Haare geopfert, und zwar noch nicht einmal die eigenen, sondern meist die der kleinen Kinder. Riesige Tischreihen waren aufgebaut und alle, auch wir Besucher, waren zum Festessen geladen. Aus großen Eimern wurde das Essen auf Bananenblättern serviert. In der Küche standen Kübel, gefüllt mit verschiedenen Gemüsesorten und Scharfem, und in einer Ecke ragte ein riesiger Reis-

berg auf. Wenn eine Gruppe gegessen hatte, wurden die Plätze geräumt, und die dahinter stehenden Personen nahmen Platz.

In Penang, der Stadt mit der größten chinesischen Bevölkerungsdichte Malaysias, erleb- *Thaipusan-Fest in Melaka* ten wir das chinesische Neujahrsfest. Es begann in der Nacht: In und vor den Tempeln wurden meterhohe Räucherstäbe entzündet. Die Chinesen trugen große Bündel Räucherstäbchen umher und beräucherten damit die Altäre. Die Luft in den Tempeln war völlig verqualmt, es trieb uns die Tränen in die Augen. Es war schwierig, drinnen überhaupt etwas zu sehen. Auto- und Rikschafahrer, die am Tempel vorbeifuhren, ließen den Lenker oder das Steuerrad los, um ihre Hände zum Gebet zusammenzulegen, allerdings ohne langsamer zu fahren.

Die ganze Nacht wurde gefeiert, auch am nächsten Tag ging das Fest weiter, die riesigen Räucherstäbchen qualmten immer noch vor sich hin, und jede Menge Volk war auf der Straße vor den Tempeln versammelt. Hier wurden kleine Vögel in Käfigen verkauft, die Käufer beteten und ließen sie anschließend fliegen, was Glück bringen soll. Der Qualm in den Tempeln wurde immer dichter. Lang hielten wir es da drin nicht aus, den betenden Chinesen schien das jedoch nichts auszumachen.

Immer wieder sahen wir kleine Laster mit Drachentänzern auf der Ladefläche an uns vorbeifahren. Um im nächsten Jahr Glück zu haben, bestellen manche Chinesen die Drachentänzer zu sich nach Hause. In dem Restaurant, in dem wir aßen, wurde gerade ein Drachentanz aufgeführt. Der Oberkörper des einen Tänzers steckte in dem Kopf des Drachens, seine Beine waren die Vorderbeine. Der andere Tänzer war der Rumpf, er hielt sich mit seinen Armen unter dem Drachengewand am Leib des Kopftänzers fest, seine Beine waren die Hinterbeine des Drachens. So tanzten diese zwei Drachentänzer einen wilden, anstrengenden Tanz.

Thailand und Malaysia waren für uns einfache Reiseländer. Die Bevölkerung war an Touristen gewöhnt und uns gegenüber eher reserviert. Wir fühlten uns mehr wie „normale" Touristen, wahrscheinlich weil Thailand, im Gegensatz zu Laos oder dem Iran, voller Europäer oder Amerikaner ist. Statt Einsamkeit genießen

Chinesisches Neujahrsfest in Penang

zu können machten wir in Großstädten Kulturprogramm.

Wir hatten in diesen beiden Ländern auch Besuch von meinem Bruder Andi und seiner Frau Alexandra, die uns natürlich Ersatzteile mitbrachten. Kurt und ich setzten mit der Fähre über den Mekong nach Nordlaos über, Andi und Alexandra winkten uns von der thailändischen Seite hinterher. Die beiden radelten zurück nach Singapur, wo das Flugzeug nach Europa auf sie wartete, und wir machten uns auf den langen Weg nach Tibet.

Tibet

In Zhongdian, dem letzten großen Ort in der Provinz Yunnan vor Tibet, suchten wir ein Restaurant. Wir, das waren fünf Radfahrer: Jean-Paul aus Frankreich, die Niederländer Eric und Noesia, beide mit Liegerädern unterwegs, Kurt und ich. Beim vielleicht letzten guten chinesischen Essen wollten wir Informationen austauschen. Vor uns lag die verbotene Osttibetroute nach Lhasa.

Warum dieser Weg verboten war, wussten wir nicht. Vielleicht aus militärischen Gründen, aber wohl eher, damit Ausländer keinen unkontrollierten Kontakt zu Tibetern haben können.

Es kursierten jede Menge Geschichten von Radfahrern, die von der Polizei auf dieser Strecke erwischt wurden. Man soll ihnen die Räder abgenommen haben. Angeblich besitzt die Polizei irgendwo einen großen Raum, vollgestopft mit Tourenrädern. Von uns kannte keiner jemanden, dessen Rad konfisziert worden war, jedoch wussten wir von Radfahrern, die aus Tibet ausgewiesen worden waren. Sie hatten sofort in Bussen das verbotene Gebiet verlassen müssen.

Sehr wichtig für uns war zu erfahren, wo die „Police for Aliens", wie die Ausländerpolizei in China heißt, ihre Kontrollposten hatte. Durch diese Städte mussten wir uns im Schutz der Dunkelheit schleichen, um nicht erwischt zu werden. Und da die Ausländerpolizei in allen größeren Städten Posten hatte, würde die Versorgung nicht sehr einfach werden. Die Geschäfte und Tankstellen hatten in Tibet keinen 24-Stunden-Service.

Trotz allem waren wir fest entschlossen, diese Strecke anzugehen. Mit unseren chinesischen Greencards standen wir zumindest nicht unter Zeitdruck. Aber diese Route sollte auch aus anderen Gründen keine „Picknick-Tour" werden: Wir würden die Täler der großen Flüsse Mekong, Jianshe, Nu Jiang sowie den Bramaputra überqueren. Den Mekong sogar zweimal, weil dieser eine große Schleife macht. Da diese Flusstäler sich sehr tief in den Himalaya eingeschnitten haben, bedeutete das jedesmal, zwei- bis dreitausend Höhenmeter zu bewältigen, dazwischen überschritt die Straße zweimal die 5000-Meter-Marke.

Mit vollbeladenen Rädern starteten Kurt und ich am folgenden Tag, die anderen wollten erst einen Tag später aufbrechen. Wir waren alle überzeugt, uns unterwegs dann und wann zu treffen und vielleicht ein Stück gemeinsam radeln zu können.

Die ersten Tage konnten wir uns frei bewegen, noch waren wir nicht in dem verbotenen Gebiet, das erst am Mekong beginnen sollte. Wir fuhren durch ein Tal, vorbei an vielen Zwiebel- und Knoblauchfeldern, die Ernte lag zum Trocknen auf den Feldern und verströmte ihren Duft. Es roch intensiv nach Zwiebeln und Knoblauch, alles sah noch so richtig chinesisch aus. Bald wurde das Tal enger. Langsam ging es hinauf zum ersten Pass auf dieser Strecke. Das ruhige Steigen gefiel uns gut, oft überquerten wir klare, schnellfließende Gebirgsbäche. Die Wasserversorgung sollte daher kein Problem werden. In jeder Kurve sahen wir, dass wir wieder ein Stück höher gekommen waren.

Inmitten von Blumen legten wir Pausen ein und wussten, dass wir sehr langsam fahren mussten, um dem Körper genug Zeit zu geben, sich an die Höhe zu gewöhnen. Jeder von uns beiden fand bald seine eigene Technik und seinen Rhythmus. Kurt fuhr schneller als ich, musste dann aber öfter Pausen machen. Ich kam besser zurecht, wenn ich langsam und stetig fuhr, brauchte dafür aber nicht so viele Pausen.

Weit in der Ferne sahen wir den Pass zwischen den schneebedeckten Bergen. Es würde aber noch gut einen Tag dauern, bis wir ihn überqueren konnten. Wir passierten ein Kloster, die Dörfer waren jetzt fast ausschließlich von Tibetern bewohnt, die uns mit

Yaks, die wichtigsten Nutztiere in Tibet

ihren Yaks auf der Straße begegneten und uns neugierig betrachteten. Am Abend fanden wir einen schönen Zeltplatz mit Aussicht auf Tal, Kloster und Pass. Durch große Nadelbäume war er gut gegen den Wind geschützt. Hier stellten wir unser Zelt auf. Doch wir blieben nicht lang allein, denn schon bald trotteten vier Yaks daher – wir hatten unser Zelt auf ihrem Schlafplatz aufgebaut! Doch die Wiese war groß und bot genug Platz für uns alle. Wenig später kamen zwei Tibeterjungen, um nach ihren Tieren zu schauen, aber auch, um uns und unser Zelt zu betrachten. Scheu blieben sie am Rand der Wiese stehen, bis sie sich überzeugt hatten, dass wir ihre Yaks in Ruhe ließen, erst dann liefen sie zu den Häusern am Hang gegenüber zurück.

Da wir ja nun entdeckt waren, gönnten wir uns den Luxus und entzündeten ein kleines, wärmendes Feuer, denn abends wurde es hier in der Höhe schnell empfindlich kalt.

Am nächsten Morgen waren die Wassertropfen auf dem Zelt gefroren. Wir fuhren zwischen Schneewehen und an Gebetsfahnen vorbei über den Pass. Schon von weitem sind in Tibet die Passhöhen an den Gebetsfahnen zu erkennen, und wenn diese erreicht sind, ist der Pass geschafft.

Kurz bevor wir Dejing erreichten, den für uns letzten offenen Ort, holte uns Jean-Paul ein. Er hatte wenig Gepäck, noch nicht einmal einen Kocher dabei, und auch sonst an allem gespart, was unterwegs ein bisschen Luxus sein könnte. Entsprechend schnell kam er voran, besonders bergauf. Gemeinsam fuhren wir nach Dejing und quartierten uns in einem kleinen Hotel ein. Auch in diesem Ort gab es einen Markt, doch das Angebot war mager. Vor allem an Gemüse fehlte es in dieser kargen Gegend.

Hier wohnten wieder Chinesen. Am Eingang des Marktes standen die für China so typischen Billardtische. Wir schauten den Spielern gern zu, nicht immer spielten sie gut, dafür aber mit großer Begeisterung.

Wir gönnten uns noch einmal einen Ruhetag in Dejing, es regnete. Die Straße, die mitten durch den tristen Ort führte, wurde gerade asphaltiert. Jetzt war sie eine einzige Schlammfläche, die Fußgänger bewegten sich über Bretter von Geschäft zu Geschäft. Nicht nur wir füllten hier noch einmal unsere Vorräte auf, auch die Lkw-Fahrer, die durch Tibet wollten, machten hier noch einmal eine Pause. Wir richteten es uns im Hotel gemütlich ein, tranken fast soviel grünen Tee wie die Chinesen und tauschten mit Jean-Paul unsere Erlebnisse aus. Das Hotel verließen wir nur, um essen zu gehen oder einzukaufen.

Auf verbotenen Pfaden

Früh am nächsten Tag fuhren wir weiter. Schon bald hatte uns Jean-Paul abgehängt. Zuerst fuhren wir über einen kleinen Pass und dann hinunter zum Mekong. Im Mekongtal ist jedes kleine Stückchen ebene Erde bepflanzt. Die Häuser sind in einer Art Fachwerk errichtet und passen sich gut der Landschaft an. Immer wieder kamen wir an Steinhaufen vorbei, manche Steine waren mit tibetischer Schrift beschrieben. Oben auf diesen Haufen lagen des Öfteren Yakschädel, auch sie mit bunten Buchstaben bemalt, umrahmt von wehenden Gebetsfahnen.

Irgendwo hier am Mekong fing Tibet an, ab diesem Zeitpunkt waren wir illegal unterwegs. Wo genau, wussten wir nicht, aber ausschlaggebend sollte der erste Kontrollposten sein, und der war

Mani-Steine

erst in Yanjing hoch über dem Mekong. Radfahrer hatten uns erzählt, dass sie sich zwischen vier und fünf Uhr morgens an den Kontrollposten vorbeigemogelt hatten.

„Warum wollen wir so lange warten, es reicht doch, wenn wir uns um Mitternacht durchschleichen", war Kurts Vorschlag. Ich hatte da meine Bedenken: „Wenn sie uns erwischen, ist der Tibet-Trip schon zu Ende, bevor er begonnen hat."

Hier am Hang war es schwierig, ein Versteck zu finden oder gar einen Platz, wo wir unser Zelt aufstellen konnten. Da gab es keinen flachen Quadratmeter. Unter einer Brücke, kurz vor Yanjing, richteten wir uns einigermaßen gemütlich ein. Wir schrieben Tagebuch, hörten Radio und fingen erst im Dunkeln an zu kochen. Schließlich hatten wir ja bis Mitternacht Zeit. Schnell war es soweit, und wir bepackten unsere Räder. Im Dunkeln fuhren wir langsam und vorsichtig die kurvige Bergstraße hinauf. Auf dem Weg begegnete uns ein Esel, der mit klappernden Hufen davonlief. Als wir um die nächste Kurve bogen, sahen wir den Schlagbaum, eine helle Glühbirne baumelte darüber im Wind. Die Türe des Kontrollpostens war offen, wir hörten Stimmen. Trotzdem hofften wir, uns vorbeischleichen zu können. Langsam schoben wir unsere Räder näher. Als ein Polizist an die Türe trat, versuchten wir, so leise und unauffällig wie nur möglich den Rückzug anzutreten. Dass er nur an die Türe gekommen war, um hinauszupinkeln, konnte uns nicht mehr beruhigen. Kaum aus dem Lichtschein raus und um die Ecke zurück, fing der blöde Esel an zu schreien. Wir schwangen uns auf die Räder und versuchten, so schnell wie möglich in der Dunkelheit an Land zu gewinnen. Hoffentlich hatte der Esel nicht die Polizei alarmiert!

Mittlerweile war es schon halb zwei. Wir wollten jetzt nichts mehr riskieren, setzten uns an die Wand eines unbewohnten Hauses und warteten. Es wurde immer kälter, wir hatten einen sehr zugigen Platz gewählt.

Erst gegen vier Uhr trauten wir uns, einen neuen Versuch zu starten. Wir schoben langsam zum Schlagbaum. In der Hütte brannte kein Licht mehr, nur die Glühbirne beleuchtete gespenstisch den Weg. Wir bugsierten unsere Räder unter dem Schlagbaum durch, das Klicken der Klinken im Freilauf kam uns verräterisch laut vor. Dann schwangen wir uns schnell auf die Räder und traten in die Pedale, wir hatten es geschafft! Doch noch trauten wir uns nicht, die Taschenlampen zu benutzen. Glücklicherweise war die Straße in einem recht guten Zustand. Ab und an bellte ein Hund, wir hofften, dass er angekettet war, und versuchten, so schnell wie es ging weiterzukommen. Als bei einem Haus, das wir passierten, ein Mann ins Freie trat, erschraken wir. Aber er zündete sich nur eine Zigarette an und schaute uns beim Weiterfahren zu.

Immer öfter gönnten wir uns Pausen, denn eigentlich hatten wir nicht vor, durch Tibet im Dunkeln zu fahren. Als es endlich hell wurde, waren wir froh. Mit Blick auf ein idyllisches Bergdorf machten wir Frühstückspause. An uns vorbei zogen die Hirten mit ihren Schafen und Ziegen. Die Yaks werden nicht bewacht, sie ziehen tagsüber frei durch die Gegend, wenn sie nicht als Reit- oder Transporttier benutzt werden. Vor Schlitten oder Wagen spannt man sie nicht, da setzen die Tibeter die Schwerkraft ein: Mehrmals kamen uns Tibeter auf wackeligen und voll mit Heu beladenen Wagen den Berg herunter entgegen. Wir konnten nur noch schnell unsere Räder zur Seite zerren, und schon sausten die Wagen in einem Affenzahn an uns vorbei. Auch ohne Bremsen ließen sie sich nicht davon abhalten. Immer wieder kippte so ein Wagen um. Dann sahen wir lachende

Tibeter aus dem Heu hervorkrabbeln, sie luden alles wieder auf den Wagen, und die rasante Talfahrt ging weiter.

Kurz nach Yanjing führte die Straße fast bis zum Mekong hinunter, danach aber nur noch bergauf. Bis zum Pass sollten wir es an diesem Tag nicht mehr schaffen. Wir waren bald müde und schauten uns nach einem Zeltplatz um, die letzte Nacht ohne Schlaf machte sich bemerkbar. Außerdem waren wir noch nicht ausreichend an die Höhe gewöhnt und wurden schneller müde.

Zum Glück standen wir nicht unter Zeitdruck und konnten die Bergwelt genießen. Wir stiegen und stiegen, den Mekong sahen wir weit unter uns als schmales, glänzendes Band leuchten. Daran klebten kleine Siedlungen und Felder, auf denen Gerste wuchs, die für Tibeter – abgesehen von Yakfleisch und Buttertee –, das wichtigste Nahrungsmittel ist.

An der Straße gab es selten Siedlungen, dafür war es zu steil und zu steinig. Nur an den kleinen Nebenflüssen wohnten Leute. Ab und zu kamen wir an kleinen Läden vorbei, in denen es hauptsächlich Limonade, Bier und Zigaretten gab. Aber auch die für Radfahrer sehr wichtigen „761er", kompakte chinesische Militärkekse. Sie sehen aus wie kleine Briketts und sind wahre Kalorienbomben! Sie eignen sich sehr gut zum Mitnehmen, wir haben sie in Tibet vermutlich tonnenweise verdrückt.

Vor den Läden gab es Balken, an denen die Yaks angebunden wurden. Uns kam das vor wie in einem Wildwest-Film.

Im Kloster

Einen ungestörten Zeltplatz an einem Fluss zu finden war oft nicht einfach, da wohnten meist Leute, und die waren neugierig. Noch waren wir nicht „cool" genug, sie nach einer kurzen Zeit einfach wegzuschicken, deshalb schien uns ein Kloster genau der richtige Schlafplatz zu sein. Hier würden wir unsere Ruhe haben, so dachten wir zumindest.

Begleitet von 15 Dorfjungen schoben wir unsere Räder zum Kloster. Drei Mönche luden uns zum Bleiben ein, und wir durften unsere Sachen in die Küche bringen. Auch unsere Räder standen sicher im Klosterinnern. Die Fenster waren so winzig, dass in den Räumen nur Schummerlicht herrschte. Auf dem brennenden Ofen in der Küche stand ein Kessel mit Wasser für Buttertee. Die Mönche holten ein langes, dünnes Holzfass hervor, gaben Kräuter hinein, etwas Yakmilch-Butter und kochendes Wasser. Mit einem Stampfer, der viele Löcher hatte, wurde das Ganze ausgiebig vermischt, dann war der Buttertee fertig. Der Tee wird nicht nur getrunken. Vermengt mit *tzampa*, geröstetem Gerstenmehl, und zu kleinen Kügelchen geformt, wird es gegessen. Etwas gewöhnungsbedürftig, aber in der dunklen Klosterküche eine Delikatesse.

Die ganze Zeit wurden wir von den Mönchen beobachtet. In einem separaten, verfallenen Raum konnten wir uns waschen und umziehen, zu unserer Überraschung ohne dass die Mönche mitkamen.

Mittlerweile hatten sich in der Klosterküche einige Leute aus dem Dorf eingefunden, alles Männer natürlich. Auch sie starrten uns an. Hier fuhren höchstens einmal ein paar illegale Radfahrer vorbei, und da es kein Fernsehen gab und kaum sonstige Kurzweil, war jede Abwechslung willkommen. Die Männer hatten lange Haare, in die rote oder schwarze Wollfäden hineingeflochten waren. Der Zopf wurde um den Kopf gewickelt, was das Gesicht noch runder erscheinen ließ. Sie trugen lange, dicke und mit Schaffell gefütterte Mäntel. Aber nur in einem Ärmel steckte ein Arm, der andere Ärmel war um die Taille gebunden. Der Geruch der Menschen war recht streng, aber wer hat schon Lust, sich bei dieser Kälte ständig zu waschen?

In einem Nebenraum saßen zwei Mönche bei Kerzenlicht mit einigen Männern in der typischen tibetischen Tracht beisammen. Die Mönche schrieben bei flackerndem Kerzenlicht in ein längliches, dickes Buch. Alles war vom Feuer verraucht, die Atmosphäre war geheimnisvoll, so wie ich mir ein Kloster im Mittelalter vorstelle, als die Wissenschaft nicht wirklich anerkannt war und die Mönche immer am Rande der Legalität arbeiten mussten.

Auch am nächsten Morgen wurden wir die ganze Zeit beobachtet. Als Kurt sich anzog, standen alle da und schauten ihm dabei zu. Damit ich mich anziehen konnte, hielt Kurt unseren Teppich als Sichtschutz vor mich. Doch die Mönche blieben da und schauten weiter zu. Unsere deutliche Aufforderung, uns allein zu lassen, schienen sie nicht zu verstehen. Jedesmal, wenn wir eine Radtasche öffneten, steckten auch sie ihre Nasen hinein. Wenigstens beim Frühstücken ließen sie uns allein, was uns sehr wunderte. Doch wie wir aßen, hatten sie ja schon am Vortag gesehen.

Kloster auf der verbotenen Strecke

Etwas genervt trugen wir unsere Taschen zu den Rädern und luden auf. Kurt vermisste seine Sonnenbrille. Wir suchten in der Klosterküche und in den Räumen, die wir sonst noch betreten hatten, aber sie blieb verschwunden. Mit Händen und Füßen machten wir den Mönchen klar, was wir suchten. Wir vermuteten, dass die Brille am Vortag bei der Ankunft verschwunden war. Da war eine Schar Kinder um uns herumgestanden. Möglicherweise war sie uns auch hinabgefallen. Die Vorstellung, ohne Sonnenbrille über die hohen, schneebedeckten Pässe bis Lhasa zu fahren, war alles andere als angenehm. Davor würde es nicht möglich sein, eine neue Brille zu kaufen.

In der Hoffnung, sie doch noch zu finden, suchten wir sehr lang. Wir sahen einen Mönch zur Schule eilen und hofften, dass da die Sonnenbrille noch auftauchte. Schließlich gaben wir auf und verabschiedeten uns freundlich. Kaum saßen wir im Sattel, kam der Mönch aus der Schule zurückgelaufen, in der Hand die Brille schwingend. Drüben im Staub hätte er sie gefunden, machte er uns klar. Wie auch immer, wir waren wirklich erleichtert über diesen Ausgang, und nun fiel der zweite Abschied sehr viel fröhlicher aus!

Wiedersehen mit Eric und Noesia

An diesem Tag durften wir nicht sehr lange fahren, bis zum nächsten Kontrollposten in Markam war es nicht mehr weit, und diesen galt es gleichsam bei Nacht zu passieren. Den ganzen Tag fuhren wir durch ein recht dicht besiedeltes Tal. Auf den Feldern wurde mit geschmückten Yaks gepflügt. Quasten aus roter und weißer Wolle hingen an ihren Ohren, einige trugen auf dem Kopf ein kunstvolles Geweih aus mit Wolle verzierten Stöckchen.

In einem kleinen Laden kauften wir Kekse, Nudelsuppen und Batterien. Neugierige Tibeterinnen kamen hastig angerannt, auch sie hatten in die Haare rote oder schwarze Wolle geflochten und den Zopf um den Kopf gelegt. Alle waren mit den gleichen schwarzen langen Wollkleidern angezogen und hatten buntgestreifte Schürzen umgebunden. Viele trugen kleine Kinder auf dem Rücken, auch diese dick eingepackt. Durch den Hosenschlitz blinkte das Gesäß, statt Windeln hatten die Kinder hier, wie auch in China, einen Schlitz in der Hose. Alles geht ungebremst gleich ins Freie.

Wenig später sahen wir aus der Ferne Markam, wir mussten uns einen Platz zum Zelten suchen, was in diesem bewohnten Tal nicht einfach war. Während wir uns umschauten, kam plötzlich Jean-Paul angeradelt.

„Das gibt es doch gar nicht, du hinter uns? Wir dachten, du bist schon längst über alle Berge!"

Er war am Mekong von der Polizei erwischt und zwei Tage festgehalten worden. Als er es satt hatte, noch länger zu warten, war er ausgerissen und bei Nacht und Nebel weitergefahren. Jetzt wollte er mit uns vor Markam zelten und ebenfalls in der Dunkelheit den Ort durchqueren. Wir suchten lang, fanden trotzdem keinen geeigneten Zeltplatz und beschlossen, bei Ruinen zu zelten. Dort waren wir wenigstens windgeschützt. Schnell hatte sich eine Menschenmenge um uns versammelt, und während wir zwei Stunden lang Tagebuch schrieben, standen die ganze Zeit die Leute da und schauten uns dabei zu. Zu dritt war das etwas leichter zu ertragen.

Wir trauten uns noch immer nicht, sie einfach wegzuschicken, schließlich waren wir Gäste in ihrem Land. Später jedoch waren wir so genervt, dass wir, sobald jemand zu unserem Lager kommen wollte, ihm entgegengingen, um ihn wegzuschicken. Das funktionierte aber nur, wenn wir schnell handelten, sonst hatten sich schon zu viele Menschen versammelt, und sie blieben erfahrungsgemäß so lange da, bis es dunkel wurde.

Nachts um vier Uhr ging unser Wecker. Während sich der eine im Zelt anzog, aß der andere die guten 761er Kekse. Dann wurde gewechselt. Schnell packten wir alles zusammen, weckten Jean-Paul, und um halb fünf waren wir auf der Straße.

Bis Markam war es nicht weit, und im Ort war die Straße sogar teilweise asphaltiert. Überall bellten Hunde! Leider waren nicht alle angebunden, wir wurden von einem großen Tier verfolgt, doch zum Glück ließ er bald wieder von uns ab. Dafür wurde die Straße schlechter, und Kurt rutschte in den Straßengraben ab. Glücklicherweise führte er kein Wasser, und Kurt hatte sich schnell wieder hochgerappelt. Die Orientierung im dunklen Markam war schwierig. Dann tauchte aus der Dunkelheit ein großes, hell erleuchtetes Gebäude auf, davor quer über die Straße ein Schlagbaum. Wir schlichen vorüber, und bald danach waren wir an den letzten Häusern vorbei. Wir hatten es wieder geschafft.

Die Anspannung ließ nach, wir fuhren den nächsten Pass hinauf. Bald wurde es hell und wir sahen Markam malerisch in dem Tal unter uns liegen. Hier gab es viele schöne Steinhäuser mit grasbedeckten Dächern und Innenhöfen. Dazwischen ragten goldene Zinnen einiger Klöster heraus, und am Rande der Siedlung weideten Yakherden. Es war wirklich schade, durch solche Orte in der Nacht fahren zu müssen.

Als wir die Passhöhe fast erreicht hatten, sahen wir weit unten zwei Radfahrer die Passstraße hochfahren.

„Ob das wohl Eric und Noesia sind?" Jean-Paul, der uns bald darauf einholte, bestätigte unsere Vermutung und zog mal wieder an uns vorbei. Auch wir fuhren weiter, trafen Eric und Noesia nur wenig später und beschlossen, gemeinsam weiterzuradeln.

Dabei nahmen wir uns Zeit, fuhren oft nur einige Stunden am Tag, suchten uns schöne Zeltplätze und machten, wenn es nicht gerade regnete, abends ein Lagerfeuer. Es gibt kaum etwas Schöneres, als sich am Feuer sitzend Radlergeschichten zu erzählen. Wir fühlten uns sicherer zu viert, auch wenn wir dadurch viel mehr auffielen.

Eric und Noesia aus Holland

In einem kleinen Dorf wollten wir einkaufen und Benzin für unsere Kocher tanken. Nachdem wir die drei kleinen Läden abgeklappert hatten, blieben Noesia und ich bei den Rädern, während Kurt und Eric versuchten, Benzin aufzutreiben. Wir waren umringt von den Dorfbewohnern, und es wurden immer mehr. Auch die Mönche aus dem Kloster, das über dem Dorf auf einer kleinen Anhöhe thronte, kamen neugierig angelaufen. Zum Glück hatten wir unsere Einkäufe schon verstaut, so saßen wir reglos da und hofften, dass unsere zwei Männer bald zurückkommen würden. Als plötzlich ein Auto auftauchte und anhielt, verstreute sich die Menschenmenge rasch, und die Mönche zogen sich ins Kloster zurück. Im Auto saßen zwei Polizisten, nun war auch uns nicht mehr zum Lachen zumute. Was jetzt?

Die Polizisten konnten kein Englisch. Sie versuchten uns klarzumachen, dass sie unsere Pässe sehen wollten. Doch wir stellten uns dumm und taten, als würden wir sie nicht verstehen. Auf ihre Frage, wem die anderen Räder gehörten, reagierten wir nicht und redeten auch nicht miteinander, vielleicht verstanden sie doch Englisch. Unbeteiligt dasitzend hofften wir, dass unsere Geduld größer als die ihre war und dass Kurt und Eric nicht gerade jetzt kommen würden.

Wir hatten Glück, anscheinend wurde es den Polizisten zuviel, und sie fuhren weiter. Kaum waren sie weg, waren wir schon wieder von den Dorfbewohnern umstellt. Eric und Kurt kamen wenig später und wollten uns ausgiebig erzählen, wie und wo sie Benzin bekommen hatten. Doch wir ließen sie nicht ausreden und drängten zur Eile. Erst später erzählten wir ihnen, was passiert war.

Zum ersten Mal über 5000 Meter

In den Läden der Tibeter fanden wir kein Gemüse, was sowohl wir als auch Eric und Noesia so gern essen. Also beschlossen wir zu der chinesischen Kaserne zu fahren, vielleicht würden sie uns dort ein bisschen was davon verkaufen. Außerdem sahen wir Rauch aus dem Schornstein qualmen. Wir waren auf dem Weg zum ersten Pass über 5000 Meter, es hatte angefangen zu schneien, und ein wärmendes Feuer war da sehr verlockend. Bei der Kaserne wurden wir von einem Bau zum anderen geschickt, niemand schien sich kompetent zu fühlen, uns weiterzuhelfen. Schließlich landeten wir in einem geheizten Raum und tranken mit den Befehlshabern der Kaserne Grüntee. Sie schienen keine Ahnung zu haben, dass wir hier illegal waren und hießen uns willkommen. Wir mussten warten, wollten aber doch eigentlich nur Gemüse kaufen. Die Verständigung war nicht einfach, doch es war warm in dem Raum, und draußen schneite es immer mehr. Dann wurden wir in einen anderen Raum gebeten, der war zwar ungeheizt, dafür standen aber vier Teller auf dem Tisch und in den Schüsseln dampften Reis und verschiedene Gemüsegerichte. Sie hatten extra für uns gekocht, wir stürzten uns mit Begeisterung auf die warme Mahlzeit. Als wir alles verspeist hatten, bekamen wir noch ein paar Zucchini geschenkt.

Es brauchte viel Überwindung, sich in das Schneegestöber zu stürzen. Die Straße trug uns immer höher hinauf, frischer Schnee bedeckte die Fahrbahn. Den ganzen Nachmittag fuhren wir durch eine Winterlandschaft. Die Aussicht, im tiefen Schnee zu zelten, war nicht gerade verlockend. Langsam wurde es Zeit, sich nach einem geeigneten Platz umzuschauen.

Und dann trauten wir unseren Augen kaum: „Ist das nicht ein Haus da vorn?" Tatsächlich, da stand auf einmal ein verlassenes Haus am Wegesrand. Nichts wie rein! Es war geradezu ideal. In einem Raum konnten wir beide Zelte aufstellen, und im anderen versuchten wir ein kleines Feuer zu machen.

Das bisschen Holz, das wir gefunden hatten, war nass, und unsere Kocher würden zu lange brauchen, um ein bisschen Schnee zu schmelzen. Darum lief ich los und suchte Wasser, denn wo ein Haus ist, da gibt es sicher auch Wasser. In einer Senke floss wirklich, halb zugeschneit, ein kleiner, klarer Bach. Beim Schöpfen rutschte ich ins Wasser, egal, unsere Schuhe und Socken waren schon lange durchnässt.

Nun hatten wir genug Wasser, und den anderen war es in der Zwischenzeit gelungen, trotz des feuchten Holzes ein wärmendes Feuer zu entzünden. Bald hatten wir alle eine heiße Tasse Grüntee in der Hand. Wir saßen um das Feuer und schauten hinaus in die verschneite Landschaft, es war richtig idyllisch. Später hörte es auf zu schneien, und die letzten Sonnenstrahlen des Tages tauchten alles in ein rotes Licht. Ein unbeschreiblich schöner Moment!

Am nächsten Morgen schneite es schon wieder. Auf der Straße lag der Schnee mittlerweile knietief. Um uns zu wärmen, entzündeten wir beim Frühstücken noch einmal ein Feuer. Da kam auf einmal ein Radfahrer durch den Schnee auf unsere Hütte zugestapft.

Noesia sah ihn als erste und rief: „Da kommt ein Radfahrer!" Es war Jean-Paul. Er hatte ein paar Kilometer weiter bei einem Haus übernachtet und auf besseres Wetter gewartet. Jetzt hatte er aufgegeben, ohne Kocher und mit seinem minimalen Gepäck war er nicht genügend für diese Strecke gerüstet. Dankbar nahm er den heißen Tee an, den wir ihm anboten, bevor er weiter die Straße hinunter zu dem Militärcamp fuhr.

Auch wir packten zusammen und nahmen das letzte Stück zur Passhöhe unter die Räder. Die Straße war bald im Schnee nur noch zu erahnen. Plötzlich sahen wir weiter oben eine lange Kette von dunklen Fahrzeugen, die sich langsam den Berg runterschlichen, es sah von weitem aus wie ein Wurm. Als sie etwa näher waren, zählten wir 50 Militärlastwagen. Ihre Reifen umspannten einfache Schneeketten aus Haken und Gummis. Da die Lastwagen nicht ausweichen konnten, mussten wir immer wieder in den hohen Schnee hinaus. Die Soldaten winkten uns zu, und einer rief: „Welcome to China!" Unsere gerade angetrockneten Schuhe waren sofort wieder nass und unsere Füße bald eiskalt. Doch eigentlich war es unser Glück, dass der Konvoi unterwegs war, denn nur so fanden wir die Straße und konnten in der festgefahrenen Spur sogar wieder radeln.

Militärkonvoi auf dem ersten Pass über 5000 Meter

Bald darauf überquerten wir unseren ersten 5000er Pass. Immer noch schneite es, und die Kälte kroch durch unsere dicken Fleece-pullis, die wir unter den Regenjacken trugen. Trotzdem bewunderten wir die halbverschneiten Gebetsfahnen, aßen etwas Schokolade und fotografierten. Danach nahmen wir die Abfahrt in Angriff.

Oft schoben wir, die Straße war glatt und in den Bremsen hing der Schnee. Je tiefer wir kamen, desto längere Abschnitte konnten wir fahren. Hier war der Schnee nur noch ein einziger Matsch, in dem wir immer wieder standen, wenn ein Militärkonvoi an uns vorbeifuhr. Nichts wie runter in tiefere, wärmere Lagen. Die Hoffnung, uns am Abend an einem Feuer wärmen zu können, trieb uns voran.

In Serpentinen ging es bergab, und wir kamen wieder an einem unbewohnten Haus vorbei. Doch es verlockte nicht zum Bleiben, es gab kein Holz, das Dach hatte große Löcher, und im Haus lag Schnee. Eric und Noesia hatten Probleme mit ihren Hydraulik-bremsen, darum schoben sie lieber an steilen Stellen. Wir radelten weiter.

Als Kurt und ich bereits im Tal waren und ein Haus mit rauchendem Kamin sahen, steuerten wir sofort darauf zu. Schon von weitem war es als Straßenarbeitercamp zu erkennen. Diese gab es in China alle 10 bis 20 Kilometer, in Tibet jedoch viel seltener. Als wir in den Hof fuhren, ging ein Tibeter mit zwei vollen Wasser-eimern ins Haus. Obwohl er uns ignorierte, folgten wir ihm in das beheizte Zimmer und setzten uns direkt vor den Kamin. Wir zogen unsere nassen Schuhe aus und ließen die eiskalten Füße am Ofen auftauen. Gesprochen wurde nicht, aber der Mann schien auch nicht überrascht zu sein. Bald trafen auch Eric und Noesia ein. Sie hatten unsere Räder im Hof gesehen und kamen sofort in den geheizten Raum. Auch sie setzten sich direkt an den Ofen. Bald waren wir von einer Schar von Leuten umringt. Die Ankunft von vier Radfahrern hatte sich in dem kleinen Dorf wie ein Lauffeuer verbreitet. Zuerst kamen die Kinder, bald auch Frauen und Männer. Der Zuständige des Arbeitercamps schien kein Mitglied dieser Gemeinschaft zu sein. Er war nicht traditionell gekleidet, hatte die Haare kurz geschnitten und redete kaum mit den Dorfbewohnern.

So wie er uns ignoriert hatte, ignorierte er auch sie. Vielleicht war das wohl einfach seine Art? Dass er aber ein gläubiger Buddhist war, zeigte sich daran, dass er seine Gebetsmühle drehte.

Mit Händen und Füßen versuchten wir ihm klarzumachen, dass wir hier übernachten wollten. Es gab einige Nebenräume in diesem Straßenarbeitercamp. Schließlich hatten wir die idealen Räume gefunden: einen für unser Zelt, den zweiten für Eric und Noesias Zelt, und im dritten Raum konnten wir kochen.

Als uns wieder warm war, zogen wir in „unsere" Räume um. Davor hatten wir vom Aufseher des Straßenarbeitercamps noch frisches Tzampa geschenkt bekommen. Wir waren froh, denn langsam sah es mit unseren Vorräten nicht mehr so rosig aus.

Am nächsten Morgen mussten Eric und Noesia erst ihr Bremssystem entlüften. Bevor wir weiterfuhren, wollten wir unserem Gastgeber noch das Tzampa bezahlen. Als wir ihm dafür etwas Geld und ein Bild des Dalai Lama gaben, hatten wir zuvor die Fenster und Türen verschlossen, weil die anderen Dorfbewohner nichts davon mitbekommen sollten. Beim Überreichen des Bildes erschrak er und steckte es schnell in sein Hemd. Mir war nicht klar, ob er sich darüber freute oder nicht.

Die beste Schokolade der Welt

Die Etappen der nächsten Tage waren durch die Städte, die wir bei Nacht durchqueren mussten, vorgegeben. Wir wählten eher die langsamere Variante, um nicht zu viele Kilometer an einem Tag fahren zu müssen. Möglichst nahe fuhren wir an die Städte heran, standen jeweils morgens um halb vier auf, schüttelten das Eis vom Zelt und starteten zur Durchquerung in der Dunkelheit.

Einige größere Städte hatten wir bald hinter uns. Wenn wir dazwischen ein chinesisches Restaurant sahen, konnten wir nicht widerstehen und aßen dort. Wir nahmen das Risiko, entdeckt zu werden, in Kauf, denn das chinesische Essen war einfach zu gut.

Nach den Mahlzeiten gingen wir in die Küche und packten alles Mögliche, was da an Gemüse in den Regalen lag, in unsere

Plastikbeutel. Dann ließen wir die erstaunten Restaurantbesitzer in unsere Tüten schauen und fragten auf Chinesisch, was das Ganze kostet – wohl der einzigen Satz, den wir in dieser äußerst schwierigen Sprache einigermaßen verständlich sprachen. Gern verkauften sie uns das Gewünschte und wir waren glücklich, dass wir uns nicht nur aus Dosen ernähren mussten. Trotzdem war das Beschaffen von Nahrungsmitteln nicht einfach, so dicht gestreut waren die chinesischen Restaurants in dieser abgeschiedenen Bergregion nicht.

Durch etwas größere Dörfer, wie etwa Rawu, wollten wir noch am späteren Abend im Schutze der Dunkelheit fahren. Vor dem Ort warteten wir auf den Einbruch der Nacht und wurden von Hirten beobachtet. Doch die waren für uns sicherlich nicht gefährlich, sie wussten wahrscheinlich gar nicht, dass wir hier illegal waren. Auf einer kleinen Wiese kochten wir unser Abendessen und schrieben unsere Erlebnisse auf. Zum Glück regnete es nicht, denn die Zelte stellten wir nicht auf. Dann war es endlich dunkel, und wir fuhren durchs Dorf. Natürlich ging das nicht unbemerkt, wir wurden von einer Schar Tibeterjungen verfolgt. Doch am Dorfende waren wir wieder allein.

Ein Stück hinter dem Dorf warteten Kurt und Noesia bei unseren Rädern, während Eric und ich zurück ins Dorf gingen. Im Vorbeifahren hatten wir einen Laden gesehen, der geöffnet hatte, und der war unser Ziel.

In der Dunkelheit und ohne Räder fielen wir viel weniger auf. Trotzdem waren wir schnell entdeckt und umstellt. Gemüse gab es in dem Laden kaum, dafür aber Kekse, Erdnüsse, Reis, Nudeln und Nudelsuppen. Vorher hatte Noesia noch gewitzelt: „Vergesst ja nicht, Schokolade zu kaufen!" Jetzt trauten wir unseren Augen kaum, es gab tatsächlich welche.

Später erzählte ich immer wieder, dass es in Tibet die beste Schokolade weltweit gäbe. Kurt als Schweizer musste dann jedesmal heftig protestieren: „Es war nicht die Schokolade, es waren die Umstände, die so besonders waren." Nach einem Radeltag, an dem wir viele Höhenmeter bezwungen hatten, oder auf einem Pass weit über 4000 Meter schmeckt Schokolade einfach viel besser, als in Zürich auf der Bahnhofstraße. Auch wenn es keine echte Schweizer Schokolade ist.

Eric und ich stopften unsere Taschen eilig voll, entdeckten am Dorfende sogar noch ein chinesisches Restaurant und konnten Gemüse erstehen. Sobald wir bei Kurt und Noesia eintrafen, wurde alles schnell verteilt und verpackt. Wir fuhren noch ein Stück weiter und stellten unsere Zelte auf. Ein weiterer kritischer Abschnitt auf dem Weg nach Lhasa war geschafft.

Die Nahrungsmittel allein nutzten uns nicht viel, denn der Reis musste auch gekocht werden. Tankstellen für unsere Benzinkocher gab es nur in den für uns verbotenen großen Städten, die wir bei Nacht durchquerten. Zum Glück fuhren hier in der Höhe die Lastwagen mit Benzin, von ihnen wurden wir oft versorgt. Es war leicht, den Fahrern klarzumachen, was wir wollten. Das erste Mal fragten wir noch nach der nächsten Tankstelle, doch da öffnete der Fahrer den großen Einfüllstutzen, nahm unsere Benzinflasche und hielt sie mit seiner Hand hinein, bis sie voll war. Wir staunten nicht schlecht, nur sehr ungern hätten wir unsere Hände in Benzin gebadet. Wir gaben den Fahrern Kekse oder etwas Geld, und sie waren

*Pass geschafft – Posieren
vor den Gebetsfahnen*

zufrieden. Diese Tankvorgänge waren auch eine willkommene Abwechslung für die vielen Mitfahrer die auf der Ladung der Lastwagen saßen, alles beobachteten und kommentierten.

Ankommen in Lhasa

Einige Tage später fuhren wir durch ein enges Tal. Es hatte geregnet, von den Hängen floss das Wasser auf die Straße. Sie war aufgeweicht, und dadurch war das Fahren sehr anstrengend. Wir waren nur auf 2500 Meter Höhe über dem Meeresspiegel, da war es schon fast tropisch. Als sich uns ein Auto während einer Schokoladenpause langsam näherte, dachten wir noch: „Das ist aber ein freundlicher Fahrer, er nimmt Rücksicht, um uns nicht zu bespritzen".

Der Wagen hielt neben uns, und mit Schrecken sahen wir einen Beamten von der Ausländerpolizei aussteigen. „Jetzt ist unsere Reise durch Tibet zu Ende", ging uns allen gleichzeitig durch den Kopf. Der Polizist sprach ausgezeichnet Englisch. „Zeigen Sie mir Ihre Pässe, bitte", sagte er, nachdem er uns freundlich begrüßt hatte. Uns dumm zu stellen, hatte hier keinen Wert. Ergeben händigten wir ihm die Pässe aus. Zuerst nahm er die holländischen Pässe von Eric und Noesia, schaute sie streng an und blätterte sie durch. Dann war meiner an der Reihe, er blätterte auch diesen durch. Bei Kurts Pass fing er an zu lächeln und sagte erfreut: „From Switzerland". Dann gab er uns alle Ausweise zurück, wünschte uns noch eine schöne Reise, setzte sich in sein Auto und war verschwunden.

Verdattert standen wir da und verstanden die Welt nicht mehr. Wir schauten uns alle an und konnten unser Glück kaum fassen. „Hat der denn nicht einmal gemerkt, dass in unseren Pässen gar kein gültiges China-Visum ist?" Das war nur in unseren chinesischen Pässen, und diese hatten wir ihm nicht gezeigt. „Oder wollte er es nicht merken?" Aber das war uns jetzt egal, Hauptsache wir konnten weiterfahren.

Unser Ziel Lhasa rückte immer näher. Die wilde Landschaft und das Leben in der Natur faszinierten uns immer noch. Obwohl es viel regnete, vermissten wir kein Hotel. Die hohen Passkuppen passierten wir meist im Schneegestöber. Auch wenn wir wenige Ortschaften sichteten, so hatten uns die Tibeter beim Zelten schnell entdeckt. Jetzt schickten wir sie aber weg, und das funktionierte recht gut.

Oft fanden wir Plätze an kleinen Bächen. Wenn es dunkel wurde, zündeten wir ein Feuer an. Holz gab es genug, und so hatten wir es gemütlich warm.

Seit ein paar Tagen waren wir wieder legal unterwegs, die letzte verbotene Stadt hatten wir bei strömendem Regen durchquert. Die zahlreichen Schlaglöcher der Hauptstraße waren gefüllt mit Wasser und deshalb nicht zu sehen. Aus den Restaurants und Bars erschallte Karaoke-Musik. Dann kam ein weiterer Schlagbaum, damit hatten wir nicht gerechnet. Wir waren um zehn Uhr abends losgefahren und hatten keine Lust mehr auf eine Nachtdurchquerung. Am Schlagbaum standen einige Lastwagen, in ihrem Sichtschutze schlichen wir uns durch. Auch der Regen half uns, denn so saßen die Beamten lieber im Trockenen, und wir kamen unbemerkt vorbei.

Jetzt war Schluss mit den tiefen Tälern und der wilden Landschaft, hier wurde wieder Ackerbau betrieben. Schön anzuschauen waren die geschmückten Yaks, mit denen hier gepflügt wurde. Zwischendurch sahen wir riesige Gewächshäuser. Die gehörten Chinesen, denn sie kommen ohne Gemüse nicht aus.

Schon einige Tage fuhren wir durch diese Gegend. Unsere letzte Zeltnacht vor Lhasa verbrachten wir auf einem kleinen Hügel gegenüber des Klosters Ganden.

Wir hatten uns die Ankunft in Lhasa sehr romantisch vorgestellt, doch kurz vor Lhasa kamen wir an einer großen Mülldeponie vorbei, über der viele Gebetsfahnen traurig im stinkenden Wind wehten.

Am letzten Kontrollposten störte sich niemand an uns, als wir vorbeifuhren. Und dann waren wir in Lhasa. Wir fanden schnell eine Unterkunft, denn Hotels für Ausländer gibt es hier viele. An der Rezeption wurden wir aber erst einmal zur Dusche geschickt. Woran das wohl lag?

Die Zivilisation hatte uns wieder, ein großes Etappenziel war geschafft, eineinhalb Monate waren wir seit unserem letzten Hotel unterwegs gewesen. Jetzt genossen wir es wieder, Essen zu gehen, über Märkte zu schlendern und vor allem die vielen kleinen und großen Klöster zu besuchen. Wir besichtigten den Potala, wo eigentlich der Dalai Lama zu Hause sein sollte. Doch das war kein Kloster, sondern ein lebloses Museum, das nichts mit der Atmosphäre zu tun hatte, die wir in den Klöstern unterwegs kennengelernt hatten. Wir waren enttäuscht.

Aber es gab in Lhasa andere Begegnungsstätten für Tibeter. Hier saßen sie zusammen, unterhielten sich, tranken Buttertee und drehten die Gebetsmühlen. Jedem Eintretenden wurde Buttertee angeboten, keinem wurde das Gefühl vermittelt, er sei nicht willkommen. Wir vergaßen, dass wir Touristen waren, fühlten uns wohl und konnten stundenlang nur dasitzen und das friedliche, freundliche Leben in diesen Mauern genießen. Hier fanden wir auch die besondere, geheimnisvolle Atmosphäre wieder, die wir im Potala vermisst hatten.

Vom ursprünglichen Lhasa steht nicht mehr viel, die breiten Straßen sind gesäumt von Plattenbauten und chinesischen Läden. Die Prachtstraße, die am Potala vorbeiführt, hätte in jeder anderen chinesischen Stadt sein können, nur wenige kleine verwinkelte Stadtteile sind übrig geblieben, und da wohnen die Tibeter.

EPO im Blut

Nach ein paar Tagen in Lhasa zog es uns weiter. Unser nächstes Ziel war Shigatze und der Palast der Pancha Lamas. Auf dem Weg dorthin trafen wir auf eine Reisegruppe mit Fahrrädern. Sie fuhren von Lhasa nach Shigatze und hatten nicht nur ein Begleitfahrzeug dabei, sondern zusätzlich einen Lastwagen, der das gesamte Gepäck und die Zelte transportierte. Die Gruppe bestand aus acht Radfahrern, und ihnen stand die gleiche Anzahl an Helfern zur Verfügung. Ohne Gepäck waren sie schneller als wir, doch bei ihren zahlreichen Pausen holten wir sie immer wieder ein. Sie waren von Neuseeland nach Lhasa geflogen und hatten gerade einmal zwei Tage gehabt um sich zu akklimatisieren, ihnen machte die Höhe ganz schön zu schaffen. Als wir nachmittags an einem Zelt vorbeikamen, unter dem diese Radfahrer auf Stühlen an einem Tisch saßen und ihre Mahlzeit einnahmen, staunten wir nicht schlecht. An diesem Tag war es schwierig einen Schlafplatz zu finden, deshalb fragten wir bei der Reisegruppe, ob wir unser Zelt neben ihre stellen durften. Wir wurden zum Tee eingeladen, und so saßen wir mitten in Tibet unter einem großen, offenen Zeltdach, tranken gepflegt Tee, aßen Kekse und trauten unseren Augen nicht, als das Begleitpersonal anfing, die Fahrräder der Reisegruppe zu putzen.

Es gab ein kleines Toiletten- und Duschzelt und natürlich auch heißes Wasser. Die Gruppe musste ihre Zelte selbstverständlich nicht selbst aufstellen oder gar selbst kochen. Dafür galt die Neugierde der dort lebenden Menschen dieser Gruppe, wir hatten weitgehend unsere Ruhe. Nicht um alles hätten wir mit ihnen tauschen wollen, aber sicherlich auch sie nicht mit uns.

Schon längst hatten wir keine Probleme mehr mit der dünnen Luft. Auf einem Pass wollte Kurt ein Foto von den Rädern und einer grandiosen Aussicht machen. Da nervten uns zwei Halbwüchsige, die unbedingt mit auf das Bild wollten, natürlich gegen Bezahlung. Als das freundliche Wegschicken nichts half, sauste Kurt ihnen hinterher. Das waren sie nicht gewöhnt, sie ließen sich laut schreiend fallen, rollten sich auf den Rücken und streckten alle Viere von sich. Auf jeden Fall hatten wir Ruhe von ihnen.

Die Strecke zwischen Lhasa und Shigatze ist für Touristen weitgehend offen. Wir mussten uns nicht in der Dunkelheit durch Städte schleichen, dafür sind die Bewohner leider an die Ausländer gewöhnt. Besonders die letzte Tagesetappe vor Shigatze war schlimm. Dort wurden die Radfahrer der neuseeländischen Reisegruppe in Autos geladen und durchgefahren. Es wurde aggressiv gebettelt, und da die Kinder von uns keine Gummibärchen oder Kugelschreiber bekamen, flogen uns Steine hinterher.

Shigatze hat noch weniger Charme als Lhasa, außer dem Palast des Pancha Lama gibt es dort wenig Tibetisches zu sehen. Wir verließen den Ort bald wieder, denn der Weg bis Golmud, im Norden gelegen, war noch weit. Erst dort waren wir wieder legal unterwegs. Auch für die Strecke zwischen Shigatze und Golmud mussten

Ausländer eine Genehmigung haben. Trotzdem konnten wir die Orte bei Tag durchqueren, es gab kaum noch Kontrollposten.

Jetzt ging es kaum noch unter 4500 Meter hinab. Kurz hinter Shigatze überquerten wir den höchsten Pass unserer Reise, der Höhenmesser zeigte 5350 Meter an. Klar, dass in dieser Höhe keine großen Bäume mehr wachsen. Einen sichtgeschützten Platz für unser Zelt zu finden, war oft nicht leicht. Bald gab es in den größeren Orten mehr Muslime als Buddhisten, und immer wieder sahen wir riesige chinesisches Militärkonvois.

Als ich an einem Busch neben der Straße einen tibetischen Reiseschal sah, der sich bewegte, stutzte ich. In Tibet ist es üblich, Reisenden einen weißen Schal als Glücksbringer zu schenken, und genau so ein Schal flatterte in dem Busch neben der Straße, und dies, obwohl es absolut windstill war. Es ging bergab, Kurt war auf der schlechten Straße vorgefahren. Als ich neben dem Busch anhielt, sah ich einen kleinen Vogel, der sich mit seinen Füßen in den Fransen des Schals verfangen hatte. Was nun? Die Schere, mit der ich den Spatz aus seiner misslichen Lage hätte befreien können, war in Kurts Gepäck. Ich zupfte den Schal samt kleinem Vogel aus dem Busch, steckte ihn in meine Trikottasche und fuhr vorsichtig zu Kurt, der schon auf mich gewartet hatte. Gemeinsam schnitten wir die Füße des Vogels frei und waren erleichtert, als er gleich losflog, sobald wir ihn befreit hatten.

Immer näher kamen wir an Tibets Nordgrenze, wo der letzte Kontrollpunkt auf uns wartete. Wir hatten gar keine Lust mehr, noch einmal mitten in der Nacht an einem Kontrollposten vorbeizuschleichen. Schon längst fühlten wir uns nicht mehr wie in Tibet. Es gab keine Gebetsfahnen mehr auf den Pässen, die Dörfer bestanden aus chinesischen Häusern und Bewohnern, und es gab weder die Pilger, die die Wegstrecke mit ihrer Körperlänge abmaßen, noch die Yakherden.

Wir fuhren langsam auf einer baum- und strauchlosen Ebene bergab, als der riesige Klotz des Kontrollpostens plötzlich und unerwartet früh vor uns auftauchte.

„Jetzt ist es zu spät zum Umdrehen", sagte ich zu Kurt. Wir standen da und überlegten was zu tun war. Kurz entschlossen fuhren wir einfach weiter. Dieser Kontrollposten war auch der professionellste, hier hätten wir unsere Schwierigkeiten gehabt, bei Nacht durchzuschleichen. Ohne weitere Überlegungen traten wir einfach entschlossen in die Pedale. Dank eines geparkten Lasters konnten wir uns unentdeckt dem Posten nähern, und die Beamten sahen uns erst, als wir schon fast an ihnen vorbei waren. Wir hörten nur noch, wie sie uns etwas hinterher riefen. Doch statt anzuhalten, winkten wir nur freundlich, riefen „hello, hello" und schauten, dass wir schnell Land gewannen.

Das war geschafft! Mit einem für uns ungewohnt hohen Tempo flogen wir Golmud entgegen, wo wir seit langem mal wieder ein ordentliches Hotel beziehen konnten. Erst als wir die Stadt erreicht hatten, verstanden wir es: Wir waren so schnell gewesen, weil wir ein monatelanges Höhentraining hinter uns hatten. Unsere Körper hatten sich gut an die dünne Luft gewöhnt, wir fühlten uns wie gedopt, hatten natürliches EPO im Blut und wussten nun, wie sich die Radprofis nach dem Dopen fühlen.

„Eigentlich ist es gar nicht das Hotelzimmer, auf das ich mich am meisten freue", sagte ich zu Kurt, „hoffentlich gibt es dort einen Nachtmarkt mit gutem chinesischen Essen" – „ … und gutem Bier", fügte Kurt hinzu.

Karaoke-Bar in Golmud

Obwohl Golmud ursprünglich einmal tibetisch war, befindet sich die Stadt jetzt fest in chinesischer Hand. Auf dem Nachtmarkt gab es beides, gutes chinesisches Essen und Bier. Eine Karaoke-Bar war neben der anderen aufgebaut, und die Chinesen sangen um die Wette. Auch wir kannten bereits die gängigen Songs, und Kurt wollte sich als Souvenir gern eine CD mit ihnen kaufen. Natürlich wurde das sofort missverstanden, als er an einen Stand trat. Er bekam eine Mappe von Texten in die Hand gedrückt, woraus er sich ein Lied zum Singen aussuchen sollte. Die herumstehenden Chinesen hatten gesehen was sich da anbahnte, alle strömten zu dem einen Karaoke-Stand, um die „Langnase" singen zu hören. Enttäuscht zogen sie dann wieder davon, als Kurt sich weigerte, das Mikrophon in die Hand zu nehmen und klarmachte, dass er lediglich den Titel eines der Lieder auf ein Papier geschrieben haben wollte, um später in einem Plattenladen diese CD kaufen zu können.

Innere Mongolei

Bereits nach wenigen Tagen Stadtleben machten wir uns wieder auf den Weg. Golmud ist sicher kein besonderer Ort, doch für uns wäre wohl jede Stadt ein Highlight gewesen, nach so langer Zeit Natur pur in Tibet. Unser Fernziel war Peking, bis dort lagen noch über 3000 Kilometer vor uns. Dieses Land ist so riesig und vielfältig, dass es uns eher wie ein Kontinent vorkam.

Wir blieben noch eine Weile auf dem Tibetanischen Hochplateau. Dann ging es weiter am Gelben Fluss entlang in die Innere Mongolei. Beeindruckend waren außer den weiten Steppen die Erdhäuser. Zu sehen war von den Bauten nur die Fensterfront mit der Eingangstüre, der Rest war in den Sandstein gehauen und versteckte sich im Felsen.

In den größeren Orten oder Städten fühlten wir uns nicht sehr wohl. Zuvor hatten wir die Menschen in China fast immer als freundlich, nett und zurückhaltend erlebt. Doch hier war es anders. Wenn wir uns nach einem Zimmer umschauten, waren wir sofort von 50 bis 100 Leuten umringt, die uns anstarrten. Wir versuchten, ihnen klarzumachen, wonach wir Ausschau hielten, doch keiner fühlte sich angesprochen. Also packten wir es anders an und sprachen gezielt Einzelpersonen an. Nach mehreren Fehlversuchen fand sich dann immer jemand, der begriff und auch bereit war, uns zu helfen. Begleitet von der ganzen Menge wurden wir dann zu einem Hotel geführt. Wer nichts Fahrbares besaß, setzte sich bei einem anderen auf die Fahrradstange, den Lenker oder auf den Gepäckträger, und wer nirgends Platz mehr fand, versuchte uns rennend zu folgen. Das hätte auch in Indien sein können. Tief durchatmend schlossen wir die Zimmertür ab, sobald wir es geschafft hatten.

Bevor wir am nächsten Morgen den Schutz des Hotels verließen, erkundigten wir uns beim Personal nach dem richtigen Weg aus der Stadt hinaus.

Wir brauchten wieder einmal Benzin für unseren Kocher und steuerten die nächste Tankstelle an. Wie immer brauchte es viele Erklärungen, bis dem Tankwart klar war, dass wir kein Wasser, sondern Benzin wollten. Doch diese Reaktion war ganz normal und sogar international. Überall wurde uns immer als erstes der Wasserhahn gezeigt. Diesmal hatten wir ein anderes Problem: Innerhalb weniger Minuten war die Tankstelle von Schaulustigen belagert! Es ging nichts mehr, kein Auto konnte mehr wegfahren, und andere Wagen warteten hupend vor der Zufahrt. Auch wir hatten es nicht leicht, dort rauszukommen, es ist uns ein Rätsel, wie wir es schafften. Wir fuhren weiter, und bei einem Blick zurück sahen wir immer noch neue Leute zur Tankstelle strömen.

Nicht immer fanden wir in ländlichen Gegenden ein Zimmer, was aber mit einem Zelt im Gepäck kein Problem war. Wenn möglich, suchten wir einen versteckten Platz für unser Nachtlager, denn wir wollten unsere Ruhe haben. Es kam auch vor, dass wir von Leuten entdeckt wurden. Probleme gab es dabei allerdings nie.

Wir fanden auch hier einen von der Straße nicht einsehbaren Platz auf einem abgeernteten Feld. Der Sichtschutz war eine etwa zwei Meter hohe Anhäufung, die fast das ganze Feld umschloss. „Hier werden wir bestimmt nicht gesehen", dachten wir.

Der Kaffee dampfte in den Tassen, als ein etwa dreißigjähriger Feldarbeiter am Feldrand entlang spaziert kam. Wie immer in

solchen Situationen winkten wir zum Gruß und lächelten freundlich. Meistens kam nach kurzer Irritation ein Lächeln zurück, oft
wurden sogar Hände geschüttelt und Schultern geklopft. In diesem
Fall sah es anders aus. Der überraschte Mann schaute ängstlich,
beinahe entsetzt, und ging stracks, ohne unseren Gruß zu erwi-
dern, weiter. Wir wussten nicht so recht, was wir davon halten
sollten, zum Abbauen und Weiterziehen fehlte uns die Lust. Dazu
kam, dass es bereits zu spät dafür war. Keine halbe Stunde später
erschienen drei Männer und zwei Frauen, darunter der Mann von
vorhin. Der zweite war wohl sein Bruder oder Schwager, und der
dritte, ein etwas älterer Mann, mochte der Vater gewesen sein. Mit
aggressiver Körperhaltung und Stimme redeten sie auf uns ein,
immer aus sicherem Abstand. Mit Händen und Füßen versuchten
wir ihnen klarzumachen, dass wir friedliche Menschen sind und hier
nur eine Nacht verbringen wollten. Aus ihren Gesten war klar zu
lesen, dass sie Angst vor uns hatten. Es gelang uns nicht, sie zu
beruhigen, sie zogen nach einer Viertelstunde wieder ab und ließen
uns mit einem schlechten Gefühl zurück.

Kaum waren sie fort, entdeckte Dorothee etwas Glänzendes auf
der Erde, was sich als Halskette entpuppte. So schnell ich laufen
konnte, rannte ich ihnen hinterher und hatte sie bald eingeholt. Als
ich etwa zehn Meter hinter ihnen war, bemerkten sie mich und
drehten sich um. Ich hielt die Halskette in die Höhe und konnte
sehen, wie ein Lächeln auf ihren Gesichtern erschien. Dankend
nahmen sie das Schmuckstück entgegen, ihr Misstrauen war wie
weggeblasen, und wir konnten beruhigt schlafen.

Polizei in China

Je mehr wir uns Peking näherten, desto häufiger gab es
Polizeikontrollen. Auf einer Überlandstraße stoppten uns zwei
Polizisten in ihrem Wagen. Sie wollten unsere Pässe sehen. Ihr
Englisch war halbwegs verständlich, und uns wurde schnell klar,
dass wir mit aufs Revier sollten. Wo und wie weit entfernt das es
lag, konnten sie uns nicht erklären, doch es musste in der Richtung

liegen, in die wir fuhren. Als einer der beiden unsere Pässe in seine Uniformtasche stecken wollte, hörte der Spaß für uns auf. Freundlich, aber sehr bestimmt, machte ich ihm klar, dass wir unsere Pässe nie und unter keinen Umständen aus der Hand geben würden, aber wir natürlich bereit wären, mit auf ihr Revier zu kommen. Zu unserem großen Erstaunen bekamen wir unsere Ausweise gleich wieder zurück. Mit dem Versprechen, auf der Polizeistation zu erscheinen, ließen sie uns losradeln.

Die Polizisten fuhren voraus, und wir sollten ihnen folgen. Nach kurzer Fahrt begann eine Straßenbaustelle. Da passierte das Unglaubliche: Auf dem weichen Untergrund blieb das Polizeiauto plötzlich stecken. Das rechte Vorderrad fräste sich tief in den Sand, der Wagen sackte bis auf die Achse ab.

„Das ist unsere Chance", dachten wir, denn mit unseren Rädern hatten wir keine Probleme. Wir wichen auf die Umleitungspiste aus, die in etwa 200 Metern Abstand zur Baustelle verlief und durch die Dörfer führte. Dort traten wir in die Pedale, so fest wir konnten. Immer wieder blickten wir uns um, die Polizisten saßen noch lange fest, der Wagen wurde kleiner und kleiner, dann war er nicht mehr zu sehen.

Aber etwa vier Kilometer später sahen wir den Polizeiwagen wieder näherkommen, immer noch auf der Baustellenpiste und nicht auf der Nebenpiste, auf der wir uns befanden.

„Mist! Was sollen wir tun?"

„Am besten legen wir unsere Räder flach auf den Boden und suchen Deckung, bis sie an uns vorbei und außer Sichtweite sind!"

Wir verbargen uns hinter einem Schutthaufen, und als das Polizeiauto an uns vorbei war, fuhren wir weiter. Diese Baustelle war nicht so lang, wie wir es oft in China erlebt hatten, und bald fuhren wir wieder auf Asphalt.

Die Polizeiposten lagen immer an strategisch günstigen Stellen, dort, wo sich Straßen gabeln oder die Landschaft gut überschaubar ist. Hier war es nicht anders. Wir sahen die chinesische Flagge schon aus der Ferne in einem Hof wehen. Man wusste dort sicherlich von unserem Kommen, also konnten wir uns nicht einfach vorbeischleichen.

Ein Polizist erwartete uns bereits bei der Einfahrt und wies uns weiter. Man behandelte uns sehr korrekt und freundlich. Wir wurden in einen Büroraum geführt. Der Beamte hinter dem Schreibtisch nahm unsere Pässe entgegen und schrieb ein paar Daten daraus auf ein Blatt Papier ab. Dann erklärte er uns: „Ich muss in Peking nachfragen, ob alles seine Richtigkeit hat". Er griff zum Telefonhörer und rief an. Das Gespräch dauerte nicht lang. Wir bekamen die Pässe wieder und durften zu unserem Erstaunen, ohne weitere Fragen beantworten zu müssen, gehen.

Peking

Bevor wir in die Riesenmetropole Peking fuhren, machten wir noch einen Abstecher zur Chinesischen Mauer. Wir wählten Simatai als Besichtigungsort, weil dort die Mauer schonend restauriert worden war, also nicht so aussah, als hätte man sie erst gestern gebaut. Außerdem steckte der Tourismus in Simatai noch in den Anfängen, der Ort war noch nicht von Besuchern überlaufen. Es war sehr beeindruckend für uns, da wir schon am westlichen Ende der Mauer – manchmal tagelang – entlanggeradelt waren. Die Besteigung und Besichtigung zu Fuß war anstrengend. Tags darauf spürten wir deutlich, dass wir das Wandern nicht mehr gewöhnt waren. Uns schmerzten die Muskeln dermaßen, dass wir kaum noch laufen konnten. Ein klarer Beweis, dass beim Radfahren ganz andere Muskeln gebraucht werden, denn wir waren ja nicht untrainiert.

Bei einem unserer regelmäßigen Checks der Räder entdeckte ich an Dorothees Vorderradnabe einen Flanschbruch. Bis Peking waren es noch etwa 150 Kilometer, dort gab es bestimmt die besseren Fahrradläden. Mit Draht fixierten wir die halb ausgerissenen Speichen und hofften, dass es halten würde.

Das tat es, und wir rollten ganz entspannt in Peking ein. In anderen Ländern waren solch große Städte immer äußerst anstrengend, ein Kampf gegen Autos und Busse. Nicht aber in China, wo den Radfahrern mindestens eine volle Autospur zur Verfügung

Improvisiertes Flicken des gebrochenen Flansches

stand. Normalerweise ließen wir in Städten die Räder stehen. Doch die Distanzen waren in Peking zu riesig, als dass man zu Fuß gehen konnte, und es gab ja die Radwege.

Wie immer in Hauptstädten mussten wir viel erledigen: Unsere Pässe waren vollgestempelt, wir mussten uns neue ausstellen lassen. Auch ein Besuch bei der Ausländerpolizei stand uns wieder bevor, denn leider reichte unsere Aufenthaltsgenehmigung nicht mehr aus, um per Rad Hong Kong zu erreichen. So kamen an diesem Tag über 50 Stadtkilometer zusammen, obwohl wir uns nur im Zentrum der Riesenstadt Peking bewegt hatten.

Da wir ja die Greencard für China hatten, wollten sie uns in Peking unter keinen Umständen unseren Aufenthalt verlängern. Die Greencard war in Kunming ausgestellt und musste auch dort verlängert werden.

Bei unseren Botschaften klappte alles wunderbar. Die Kontakte zu den Mitarbeitern der Schweizer Botschaft gingen wieder einmal weit über das Amtliche hinaus. Schon am nächsten Abend gingen wir mit Sandra und Reto in ein gutes Restaurant. Sandra war bereit, unsere neun belichteten Filme mit in die Schweiz zu nehmen, und bei Reto durften wir unsere Räder deponieren, während wir uns in

Hong Kong ein neues chinesisches Visum organisierten. Es blieb uns nämlich keine andere Wahl, wir mussten in den sauren Apfel beißen und mit den Zug nach Hong Kong und zurück fahren.

In Peking eine Ersatznabe für Dorothees Vorderrad zu finden, war kein Problem. Auch Ketten und Wechselräder bekamen wir. Doch bei den Radhosen hatten wir weniger Erfolg. Bei einem der zahlreichen Fahrradläden dachten wir schon, wir hätten welche gefunden. Obwohl uns normalerweise die Größe M gut passte, probierten wir sie vor dem Kauf sicherheitshalber an. Es fühlte sich komisch an. Das Sitzpolster befand sich einfach nicht an der richtigen Stelle, sie hatten es verkehrt herum eingenäht. Die Hose war ergonomisch geschnitten und ließ sich daher nicht umgekehrt tragen. Der Verkäufer zeigte uns seinen restlichen Bestand, doch alle hatten den gleichen Fehler, und er räumte sie für den nächsten Kunden wieder ins Regal zurück.

Sechzehn Tage nachdem wir in Peking eingerollt waren, verließen wir es mit dem Fernziel Hong Kong und dem etwas näher gelegenen Ziel Xian wieder. Die Räder waren gewartet, und in unseren nagelneuen Pässen klebten frische chinesische Visa. Einziger Wermutstropfen: Man hatte uns nur einen Monat genehmigt, nicht die sonst in Hong Kong üblichen sechs Monate. Unterwegs standen uns also wieder Visaverlängerungen bevor.

Chinesisches Sperrgebiet

Im Zug von Shiyan nach Xianfan saß uns ein freundlicher chinesischer Geschäftsmann mit schwarzem Anzug und Krawatte gegenüber. Die Unterhaltung gestaltete sich, wie meist in China, recht schwierig, da die einzelnen chinesischen Wörter, denen wir mächtig waren, meist nicht verstanden wurden. Es kommt auf die richtige Aussprache und noch viel mehr auf die Tonlage an. Den Chinesen ging es aber genauso, unser Gegenüber nahm immer wieder Stift und Papier zu Hilfe, um alles aufzuschreiben, wenn wir seine englische Aussprache nicht verstehen konnten. Er reichte uns seine Visitenkarte, was zwar sehr höflich war, uns jedoch nichts nutzte, da wir nur seine Telefonnummern lesen konnten.

In dem Abteil gegenüber saß eine Gruppe Männer im Arbeiteranzug, rauchend und Sonnenblumenkerne oder Erdnüsse kauend. Die Kippen und die Schalen der Kerne landeten auf dem Boden. Auch in den anderen Abteilen des Wagons hatten es sich die Chinesen gemütlich gemacht, lagen auf den Sitzen, und die Kinder krabbelten herum. Viel Gepäck stand im Gang, überall wurde gequalmt, gegessen und vor allem grüner Tee getrunken. Jeder hatte sein Einmachglas mit Schraubdeckel dabei, in dem der Tee immer wieder aufgegossen wurde und aus dem sie dann tranken.

Der Zug fuhr hinaus aus den Bergen durch immer dichter besiedeltes Gebiet mit viel Industrie. Wenn immer möglich wollten wir solche Gegenden eigentlich meiden. Dass wir in einem Zug saßen, war für uns auch sehr ungewöhnlich. Wir fanden das Verladen äußerst umständlich und belastend für unsere Ausrüstung. In einem Zug hatten wir das Gefühl, viel zu verpassen, man ist einfach von der Außenwelt abgekapselt. Die Landschaft fliegt an einem vorbei, keine Chance, sie richtig betrachten zu können, keinen Einfluss auf die Geschwindigkeit, und auch der Weg ist vorgegeben. Keine Möglichkeit, bei einem blühenden Feld anzuhalten oder sich einen Markt näher anzusehen. Deshalb reisen wir per Rad und nicht mit öffentlichen Verkehrsmitteln.

Von Xianfan waren es noch 280 Kilometer bis zur Provinzgrenze von Hubei. Wir wollten es so schnell wie möglich und vor allem auf legalem Weg verlassen. Die Worte des ranghohen Offiziers der Ausländerpolizei PSB klangen noch zu deutlich in unseren Ohren: „Wenn wir Sie noch einmal in für Ausländer gesperrten Gebieten erwischen, müssen wir Sie bestrafen!"

Das wollten wir auf keinen Fall riskieren, und so hatten wir uns entschieden, die 200 Kilometer heraus aus diesem Sperrgebiet mit der Eisenbahn zu fahren.

Wir wussten aus Reiseberichten anderer Chinaradler und auch aus eigener Erfahrung, dass jede chinesische Provinz ihr „eigenes Süppchen kocht". Also konnten wir uns in Hunan, der nächsten Provinz, wieder auf neue bürokratische Abenteuer gefasst machen.

Wie kam es dazu, dass wir vor der Polizei fliehen mussten?

Für Ausländer ausgewiesenes Hotel

Folgendes war geschehen: Von Xian aus, wo wir die weltberühmten Krieger der Tonarmee bestaunt hatten, führte die meist schlechte Schotterstraße auf steilen Rampen über Bergkämme, durch Schluchten und liebliche Täler, vorbei an idyllischen Dörfern und Reisfeldern, die oft hoch oben an den Hängen angelegt waren. An den Holzhäusern hingen, aufgereiht auf Schnüren, die in der Sonne golden leuchtenden Maiskolben für den Winter. Die kleinen Gärten waren liebevoll mit bunt blühenden Dahlien und anderen Blumen geschmückt, und die Bewohner arbeiteten auf ihren Feldern oder saßen auf der Terrasse. Sie hielten oft eine Schale Reis mit Gemüse in der Hand und schaufelten sich das Essen mit den Stäbchen in den Mund. Vor allem auf dem Land gewannen wir den Eindruck, dass die Chinesen fast immer mit Essen beschäftigt sind. Trotzdem ist die Landbevölkerung im Allgemeinen von schlanker Statur, im Gegensatz zur Stadtbevölkerung, wo es diverse westliche Fastfood-Ketten gibt.

Das herbstliche Licht ließ die Wälder in den schönsten Farben strahlen. Auf den Feldern standen die Garben, und die Wasserbüffel genossen sichtlich ihr Schlammbad im Straßengraben. Nur die Köpfe und ein kleines Stück Rücken schauten aus dem Wasser.

Wir kamen nur langsam voran, die Tagesleistung betrug um die

50 Kilometer, was uns aber angesichts der fantastischen Eindrücke nichts ausmachte. Abends fanden wir meist ein ruhiges Plätzchen im Wald. Dort hatten wir unsere Ruhe und konnten das Campingleben genießen. Dabei gönnten wir uns hin und wieder ein Schnäpschen vor der Nachtruhe. Die Reisschnäpse in China sind etwas gewöhnungsbedürftig, uns schmeckten auch nur die billigsten Sorten mit Kronkorken-Verschluss. Die teureren und edleren sind stark parfümiert und ließen unsere westlichen Geschmacksnerven rebellieren.

Wie schon so oft in China hätte auch hier der Kontrast zwischen Stadt und Land nicht größer sein können. Dies ist vielleicht auch der Grund, warum die chinesische Führung Individualtouristen wie uns nicht gerne sieht. Der Normaltourist bekommt nur die hochmodernen Städte zu sehen und somit ein fortschrittliches China.

Nachdem wir mehrere Tage durch das ländliche Idyll gefahren waren, näherten wir uns der riesigen bevölkerungsreichen Ebene, die sich nach Osten hin bis weit über die Stadt Wuhan ausdehnt.

Die Dörfer wurden immer größer, und die Häuser verloren zusehends an Charakter, bis es fast nur noch Plattenbauten zu sehen gab. Die Industrieanlagen wurden häufiger und die Luft grauer, wie auch die Natur. Es gab kaum mehr Blumengärten oder Felder. An den Häusern hingen nicht mehr die Maiskolben, dafür liefen die Menschen hier mit dem Handy am Ohr herum und schienen schwer beschäftigt zu sein.

Kurz vor Shiyan, der ersten Großstadt, bogen wir deshalb rechts ab nach Süden, fuhren den nächsten Berg hinauf Richtung Fang Xian. Wir hatten im Reiseführer gelesen, dass die Busse dorthin keine Touristen mitnehmen durften. Das war uns ziemlich egal, wir hatten ja Räder und waren schon ohne größere Probleme durch das für Ausländer vollkommen gesperrte Osttibet gefahren.

Ohne uns darüber den Kopf zu zerbrechen, kurbelten wir die Bergstraße hoch. Bald war von der Stadt nichts mehr zu sehen, hier fühlten wir uns wieder wohl. Mit zunehmender Höhe erreichten wir die Nebelgrenze, die Luft wurde feucht und kühl.

Nach etwa 15 Kilometern tauchte plötzlich hinter einer Kurve ein Polizeiposten auf. Der Schlagbaum war geschlossen, ein Polizist in

Uniform stand rauchend davor. Strammstehend und salutierend stellte er sich uns in den Weg. Bei diesem Anblick konnten wir uns ein Lächeln nicht verkneifen. Trotzdem blieb er gut gelaunt und lächelte zurück.

Aus seinem Redeschwall verstanden wir nur das in China am häufigsten verwendete Wort „meyou", was soviel bedeutet wie „geht nicht", „haben wir nicht", „gibt es nicht" oder einfach „nein". Wie immer in solchen Situationen spielten wir die Naiven und Unwissenden, blieben dabei aber die ganze Zeit sehr bestimmt:

„Wir müssen hier weiter!"

Schon oft waren wir mit dieser Masche durchgekommen, doch hier wollte es nicht klappen. Die Uniformierten ließen uns einfach nicht weiterfahren, also spielten wir auf Zeit und setzten uns vor dem zweistöckigen Polizeigebäude auf den Boden. Das für China so typisch bauklotzähnliche Gebäude war wohl gerade erst und in kürzester Bauzeit errichtet worden; praktisch, aber hässlich.

„Was machen wir?" „Umdrehen, einfach neben dem Schlagbaum durch und weiter?" „Die Nacht hier verbringen und abwarten?" „Vielleicht wie in Tibet dann mitten in der Nacht doch weiterfahren?"

Dies diskutierten wir, als der Uniformierte aus dem Gebäude gestürmt kam. Er machte mit seiner rechten Hand die typische Handbewegung fürs Telefonieren und zeigte auf mich.

„Was ist denn nun? Wer soll mich denn hier anrufen?" Ich ging mit ihm und bekam im Gebäude den Telefonhörer in die Hand gedrückt. Am anderen Ende der Leitung sprach ein Offizier der Ausländerpolizei in perfektem Englisch.

„Was machen Sie hier?" Wieder spielte ich den Naiven. „Warum dürfen wir hier nicht durchfahren? In Europa darf man überall radeln!"

Er wies mich darauf hin, dass dies hier nicht Europa war, sondern China, und hieß mich zu warten.

Ich setzte mich wieder draußen neben Dorothee auf den Boden. Was würde jetzt wohl geschehen?

Es vergingen etwa eineinhalb ungewisse Stunden, bis ein roter VW-Passat Kombi vorfuhr. Zwei Uniformierte, etwa Mitte 50, stiegen aus. Die Embleme auf ihren Schultern ließen hohe Ränge vermuten. Ein weiterer Typ, groß, Anfang 30 und in sportlicher Kleidung, stieg mit einer Video-Kamera aus dem Wagen. Er begann alles zu filmen, uns, die Räder und das Polizeigebäude.

Freundlich reichten sie uns zum Gruß die Hände und stellten sich vor. An die schwierigen Namen können wir uns nicht mehr erinnern, uns war nicht mehr so ganz wohl in unserer Haut.

Im Obergeschoss gab es einen Konferenzsaal, dort setzten wir uns an einen großen Tisch. Wir wurden mit Grüntee bewirtet, und das Verhör konnte beginnen. Wie in Asien üblich, kamen sie nicht gleich zur Sache, sondern fragten erst, wie es uns ginge, sie erkundigten sich nach den Familienverhältnissen und dem Befinden der Angehörigen. Dann wollten sie unsere Pässe sehen. Die wurden gleichfalls abgefilmt und wir mussten ihnen auf unserer Karte zeigen, wo in China wir bereits gewesen waren. Ganz schnell merkten wir an ihrem Gesichtsausdruck, dass wir besser nicht bei der Wahrheit bleiben sollten und zeigten nur noch auf die großen Städte, denn da konnten wir sicher sein, dass diese auch für „Aliens" offen sind. Tibet und viele andere Gebiete ließen wir unerwähnt. Trotzdem bekamen die Beamten große Augen und Ohren. Sie versuchten unsere Route, so gut es ging, auf der Landkarte nachzuverfolgen. Sie hatten ein chinesisches Gesetzbuch in englischer Sprache dabei und zeigten uns darin den Paragraphen, der besagte, dass sich in China auch Nicht-Chinesen an die chinesischen Gesetze zu halten hätten. Alles wurde auf Video festgehalten.

„Wohin dürfen wir denn nun fahren?", wollten wir wissen. Der ranghöhere Offizier, der hauptsächlich das Gespräch geführt hatte, zeigte auf der ausgebreiteten Karte, wo es uns untersagt war zu radeln. Nun waren wir es, die lange Gesichter machten. So ziemlich überall im Umkreis von 200 Kilometern durften wir nicht fahren, nur dorthin zurück, woher wir hergekommen waren.

Mittlerweile war es schon später Nachmittag und längst Zeit, sich um einen Übernachtungsplatz zu kümmern. Höflich baten wir um die Erlaubnis, hier das Zelt aufzuschlagen, doch die Beamten wollten uns mit nach Shiyan zurücknehmen. Unsere Räder würden uns später gebracht werden, versicherten sie uns.

„Nein, das geht nicht!", wehrten wir uns und versuchten, sie mit all unseren Überredungskünsten zu überzeugen. Schließlich wurde uns doch erlaubt, mit dem Rad nach Shiyan zurückzufahren. Sie schrieben auf einen Zettel, in welchem Hotel wir zu übernachten hätten, und fügten hinzu: „Dies ist ein günstiges und gutes Hotel."

Was verstanden die wohl unter günstig? Die Ausländerhotels sind immer die teuersten. Darauf stellten wir uns schon einmal ein, doch wir hatten keine andere Wahl.

Mit den abschließenden Worten: „Wenn wir Sie noch einmal in einem Sperrgebiet erwischen, dann müssen wir Sie bestrafen!", ließen sie uns ziehen.

Gern hätten wir eine Kopie des gefilmten Materials gehabt, doch dafür hätten die Herren wohl kaum Verständnis gezeigt, und wir hatten auch nicht den Mut zu fragen. Noch aus dem fahrenden Auto heraus wurden wir gefilmt, dann ließen sie uns allein weiterradeln.

Es waren 25 Kilometer bis zum Hotel. Gott sei Dank ging es fast nur bergab. Trotzdem erreichten wir die Stadt erst bei Dunkelheit. Das Hotelpersonal gab sich mehr Mühe als sonst, wahrscheinlich hatte uns die Polizei schon angemeldet. Angenehme Überraschung: Das Zimmer war tatsächlich nicht teurer als unser Budget erlaubte, dazu noch groß, gut und sauber!

Nachdem unsere Sachen inklusive Räder im Zimmer verstaut waren und wir uns geduscht hatten, konnte das Highlight des Tages beginnen. In China ließen wir uns nie die Gelegenheit eines Restaurantbesuches entgehen. Wir machten uns gleich auf die Suche. Als wir fündig geworden waren, steuerten wir wie immer als erstes die Küche an. Das verdutzte Personal begriff dann schnell, was die beiden Langnasen wollten.

Speisekarten in Englisch gibt es nur in Touristenorten. In solchen Restaurants, so hatten wir die Erfahrung gemacht, schmeckte uns das Essen meist weniger gut, überdies waren die Preise wesentlich höher. Darum mieden wir diese Lokale.

Mit der Zeit wussten wir, wo in den chinesischen Küchen das Gemüse liegt und zogen die entsprechenden Schubladen heraus. Wenn wir es nicht finden konnten, leistete unser Point-it gute

Dienste. Wir zeigten ihnen einfach die Seite auf der das Gemüse abgebildet war. An diesem Abend wurden wir schnell fündig. Beim Anblick der Auberginen mussten wir nicht lang überlegen, zeigten darauf und sagten „tsige" („dieses" oder „das"). Wir hatten auch Lust auf Eier mit Tomaten, darum zeigten wir auf die Tomaten, worauf der Kellner zum Kühlschrank eilte und mit einem Ei in der Hand zurückkam. Tomaten verbinden die Chinesen immer gleich mit Eiern, und das daraus hervorgehende Gericht schmeckt einfach super. Da lagen aber noch viele andere Gemüsesorten in der Schublade, was uns beim Gedanken an die chinesische Zubereitung das Wasser im Munde zusammenlaufen ließ. Wir konnten einfach nicht widerstehen und bestellten als dritte Platte Pilze, obwohl wir genau wussten, dass zwei Platten völlig ausreichen würden. Der geschäftstüchtige Kellner öffnete den Kühlschrank, um uns das Fleisch zu zeigen, worauf wir deutlich verneinten.

Nachdem auch der Preis ausgemacht war, setzten wir uns an einen der schmucklosen Metalltische unter die Neonröhren. Sofort wurden uns zwei Gläser, in denen ein paar Blätter Grüntee lagen, hingestellt. Gleich darauf folgte die mit Rosenmuster dekorierte Thermoskanne, wir zogen den großen Korken heraus und gossen den Tee auf. Grüntee ist in diesen einfachen Restaurants immer gratis, heißes Wasser ist reichlich vorhanden, man brüht den Tee mehrmals auf.

Alle denken, die US-Amerikaner hätten das Fast-food erfunden, dabei waren es die Chinesen. Wir hatten erst ein paar Schluck Grüntee getrunken, da stand schon das dampfende Essen vor uns auf dem Tisch. Wir aßen wie die Chinesen, mischten in der kleinen Schale etwas Reis und Gemüse, hielten das Schälchen direkt unter die Lippen und schaufelten den Inhalt mit den Stäbchen in den Mund. Dabei geriet ich jedesmal in eine Art Trance. Es schmeckte mir so gut, dass ich während des Essens nichts mehr um mich herum wahrnahm. Bei keiner anderen Küche ist mir auch nur annähernd etwas Ähnliches passiert. Als „gut" konnte man unsere Tischmanieren nicht gerade bezeichnen, obwohl wir das in China übliche Rülpsen, Spucken und Schmatzen sein ließen. Alles mussten wir nicht nachmachen. Auch verließen wir unseren Essplatz relativ sauber, weder zerpflückten wir das als Serviette dienende Klopapier, noch verteilten wir es in Mengen über den Tisch hinweg. Reste, die es bei uns sehr selten gab, beließen wir auf den Tellern und verstreuten sie nicht, wie in China üblich, über die ganze Tischplatte.

Auf dem Weg zurück zum Hotel kauften wir uns an einem Kiosk zwei Flaschen kaltes Bier. Das Bier wird in China oft nach dem deutschen Reinheitsgebot gebraut und schmeckt auch dementsprechend gut, nur der Preis von etwa 20 Euro-Cent für 650 ml unterscheidet sich dabei deutlich.

Beim Bier in unserem Hotelzimmer überlegten wir, was wir machen sollten. Die Drohung der Ausländerpolizei, uns beim nächsten Aufgreifen zu bestrafen, war deutlich gewesen. Daher entschieden wir uns für die Eisenbahn, so konnten wir schnell die Provinz Hubei verlassen und dann wieder neue Abenteuer ansteuern.

Obwohl wir ein neues Visum besaßen, reichte uns der eine Monat nicht, um bis nach Hong Kong zu gelangen. Wir mussten es verlängern lassen. In Yan'an, dem Ort, wo Mao den „Langen Marsch" begonnen hatte und sein ausgestopfter Gaul im Revolutionsmuseum zu besichtigen ist, versuchten wir unser Glück, obwohl wir noch einige Tage Restzeit hatten.

Der Posten der Ausländerpolizei war schnell gefunden. Wir mussten warten und wurden dann von einer netten Chinesin in ein Büro gebeten, das mit den typisch hell furnierten Büromöbeln zugestopft war. In den Regalen standen fein ordentlich die beschrifteten Aktenordner, und auf dem Schreibtisch befand sich außer einem Kugelschreiber und der Schreibtischlampe gar nichts. Wir erklärten unser Anliegen und bekamen Anträge zum Ausfüllen. Mit drei Passbildern und den vollständig ausgefüllten Anträgen sollten wir wiederkommen. Dies war schnell erledigt, denn einen Stapel Passbilder schleppten wir in Asien für Visa und Visaverlängerungen immer mit.

Zurück im Büro wurde uns mitgeteilt, dass wir in fünf Tagen wiederkommen sollten, dann hätten wir die Verlängerungen in unseren Pässen. Damit waren wir nicht zufrieden, denn normalerweise dauerte so etwas gerade einmal zehn Minuten. Nach langem Hin und Her kam schließlich heraus, dass ein Mitarbeiter nach Peking gefahren war und die Schlüssel für den Schreibtisch mitgenommen hatte. Aus diesem Grund sollten wir fünf Tage warten, denn in dem Schreibtisch befanden sich der Stempel und das Dienstsiegel. Wir hatten nicht vor, so lange zu warten. Zum Glück waren unsere Visa noch nicht abgelaufen, wir konnten ohne Probleme in die nächste Stadt fahren.

In Dayong versuchten wir wieder unser Glück. Diesmal war es einfach. Als wir zur „Police for Aliens" kamen, erschrak der für uns zuständige Beamte. Er hatte wohl gedacht, dass etwas Unangenehmes passiert war und er Arbeit bekommen würde, so dass er nicht weiter mit seinen Kollegen Tee trinken und Karten spielen konnte. Die Erleichterung war in seinem Gesicht zu lesen, als wir nur eine Visaverlängerung wollten. Schnell stempelte er uns diese in die Pässe, und keine fünf Minuten später saß er wieder bei seinen Kollegen. In China spielen die Leute leidenschaftlich und lassen sich nur ungern dabei stören. Oft mussten die Leute in Hotels ihr Spiel unterbrechen, wenn wir uns nach einem Zimmer erkundigten. Alles sollte dann möglichst schnell über die Bühne gehen. Sogar der Fernseher verliert an Attraktivität, wenn sich ein paar Chinesen zum Spiel zusammensetzen.

Chinesisches Schachspiel

Hong Kong

Die letzten 250 Kilometer in China fuhren wir auf einer breiten Prachtstraße, vorbei an zahlreichen neuen Plattenbausiedlungen und Golfplätzen. So kurz vor dem großen Hong Kong in der Provinz Guangdong gab es auf den Märkten genau das zu kaufen, was dem chinesischen Klischee entspricht: Da gab es Körbe mit dicken Kröten, Schlangen, verschiedenen Echsen, Schnecken und Muscheln. An anderen Ständen hingen Hunde, Katzen und Kaninchen kopfüber, fein säuberlich rasiert und fertig für den Topf. So viele verschiedene Geflügelarten hatten wir noch auf keinem Markt gesehen. Neben diversen Insekten gab es aber auch Fische in jeder Größe, Farbe und Form und natürlich unzählige verschiedene Gemüsesorten. Es war nie langweilig über die Märkte zu laufen, obwohl es uns bei dem Gedanken grauste, dass alle diese Tiere im Kochtopf landen sollten. Doch das ist sicher nur eine Frage der Gewohnheit.

Um nach Hong Kong zu gelangen, mussten wir durch eine Passkontrolle. Seit 1997 gehört die Stadt wieder zu China, und trotzdem gab es eine strenge Grenze mit Sicherheitsstreifen. Fahrzeuge durften sie nicht passieren. Wir hatten mit der Menschenmasse, die zu Fuß unterwegs war, verschiedene Kontrollstellen zu passieren. Immer wieder mussten wir mit unseren hochbepackten Rädern die Rolltreppen hinauf- und hinabfahren und uns an langen Warteschlangen anstellen. Nachdem die Grenzformalitäten erledigt waren, ging es die ersten zehn Kilometer durch die Sicherheitszone mit der Bahn. Eine Vorschrift besagte, dass die Fahrräder nur mit ausgebauten Rädern transportiert werden durften. Davon waren wir alles andere als begeistert. Wie sollten wir unseren ganzen Kram transportieren, wenn sich die Räder nicht mehr schieben ließen. Das machte für uns einfach keinen Sinn. Von China waren wir gewöhnt, nicht so schnell nachzugeben, und so begannen wir zu diskutieren. Das war hier wesentlich einfacher als im Rest des Landes. Die Beamten sprachen gut Englisch, dafür hatten sie aber ihre Vorschriften, von denen sie nur ungern abrückten. Nach langem Hin und Her wurde beschlossen, dass zwei Zöllner unsere Räder mit der Bahn transportieren sollten. Damit mussten wir wohl einverstanden sein. Es ist nicht leicht, die schweren Räder zu schieben, dazu gehört schon etwas Übung. Trotzdem schafften es die zwei, sie in die Bahn zu schieben. Doch als der Zug anfuhr, fiel mein Rad hin, allein das Rad nur zu halten, war nicht so einfach. Noch an chinesische Sitten gewöhnt, stieß ich den Mann einfach weg, stellte mein Rad auf und hielt es selbst. Der arme Kerl war wohl so entsetzt von meinem Verhalten, dass er mich gewähren ließ, und ich schämte mich dafür. Jetzt waren wir ja nicht mehr im wirklichen China, die Hong-Kong-Chinesen waren eher die feine englische Art gewöhnt.

Hong Kong, unsere letzte Station in Asien

Um uns Flugtickets in die USA besorgen zu können, waren in Hong Kong ein paar Tage nötig. Von unserem letzten Aufenthalt wussten wir, dass die zahlreichen Hotelzimmer allesamt winzig waren, zumindest die in unserer Preisklasse. Daher waren wir froh, den Tipp bekommen zu haben, dass man in den Nationalparks außerhalb der Stadt gratis zelten konnte. Hoch über der Stadt fanden wir solch einen Zeltplatz. Das Problem, dass in den Parks Räder verboten waren, ließ sich lösen. Die hilfsbereiten Ranger hatten die

Idee, die Räder einfach mit einer Plane zu bedecken, damit die Wanderer sie nicht sehen konnten. Hier oben hatten wir die ganze Woche unsere Ruhe, kaum einmal verirrte sich ein Mensch hierher, und mit Bus und Bahn waren wir in einer Stunde mitten in der City. Nur an den Wochenenden sah alles anders aus, da machte sich ganz Hong Kong auf Wanderschaft. Schon in den frühen Morgenstunden wanderten die Stadtbewohner, ausgerüstet mit Stirnlampen, an unserem Zelt vorbei, und der Strom der Leute endete erst weit nach Einbruch der Dunkelheit. Dann füllte sich auch der Zeltplatz mit Familien und Jugendgruppen. Wir waren froh, als es Montag wurde und wir den Zeltplatz wieder für uns allein hatten. Zwei Wochen blieben wir in Hong Kong, dann nahmen wir Abschied von Asien und flogen nach San Francisco, in die USA.

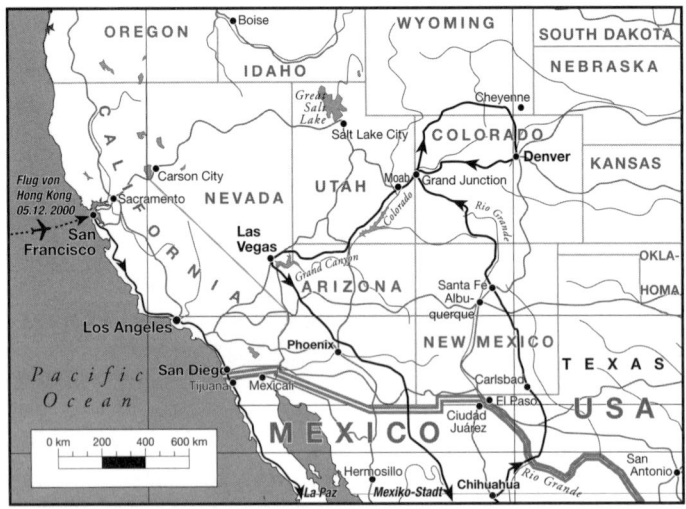

Kulturschock USA

Beim Landeanflug in der Morgendämmerung auf den Flughafen von San Francisco sahen wir unter uns die Straßen, auf denen sich die Lichter der Autoschlangen in die Stadt bewegten. Unser

Flugzeug setzte sanft auf. Nach zweieinhalb Jahren Asien waren wir gespannt, was uns alles auf dem amerikanischen Doppelkontinent erwarten würde.

Bereits am Gepäckband setzten wir unsere Räder zusammen und packten alles auf. Danach ging es zum Zoll. Wir hatten lang gebraucht und waren mit Abstand die letzten bei der Abfertigung. Die verärgerten Zollbeamten wollten in ihre Frühstückspause gehen, und wir hatten auch noch die falschen Einreiseformulare ausgefüllt, was sie nicht gerade freundlicher stimmte. Wir fühlten uns nicht willkommen in den USA und überlegten, ob es wirklich schlau gewesen war, Asien zu verlassen.

Müde fuhren wir über den Freeway in Richtung Stadt, eine andere Straße gab es einfach nicht.

Wir kamen kaum aus dem Staunen heraus, denn plötzlich konnten wir alles, was auf den zahlreichen Schildern stand, lesen. Kein einziges altgewohntes chinesisches Zeichen war mehr zu sehen. Dann ging es durch endlose, menschenleere Einfamilienhaussiedlungen, jedes Haus mit eigenem Vorgarten, englischem Rasen und von hohen Zäunen umgeben.

Wir wunderten uns, wie gesittet die Autofahrer fuhren. Rote Ampeln wurden beachtet, es gab keine Hupkonzerte oder riskante Überholmanöver. Die Autos fuhren nicht, um die Strecke abzukürzen, links statt rechts in den Kreisverkehr. All das war uns von Asien her vertraut. Auch hatten wir uns die eine oder andere asiatische Verkehrsregel angewöhnt und mussten jetzt aufpassen, nicht an diesen Gewohnheiten festzuhalten.

Im morgendlichen Verkehrsstrom mitschwimmend, erreichten wir die City. Hier suchten wir uns ein Hotel, was kein leichtes Unterfangen war. Nach langer Suche wurden wir am Rande von Chinatown fündig. Ein amerikanischer Radfahrer hatte uns dabei geholfen. Als er bemerkte, dass wir kein Kleingeld zum Telefonieren hatten, griff er in seine Tasche, gab uns eine Handvoll Münzen und seine Telefonnummer. „Wenn ihr Hilfe braucht, ruft mich einfach an." Dann verabschiedete er sich von uns, und wir sahen ihn nie wieder.

Das Zimmer im Hotel war klein, kalt und hatte nur einen Lichtschacht statt einem Fenster. Nichts zum Wohlfühlen. Wir durften wenigstens die Räder mit ins Zimmer nehmen, was immer das wichtigste Kriterium bei der Zimmersuche war und auch hier den Ausschlag gab.

Wir waren dermaßen an Asien gewöhnt, dass wir jedesmal, wenn wir aus dem Hotel auf die Straße traten und die vielen „Langnasen" sahen, dachten: „Was, so viele Touristen hier …?" Uns war gar nicht mehr bewusst, dass wir auch zu den Langnasen gehörten.

Außer dass hier alle Schilder und Leuchtreklamen in Englisch waren, unterschied sich auf den ersten Blick nicht viel vom Straßenbild der chinesischen Großstädte. Doch als wir einen Markt entdeckten und diesen mit Begeisterung stürmten, waren wir maßlos enttäuscht. In den USA gab es keinen Unterschied zwischen einem Markt und einem Supermarkt. Hier fehlten die Marktfrauen, die auf dem Boden saßen, vor sich auf einem Stück Plastik zum Beispiel drei Häufchen Zwiebel zum Verkauf anboten. In Asien war der Markt nicht nur zum Einkaufen da, sondern hatte auch eine soziale Funktion. Da wurde gequatscht und gegessen und wurden Neuigkeiten ausgetauscht. Kleine Kinder spielten zwischen den Frauen, und wenn ein Schwein oder eine Kuh auseinandergenommen wurde, schlichen Hunde und Katzen umher. Vielleicht fiel ja auch für sie was ab. Es wurde alles angeboten, was zum Leben notwendig war: Kleider, Schuhe, Lebensmittel und Früchte, aber auch Werkzeuge und lebendige Tiere. Es gab Schuster und Fahrradmechaniker, Esel wurden beschlagen, und mitten unter all dem befanden sich die Medizin- und Gesundheitsstände. Es gab unendlich viel zu sehen und zu bestaunen.

Ganz anders in San Francisco. Uns kam es vor, als würde es nur sündhaft teures Bio-Gemüse in Euro-Norm geben, steril verpackt in schicken Kistchen. Auch das Publikum schien uns steril, da wurden Klein- und Kleinstmengen gekauft, nicht wie in Asien üblich von Mitgliedern einer Großfamilie, sondern von vornehm aussehenden Geschäftsleuten, die sich gesund ernähren wollten.

Dann der zweite Schock, als wir am Abend essen gingen. Wie gewohnt steuerten wir ein chinesisches Restaurant an, das sich als eine große Enttäuschung entpuppte. Es gab eine Speisekarte, von der wir uns etwas aussuchen mussten, und das Essen war dann gar nicht so fein wie in China, hatte eigentlich nichts mehr mit dem zu tun, was wir von China kannten. Auslandchinesen haben anscheinend nicht den Humor ihres Herkunftslandes, jene, die wir kennenlernten, waren meist mies gelaunt oder machten stur ihren Job, mehr nicht. Alles war so fremd und doch wieder vertraut.

Bewusst hatten wir uns Kalifornien ausgesucht, das Land der Hippies, wo jeden Tag die Sonne scheinen soll und die große Freiheit herrscht. Doch es war Winter, kalt, regnerisch, und die Tage waren kurz. Wo waren wir hier nur gelandet?

Wir zweifelten immer mehr daran, dass unsere Entscheidung, in die USA zu fliegen, richtig war. Beide waren wir genervt und in jeder Beziehung am absolut tiefsten Punkt unserer bisherigen Tour angekommen.

Uns fehlte ein Fernziel, aber wir wussten nicht mehr wie es weitergehen sollte. Wir wollten nur noch möglichst schnell in den sonnigen Süden. Dazu blieb uns nur die Küstenstraße, denn in den Bergen lag bereits Schnee.

Im Land der unbegrenzten Möglichkeiten

So flüchteten wir aus San Francisco und kurbelten der Küste entlang in Richtung Süden, immer auf der Suche nach dem, wovon alle Welt begeistert ist. Kaum hatten wir die Stadt verlassen, begegneten wir dem ersten Tourenfahrer, es sollte aber auch bis Mexiko der einzige bleiben. Er war Amerikaner und befuhr den Highway Nr. 1 an der Westküste. Wir erzählten ihm: „Du bist der erste Tourenfahrer, dem wir seit Tibet begegnen." Doch damit konnte er nicht viel anfangen, und nach einem kurzen Schwätzchen hatte er es eilig weiterzufahren.

Bald schon hatten wir Mitleid mit den Amis. Im Land der unbegrenzten Möglichkeiten gab es überall Verbotsschilder. Auch uns machten diese Schilder und die nie enden wollenden Zäune das Leben schwer. Auf der Suche nach einem geeigneten Platz zum Zelten verzweifelten wir oft. Uns blieb nichts anderes übrig, als bei

Häusern zu fragen, ob wir im Garten zelten dürften. Abgewiesen wurden wir so gut wie nie, aber meist mussten wir lang suchen, bis wir überhaupt einen Menschen fanden, den wir fragen konnten. An der Küste standen die großen Häuser auf riesigen Grundstücken mit gepflegten Rasenflächen, die mit Wasser besprengt wurden. Die hohen Zäune um die Anwesen waren mit unzähligen Verbots- und Warnschildern gespickt und die Tore verriegelt.

Ganz allmählich gewöhnten wir uns an die USA, zelteten häufig in State Parks, wo es für Hiker und Biker erschwingliche Zeltplätze mit schönen Feuerstellen gab. Dass keine Duschen vorhanden waren, störte uns nicht, wir machten einfach selbst Wasser auf dem Kocher warm und duschten uns unter unserem Außenzelt ab. Oft sammelten wir Holz, es lag ja genug herum, und entfachten ein wärmendes Lagerfeuer. Es war genau das, was wir nach einem anstrengenden Radeltag brauchten. Überall in den Läden gab es kleine Bündel Holz für teures Geld zu kaufen. Wir wunderten uns sehr, dass die anderen Camper da fleißig einkauften. „Vielleicht sind die zu faul zum Sammeln", war unsere Erklärung, bis uns die Ranger aufklärten.

Als wir gerade lange Äste zu unserem Zelt schleppten, kamen sie angefahren. Wir grüßten sie freundlich und hatten noch kein schlechtes Gewissen. Doch die Ranger waren nicht sehr freundlich. Sie klärten uns auf, dass Holz sammeln in den State- und National-parks verboten sei. Dann sagte einer einen Satz, den wir immer mit den Vereinigten Staaten verbinden sollten: „Wir haben nicht für alles, was verboten ist, auch Schilder."

Glücklicherweise kamen wir mit einer Mahnung davon, aber von nun an waren die Ranger unser Feindbild, und immer, wenn wir ein Rangerauto erspähten, überlegten wir uns, was wir wohl wieder falsch gemacht hatten.

Als wir einen Küstenabschnitt erreichten, an dem die See-Elefanten ihre Jungen zur Welt brachten und alle Besucher mit Abstand und staunend auf dem Weg stehenblieben, wussten wir es zu schätzen, hier zu sein. Die riesigen Tiere durften sich ruhig in der Sonne räkeln und schlafen, keiner der Besucher kam auf die Idee, Steine auf sie zu werfen, um sie aufzuwecken oder zum Bewegen zu bringen. Genau das wäre unter lautem Geschrei in Asien passiert. Wir waren lang genug in Asien gewesen, um uns nun am Verhalten der Amis zu erfreuen.

Flower Power

In Kalifornien gelang es uns nur ein einziges Mal, direkt am Strand zu zelten. Wir fuhren auf der Küstenstraße und hielten nach einem Platz für die Nacht Ausschau. Bei den Häusern wurden wir abgewiesen. Die dort wohnenden Mexikaner erklärten uns, dass der Patron nicht da sei und sie uns nicht erlauben könnten, unser Zelt aufzustellen. Sie schlugen uns vor, am Strand unser Nachtlager aufzuschlagen und gaben uns Wasser mit. Dass es in den USA ein Stück Küste geben sollte, das nicht in Privatbesitz war, konnten wir kaum glauben. Ein Stück weiter sahen wir einen Surfer, der seine nassen Surfsachen ins Auto packte. Wir fragten ihn ohne große Hoffnung: „Wissen Sie, wo wir hier zelten können?" Er überlegte kurz und meinte: „Unten am Strand ist es zwar verboten, doch wenn hier oben kein Auto steht, kommen die Ranger nicht auf die Idee, dass unten jemand zeltet." Zwischen den niedrigen Büschen schoben wir unsere Räder begeistert den Fußpfad zur Küste hinunter. Von der Straße weit genug entfernt fanden wir einen schönen Platz zwischen Felsen am Sandstrand mit Blick auf die wilde Küste. Glücklich stellten wir unser Zelt auf, während die letzten Surfer den Strand verließen. Dann waren wir allein, und das übliche Abendprogramm konnte beginnen.

Schon bald saßen wir mit vollen Bäuchen vor dem Zelt, das helle Licht des Vollmondes glitzerte auf dem Meer, und in unseren Händen dampfte der heiße Tee in den Tassen. Vollauf zufrieden schliefen wir wenig später beim Rauschen der Wellen ein.

Doch mitten in der Nacht kamen ein paar Leute an unseren Strandplatz, und wir wunderten uns sehr darüber. Es wurden immer mehr, doch sie ließen uns in Ruhe. Bis dann ein junger Mann zu unserem Zelt kam und fragte: „Seid ihr auch wegen der Vollmond-Party hier?" Als wir erstaunt verneinten, meinte er: „Das ist aber ein bisschen dumm, denn gleich wird hier ein riesiges Sound-System aufgestellt, 70 bis 100 Leute kommen zum Feiern …"

Schon rückten die ersten an, viele beladen mit riesigen Kisten. Was nun? Es war schon fast Mitternacht, und wir hatten uns ausgerechnet diesen Partyplatz ausgesucht. Mit dem Mann und seinen Freunden überlegten wir, was zu tun wäre. Natürlich waren wir eingeladen, aber wir hatten einen anstrengenden Radeltag hinter uns, waren müde und wollten am nächsten Tag weiterfahren.

Am anderen Ende der Bucht, weit genug von der Party entfernt, fanden wir dann einen besseren Zeltplatz. Viele packten mit an und halfen beim Umzug. Inzwischen war nicht nur die Musikanlage funktionsbereit, sondern auch der Grill aufgebaut und die Bar installiert. In unserem Zelt hörten wir nur das dumpfe Dröhnen der Bässe neben dem Rauschen der Wellen. Wir schliefen trotzdem wieder ein. Die Party dauerte bis in die frühen Morgenstunden, und der Geruch von Bratwürstchen war auch dann noch in der Luft, als wir am nächsten Morgen aus dem Zelt krochen. Trotz lausiger Kälte rannten schon die ersten Surfer im Gummianzug mit ihren Brettern unter dem Arm ins Wasser. Die letzten Partygänger saßen im Jogasitz am Strand und meditierten der aufgehenden Sonne entgegen. Ihr Outfit erinnerte an das der Hippies in den 1960er Jahren.

Die Sonne wärmte noch nicht, wir hatten unsere dicksten Pullover angezogen, aßen wie jeden Morgen unseren Porridge und tranken den Tee, bevor wir weiter der Straße nach Süden folgten.

Im Land der unbegrenzten Gastfreundschaft

Radfahren ist in den USA nur eine Sportart, es dient nicht der Fortbewegung an sich. Mit teuren Rennrädern sausen die Amis im Pulk die Küstenstraße entlang. Wenn wir bei roten Ampeln warten mussten, waren wir öfter von Rennradfahrern umgeben. Beim Umspringen der Ampel machte es „klick, klick, klick" vom Einrasten der unzähligen Pedale, und schon waren sie davongerauscht.

An den Küstenpromenaden joggten andere sportliche Amis. Viele hatten ihren Nachwuchs in den Babyjogger gesetzt und mit einem Gameboy ausgestattet. So konnten sie auch längere Zeit laufen, ohne dass die Kinder quengelten. Die Hunde wurden ohne Erbarmen an der Leine hinterhergezogen.

Im krassen Gegensatz dazu stützten sich die korpulenteren Amerikaner in den riesigen Supermärkten auf ihre großen Einkaufswagen, die sie schnell gefüllt hatten. Oft zweifelten wir daran, dass sie sich ohne die Stütze des Einkaufswagens überhaupt auf den Beinen halten konnten. Auf der Straße sahen wir solche Leute nie, sie schauten uns höchstens aus ihren Autos hinterher.

Von den Supermärkten, in denen es alles zu kaufen gab, waren wir bald begeistert. Wir stellten unser Kaufverhalten um, machten uns lieber lange Einkaufslisten statt täglich kleine Mengen zu kaufen. Kurts Job war es dabei, bei den Rädern zu bleiben. Die ließen wir nie unbeaufsichtigt, erst recht nicht mit all dem Gepäck darauf. Derweil fuhr ich in den riesigen Supermärkten mit dem Einkaufswagen eine Regalreihe nach der anderen ab. Dieses System hatte sich bewährt. Wenn ich einmal eine Reihe ausließ, dann befand sich gerade in dieser ein Artikel, den wir unbedingt haben wollten. So war das Einkaufen recht zeitintensiv, in jedem Supermarkt musste ich mich aufs Neue orientieren.

Als ich das erste Mal sah, dass das Gemüse auf den Ablagen von Zeit zu Zeit automatisch mit Wasser besprüht wurde, war ich platt. Zuerst war ein Donnern zu hören, daraufhin traten die Kunden etwas zurück, und Sprühwasser begann über den Gemüseregalen niederzugehen. Ich erzählte Kurt davon, worauf er auch unbedingt in den Supermarkt wollte, um dieses Schauspiel zu sehen.

Es war kurz vor Weihnachten, die Einkaufszentren berieselten die Kundschaft mit Weihnachtsmusik. Alle Häuser waren dekoriert mit langen bunten Lichterketten. In den Gärten und auf den Dächern der Häuser standen Elche, Schlitten und Nikoläuse aus Styropor mit Lampen, die in wechselnden Farben blinkten.

Kurz vor Silvester befanden wir uns auf unserer vorläufig letzten Etappe in den USA. Es ging auf der Küstenstraße Richtung San Diego, der letzten Großstadt vor der mexikanischen Grenze. Und da viele Amerikaner zwischen Weihnachten und Silvester frei haben, waren wir nicht allein unterwegs. Ständig überholten uns große Gruppen von Rennradfahrern, die schnell an uns vorüberrauschten und uns höchstens ein „Hello" zuriefen.

Kurz vor San Diego bremste dann aber doch ein Radfahrer ab. Er war neugierig, wollte wissen, woher wir kommen und wohin wir fahren. Kurt strengte sich an und hielt mit ihm sein Tempo. Frank war beeindruckt von unserer Tour und lud uns zu sich nach Hause ein. Auf einem Zettel notierte er seine Adresse und skizzierte den Weg dorthin. Er selbst war mit seinem Titanrad nicht aus San Diego hinausgefahren, sondern hatte die ersten Kilometer mit dem Auto zurückgelegt, um sich dort mit Freunden zu treffen und die Küstenstraße zu fahren. Als wir bei der angegebenen Adresse ankamen, dachten wir erst, wir hätten uns in der Adresse geirrt, und wollten gleich wieder umdrehen. Die Villa war riesig groß. Wir befanden uns in „Old San Diego", wo eine Villa neben der anderen steht. Es gab jede Menge Verbots- und „Neighbourhood watching"-Schilder. Klar, dass hier niemand zu Fuß unterwegs ist. Alles war sauber und aufgeräumt. Wieder kamen uns die Vereinigten Staaten steril vor.

„Vielleicht haben wir Frank überrumpelt, und die Einladung war gar nicht so ernst gemeint", dies war unser erster Gedanke beim Anblick seiner Villa.

Doch dann kam Frank mit seinem Auto um die Ecke gebogen und

hieß uns willkommen. Wir durften unsere Räder neben seinem Titan-Bike in der Garage parken und verspeisten erst einmal zusammen den Rest der Weihnachtspute. Auch Frank hatte Hunger, er war früh aufgestanden und eine lange Strecke Rad gefahren. Seine Frau Madlene zeigte uns unser Zimmer, das eigentlich dem Dienstmädchen gehörte. Doch dieses befand sich über die Festtage bei ihren Eltern in Mexiko. In der Küche bestand eine ganze Wand nur aus Kühl- und Tiefkühlschränken, in denen die erlesensten Sachen lagerten. Ein eigener Kühlschrank war dem Bier vorbehalten.

„Wir sind heute Abend bei einer Party eingeladen; nehmt euch hier einfach, worauf ihr Lust habt."

Das ganze Haus war weihnachtlich geschmückt. In allen Fenstern und um die Türen hingen bunte Lichterketten. Der hell erleuchtete, riesige Weihnachtsbaum war überladen mit Kugeln und anderem bunten Schmuck. Alles blinkte und blitzte, so dass kaum auszumachen war, um was für eine Baumart es sich handelte. Madlene hatte viel Freude, das Haus entsprechend der Jahreszeit zu dekorieren, auch an Mode und gutem Aussehen schien ihr viel gelegen zu sein.

Frank nahm uns zu einer Rundfahrt durch San Diego in seinem großen Allrad-Wagen mit. Vor allem die schöne Aussicht auf die Bucht der Stadt wollte er uns zeigen, die hatte man am besten von der Terrasse seiner Eltern. Leider versperrte uns bald der dicke Nebel die Sicht, dafür zeigte uns sein Vater das Jagdzimmer. Beim Eintreten mussten wir schlucken, denn da lag lässig ein Leopard auf einem Baumstamm, und von der Wand starrte uns der Kopf eines afrikanischen Büffels an. Den Fußboden schmückte ein Zebrafell, und an den Wänden hingen noch zahlreiche andere Jagdtrophäen. Sogar eine Gemse und ein ausgestopftes Murmeltier glotzten uns an. Von Franks Mutter bekamen wir eine hervorragende Bohnensuppe serviert. Die schlanke Frau um die 70 trug einen kurzen Minirock und einen lila Pullover. Der Lippenstift hatte genau die Farbe des Pullovers, was mich sehr faszinierte.

Wieder in Franks Haus, zeigte uns Madlene, wie man den riesigen Fernseher bedient, und schaltete den Computer ein, damit wir ins Internet konnten. Sie verabschiedeten sich, indem sie noch einmal betonten, wir sollten uns wie zu Hause fühlen, und gingen zu ihren Freunden.

Wir waren damit beschäftigt, Tagebuch zu schreiben und eMails zu verschicken, hatten einen schönen Abend und gingen bald ins Bett.

Erstaunt über so viel Gastfreundschaft und Vertrauen, fragte Kurt am nächsten Morgen: „Hattet ihr eigentlich keine Angst, wir könnten das Haus ausräumen und bei Nacht und Nebel verschwinden?"

Darauf Frank: „Viel hättet ihr auf euren Rädern sowieso nicht mitnehmen können."

Auf nach Mexiko

Nach einem ausgiebigen Frühstück fuhren wir weiter nach Mexiko. San Diego zieht sich bis hin zur Grenze, allerdings nicht mit seinen nobelsten Stadtteilen. Es ging lange durch graues Industriegebiet mit viel Müll am Straßenrand und an hohen Mauern entlang. Viele Latinos waren auf der Straße, und wir sahen endlich wieder Fußgänger außerhalb der Supermarkt-Parkplätze. Die Wohnhäuser waren grau-schäbige Wohnblocks Marke Plattenbau mit wenigen Grün-, aber vielen Staubflächen, auf denen die Kinder Fußball spielten. Auf den Balkonen und an den Fenstern hing die Wäsche zum Trocknen. Es gab keine bunten Blumenkästen mehr oder blinkenden Weihnachtsschmuck. Alles war zweckmäßig und machte den Eindruck, die Bewohner hätten sich nur für eine kurze Zeit hier niedergelassen und wollten nicht die Hälfte ihres Einkommens in die Stromrechnung stecken, um alles weihnachtlich zu erleuchten.

An der Grenze wimmelte es von Leuten. Für die Autofahrer gab es eine Autobahn, wir mussten zur Reihe der Fußgänger. Der Übertritt war ziemlich kompliziert: Ein bis an die Zähne bewaffneter US-Officer wies uns den Weg über eine Brücke zur mexikanischen Grenzabfertigung. Mit den vollbepackten Rädern ging es kleine Treppen hinauf und hinunter bis zu einem Drehkreuz, wo die mexikanischen Zöllner standen. Sie schickten uns zum Immigrationsbüro. Dort sollten wir ein Einreiseformular ausfüllen, damit zur Bank gehen, Geld einzahlen und uns den Einreisestempel geben lassen. Mit den gestempelten Pässen ging's dann zurück zum US-Zoll, erst dann konnten wir offiziell aus den USA ausreisen. Die Prozedur bedeutete für uns mehrmaliges Schieben durch die Menschenmenge über verschiedene Brücken und Durchfragen, wo wir die Stempel und Papiere bekommen konnten. Und das alles am Silvesternachmittag, an dem viele Amerikaner unterwegs waren, um in Mexiko in das neue Jahr hineinzufeiern. Noch waren sie aber nicht in Feierstimmung, sondern eher missmutig. Vor allem, wenn wir mit unseren Rädern daherkamen und uns durch die Menge zwängten.

Erst als endlich alle Formalitäten erledigt waren, konnten wir unsere Räder durch das hohe Drehkreuz schieben. Es war ziemlich eng, doch jetzt waren wir in Mexiko. Wir wollten nicht lange fahren, schließlich war Silvester. Die große und hässliche Grenzstadt Tijuana durchfuhren wir so schnell wie möglich, vorbei an stinkenden Müllhalden, die den Straßenrand säumten. Jede Menge Busse und Autos mit USA-Nummernschildern überholten uns, alle wollten den Jahreswechsel auf der Baja California feiern.

An den Ausfallstraßen reihten sich Hotels, Alkoholläden, Discos und Bordelle. Nun war uns klar, warum so viel Volk unterwegs war. Die allermeisten kamen aus dem prüden Amerika, um hier so richtig die „Sau rauszulassen", die Partys an diesem Tag waren dann auch entsprechend wild.

Die Discos hatten große Fenster zum Strand, an dem wir mit einem mexikanischen Bier spazieren gingen und uns die feiernden Leute ansahen. Auf mehreren Disco-Etagen wurde wild getanzt und getrunken. In der Mitte einer Tanzfläche stand ein metallener, elektrisch angetriebener Stier. Darauf setzten sich die angetrunkenen Discobesucher allein, zu zweit oder zu dritt und versuchten, sich auf dem Rücken zu halten, während der Stier anfing, sich wild zu drehen und zu bocken. Lange saß da niemand drauf, mit viel Gelächter fielen die Reiter auf die dicke Matte, und die nächsten versuchten ihr Glück. Wir staunten über die Ausgelassenheit, so hatten wir die Amis in den USA nie erlebt.

Als wir am nächsten Morgen auf unsere Räder stiegen, war der Ort wie ausgestorben – so waren wir es von den USA gewöhnt. Die meisten waren wohl dabei, ihren Rausch auszuschlafen.

Nach all der Enge in den Vereinigten Staaten war es schön auf der langgezogenen Halbinsel Baja California. Es gab so gut wie keine Verbotsschilder und Zäune. Selbst die amerikanischen Hunde schätzten das sehr. Ein Hundebesitzer aus San Diego hatte hier ein kleines Haus am Meer. Sein Hund durfte frei herumlaufen und mit den wilden Strandhunden spielen.

„Wenn ich in die USA zurückfahre, dann muss ich meinen Hund schon am Vorabend an die Kette legen. Denn wenn er merkt, dass es zurückgeht, büxt er aus und lässt sich mit nichts mehr anlocken."

Die ersten Kilometer der Baja waren eigentlich eher frustrierend. Es gab viel dreckige, trostlose Wüste. Immer wieder fuhren wir an armseligen Behausungen vorbei, Hütten aus Pappe, in denen Mexikaner wohnten, die auf eine günstige Gelegenheit warteten, um illegal in die USA einzuwandern. Doch je weiter wir uns von der Grenze entfernten, desto stärker änderte sich das Bild.

Baja California ist wüstenhaft und übersät mit riesigen Kakteen. Vor allem die Artenvielfalt und die Größe der Kakteen waren überwältigend. Zwischen den Kakteen gab es genügend Platz für unser Zelt. Dort kamen wir uns wie Gartenzwerge in einem gepflegten Steingarten vor. Endlich konnten wir wieder so weit fahren wie wir wollten, mussten nur darauf achten, dass wir rechtzeitig Wasser tankten. Schöne Plätze zum Campen gab es in Hülle und Fülle, die Wahl fiel schwer. Doch nicht nur zum Anschauen waren die Kakteen schön, die Kaktusfrüchte schmeckten hervorragend. Auch die fleischigen Blätter, in Streifen geschnitten und als Gemüse zubereitet, lassen jeden Feinschmecker zum Kakteenfan werden.

*Wie Zwerge im Steingarten –
Baja California*

So frei hatten wir uns schon lang nicht mehr gefühlt, einmal mehr bemitleideten wir die US-Amerikaner. Kein Wunder, dass es hier von ihnen nur so wimmelte. In ihren großen Motorhomes, die die Größe von Fernreisebussen haben, zogen sie an uns vorbei. Ihre Autos, meist auch nicht gerade die kleinsten Modelle, zogen sie am Haken hinterher.

Von La Paz, kurz vor der Südspitze der Halbinsel, setzten wir mit der Fähre nach Mazatlán auf dem mexikanischen Festland über. Während der Bootsfahrt war das Meer sehr rauh und stürmisch. Selbst wir hatten keinen Hunger mehr und verzichteten aufs Abendessen. Die Mexikaner besaßen jedoch genug Humor und zeigten den Film „Titanic", während sich das Schiff von einer Seite auf die andere legte.

Im Land der Fiestas

Erst auf dem Festland begann für uns das wirkliche Mexiko mit seinen alten Kolonialstädten, die voller Leben sind. Da trifft sich jung und alt zu einem Schwätzchen auf dem Zócalo (Zentralplatz), man sitzt auf den zahlreichen Bänken und schaut dem bunten Treiben zu. Besonders am Abend hatten wir den Eindruck, die ganze Stadt wäre hier versammelt. Da wurde die neueste Mode ausgeführt, die kleinen Kinder fuhren mit ihren Rollern und Rädchen durch die Menge, und es gab jede Menge Taco-, Eis- und Popcornstände. Die Jugendlichen standen lässig in Gruppen zusammen. Sie hatten wohl oft Stunden gebraucht, um mit ihrem Outfit zufrieden zu sein, und beobachteten sich gegenseitig. Die Liebespärchen flanierten eng umschlungen um den Platz. Jeder wollte sehen und gesehen werden.

Auch die Kirche darf an so einem Platz nicht fehlen, die Mexikaner sind katholischer als der Papst, und somit spielt die Religion eine zentrale Rolle im Leben der Bevölkerung. An Sonntagen fanden nie alle Gläubigen Platz in der Kirche, viele mussten draußen bleiben und konnten nur durch die Fenster die Messe verfolgen. An kirchlichen Feier- und Festtagen waren auf dem Platz vor der Kirche noch mehr Essstände aufgebaut, auch die Luftballonverkäufer und Karussells, die oft noch von Hand angekurbelt wurden, waren beliebt bei den Kindern. Überall wurden Kreuze und Heiligenbilder oder Statuen zum Kauf angeboten, die Stände hingen voll mit Rosenkränzen, Plastikspielzeug und allem möglichen anderen Zeug. Es herrschte Jahrmarkt-Atmosphäre.

Sonntag in Mexiko

An den Abenden gab es häufig Gesangs- oder folkloristische Tanzdarbietungen auf dem Zócalo. Dort war eine Bühne aufgebaut, und manchmal durften die Kinder auch ihre Gesangsolos zum Besten geben. Die stolzen Eltern hörten dann gar nicht mehr auf zu applaudieren.

Zwischen den Städten radelten wir durch eine wahre Wildwest-Gegend. Cowboys hüteten hoch zu Ross riesige Rinderherden und trieben sie durch Graslandschaften. Die Reiter trugen Jeans, große Sombreros und Cowboystiefel mit langen Sporen.

Wie immer zogen wir das bergige, trockene Landesinnere der Küstenstraße vor. Es ging durch zahlreiche Indígenadörfer, die meist auf der Passhöhe zwischen zwei tief eingeschnittenen Flusstälern klebten.

Mittlerweile hatte sich die Landschaft verändert, wir fuhren von Oaxaca Richtung Golfküste durch tropischen Regenwald. Die Straße war nur noch ein besserer Feldweg und halb zugewachsen. Hierher verirrte sich selten ein Tourist, und die Mexikaner waren neugierig. Im dichten Wald einen Zeltplatz zu finden war nicht einfach, deshalb fragten wir in einem Dorf, wo wir zelten durften. Wir bekamen den mit kurzem Gras bewachsenen Platz vor der Kirche zugewiesen, stellten unser Zelt auf und begannen zu kochen. Die „wichtigsten" Leute des Dorfes setzten sich zu uns und erzählten: „Vor kurzem kam schon einmal ein Radfahrer durch dieses Dorf." Da wir schon lange keinen Tourenradler mehr getroffen hatten, hofften wir, ihn noch einholen zu können. „Wann war denn das?" Sie kratzten sich am Kopf und überlegten. „Das muss jetzt etwa zwei Jahre her sein."

Einer sagte: „Ich habe gehört, dass ihr in Deutschland auch Geld bekommt, wenn ihr nicht arbeitet – warum arbeitet ihr dann überhaupt …?"

Früh am Morgen rannten Hühner, Puten, Schafe und Schweine um unser Zelt und verursachten einen unglaublichen Lärm. Es war Sonntag, die fein herausgeputzten Kirchgänger standen schon zeitig neben der Kirche und schauten uns beim Frühstücken zu. Selbst als der Pfarrer schon längst mit der Predigt begonnen hatte, drückten sich vor allem die Halbstarken vor der Kirche herum und beobachteten uns beim Zusammenpacken. Das fanden sie wohl spannender als die Zeremonie in der Kirche.

Eines unserer beeindruckendsten Erlebnisse der ganzen Reise waren die Monarch-Schmetterlinge westlich von Mexiko-Stadt. Dort versammeln sich auf einem kleinen Raum zwischen Dezember und März Abermillionen dieser Schmetterlinge. Im Sommer sind sie über ein weites Gebiet verstreut an den großen Seen der USA und in Kanada anzutreffen. Jedes Jahr fliegen sie 4000 Kilometer weit nach Mexiko, um dort zu überwintern. Nur eine neue Generation schafft den Rückflug, und wie die Tiere ihren Weg finden, ist noch weitgehend unbekannt.

Hier in Mexiko hängen sie an großen Nadelbäumen, so dass sich die Äste unter dem Gewicht biegen, als läge nasser Schnee darauf. Wenn Wolken vor die Sonne ziehen und die Bäume im Schatten liegen, fliegen die Schmetterlinge gleichzeitig auf. Das gibt ein lautes Geräusch, die Äste schnellen nach oben, und überall in der Luft flattern Schmetterlinge. Wir waren die einzigen ausländischen Touristen an diesem Tag, die Mexikaner hatten alle einen Rußfleck auf der Stirn, denn es war Aschermittwoch.

Wir fuhren Richtung Norden, hatten den tropischen Regenwald schon weit hinter uns gelassen und auch die kleinen Indígenadörfer. Es ging durch riesige Orangen- und Bananenplantagen, bald wurde die Gegend trockener, und wir radelten durch „Cowboyprärie".

Noch nie hatten wir so viele Läden mit Cowboy-Accessoires gesehen wie in Chihuahua, der Cowboystadt schlechthin und der letzten großen Stadt in Mexiko, bevor wir wieder in die USA einreisten. Es gab alles, was ein Cowboy brauchen kann, in jeder Farbe und Ausführung. Da waren rosa, lila oder hellblaue Cowboystiefel keine Seltenheit. Auch die Stickereien auf den Stiefeln reichten von einem Sonnenuntergang bis zu wilden Pferden. Die dazu gehörenden Sporen waren neben riesigen Stapeln von Cowboyhüten und Bergen von Jeans zum Kaufen ausgelegt.

Pferdepeitschen gab es in jeder Länge und Größe, Sättel für jeden Pferderücken und für jeden Pferdehuf verschiedene Eisen zur Auswahl. Die entsprechenden Bars waren gleichfalls vorhanden und die Männer lungerten „cool" davor herum.

Am Sonntag putzten sich die Einwohner besonders heraus. Die Mädchen wurden in weiße Kleider mit Taftröckchen gesteckt und die Haare mit Schleifen·versehen. Die kleinen Jungen dagegen trugen Cowboystiefeln, Jeans und Weste. Auch der Sombrero fehlte nicht, nur hatten sie keine Zigarette im Mundwinkel, sonst unterschieden sie sich in nichts von den Großen. Die Frauen trugen hohe Stöckelschuhe, enge Röcke und Blusen mit vielen Rüschen. So ging es in die Kirche und danach zu den Karussells oder Popcornbuden auf dem Zócalo.

Chihuahua lässt Cowboyherzen höher schlagen

Eine zweite Chance für die USA

Ungern verließen wir Mexiko, es sollte auch nur vorübergehend sein. Wir hatten uns entschlossen, es noch einmal mit den USA zu probieren, denn viel hatten wir dort noch nicht gesehen. Immer noch wussten wir nicht, warum alle Welt von den USA schwärmte, und wir hofften, doch noch ein besseres Bild von den Staaten zu bekommen.

Der Hauptgrund unserer zweiten USA-Reise war aber der 80. Geburtstag meiner Mutter. Wir wollten sie in Deutschland besuchen und unsere Räder und das Gepäck in den USA lassen. Bei unserer Entscheidung spielte auch die Jahreszeit eine große Rolle, so konnten wir die Regenzeit in Mexiko umgehen.

Im Frühling 2001 verließen wir Mexiko mit einem mulmigen Gefühl, erst im Herbst wollten wir wieder hier sein. Der amerikanische Zöllner war guter Laune, sprach außer Englisch auch fließend Spanisch und schäkerte mit einem kleinen mexikanischen Mädchen herum, das mit ihren Eltern an der Grenze auf die Abfertigung wartete.

Mit gemischten Gefühlen reisten wir weiter. Bis Carlsbad in New Mexico schafften wir es einige Male sogar, im Busch zu zelten, wobei wir öfter die Räder über Zäune heben mussten. In Carlsbad wollten wir auf einen Zeltplatz, hatten dringend Wäsche zu waschen und Einkäufe zu erledigen. Bei der Touristeninformation erkundigten wir uns nach einem Zeltplatz und einem Trekkingladen.

Vor eineinhalb Monaten war unser Kocher durchgebrannt. In Oaxaca hatten wir Dosen mit Spiritusgel gefunden und damit gekocht, doch die waren längst verbraucht und nirgendwo sonst mehr zu finden. Also bauten wir uns selbst einen Alkoholkocher. In eine Blechdose stopften wir Watte, tränkten diese mit Alkohol und konnten darauf prima kochen. In den Drogeriemärkten in Mexiko hatten wir überall den 98%igen Alkohol gefunden, doch seitdem wir in den USA waren, hatten wir damit Schwierigkeiten. Wir wurden in Farbläden geschickt, wo wir mindesten fünf Gallonen kaufen mussten. Auch in Liquor-Stores hatten wir es probiert, aber der Alkohol dort war teuer und eher zum Trinken gedacht.

Wir ließen unsere Räder vor der Touristeninformation stehen und gingen zum Trekkingladen, der direkt um die Ecke lag. Lange hatten wir solche Läden nicht mehr gesehen und staunten über all die Neuheiten, die hier ausgestellt waren. Während wir durch die Reihen gingen, kam die Verkäuferin und fragte uns auf Deutsch: „Kann ich euch helfen?"

So lernten wir Gosia kennen, eine Polin, die lange in Deutschland gelebt hatte und jetzt in Carlsbad wohnte und verheiratet war. Um uns bei der Reparatur des Kochers weiterzuhelfen, rief sie bei der Firma an und schickte ihn ein. Gosia und ihr Mann Stan luden uns zu sich nach Hause ein. Die zwei waren begeisterte Höhlenforscher und nahmen uns mit auf eine Tour. Durch die enge Höhle mussten wir teilweise auf dem Bauch robben oder durch das Wasser stapfen. Wir waren froh, dass sie uns Helme gegeben hatten, oft stießen wir an der Höhlendecke an, es war bemerkenswert, wie unbeholfen wir durch die dunkle Höhle gingen, wo nur das Platschen des Wassers von unseren Schritten zu hören war.

Stan hatte sein Hobby zum Beruf gemacht und arbeitete als Ranger in den Tropfsteinhöhlen des Carlsbad Caverns Nationalparks. Die Höhlen lagen mitten in der von unzähligen blühenden Kakteen übersäten Chihuahua-Wüste. Besonders schön war der „Strawberry Cactus", ein kugeliger Kaktus mit vielen blutroten Blüten, der wie eine überdimensionale Erdbeere aussah. Es war Blütezeit, doch die rote Pracht verwelkte schon nach einem Tag.

Gosia und Stan, die auch gern reisten, gaben uns viele nützliche Tipps, wie wir in den USA gut und günstig überleben konnten. Nachdem wir uns von ihnen und ihren Haustieren, einer Klapperschlange und zwei Meerschweinchen, verabschiedet hatten, waren wir für den Rest unseres USA-Aufenthaltes gewappnet. Danach wussten wir, wo Zelten erlaubt war und wo nicht. Auf entsprechenden Karten ist dieses öffentlich zugängliche Land markiert, und so steuerten wir abends entweder einen *National Forest* oder „BLM-Land" an. Dort suchten wir uns schöne Plätze, wenn möglich direkt an kleinen Bächen, machten uns oft ein Lagerfeuer und konnten endlich auch das Leben in den Staaten genießen.

Kurz vor Santa Fe kamen wir zufällig in einen organisierten „fun ride" hinein. Plötzlich waren wir umgeben von Radfahrern, die zum Spaß 50 oder 100 Meilen abstrampelten und die Kalorien an zahlreichen Verpflegungsposten wieder auftankten. Wir kamen uns mit unseren vollbepackten Rädern ziemlich deplatziert vor, und man belächelte uns. Aber nur, bis wir von ein paar Neugierigen, in hauteng und farblich abgestimmter Radler-Kluft steckend, gefragt wurden: „Fahrt ihr auch die 100 Meilen?" Als sie hörten, dass wir bereits 57.000 Kilometer gefahren waren, guckten sie uns mit einer Mischung aus

Gosia und Stan mit ihren Haustieren

Ungläubigkeit und Bewunderung an. Wie ein Lauffeuer hatte sich die Nachricht im Fahrerfeld herumgesprochen, und man wies uns in jeden Verpflegungsposten ein. Darum ließen wir uns nicht zweimal bitten, denn Radfahrer sind immer hungrig. So lernten wir Kyle und Ann aus Denver kennen.

„Wenn ihr in Denver seid, dann machen wir ein Barbecue und laden unsere Freunde ein!"

Beide waren begeisterte Radfahrer, auch ihr vierjähriger Sohn Parker fuhr gern hinter Kyle auf seinem Trailer mit.

Doch der Weg bis Denver war noch weit, vor uns lagen einige bergige Radkilometer. Wir fuhren im Frühsommer durch die Rocky Mountains, vorbei an Canyons und alten Minenstädten, die zusammen mit dem Meer für Amerikaner zum Größten zählen.

Alle drei bis vier Tage steuerten wir mit einer langen Einkaufsliste eine Stadt an. Im Supermarkt arbeitete ich die Liste ab, dabei kamen mir immer Zweifel:

„Ob das wohl alles auf die Räder passt?"

Währenddessen stopfte Kurt im Waschsalon unsere gesamte Wäsche in die Waschmaschine und anschließend in den Trockner. Mit frischer Wäsche und extrem schwer beladenen Rädern verließen wir nach zwei Stunden die Stadt wieder und suchten uns einen schönen Zeltplatz. Meist fanden wir bald darauf einen traumhaften Platz an einem Bach und konnten uns selbst auch noch gründlich waschen. Wenn es zu kalt zum Duschen in freier Natur war, erhitzten wir Wasser auf dem Benzinkocher und stellten das Außenzelt auf, um uns windgeschützt darunter zu waschen.

Wir bevorzugten die Schotterpisten, da gab es kaum Verkehr, dafür ging es hoch hinauf. In höheren Lagen gab es oft noch Schnee und eine Art Taiga-Vegetation. Jetzt im Frühsommer blühten viele winzig kleine Blumen zwischen den gelblichen, drahtigen Gräsern, die sich vom Winter noch nicht richtig erholt hatten. Zwischendurch führte die Piste an wilden Gebirgsbächen wieder in die bewaldeten Täler hinab, nur um gleich dem nächsten Bach bergauf zu folgen, und bald waren wir wieder über der Baumgrenze. Nachts wurde es kühl, gern wärmten wir uns dann an einem Feuer, aber erst nachdem wir unsere gesamten Vorräte einschließlich der Zahnpasta und der Sonnencreme möglichst bärensicher in einen großen Baum gehängt hatten. Auch wenn wir abends immer davon überzeugt waren, an alles, was einen Bären anlocken könnte, gedacht zu haben, fanden wir am Morgen immer noch etwas zwischen unseren Taschen. Wir haben trotzdem keine bösen Erfahrungen machen müssen. Nur ein einziges Mal überquerte in weiter Ferne ein Bär die Straße, die eigentlichen Bärengebiete lagen auch etwas nördlicher.

Kurz bevor wir Denver erreichten, kamen wir durch den Rocky Mountains National Park. Auf der engen, vollständig asphaltierten Höhenstraße waren viele Autos unterwegs. Sie durften nur an bestimmten Stellen anhalten, und Campen war nur auf den offiziellen Plätzen erlaubt. Wir bedauerten die Autofahrer, denn ihnen entgingen die kleinen Blümchen, die auf den Auen neben der Straße in den intensivsten Farben blühten.

Frühling im Rocky Mountain National Park

Besuch in und aus der Heimat

Bei Kyle und Anne in Denver durften wir unsere Räder samt Ausrüstung lassen, als wir für einen Monat nach Deutschland und in die Schweiz flogen. Meine Mutter feierte ihren 80. Geburtstag, für uns Grund genug, unsere Familien und Freunde nach dreijähriger Reisezeit zu besuchen.

Einen Monat später landeten wir wieder in Denver. Hubi, ein Freund aus der Schweiz und ebenfalls begeisterter Reiseradler, begleitete uns. Er hatte seinen gesamten Jahresurlaub genommen, um mit uns ein Stück durch die USA zu radeln.

Kurt und mir tat die Unterbrechung unserer Reise nicht gut. Noch lange hatten wir das Gefühl, nicht mehr auf derselben Reise zu sein, irgendwie kam es uns wie ein Neubeginn vor. Zum Glück hatten wir drei Jahre später dieses Problem nicht, als wir zum zweiten und letzten Mal unsere Reise unterbrachen, diesmal wegen des 80. Geburtstages meines Vaters.

Mit Hubi radelten wir wieder durch die Rocky Mountains und genossen das Zelten und das Lagerfeuer zu dritt. Während Kurt und ich Tagebuch schrieben, sammelte Hubi Holz für das Lagerfeuer. Mit

Schweizer Genauigkeit und mit Hilfe eines Schweizer Taschenmessers zersägte er die Äste in genau gleichlange Stücke. Dann sortierte er sie nach Dicke und schichtete verschiedene Holzstapel auf. Nur schade, dass es meistens, wenn wir mit Tagebuch schreiben fertig waren und Hubi seine Holzstapel aufgeschichtet hatte, zu regnen anfing. Dann krochen wir ins Zelt, kochten auf dem Benzinkocher in der Apsis und schätzten es, im Trockenen sitzen zu können. Vielleicht hat sich ja später ein anderer Radfahrer über die schönen Holzstapel von Hubi gefreut.

Gemeinsam fuhren wir nach Moab in Utah. Zahllose glattgeschliffene Felsen, „Slick Rocks", ließen Moab zum US-Mountainbike-Mekka Nr. 1 werden. Unsere Räder waren jedoch überhaupt nicht für Mountainbike-Touren geeignet und somit auch kaum für die Slick Rocks tauglich. Mir war das egal, ich bin sowieso keine Mountainbikefahrerin. Aber Kurt als passionierter Mountainbiker überlegte schon, was es ihm wert war, sich ein Mountainbike zu mieten, und Hubi wollte auch mitmachen. Bevor wir bei den Radläden ankamen, wo Mountainbikes vermietet wurden, tat der Himmel seine Schleusen auf, und ein heftiger Gewitterregen brach los. Schleunigst stellten wir uns in einer Geschäftsarkade unter und warteten geduldig. Als der Regen nachgelassen hatte und wir uns wieder auf den Weg machen wollten, kam ein Auto auf uns zugefahren. Der Fahrer hängte sich lässig weit aus dem Fenster, aus dem sich auch noch ein kleiner Foxterrier laut bellend zwängte.

„Habt ihr Lust, heute Abend mit mir und meiner Freundin was Feines zu essen?"

Wir schauten uns gegenseitig überrascht an, und er fuhr fort: „Ich habe auch einen Wohnwagen im Garten stehen, darin könnt ihr gern übernachten."

Wir staunten nicht schlecht. Jack, so hieß der Mann, hatte uns hier das erste Mal gesehen, wusste weder unsere Namen noch woher wir kamen und wohin wir fuhren und lud uns in dem Touristenort Moab einfach von der Straße weg zu sich ein. Wir nahmen dankend an und folgten dem Auto zu seinem Haus. Jacks Freundin Olga schien es gewohnt zu sein, dass er wildfremde Leute mitbrachte, und hieß uns willkommen. Jack kochte Fisch mit

Gemüse, wir tranken Wein, und es wurde ein richtig gemütlicher Abend.

Am nächsten Morgen besorgte uns Jack Mountainbikes, Kurt und Hubi strahlten, nur ich fuhr mit gemischten Gefühlen mit zu den Slick Rocks. Schon nach 100 Metern gab ich auf, diese Art des Radfahrens machte mir keinen großen Spaß. Ich ließ Kurt und Hubi allein weiterfahren, und das haben die beiden auch genossen. Gleich zweimal fuhren sie die Runde und kamen strahlend rechtzeitig zum Abendessen zurück.

Zweites Frühstück im Wilden Westen

11. September 2001

Hubi begleitete uns bis Las Vegas, dann flog er zurück in die Schweiz. Für uns ging es weiter Richtung Süden zum Grand Canyon. Am 11. September 2001 unternahmen wir eine Wanderung und stiegen in eine der weltweit größten Schluchten hinab. Beim Aufstieg hörten wir andere Wanderer sagen: „Das gleicht ja einer Kriegserklärung!" Eine Frau sagte zu ihrem Mann: „Zuerst dachte ich, da wird ein Ausschnitt aus einem Hollywood-Horrorfilm gezeigt."

Wir konnten mit diesen Informationen nichts anfangen, gingen zurück zu unserem Zelt, begangen zu kochen und schalteten unser Radio ein. Auch aus den Radiokommentaren wurden wir zunächst nicht recht schlau, uns war nur klar: Da ist etwas ganz Schlimmes passiert. Es ging um die Vereinigten Staaten, viele Tote, New York und den Islam. Erst später in den stündlichen Nachrichten erfuhren wir, was an diesem geschichtsträchtigen Tag passiert war, dass nämlich Flugzeuge in die Zwillingstürme in New York geflogen waren und das Pentagon beinahe angegriffen worden wäre. Auch wir waren entsetzt.

Danach veränderte sich viel in den Vereinigten Staaten. Die ersten Nächte flogen keine Flugzeuge mehr; wo normalerweise Dutzende fliegender Punkte zu sehen waren, leuchteten jetzt nur noch die Sterne. Fast jedes Auto war mit der USA-Fahne geschmückt, die es plötzlich überall zu kaufen gab. Die Frauen banden sich Schleifen mit den USA-Farben in die Haare oder hatten ein entsprechendes Kopftuch auf. Es gab Baseballmützen und T-Shirts in den Farben der USA, all das fand reißenden Absatz. Überall gab es nur noch dieses eine Thema, und für die Opfer wurde gesammelt und gespendet.

Die Guadalupe in Mexiko

Wir fuhren weiter durch National Forests, zelteten viel und wurden nachts von den röhrenden Hirschen aus dem Schlaf gerissen. Es wurde Herbst.

Wir überquerten die Grenze nach Mexiko westlich von El Paso und waren recht froh, die USA verlassen zu können. Dieses Mal aus einem anderen Grund: Für unseren Geschmack gab es jetzt zu viele USA-Flaggen in diesem Land, und der Nationalismus der Leute schreckte uns ab.

Wieder waren wir begeistert vom mexikanischen Leben, das sich auf den Straßen der Orte abspielte. Mit viel Gegenwind kamen wir nur schleichend durch das endlose mexikanische Hochland voran und erreichten Anfang November San Miguel de Allende. In diesem

touristischen Kolonialort feierten die Mexikaner den „Día de los Muertos", den Tag der Toten, an dem in Mexiko traditionell der Verstorbenen gedacht wird. Üblicherweise wird vom 31. Oktober bis 2. November gefeiert, und zwar auf die für Mexiko übliche Art. Wir pilgerten mit den Mexikanern zum Friedhof, wo es von Leuten nur so wimmelte. Die Gräber waren mit vielen Blumen geschmückt, oder besser gesagt, mit ihnen überhäuft. Die gesamten Großfamilien hatten sich eingefunden. Sie saßen um die Grabsteine zusammen, unterhielten sich und verspeisten enorm viel mitgebrachtes Essen. Alles, was der Tote gern gegessen und getrunken hatte, war mit im Gepäck. Die Kinder spielten zwischen den Gräbern Fangen und Verstecken, aber das schien niemanden zu stören. Es herrschte Volksfeststimmung, nur während des langen Gottesdienstes unter freiem Himmel waren die Anwesenden etwas ruhiger.

Bis Mexiko-Stadt war es nicht mehr weit. Vor fast einem Jahr waren wir bereits in dieser Gegend gewesen, damals hatten wir einen großen Bogen um die Zwanzigmillionenstadt gemacht. Jetzt wollten wir sie aber erleben und hineinradeln. 50 Kilometer vor dem Stadtzentrum fanden wir einen ruhigen Platz in einem Kiefernwald für unser Nachtlager. Nur fünf Kilometer weiter war es mit der Ruhe vorbei, als wir in die Randgebiete dieses Stadtmolochs eindrangen. Der Verkehr nahm rasch zu. Vor allem die zahlreichen Minibusse, mit denen die Bewohner in die Stadt fuhren, rasten abenteuerlich. Diese mit polierten Alufelgen und verchromten Auspuffrohren aufgemotzten Boliden stoppten immer wieder ohne Ankündigung, um neue Fahrgäste aufzunehmen, und fuhren dann urplötzlich weiter. Das erforderte volle Konzentration, denn auf Radfahrer wurde keine Rücksicht genommen. Kurt genoss das Hineinfahren in die Stadt. Es machte ihm Spaß, Slalom zwischen den Autos zu fahren und mit diesen möglichst so zu beschleunigen, dass er mit dem Verkehr mitschwimmen konnte. Ich dagegen fuhr eher defensiv, überholte wenig und ließ mich ausbremsen. Kurt musste immer wieder auf mich warten.

Ich war heilfroh, als wir nach 45 Kilometern endlich auf dem riesigen Zócalo standen. Ein Hotel war schnell gefunden. In der Innenstadt war das Radfahren nicht mehr so gefährlich, es gab viele Fußgänger, die Straßen waren enger und die Autofahrer eher zum Bremsen bereit. Trotzdem ließen wir in den kommenden Tagen unsere Räder lieber im Hotelzimmer und entdeckten die Stadt zu Fuß. In den Straßen wurde, weil es kurz vor Weihnachten war, viel Ramsch und Kitsch angeboten, dazwischen drängte sich die Menschenmasse. Uns kam es vor, als würden sich die 20 Millionen Einwohner gleichzeitig durch die Straßen quetschen.

In Mexiko-Stadt trafen wir Adrian wieder, einen jungen mexikanischen Radfahrer, den wir auf Baja California bei einer gemeinsamen Walsafari kennengelernt hatten. Jedes Jahr kommen dort in eine Bucht viele Grauwale, um zu kalben. Genau dort hatten Kurt und ich vor elf Monaten unseren 50.000sten Kilometer gefeiert. Adrian bewunderte dies ungläubig. Immer wieder sagte er damals „cincuenta mil kilometros", gab uns seine Telefonnummer und lud uns zu sich nach Hause in Mexiko-Stadt ein.

Mit seinen zwei Brüdern wohnte er noch bei seiner Mutter in einem kleinen Haus in der Nähe der Universität. Adrian hatte Sport studiert und spielte in einer Band. Einer seiner Brüder war

Kunstmaler, der andere Dichter. Ihre Mutter hatte bei den Berufen ihrer Söhne die Hoffnung längst aufgegeben, dass zumindest einer einmal heiraten und ein „normales" mexikanisches Familienleben mit Kindern führen würde. Darüber war sie gar nicht glücklich, denn in Mexiko zählt die Großfamilie viel.

Sie kochte extra für uns *quesadillas* (Tortillas mit Käse gefüllt) und *enchiladas* (eingerollte Tortillas mit Chili-Soße), schwarzes Bohnenmus und Gemüse. Als Nachspeise gab es eingelegte Früchte mit Käse. Kein Wunder, dass ihre Söhne sich lieber von ihr zu Hause verwöhnen ließen als auszuziehen.

Über eine Woche hielt uns Mexiko-Stadt in Bann, dann war es aber Zeit für uns, mal wieder frische Luft um die Nase zu haben. In der Stadt fiel uns das Atmen immer schwerer, über der Stadt lag eine dicke Dunstglocke, so dass der Smog und die Autoabgase nicht entweichen konnten.

Über den Paso de Cortés, einen 3600 Meter hohen Pass, der zwischen den Vulkanbergen Popocatépetl und Iztaccihuatl liegt, fuhren wir weiter.

Zwei Tage später trafen wir noch einmal einen mexikanischen Tourenradler, Johny. Er hatte der Jungfrau von Guadalupe, der Nationalheiligen von Mexiko, versprochen, dreimal von der Basílica de Guadalupe im Norden von Mexiko-Stadt mit dem Fahrrad zu sich nach Hause, nach Halacho in Yucatán, zu fahren. Jetzt war er das zweite Mal auf dieser Pilgertour.

Die mexikanische Guadalupe, die *Virgen Morena,* ist nicht blond wie die meisten Jungfrauen, die in der römisch katholischen Kirche angebetet werden. Daher können sich die Mexikaner eher mit ihr identifizieren. In jeder Kirche in Mexiko hängt ihr Bild, auch in den Hausaltären darf sie nicht fehlen. Die Statue der Guadalupe, die normalerweise in Johnys Hausaltar ihren Platz hatte, durfte in einer Pappschachtel auf seinem Gepäckträger mitfahren. Neben ihr kniete Juan Diego, der Hirte, dem sie als erstem erschienen war. Auf Johnys T-Shirt und seiner Trainingsjacke prangten große Bilder der Guadalupe und auf seinem Stirnband selbstverständlich auch. An seinem Gepäckträger war ein Stab befestigt, und daran wehte überdies eine Fahne mit ihrem Bild. Wir machten zusammen eine

Pause, und Johny lud uns zu sich nach Hause ein. Wir holten unseren Mexiko-Atlas aus dem Gepäck, damit er uns zeigen konnte, wo sein Dorf lag. Wir brauchten einige Zeit, um zu begreifen, dass er nie so etwas Abstraktes wie Kartenlesen gelernt hatte. Er erkannte viele Städte und Dörfer in der Nähe von Halacho und bemerkte, dass er dort schon einmal gewesen war. Wie er auf der Karte seinen Heimatort finden konnte, war ihm nicht klar.

Wir versprachen Johny unseren Besuch. Er erklärte uns: „In Halacho müsst ihr einfach nach Johny, dem Feuerschlucker, fragen", dann würden wir ihn schon finden. Wir fuhren ein Stück gemeinsam, doch dann wollte Johny in den nächsten Ort fahren, um in der Kirche zu übernachten. Wir zogen das Zelten im Busch vor und verabredeten uns für den nächsten Tag um sechs Uhr abends in Córdoba auf dem Zócalo.

Da Johny über Sitzprobleme geklagt hatte, wollten wir ihm eine Radlerhose schenken und brachten sie zur Verabredung mit. Wir warteten lang, doch leider erschien er nicht auf dem Zócalo. „Hat er es wohl vergessen?" Jetzt waren wir gar nicht mehr so sicher, ob seine Einladung nach Halacho auch ernst gemeint war.

Johny auf Pilgerfahrt

Vor Yucatán wollten wir noch einmal in die Berge. San Cristóbal de las Casas im Bundesstaat Chiapas war unser nächstes Fernziel. Dafür mussten wir das Flachland verlassen und ganz ordentlich „klettern". In den Dörfern leben Indígena, und auch sie verehren alle die Jungfrau Guadalupe. Der Jahrestag, an dem sie Juan Diego zum ersten Mal erschienen sein soll, näherte sich. Am 12. Dezember wird im ganzen Land groß gefeiert, für alle Mexikaner ist dies ein besonderer Tag. Schon Tage davor sahen wir die Pilger in geschmückten Wagen, die von Treckern gezogen wurden. An den Stoßstangen prangten große Bilder der Jungfrau, die mit zahlreichen Blumengirlanden umrahmt waren. Viele Pilger in Chiapas hatten sich zu Fuß auf den Weg gemacht, ihr Ziel war San Cristóbal de las Casas, wo die Basílica de Guadalupe auf einem kleinen Berg mitten in der Stadt thront.

Auf dem Weg dorthin hatten wir unseren 100. Platten, verursacht durch einen Dorn. Da der Mantel bis auf die Leinwand abgefahren war, mussten wir den Ersatzmantel montieren. Darüber freuten sich die Kinder. Sie beobachteten uns in respektvollem Abstand. Als Kurt den verschlissenen Mantel in ihre Richtung rollte, rannten sie ihm entgegen und fingen sofort an, mit ihm zu spielen.

Beim letzten Aufstieg hinauf nach San Cristóbal kamen uns zwei Tourenradler entgegen, Christiane und Wolfgang aus Deutschland. Die beiden waren in Südamerika auf Feuerland gestartet und da gab es natürlich viel zu erzählen. Ganze vier Stunden saßen wir am Straßenrand, berichteten und tauschten Erfahrungen und Informationen aus.

Sie warnten uns: „Steigt bitte zwischen Ocosingo und Agua Azul in den Bus!" Sie erzählten, dass sie beim Aufstieg kurz hinter Agua Azul auf dem Weg nach San Cristóbal mit Pistolen bedroht wurden. Diese Strecke war dafür bekannt, dass dort häufig Radfahrer ausgeraubt wurden. Christiane und Wolfgang hatten Glück gehabt. Als sie noch mit den Banditen diskutierten, kamen Autos angefahren, und sie nutzten die Gelegenheit zum Entkommen. Die beiden fuhren den Berg wieder hinunter bis zu einer Baustelle, wo sie von den Arbeitern auf einem Pick-up über die kritische Stelle gebracht wurden.

Wir verluden bislang sehr ungern, hatten dabei immer das Gefühl, etwas zu verpassen. Doch diesmal beschlossen wir, für diesen gefährlichen Abschnitt vor Palenque einen Bus zu nehmen, auch wenn es für uns bergab ging.

Spät kamen wir in San Cristóbal an, suchten uns ein Zimmer und liefen auf der Suche nach etwas Essbarem durch die Straßen. In den zahlreichen Internetcafés saßen die Touristen vor den Computern, dagegen waren die Restaurants und Kneipen fast leer. Es war ziemlich kalt, und auch wir verschwanden bald wieder in unserem Hotelzimmer.

In den nächsten Tagen konnten wir nicht oft genug über den Markt und zur Basílica de Guadalupe gehen, denn dort war immer etwas los. Auf dem Markt saßen die Indígenafrauen und boten ihre Waren an. Sie hatten dicke schwarze Röcke um sich gewickelt und trugen weiße und je nach Stammeszugehörigkeit kunstvoll bestickte Blusen. Die Röcke waren mit einem dicken, buntgewobenen Band an der Taille befestigt. Die Kinder waren in Tragetüchern auf den Rücken gebunden, die Kleinen schienen das zu genießen. Sie quengelten nicht, sondern schauten interessiert, was um sie herum passierte, oder schliefen friedlich.

An den Essständen auf dem Markt drängten sich die Leute, immer mehr Pilger trafen ein, und alle waren hungrig. Auch wir ließen uns die traditionellen *tamales* schmecken, die aus *masa*, Maisteig, und einem Gemisch aus gehacktem Fleisch, Gewürzen und Kräutern bestehen. Die Paste wird auf ein Bananenblatt gestrichen, eingewickelt und in Dampf gegart.

Große Gruppen trafen ein, alle in weißen Ponchos mit dem Abbild der Heiligen darauf. Sie trugen ein Banner vor sich her, auf dem natürlich auch das Bild der Jungfrau dominierte. Diese Gruppen liefen oft im Laufschritt durch die Stadt zur Basilika. Dabei sangen sie: „Viva la Virgen morena, viva, viva!".

Vor der Kirchentreppe löschten sie ihre Pechfackeln, dann ging es auf den Knien die Treppen zur Kirche hoch, und in der Kirche rutschten sie weiter bis zum Altar, wo ein Priester die Pilger und ihr Guadalupe-Banner segnete. Durch die Seitentür verließen sie die Kirche, die nächste Gruppe wartete schon. Es gab ein unglaubliches

Gedränge, und es ging Tag und Nacht so weiter, der Pilgerstrom riss nicht ab.

Ein Tag war den Kindern gewidmet. Die Eltern hatten sie in traditionelle Indígena-Kleidung gesteckt und zur Kirche getragen, wenn sie noch nicht selbst laufen konnten. Auch sie wurden vom Priester gesegnet und dann von den stolzen Eltern im Freien vor der Kirche fotografiert. Besonders freuten sich die Eltern, wenn auch wir ihre Kleinen fotografieren wollten.

Die Eltern waren stolz, wenn wir ihre herausgeputzten Kinder fotografierten

Um die Basilika gab es Kirmes-Stände, auch ein Riesenrad und Auto-Scooter durften neben den unendlich vielen Schieß-, Ess- und Verkaufsständen nicht fehlen. Die Indígena, die aus den abgelegensten Dörfern gekommen waren, hatten ihre helle Freude daran. Viele standen um die Scooter-Anlage herum und schauten zu. Die kleineren Kinder in den Autos schienen eher froh zu sein, wenn die wilde Fahrt vorüber war. Die älteren dagegen konnten gar nicht oft genug ihre Runden drehen.

Hier hörten wir nicht nur Spanisch, einige schienen diese Sprache gar nicht zu beherrschen, sie unterhielten sich in ihrer eigenen Indígena-Sprache.

Bis zum Abend des 12. Dezember wuchs die Menschenmenge an, dann waren mehr „normale" mexikanische Jugendliche auf der Straße, die Indígena waren aus dem Straßenbild verschwunden, und es wurden Knallkörper gezündet. Nur noch im Schneckentempo kamen wir durch die Straßen und zogen uns bald ins Hotel zurück.

Am nächsten Morgen packten wir unsere Siebensachen und fuhren in Richtung Palenque im Tiefland. Wir radelten durch Indígena-dörfer, die Bewohner winkten freundlich. Wenn wir eine Pause machten, kamen sie zu einem Schwätzchen, alles machte einen sehr friedlichen Eindruck. Die Maisfelder waren bereits abgeerntet, es begegneten uns ständig Leute mit großen Holzbündeln auf dem Kopf, denn nun musste das Holz für den Winter herbeigeschafft werden. Wir hatten den Überfall auf Christiane und Wolfgang noch in unseren Köpfen und konnten kaum glauben, dass so etwas in dieser so friedlichen Gegend möglich war. Doch noch waren wir nicht an dieser Stelle. Kurz bevor wir an den kritischen Abschnitt kamen, erkundigten wir uns noch einmal bei der örtlichen Polizei. Doch die wollten von Überfällen nichts gehört haben. Wir überlegten, was zu tun war und suchten uns eine Unterkunft. Wenn wir morgens ganz früh weiterfahren würden, dann wäre es sicherlich nicht so gefährlich, dachten wir. Wir schlenderten durchs Dorf und schauten den Kindern zu, die vor der geschmückten Kirche ihre übriggebliebenen Knaller zündeten, während die Eltern die Kirche besuchten. Ein ganz normaler Tag in Mexiko.

Am nächsten Morgen waren wir fest entschlossen, doch zu fahren und auf einen Transport zu verzichten. In der morgendlichen Frische radelten wir aus Ocosingo hinaus, doch kaum hatten wir das Dorf verlassen, winkte uns ein Polizist heran, der auf der anderen Straßenseite einen Lastwagen kontrollierte.

Er warnte uns: „Bis Temo könnt ihr noch fahren, danach wird es aber gefährlich!"

Nun bekamen wir es mit der Angst zu tun.

„Ihr dürft auf keinen Fall anhalten", lautete der mahnende Ratschlag des Polizisten.

Obwohl es auf dieser Strecke hauptsächlich bergab ging, würde es leicht sein, einen Radfahrer zu stoppen. Die zwei Warnungen reichten uns, und wir bestiegen in Temo den Bus. Er war erst halb voll mit Maissäcken, Hühnern und Ziegen. Da hatten unsere Räder und die vielen Taschen auch noch Platz. Wir waren froh im Bus zu sein, die Gegend war einsam, und es gab immer wieder Gegensteigungen, das hätte brenzlig werden können.

Bald hatten wir unser Zwischenziel, die Wasserfälle von Agua Azul, erreicht und konnten danach wieder per Rad weiterfahren. Jetzt waren wir raus aus den Bergen, es wurde richtig tropisch auf der Halbinsel Yucatán. Bevor wir nach Halacho kamen, wo Johny, der radfahrende Pilger wohnte, waren wir schon durch einige Maya-Dörfer gefahren. Die Häuser sehen ganz anders aus als die in den Bergdörfern. Sie haben einen ovalen Grundriss, sind aus Holzpalisaden gefertigt, besitzen nur einen Raum und ein Palmblattdach. An den Längsseiten gibt es zwei große Türen, so dass der Wind kühlend hindurchziehen kann. In den Hütten hängen Hängematten, ansonsten sind sie ohne Mobiliar. Die runden Häuser dienen als Küche, der Wasserhahn ist draußen im Freien. Die kleineren, eckigen Häuser sind die Badezimmer und stehen etwas abseits der Wohnhütten. Holzzäune umschließen immer mehrere Hütten, die zu einer Familie gehören.

In den Gärten wachsen Gemüsepflanzen und unzählige Bananenbäume. Viele Frauen sind mit den traditionellen Maya-Gewändern bekleidet, weiße Kleider, die am Saum und am Kragen kunstvoll bestickt sind und kurz genug sein müssen, damit der Spitzenunterrock darunter hervorschaut. In der kalten Jahreszeit werden die Schultern mit bunten Tüchern bedeckt, *rebozos* genannt.

Immer noch zweifelten wir daran, ob wir bei Johny wirklich vorbeifahren sollten. Es war früher Nachmittag, als wir in Halacho eintrafen. So hatten wir genug Zeit, um noch weiterzufahren, falls wir unwillkommen sein würden. Wir fragten nach Johny, dem Feuerschlucker, und alle kannten ihn. Noch bevor wir bei seinem Haus eintrafen, kam er uns mit seinem Rad entgegen. Es hatte sich schneller als wir fahren konnten herumgesprochen, dass zwei Radfahrer mit beladenen Rädern nach ihm suchen.

Er und seine Familie freuten sich riesig über unseren Besuch. Als erstes erzählte er uns, dass er einen Unfall gehabt hatte, kurz nachdem wir uns von ihm in den Bergen bei Mexiko-Stadt verabschiedet hatten. Ein Auto war in der Abfahrt zu nahe an ihm vorbeigefahren, dabei konnte er das Gleichgewicht nicht mehr halten und stürzte. Das war der Grund, warum er zu unserer Verabredung nicht gekommen war. Johny war auf den Kopf gefallen und musste ins Krankenhaus, auch an den Beinen hatte er schlimme Verletzungen davongetragen. Doch die Figuren der Guadalupe und des Juan Diego waren unverletzt geblieben. Das war für ihn wichtiger als alles andere, jetzt standen beide Figuren wieder in dem großen gläsernen Hausaltar vor seinem Haus.,

Johny und seine Frau stellten uns stolz ihre Kinder vor, den neunjährigen Sohn namens Jesús und die achtjährige Tochter María. Bei ihnen wohnte noch die Großmutter, sie war traditionell gekleidet und sprach neben Spanisch auch Maya. María war stolz darauf, kein Maya mehr zu sprechen. Sie meinte: „Leute, die noch Maya sprechen, glauben nicht an die Guadalupe, also sind sie keine guten Christen."

Als wir ankamen, hatte Johnys Frau gerade 200 *empanadas* – kleine gebackene Pasteten – zubereitet, um diese auf dem Markt zu verkaufen. Sie buk jeden Tag etwas anderes und hatte ihren festen Kundenstamm. Mit dem Rad fuhr sie los und kam schon nach einer halben Stunde mit leerem Korb zurück. Auch wir bekamen ein paar Empanadas und wunderten uns nicht, dass alle so schnell verkauft worden waren.

Die kleine María war sehr interessiert an unserer Reise. Als wir eine kleine Weltkarte auspackten, um ihr zu zeigen, wo wir wohnten und wo wir jetzt waren, wollte sie diese gar nicht mehr aus der Hand geben. Erst recht nicht, als wir in unserem mexikanischen Straßenatlas die Karte von Yucatán aufschlugen. Sofort fand sie die ihr bekannte Stadt Mérida. Dann schaute sie nach, wo Mexiko-Stadt lag, um den Weg, den ihr Vater mit dem Rad gefahren war, zu verfolgen.

Der neunjährige Jesús wog bereits 63 Kilogramm, erzählte uns seine Mutter. Er interessierte sich weniger für unsere Karten und Bilder, doch mit Begeisterung zeigte er die Fotos von seinem Vater als Feuerschlucker. Wenn Johny auf Tournee ging, durfte Jesús ihm manchmal bei seinen Auftritten assistieren, und darauf war er sehr stolz.

Kurz bevor wir bei Johny angekommen waren, hatten wir auf dem Markt frisches Gemüse gekauft, wir wollten ihm nicht auf der Tasche liegen und fingen an zu kochen. Die Attraktion war perfekt, als auch Kurt Gemüse putzte und schnitt. Die Frauen meinten: „Johny, nimm dir mal ein Beispiel!" Wir hatten genug für alle gekocht, die ganze Familie konnte mitessen.

Dann stellten wir unser Zelt direkt vor dem Haus im Vorhof auf, was wieder etwas für María war, die alles genau untersuchen und wissen musste. Vor allem unsere selbstaufblasenden Schlafmatten begeisterten sie.

Bevor am nächsten Tag unsere Reise weitergehen konnte, wollten wir noch ein Foto mit der ganzen Familie vor dem Hausaltar machen. Johny öffnete die Glastür, damit sich nichts spiegelte. Kurt vermisste noch die Großmutter und fragte nach der *abuela*. Die hatte sich noch schnell ihr bestes Maya-Sonntagskleid angezogen, und als Kurt meinte, nun sei sie aber die Schönste der Gruppe, strahlte sie über das ganze Gesicht.

Karibik

In Mérida bekamen wir wieder Besuch. Mein Bruder Andi und seine Frau Alexandra besuchten uns bereits zum zweiten Mal – diesmal radelten sie mit uns nach Guatemala. Als begeisterte Taucher und Anhänger alter Kulturen war für sie Yucatán das Paradies. Mit ihren Tauchermasken und Schnorcheln kamen auch wir mal wieder in den Genuss, die Unterwasserwelt zu bestaunen.

Karibik

Reiseroute Mittelamerika

0 km   300 km

Flug von Panama City nach Caracas/Venezuela über Bogatá/Kolumbien

Nachdem wir insgesamt sieben Monate in Mexiko verbracht hatten, war Belize eine schöne Abwechslung. Es ging karibischer zu, hier lebten viele Rastas und Schwarze, der englische Einfluss war deutlich an den gepflegten Rasenflächen, die um die Häuser angelegt waren, zu sehen. Neben den Häusern standen riesige alte Amischlitten, von denen die meisten nicht mehr fuhren, und aus den Häusern dröhnte Reggae-Musik.

Aber am eindrucksvollsten waren in Belize die vielen kleinen Insekten, die alle stachen oder bissen. In der Nacht war das nie ein Problem, da schliefen wir immer in unserem Zelt, und das hatte ein dichtes Moskitonetz. Aber am Abend, wenn wir müde vom Radfahren unser Tagebuch schreiben wollten oder kochen mussten, machten uns diese Biester das Leben ganz schön schwer. Deshalb hängten wir unser Moskitonetz, das wir sonst in Hotelzimmern benutzten, in die Bäume, und darunter konnten wir entspannt unseren Tätigkeiten nachgehen.

In Guatemala wurden wir zweimal von der Polizei eskortiert. Das Land war auf die Devisen vom Tourismus angewiesen, und die Regierung setzte alles daran, dass die Touristen auch weiterhin kamen.

„Vor Jahren hat es einmal Überfälle auf Ausländer gegeben", erzählten uns die beiden Polizisten, die den ganzen Tag mit ihrem Motorrad neben uns herfuhren und uns nie aus den Augen ließen. Kaum hatten wir die touristischen Gegenden um die Mayaruinen von Tikal verlassen, durften wir auch wieder ohne Eskorte weiter Richtung Süden fahren.

Danach ging es in die Berge, und es war unmöglich, einen unbeobachteten Platz zum Zelten zu finden. Also fragten wir in einem Dorf. Da es regnete, bekamen wir einen Platz unter einem Dach zugewiesen und waren froh darüber. Es war der Schlachtplatz, wie wir später bemerkten, es roch sehr streng nach altem Blut, und in Eimern lagen Felle zum Gerben. Aber es war ein trockener Platz und weit und breit keine Alternative zu sehen. Wir saßen so richtig auf dem Tablett, die Dorfjugend scharte sich um uns und beobachtete jeden unserer Handgriffe. Als wir anfingen, Tagebuch zu schreiben, verloren sie ihr Interesse. Wahrscheinlich auch, weil in dem Haus nebenan ein Generator angeworfen wurde und die Dorfbewohner dort, gegen ein kleines Eintrittsgeld, einen Videofilm anschauen konnten.

Als wenig später ein gepanzerter Geldtransporter vor einem der Dorfläden anhielt und ein Mann mit einer Maschinenpistole im Anschlag heraussprang, um für die Sicherheit zu sorgen, wunderten wir uns sehr. Für so gefährlich hätten wir dieses Land nicht gehalten.

Bald waren wir in Honduras, und kurz bevor wir in die Hauptstadt Tegucigalpa kamen, fuhren wir an vielen winzig kleinen Häusern vorbei. Alle waren nach dem gleichen Muster gebaut, standen in Reih und Glied und sahen inmitten des Bauschutts trostlos aus. Am Straßenrand lag jede Menge Abfall, und mitten darin saß eine alte Frau auf einem Stuhl, der nur noch drei Beine hatte.

Die Maya-Ausgrabungsstätte von Copán und die Baguettes der Bäckereien in Tegucigalpa gehörten für uns zu den Höhepunkten dieses Landes.

In Nicaragua beeindruckten uns die schönen Kolonialstädte León und Granada. Mit dem Boot fuhren wir über den Lago Nicaragua nach Costa Rica. Auf der Insel Ometepe legten wir einen Zwischenstopp ein, um den noch aktiven Vulkan Concepción zu besteigen. Oben standen wir im Nebel, und der Wind war so stark, dass wir nur einen kurzen Blick über den Kraterrand werfen konnten und gleich wieder abstiegen. Der Aufstieg durch die verschiedenen Klima- und Vegetationszonen und dieser eine Blick über den Kraterrand hatten sich dennoch gelohnt. Am Muskelkater hatten wir noch fünf Tage später unsere Freude.

Durch Costa Rica fuhren wir zügig hindurch und zelteten oft bei Leuten im Garten. Die *ticas,* wie sich die Einwohner selbst nannten, erzählten uns stolz, dass ihr Land bei der Fußball-WM (2002) mitspielen durfte.

In der Hauptstadt San José trafen wir Sandra wieder. Sie war von der Schweizer Botschaft in Peking, wo Kurt über sie einen neuen Pass ausgestellt bekam, hierher versetzt worden. Nun holten wir bei ihr unsere neuen Kreditkarten ab. Wenn die Karten abgelaufen waren, konnten wir uns die neuen zu der jeweiligen Botschaft schicken lassen. Dort wurden sie aufbewahrt, bis wir sie abholten. Wir durften uns ein paar Tage in Sandras Haus ausruhen. Es gab viel zu erzählen, und in der Hoffnung, sie in einer anderen Botschaft irgendwann wiederzusehen, verabschiedeten wir uns von ihr.

Dann kam Panama, das letzte Land in Mittelamerika. In diesem schmalen Land gab es nicht viele Straßen, und schon nach kurzer Fahrt überquerten wir den Panamakanal und waren in Panama City. Auf der Fahrt ins Zentrum kamen wir nicht gerade durch die besten Gegenden. Die Geschäfte waren alle vergittert, die Kunden wurden durch ein kleines Loch im Gitter bedient. Statt dem üblichen „hola" riefen uns die Leute „fuck you" zu. Wir fühlten uns nicht wirklich sicher und wohl. Der erste Polizist, der uns begegnete, hielt uns an und fragte: „Wohin wollt ihr?" Er erklärte uns, wie wir fahren mussten, um möglichst schnell in die Innenstadt zu gelangen. Dann funkte er seinem Kollegen, der zwei Straßenecken weiter stand, damit er uns in Empfang nehmen konnte. So wurden wir bis zum Hotel von einem Polizeiposten zum nächsten weitergeleitet, und der letzte Polizist begleitete uns sogar bis zur Anmeldung im Hotel. Auch die Rezeptionistin saß in einem Käfig und schob uns die Anmeldeformulare durch das Gitter durch. Wir bezogen unser Zimmer, gaben unser Bargeld aber lieber zur sicheren Verwahrung bei der Rezeption ab, das schien uns hier angebracht. Uns gefiel die Altstadt mit ihren schiefen, verwinkelten und zum Teil heruntergekommenen Holzhäusern. Doch jedesmal, wenn wir von den Hauptstraßen in Seitengassen abbiegen wollten, stellten sich uns Passanten oder Anwohner in den Weg: „Geht hier nicht weiter, das ist viel zu gefährlich."

Da wir kein unnötiges Risiko eingehen wollten, folgten wir diesen Ratschlägen, fühlten uns dabei jedoch sehr eingeschränkt in unserer Freiheit.

Von Panama aus mussten wir fliegen oder ein Schiff besteigen, denn etwas weiter südlich endete die Straße nach Kolumbien im Urwald. Zwar gab es die Möglichkeit, durch den Dschungel zu gehen, was aber gefährlich und teuer sein konnte. Man brauchte dafür einen einheimischen Führer, und diesem war man dann tagelang auf Gedeih und Verderb ausgeliefert. Eine andere Möglichkeit wäre gewesen, mit einer privaten Yacht nach Südamerika zu gelangen. Die Aussichten auf eine baldige Mitfahrgelegenheit waren in dieser Jahreszeit jedoch gering, darum kam für uns nur das

Panama City

VENEZUELA
PANAMA
Barranquilla
CARÁCAS
PANAMÁ
Cd Bolivar
Orinoco
El Dorado
La Gran
Sabana
GUYANA
SURI-
NAM
Fr.
Sur.
BOGOTÁ
Boa
Vista
KOLUMBIEN
Äquator
QUITO
Rio Negro
Amazonas
Manaus
Belém
Natal
ECUADOR
Iquitos
Amazonas
Recife
Rio Madeira
PERU
Rio Branco
Humaitá
Auf dem Schiff v. Manaus nach Humaitá
B R A S I L I E N
Machu
Picchu
Cusco
Pto Maldonado
LIMA
Salvador
Nasca
BOLIVIEN
Cuiabá
BRASÍLIA
Titicacasee
LA PAZ
Oruro
SUCRE
Porto Jofre
Pantanal
Corumbá
Goiânia
Arequipa
Pan-
tanal
Belo Horizonte
Vitória
Salar de
Uyuni
Uyuni
PARAGUAY
Chuquicamata
San Pedro de Atacama
Angra dos Reis
Calama
ASUN-
CIÓN
São Paulo
Santos
Rio de Janeiro
Pazifik
Salta
Iguazú-
Wasserfälle
Flug von São Paulo nach
Auckland/Neuseeland
am 25.11. 2003
CHILE
Cd del Este
Ruta 40
Paso de
los Libres
Chilécito
Porto Alegre
SANTIAGO
Mendoza
Bermejo- Pass
A R G E N T I N I E N
URUGUAY
Valparaíso
BUENOS
AIRES
MONTEVIDEO
Concepción
Sierra de
la Ventana
Temuco
Bahía
Blanca
Atlantik
Osorno
Bariloche
Puerto Montt
El Bolsón
Insel
Chiloé
Esquel
Halbinsel
Valdés
Carretera Austral
El Chaltén
Coihaique
Lgo Buenos Aires
Comodoro Rivadavia
Perito
Moreno
Puerto Deseado
Ruta 40
Lgo Gral Carrera
Perito-
Moreno-Gletscher
Tres Lagos
Lago
Argent.
El Calafate
Falkland Islands
(UK)
PN Torres del Paine
Pto Natales
Rio Gallegos
Punta Arenas
Magallan-Straße
Feuerland
Ushuaia
Kap Hoorn

Reiseroute Südamerika

0 km   300   600   900 km

Flugzeug in Frage. Aber wo wollten wir hin? Das musste auch noch geklärt werden. Ursprünglich hatten wir vor, nach Kolumbien zu fliegen. Doch dort hatte es gerade einen Regierungswechsel gegeben, und durch den harten Kurs des neuen Präsidenten gab es wieder mehr Probleme im Land.

Wir entschlossen uns also, nach Caracas in Venezuela zu fliegen. Caracas liegt an der Karibikküste, es schien uns ein guter Ausgangspunkt für Südamerika zu sein.

Mein Präsident

Der Ärger begann bereits auf dem Weg zum Flughafen. Wir bogen, wie üblich und trotz Verbotsschilder, direkt auf die gebührenpflichtige Autobahn ab, weil das kürzer und sicherer war. Beim ersten Kassenhäuschen wollten die Polizisten uns nicht mehr weiterlassen, und da wir zuvor eine Lichtschranke durchfahren hatten, verlangten sie sogar die Gebühr. Doch wie schon so oft half plaudern, bald wurden die Polizisten freundlicher. Vor allem als sie hörten dass ich Schweizer bin, denn einer der Polizisten hatte eine Nichte in meiner Heimat, sie wohnte nur 30 Kilometer von meinem ehemaligen Wohnort entfernt.

Weiterfahren war allerdings trotzdem nicht möglich. Sie stoppten das nächste Polizeiauto, einen Pick-up, und damit wurden wir samt Fahrrädern zum Flughafen gebracht. Dadurch kamen wir viel zu früh an, so dachten wir zumindest. Doch schon nach kurzer Zeit standen wir vor dem nächsten Problem.

„Die Fahrräder müssen in einem Karton verpackt sein", sagte man uns an der Gepäckabgabe. Das bedeutete, Kartons und Klebeband zu organisieren, um damit eine Art Schutzhülle zu basteln.

Beim Einchecken dann die nächste Problemlage. Obwohl glücklicherweise vergessen wurde, die beiden Räder zu wiegen, hatten wir immer noch 15 Kilogramm Übergewicht. Also nahmen wir noch ein paar Sachen, unter anderem das Werkzeug, mit ins Handgepäck. Immer noch 9 Kilogramm zuviel. Wieder half gutes

Zureden, und wir mussten nichts bezahlen. Überraschenderweise gelangten wir trotz unseres Werkzeugs im Handgepäck durch die Gepäckkontrolle. Wir mussten zwar auspacken und den Zöllnern das Werkzeug zeigen, doch es klappte, sogar unsere Ölspraydose wurde nicht beanstandet.

Als wir am Gate auf unser Flugzeug warteten, wurden im Fernseher Bilder von Straßenschlachten übertragen. Die Untertitel besagten, dass es Livebilder aus Caracas waren.

„Oh je", entfuhr es uns, „nun haben wir extra Kolumbien aus Sicherheitsgründen ausgelassen, und jetzt so etwas." Damit war ganz bestimmt nicht zu rechnen gewesen. Doch unser Gepäck und die Räder waren bereits im Flugzeug, es gab kein zurück mehr. Unser Flug sollte über Bogota gehen, dort waren zwei Stunden Aufenthalt geplant.

Es kam jedoch anders. Wir wurden vom Bodenpersonal der Avianca abgefangen und man erklärte uns: „Heute geht kein Flug mehr nach Caracas, vielleicht morgen wieder." Auf Kosten der Fluggesellschaft wurden wir mit dem Bus ins Sheraton-Hotel gefahren, dort bekamen wir ein Zimmer und ein feines Abendessen. In Shorts, Sandalen und verschwitzten T-Shirts kamen wir uns schon etwas deplatziert vor. Das Handgepäck mit dem Werkzeug nutzte uns hier nicht viel. Nach einem feinen Fischgericht inklusive Dessert und Kaffee durften wir Mails absetzen. Wir wollten zumindest unsere Freunde und Verwandten beruhigen, die wussten, dass wir jetzt auf dem Weg nach Venezuela waren.

Im Zimmer schalteten wir den Fernseher ein und erfuhren, was in Venezuela passiert war. Der linksgerichtete Präsident und Fidel-Castro-Freund Hugo Chavés wollte die internationalen Ölfirmen halb verstaatlichen, weshalb es zu Streiks und Protesten kam, worauf Chavés kurzerhand vom Militär gestürzt wurde.

Am nächsten Tag wurden wir um sechs Uhr geweckt.

„Das Militär hat die Lage in Venezuela unter Kontrolle. Sie können fliegen."

Kaum in Venezuela gelandet, versicherten uns die Leute, dass nun alles viel besser sei. Wir radelten direkt vom Flughafen am Meer entlang Richtung Osten. Nach Caracas hinaufzufahren, hatten wir nie vorgehabt, und jetzt dachten wir erst recht nicht daran. Auf den Straßen war die Stimmung gut, die Chavés-Gegner feierten mit viel Bier und Schnaps. Wir kamen nur etwa 20 Kilometer weit, dann suchten wir uns in dem Badeort Macuto ein Hotel und stießen dabei auf Antonio. Er lud uns zu sich nach Hause ein. Traurig zeigte er uns das Porträt „seines" Präsidenten Hugo Chavés, das er von der Wand genommen hatte und nun mit dem Gesicht zur Wand hin am Boden stand. Er schimpfte dauernd über die „Banditen", die nun im Fernsehen interviewt wurden und gegen Chavés wetterten.

Mit Antonio bummelten wir durch Macuto, um Fisch für das Abendessen zu kaufen. Vor zwei Jahren war hier bei einem schweren Unwetter der halbe Hang durch das Dorf gerutscht, und es sah aus, als wäre dies erst vor einer Woche geschehen. Obwohl Chavés damals schnelle Hilfe versprochen hatte, warteten die Bewohner noch immer darauf. Lediglich im Prominentenviertel waren die Aufräumarbeiten bereits beendet. Antonios Haus war vom Erdrutsch verschont geblieben, doch die Wasserleitung war zerstört worden. Es gab nur einen Wasserhahn mit fließendem Wasser, und der befand sich im Garten.

Wir blieben noch einen weiteren Tag bei ihm. Wieder kam es in Caracas zu Unruhen. Jetzt protestierten die Anhänger von Chavés, aber wir bekamen alles nur im Fernsehen mit, obwohl wir nur 30 Kilometer vom Ort des Geschehens entfernt waren.

Plötzlich schlug die Stimmung um. In Radio und Fernsehen kamen jetzt Chavés' Anhänger zu Wort, und man hörte nur noch Pro-Chavés-Kommentare. Antonio hängte „seinen" Präsidenten wieder an die Wand, erst drinnen im Haus und später sogar draußen an die Hausmauer. Er installierte Radio und Fernsehen vor seinem Haus, denn so konnte er zusammen mit den Nachbarn und Passanten das Geschehen verfolgen. Obwohl wir Spanisch sprachen, waren die politischen Kommentare und Interviews für uns schwer zu verstehen. Deshalb schalteten wir zwischendurch immer wieder unser Radio ein und konnten auf der Deutschen Welle hören, was in Venezuela geschah.

Um Mitternacht gingen wir schlafen, wurden aber kurz darauf von einem Feuerwerk geweckt: Chavés hatte wieder seinen

Antonio nach der Rückkehr
Chavés' auf den Präsidentenstuhl

Präsidentenstuhl bestiegen!

Am nächsten Morgen fanden wir Antonio immer noch vor dem Haus, er hatte in der Nacht nicht geschlafen. Nun hingen bereits zwei Bilder von Chavés an der Hausmauer. Antonio trug eine rote Baskenmütze, trillerte auf seiner Pfeife in der Gegend herum und diskutierte mit jedem der vorbeikam über das, was geschehen war. Auf der Straße das gleiche Bild wie vor zwei Tagen, nur feierten jetzt die Chavés-Anhänger.

Wir fuhren weiter auf einer wunderschönen Strecke an der wilden Karibikküste entlang und merkten nichts mehr von den politischen Unruhen und Turbulenzen im Land. Schon bald hatten wir genug vom Strand und den beißenden Sandfliegen, die es dort zuhauf gab. Wir kurbelten durchs Landesinnere der Gran Sabana entgegen. Die weltberühmten Tafelberge versteckten sich die ganze Zeit im Dunst. Trotzdem gefiel uns diese Gegend mit ihren Wasserfällen und den mit Palmen bewachsenen Tälern und Savannen sehr gut. Danach führte die Straße hinunter ins Amazonasbecken und nach Brasilien hinein.

Manaus

Wir fuhren auf der einzigen asphaltierten Straße, die von Venezuela nach Manaus führt. Kurz vor dieser Amazonasstadt überquerten wir den Äquator. Nach fast 74.000 Kilometern und vier Jahren waren wir auf der südlichen Hemisphäre angekommen.

Das ausgedehnte Manaus tauchte plötzlich aus dem Nichts vor uns auf. Wir waren schon lang nicht mehr in einer Großstadt gewesen, wollten hier unseren vierten Jahrestag des Aufbruchs feiern und freuten uns auf ein paar Ruhetage. Ein Hotelzimmer war schnell gefunden, und wir stürzten uns in das Stadtgewühl. Das bedeutet für Radfahrer zuerst, in die nächsten Supermärkte zu stürmen und das Angebot zu bestaunen.

Drei Tage zuvor wollten wir durch ein Indígena-Reservat fahren, doch das war mit Fahrrädern verboten. Wir wussten, dass es vielleicht Probleme geben könnte, wollten es aber trotzdem probieren. Da die Strecke durch das Waimiri-Reservat ziemlich lang war, fuhren wir bis an die Grenze und übernachteten dort mit vielen Auto- und Lkw-Fahrern, denn nachts ist das Reservat für alle Fahrzeuge gesperrt. Früh am Morgen packten wir zusammen und starteten. Zunächst ging alles gut, doch nach etwa 15 Kilometern wurden wir von Rangern gestoppt. Wir mussten samt Rädern auf einen Pick-up steigen und wurden zum Eingang zurückgefahren.

Wir wussten von anderen Radfahrern, dass sie durch das Reservat gefahren waren. Einer war von den Indígena mit Pfeil und Bogen bedroht worden, darum war es eigentlich nur motorisierten Fahrzeugen gestattet, hier durchzufahren.

Nun standen wir also wieder da, wo wir eine Stunde zuvor gestartet waren. Die Ranger versprachen uns: „Später bringen wir euch auf die andere Seite!" Doch so ganz konnten und wollten wir uns nicht darauf verlassen, sie hatten nicht gesagt, wann dieses „später" sein würde.

Als ein deutscher VW-Bus an die Kontrollstelle kam, fragten wir das Pärchen, ob sie uns mitnehmen könnten. Natürlich war das kein Problem, ein paar Augenblicke später hatten wir unsere Räder und Taschen in dem umgebauten VW-Bus verstaut und fuhren mit Angelika und Peter durch das Reservat. Mit dem Auto waren die 120 Kilometer schnell geschafft, obwohl es erheblich hinauf und hinab ging. Am Straßenrand wuchs Sekundärwald, der ursprüngliche Wald war längst abgeholzt. Die Bewohner dieses Reservats bekamen wir nicht zu Gesicht, zu schnell waren wir durchgebraust.

Hinter dem Reservat wollten wir mit den Rädern weiterfahren. Peter und Angelika konnten das nicht verstehen: „Warum wollt ihr nicht noch die 200 Kilometer bis Manaus mit uns fahren?"

Wir waren nicht zu überreden und vereinbarten, uns gegenseitig zu mailen, wo wir in Manaus absteigen würden.

Tatsächlich klappte es, wir fanden heraus, dass sie mit ihrem VW-Bus auf dem Supermarkt-Parkplatz standen, der unserem Hotel am nächsten war. Also liefen wir gleich hin und feierten das Wiedersehen mit einem kalten Bier.

In dieser großen Stadt, die mitten im Amazonasgebiet liegt und die nur per Schiff und Flugzeug versorgt werden kann, mussten wir überlegen, wie wir weiterfahren sollten. Es gab zwei Möglichkeiten: Die eine war, mit dem Flussboot den Rio Madeira hinauf nach Süden bis Humaitá zu fahren. Ab dort existiert wieder eine Straße zur Weiterfahrt. Die andere Möglichkeit war, die gesperrte und praktisch nicht mehr befahrbare Straße am Fluss entlang zu nehmen. Allerdings mit dem Risiko, jetzt in der Regenzeit im Schlamm steckenzubleiben und wohl auch nicht die Flüsse queren zu können. Die meisten Flussbrücken existierten nicht mehr, außerdem traten die Flüsse in der Regenzeit über die Ufer. Ob es da überhaupt ein Durchkommen geben würde, war mehr als fraglich. Und würden wir die ehemalige Straße überhaupt finden?

In den zahlreichen Büros von Manaus, die Touren in den Dschungel und Bootstrips verkaufen, versuchten wir, uns zu erkundigen. Je nachdem, wie und wen wir gerade fragten, bekamen wir die unterschiedlichsten Antworten.

Kurt und ich waren uns nicht einig. Ich wäre trotz allem gern mit dem Rad gefahren, auch wenn es wahrscheinlich besser war, das Boot zu besteigen. Kurt dagegen wollte lieber gleich eines nehmen, er war wie immer für die vernünftigere und sicherere Variante. Dieses Problem hatten wir öfter. Ich war eigentlich für die Planung zuständig, oder besser gesagt, ich plante einfach drauflos, ohne dabei zu berücksichtigten, wie schwierig eine Strecke werden könnte. Kurt musste mich dabei fast immer bremsen und mich überzeugen, wie schwierig meine Pläne auszuführen waren.

Auch Kurt war nicht abgeneigt, durch die Berge oder auf Naturstraßen zu fahren, diese waren meistens viel schöner, wenn auch anstrengender. Aber er bekam einfach die Krise, wenn wir unsere Räder tagelang nur durch die Gegend schoben und nicht mehr als 30 bis 40 Kilometer am Tag schafften.

„Solche Kurzstrecken könnten wir auch zu Fuß zurücklegen. Schließlich sind wir mit dem Rad unterwegs, und ich fahre lieber mit dem Fahrrad, statt es zu schieben", sagte er immer.

Es gab also öfter große Diskussionen, wenn ich mal wieder enthusiastisch wilde Routen geplant hatte, ohne auf Streckenbeschaffenheit, Einkaufsmöglichkeiten oder ähnliches zu schauen. Letztendlich haben wir uns aber immer geeinigt, oft war ich am Anfang etwas enttäuscht, wenn zuviel von meiner Route gestrichen worden war, aber das legte sich schnell wieder. Für uns war es sehr wichtig, zusammen weiterzufahren, und da waren wir beide zu Kompromissen bereit.

Ein Dschungelführer, der bei uns im Hotel wohnte, besuchte mit uns alle Reisebüros, die Touren in den Regenwald anboten, und führte uns schließlich auch noch zum Hafen und zu den Schiffen. Denn wir wollten uns mal die Boote ansehen, die von Manaus nach Humaitá fuhren. Als Kurt die zweistöckigen Holzboote sah, die gut zu einem alten Amazonas-Film gepasst hätten, war er in seiner Absicht noch mehr überzeugt.

„Auf so einem schönen Boot will ich fahren!"

Es gab Hängemattenplätze und Kabinen. Die Plätze für Hängematten im Zwischendeck sahen gut aus, und die Vorstellung, während der Reise in einer luftigen Hängematte zu baumeln, war sehr verlockend. Aber mit unserem ganzen Krempel wollten wir doch lieber in eine abschließbare Kabine gehen. Diese waren für zwei Leute, also genau das Richtige für uns. Die Kabinen befanden sich auf dem oberen Deck, direkt hinter der Bar, und sie waren gerade groß genug,

Amazonaskreuzer in Manaus

dass wir unser ganzes Gepäck darin verstauen konnten. Die Räder sollten im Lagerraum mitfahren, auch das war kein Problem.

„Einen Ventilator können wir euch auch noch in die Kabine stellen", hieß es.

Kurts Augen leuchteten immer mehr. Ich dagegen sah meine Tour mit dem Rad durch den Dschungel mehr und mehr entschwinden.

Bei unseren weiteren Erkundigungen stellte Kurt die Fragen so, dass uns die Leute auf jeden Fall davor warnen mussten, die Strecke per Rad zu fahren. Ich wurde sauer. Eigentlich wusste niemand Bescheid, das war das einzige, was uns beiden klar war. Auch dass zwei Radfahrer, die wir in Mexiko getroffen hatten, die Strecke gefahren waren. Allerdings in der Trockenzeit, sie hatten da einige Probleme, weil einige Brücken fehlten und sie nur durch Glück und Zufall Boote zum Übersetzen fanden.

Es war uns auch klar, dass wir uns nicht trennen konnten, was wir ja auch gar nicht wollten. Alleine die Strecke zu fahren, wäre zu gefährlich für mich gewesen, das wollten wir auf keinen Fall riskieren. Also musste eine Einigung her.

Um diese Probleme zu diskutieren, setzten wir uns in eines der zahlreichen Straßencafés und tranken ein kühles Antarctica-Bier.

Schließlich trug Kurt die besseren Argumente vor, wie ich wehmütig zugeben musste. Nicht nur die Straßenverhältnisse waren unberechenbar, auch die Versorgungslage war mehr als fraglich. Vor allem, wenn wir mal einen oder zwei Tage festsitzen sollten. Nicht sehr fröhlich gingen wir zum Hafen und kauften uns die Schiffskarten für eine Kabine.

In drei Tagen sollte es losgehen. Genug Zeit, um uns Manaus anzusehen. Es war kurz vor der Fußball-Weltmeisterschaft 2002, Läden boten ihr ganzes Sortiment in den brasilianischen Nationalfarben Grün und Gelb an: Miniröcke, Bikinis, Boxershorts, Fußbälle, Bänder, Plastikplanen, T-Shirts, Kämme, Tücher – einfach alles.

Mitten in der Stadt im Hafen lagen riesige Ozeandampfer, beladen mit Containern. Sie waren den Amazonas heraufgefahren. Viel interessanter waren die kleineren Boote, sie wurden be- und entladen, alles von Hand natürlich. Unzählige Träger rannten ohne

Unterbrechung zu und von den Booten, trugen Kisten und Säcke fort und schleppten diese zu anderen Booten, zu Containern oder auf den Markt. Riesige Bananenstauden und andere tropische Früchte wurden gebracht und umgeladen, Kisten voll mit Fischen wurden auf dem Markt weiterverkauft, alles ging lautstark zu. Dazwischen saßen Jugendliche mit Angelschnüren am Kai und versuchten ihr Glück. Frauen verkauften Sandwichs, Jungen boten aus Kühltaschen verschiedene Limonaden an. An den zahlreichen Straßencafés saßen die Brasilianer bei einem Bier zusammen oder spielten mit Begeisterung Billard. Dieses Spiel scheint in Brasilien und speziell im Amazonasgebiet zu den Straßencafés zu gehören wie das Bier.

Wenn sich Brasilianer zum Ausgehen zurechtmachen, dann sparen sie nicht an Parfüm. Es muss möglichst stark und süßduftend sein und wird großzügig aufgetragen. Die topmodische Kleidung ist bunt und grell, praktisch oder bequem spielte keine Rolle, Hauptsache man zeigt viel Haut. Dicke Frauen im BH und in knappen Shorts und mit Lockenwicklern in den Haaren laufen tags durch den Supermarkt, auch das scheint niemanden zu stören. Jeder scheint hier tragen zu können, was er will und wird akzeptiert. Solch eine Toleranz und Lebensart imponierte uns sehr.

Abends trafen wir uns in den zahlreichen Straßencafés mit Peter und Angelika, tranken Bier und lernten immer wieder neue Brasilianer kennen, die sich einfach zu uns setzten, um mit uns zu plaudern.

Endlich sollte die Schiffsreise beginnen. Wir packten unsere Siebensachen und fuhren zum Hafen. Das Boot sah nicht so aus, als würde es demnächst ablegen. Noch waren die Mechaniker am Werk, und der Motor lag in tausend Einzelteilen auf dem Zwischendeck.

„Natürlich werden wir heute Abend ablegen", versprach uns der Kapitän, es war ja auch erst Vormittag. Wir bezogen unsere Kabine, richteten uns für die nächsten drei Tage häuslich ein und sahen den Mechanikern zu. Langsam kamen mehr Passagiere, aber wir wunderten uns trotzdem, dass auf den anderen Schiffen schon viel mehr los war und die Vorbereitungen zur Abfahrt schon weiter vorangeschritten waren. Viel Reisegut wurde geladen, das meiste aber eben nur auf die anderen Schiffe. Wir wurden skeptisch, ob wir wirklich heute noch abfahren würden. Auch die anderen Passagiere schienen nicht an eine baldige Abfahrt zu glauben. Wir beobachteten, dass einige das Boot wieder verließen und auf das Nachbarboot wechselten. Es gab viel Gerede. Dann hieß es, dass das Nachbarboot nicht mehr fahre, dass wir eher als dieses ablegen würden. Alles wurde lautstark diskutiert. Unser Bootseigner vertröstete uns immer wieder und meinte, wir würden auf jeden Fall noch heute fahren.

Wir blieben im Hafen, das andere Boot fuhr ab.

Aber wir hatten ja Zeit. Ob wir einen Tag früher oder später Manaus verließen, war uns egal, wir wurden ja versorgt. Es gab morgens den typischen süßen Kaffee mit frischem Brot, mittags Hähnchen, Nudeln, Reis und Bohnen und abends Hähnchen mit Reis und Nudeln. Noch wussten wir es nicht, aber der Speiseplan änderte sich während unserer Reise nie. Am nächsten Tag wurden mehr und mehr Waren auf das Schiff gebracht. Unser Kahn schien startbereit.

Mittlerweile waren alle Motorenteile wieder im Schiffsbauch verschwunden, allerdings die Mechaniker auch. Man versuchte den Motor zu starten. Langsam hörten sich die Motorgeräusche immer besser an, unsere Zuversicht wuchs.

Schließlich verließ unser Boot dann tatsächlich die Anlegestelle, aber nur, um in einem kleineren Hafen der Stadt noch einmal anzulegen. Der Laderaum war erst halb voll. Weitere Waren und Passagiere sollten noch an Bord kommen.

Doch am Abend fuhren wir dann tatsächlich los. Wir hatten nur einen Tag Verspätung.

Jeden Abend um sieben Uhr wurde der Fernseher in die Bar gestellt. Die Fußball-Weltmeisterschaft hatte noch nicht begonnen, aber die abendliche *telenovela* (Seifenoper) war für viele genauso wichtig. Der Koch stieg auf das Dach des Schiffes und drehte die Satellitenschüssel so lange hin und her, bis ein akzeptables Bild erschien. Dann setzten sich die Brasilianer vor die Bar und sahen ihren Lieblingen zu.

Schnell hatten wir die Lichter der Stadt hinter uns gelassen. Rechts und links des Flusses war Wald, die Dörfer am Ufer des

Flusses waren in der Nacht nicht zu sehen. Es gab kein elektrisches Licht, wir fuhren durch völlige Dunkelheit.

Durch den Fahrtwind hatten wir keine Probleme mit Mücken und anderen beißenden Viechern. Wir saßen vor unserer Kabine und genossen einen Caipirinha. Die Bar hinter unserer Kabine wurde früh geschlossen, und wir hatten unsere Ruhe. Nur der Motor war noch zu hören, und so tuckerten wir schlafend durch die Nacht.

Am nächsten Morgen strahlte die Sonne vom Himmel, es ging an kleinen Dörfern vorbei. Aus den Schulen lärmten die Kinder. Die Dorfbewohner saßen in kleinen Booten auf dem Fluss und fischten oder behackten an Land ihre Gärten.

Einigen Passagieren wurde es langweilig. Sie holten ein Gewehr aus ihrem Gepäck und schossen die bunten Vögel auf den Bäumen am Ufer ab. Diese fielen in den Fluss, und die Europäer an Bord regten sich darüber auf.

Der Motor fing immer wieder an zu stottern. Zum Glück war der Mechaniker mitgekommen, und wir hofften, dass dieses Problem schnell behoben werden konnte. Trotzdem gab es wieder eine Zwangspause. Wir legten am Ufer an, und der Mechaniker stieg in den Bauch des Bootes hinab. Einige Passagiere holten ihre Angeln raus und versuchten ihr Glück, andere liefen über eine dünne Planke ans Ufer. Sie hatten einen Kakaobaum entdeckt und brachten die Früchte mit an Bord. Auch wir durften das schleimige Fruchtfleisch probieren. Es war von einer harten Schale umgeben und schmeckte wunderbar.

Keiner schien sich darüber aufzuregen, dass der Mechaniker mit dem Kapitän wieder anfing, den Motor in seine Einzelteile zu zerlegen. Schon nach wenigen Stunden lief der Motor wieder, und die Fahrt konnte weitergehen. Doch unsere Freude hielt nicht lang an. Das Stottern wurde wieder häufiger, schließlich ging gar nichts mehr.

Der Kapitän verließ mit dem Beiboot das Schiff, und wir trieben ruhig im Wasser. Noch vor Einbruch der Dunkelheit kam er mit einem Schleppboot wieder. Dieses wurde mit unserem vertäut und es ging weiter, aber nur noch mit halber Kraft. So fuhren wir die ganze Nacht hindurch, und am nächsten Morgen erreichten wir Manicoré, den nächstgrößeren Ort. Hier sollte das Boot bleiben, bis der Motor repariert war. Uns gab man die Möglichkeit, mit einem kleinen Boot weiterzufahren oder aber auf die nächsten großen Boote zu warten, die Manaus drei Tage später als wir verlassen hatten. Kurt und ich warteten auf ein Boot und hofften, dort wieder eine Kabine zu bekommen. Noch eine weitere Nacht verbrachten wir auf dem maroden Boot, dann durften wir umsteigen, und die Fahrt ging zügig zu Ende. In Humaitá hatten wir nach sechs statt drei Tagen wieder Land unter den Füßen und konnten mit dem Rad die Reise nach Peru und hinauf in die Anden fortsetzen.

Durch verschiedene Klimazonen

Radelnd ging es weiter durch Flusstäler Richtung Westen. Wir erfreuten uns an freundlichen Brasilianern und den vielen Biergärten in den Städten. Inzwischen hatte die Fußball-WM in Korea/Japan begonnen. Nach jedem gewonnenen Spiel der Brasilianer ging das Gehupe auf den Straßen los, und die Stimmung war ausgelassen. Leider bekamen wir nur die Vorrunde in Brasilien mit.

Im Regenwald waren wir wegen der dichten Vegetation und des sumpfigen Untergrundes darauf angewiesen, bei Farmen, Kirchen und Schulen zu zelten, was aber nie ein Problem war. Wie selbstverständlich wurde uns als erstes die Dusche angeboten, was nach einem Tropentag auf dem Rad eine Wohltat war.

Als wir bei einer Kirche zelteten, stellte die Pfarrersfrau für uns eine wackelige Hühnerleiter an den Orangenbaum neben unserem Zelt auf. Dieser hatte viele spitze Stacheln und hing voll mit reifen Früchten. Wir hofften, dass die Leiter hielt, und pflückten die saftigsten und besten Orangen, die wir je gegessen hatten.

Peru begrüßte uns auf seine eigene Art. Nachdem wir auf einem nicht gerade vertrauenswürdigen Ruderboot den Grenzfluss, der Brasilien von Peru trennt, überquert hatten, standen wir vor dem verschlossenen Zollhaus. Erst nach langem und heftigem Sturmläuten stand ein gähnender Zöllner in der Tür, gab uns den Einreisestempel und hieß uns willkommen: „Bienvenidos a Peru!".

Im Tiefland Perus

Es ging noch ein Stück durch tropischen Regenwald mit vielen kleinen und großen bunten Papageien, die immer mindestens paarweise flogen und die ganze Zeit laut miteinander schnatterten.

Puerto Maldonado war die erste größere Stadt in Peru. Beim Andenaufstieg waren wir gezwungen, unser Nachtlager direkt neben der Straße mitten in bewohntem Gebiet aufzuschlagen. Es gab einfach kein flaches Stückchen Erde, auf das unser Zelt gepasst hätte. Der Fluss hatte sich neben der Straße tief eingegraben, und das Bachbett war steinig. Die Häuser waren am Hang gebaut und über Trampelpfade von der Straße zu erreichen. Am Abend kamen nur noch ein paar Bauern auf dem Weg von ihren Feldern vorbei, grüßten freundlich und gingen weiter. Am nächsten Morgen, als wir beim Frühstück saßen, sahen wir, wie drei kleine Mädchen von einem Haus, das oberhalb unseres Zeltplatzes lag, zu uns herunter geschickt wurden.

„Was wollen die denn?", fragten wir uns, „werden sie von ihren Eltern geschickt, um zu betteln?"

Das größte der Mädchen, vielleicht gerade mal fünf Jahre alt, trug das kleinste, das wohl knapp zweijährig war, auf dem Rücken. Das dritte Mädchen schätzten wir auf drei bis vier Jahre. Es trug eine Plastiktüte, die fast über den Boden schleifte. Wir warteten gespannt. Als sie näher bei uns waren, streckten sie uns die Plastik-tüte scheu entgegen. Ihre Eltern hatten sie zu uns geschickt, um uns Bananen zu bringen, die bei ihnen im Garten wuchsen. Beschämt nahmen wir die Plastiktüte entgegen. Die Mädchen drehten sofort um und wollten gehen, doch wir riefen sie zurück und schenkten ihnen eine Rolle Kekse. Viel mehr fiel uns so schnell nicht ein.

Die Landschaft veränderte sich allmählich. Die tropische Vege-tation wurde langsam von der Andenvegetation abgelöst. Wir fuh-ren einige Tage nur bergauf und gewöhnten uns mehr und mehr an die dünnere Luft. Gerade das gefiel uns sehr, dass alles so langsam ging. Schließlich verschwanden auch die letzten kleinen Insekten, die uns in den Tropen in Horden überfallen hatten, um unser Blut zu saugen. Die Luft wurde trockener und kühler. Wir waren nicht mehr permanent feucht vom Schweiß. Die Felder an den Hängen zogen sich weit hinauf und waren sehr steil, für uns unverständlich, wie hier noch etwas angebaut werden konnte. Die Bananen-plantagen hatten wir schon lang hinter uns gelassen. An den stei-len Abhängen wurde auf winzig schmalen Terrassen Mais angebaut, und auf den grüneren und flacheren Stücken weidete das Vieh.

Es gab Lamas und Alpakas, und die Leute waren anders gekleidet. Entsprechend dem Klima trugen sie dicke Pullover und dicke Hosen oder Röcke. Auch wir fuhren längst nicht mehr in kurzer Hose. Die Frauen hatten meist mehrere Wollröcke übereinander an, und auf den Köpfen saßen die verschiedensten Hüte. Da gab es ein Modell, bei dem ein Reif auf dem Kopf lag. Darauf war ein Stück Stoff befestigt, das an den Ecken herunterhing, mit Borden und Quasten verziert war und an den klassischen Doktorhut erinnerte. Die Melonen der Indígenafrauen waren auch oft zu sehen. Die Männer trugen gestrickte Mützen mit vielen Bommeln daran, darüber hatten sie meist noch einen Hut auf dem Kopf.

Auch der Speiseplan änderte sich. Abgesehen von den zahlrei-chen Meerschweinchen, die da herumliefen und auf dem Grill lan-deten, gab es mindestens 15 verschiedene Kartoffelsorten, ver-schiedenartig in Farbe und Geschmack. Einige haben ein kleines bisschen Maronengeschmack, andere erinnern eher an Paprika. Es gibt süße Kartoffeln, große, runde, sehr kleine und fingerlange, dünne und getrocknete. Von den Farben sind alle von Gelb über Rot bis Lila, Grün und Braun vertreten. Oft wurden uns die Kartoffeln bereits gekocht geschenkt, wenn wir vor unserem Zelt saßen. Ich musste daran denken, dass uns eine peruanische Bäuerin im Tiefland erzählt hatte: „Die Leute oben in den Anden sind sehr arm, bei denen wachsen noch nicht einmal Bananen."

Auf dem Altiplano

U nser Zelt versteckt aufstellen konnten wir kaum noch, es gab hoch oben in den Anden keine Bäume oder Büsche mehr. Doch wir hatten kein schlechtes Gefühl dabei, denn bis jetzt hatten wir ja nur gute Erfahrungen gemacht. Trotzdem schlossen wir unsere Räder jeden Abend an unser Zelt an, und genau aus diesem Grunde besitzen wir sie noch.

Wir zelteten in einem schönen Tal kurz vor einem Pass auf über 4000 Meter Höhe an einem reißenden, klaren Bergbach. Kaum stand das Zelt, kamen drei nette Männer lachend zu uns und brachten uns gekochte Kartoffeln. Da es ziemlich kalt war, verzogen wir uns bald ins Zelt. Wir kochten und aßen in der Höhe meist im Zelt, da es draußen zu kalt und windig war. Kurz nach zehn Uhr – wir schliefen bereits tief und fest – fing unser Alarmschloss an zu pfeifen.

„Sicher wieder ein Fehlalarm, bei dieser Kälte", dachten wir.

Kurt kroch bei Minustemperaturen in Unterhosen genervt aus dem Zelt und sah, dass jemand versucht hatte, gewaltsam den dünnen Draht aus dem Plastikkasten des Schlosses zu ziehen, worauf der Alarm losging und die Diebe das Weite suchten. Um genug zu sehen, hatten sie gewartet bis der Mond aufgegangen war. Der Bach war dermaßen laut, dass wir sie unmöglich hören konnten. Unsere Espressokanne und zwei Wassersäcke, die wir zum Trocknen an die Räder gehängt hatten, waren weg. Der Verlust war recht klein, doch der Schock groß.

„Wie ist so etwas in dieser friedlichen Umgebung, hoch oben in den Bergen, wo es nur Bauern, Lamas und Alpakas gibt, bloß möglich?"

Altiplano

Zumindest hatten wir jetzt auch unsere Räubergeschichte und waren glücklich darüber, dass wir unsere Räder noch besaßen, alles andere war zu verschmerzen.

Danach ging es weiter durch eine wunderschöne Andenlandschaft nach Cusco. Von dort aus statteten wir der legendären Inkastadt Machu Picchu einen kurzen Besuch ab. Dazu mussten wir im Zug nach Aguas Calientes fahren. Es existiert keine Straße dorthin. Nach einer Nacht in diesem Ort stiegen wir noch bei Dunkelheit zu den Ruinen hoch, um den Sonnenaufgang nur nicht zu verpassen. Doch statt der Sonne begrüßte uns der Regen, die alte Ruinenstätte versteckte sich vollständig in einer dichten Nebelsuppe. Die Enttäuschung wich dann sehr schnell, als die Sonne durchbrach, und sich vor uns Machu Picchu ausbreitete. So ging das den ganzen Tag, der Nebel kam und ging, und es entstanden die tollsten Lichtstimmungen.

Wir verließen Cusco in Richtung Titicacasee. Leider spielte das Wetter nicht mit, es regnete viel, und die großen Berge versteckten sich in den Wolken. Je höher wir kamen, desto öfter ging der Regen in Schnee über. Eigentlich sollte es im Juni/Juli im Hochland von Peru und Bolivien kaum regnen. Dann ist Trockenzeit. In diesem Jahr jedoch war es ungewöhnlich nass und kalt, wohl verursacht durch das ozeanische Wetterphänomen *El Niño.*

Als wir am Abend einen 4338 Meter hohen Pass erreichten, begann es zu schneien. Müde waren wir, und kein Platz zum Zelten war in Sicht. Also fragten wir die Frauen, die auf der Passhöhe ihre gestrickten Pullover und andere Souvenirs verkauften, ob wir bei ihnen im Garten unser Zelt aufschlagen dürften. Sie hatten nichts dagegen, und kaum stand unser Zelt, setzte heftiges Schneegestöber ein. Gut, dass wir in unser warmes Zelt krabbeln und darin kochen konnten. Die Souvenirverkäuferinnen kamen neugierig zu uns.

„Ist es euch nicht zu kalt im Zelt?"

Sie luden uns ein, bei ihnen im Haus zu schlafen, doch wir lehnten dankend ab.

„Kommt doch jetzt ein wenig zu uns ins Haus", meinten sie, und wir gingen mit. Es gab nur einen großen Raum, die Frauen saßen auf ihren Schlafmatten und strickten bei Kerzenlicht. In einer Ecke stand ein kleiner Ofen, doch der war kalt.

„Wir arbeiten immer für eine Woche hier oben, dann werden wir abgelöst, und wir können für eine Woche bei unseren Familien im Tal sein", erzählten sie uns. Bis auf María, die Jüngste, hatten alle Kinder. Sie wurden, solange die Mütter hier oben arbeiteten, von ihren Großmüttern oder Schwiegermüttern versorgt.

„Wie viele Kinder habt ihr denn?", fragten sie. Dass wir keine Kinder hatten, beschäftigte sie sehr. Obwohl sie ein Leben ohne Kinder sehr traurig fanden, wollten sie unbedingt wissen, wie man eine Schwangerschaft vermeidet.

Es schneite noch lange, erst mitten in der Nacht ließ der Schneefall nach. Am nächsten Tag schien die Sonne über der verschneiten Landschaft, und Kurt geriet in einen wahren Fotografierrausch. Auch von den Souvenirverkäuferinnen machte er Fotos.

Damals waren Digitalkameras noch nicht üblich, deshalb hatten wir neben unserer Spiegelreflexkamera eine kleine Knipse dabei, mit der wir Papierbilder machten. Damit fotografierten wir vorwiegend Leute und schickten ihnen später, wenn der Film entwickelt war, die

Bilder, immer in der Hoffnung, dass sie auch ankämen. In China ließen wir uns die Adressen von den Fotografierten selbst auf die Briefumschläge schreiben, denn wir hätten das nie in Chinesisch hingebracht. Als wir den Frauen auf dem Pass erzählten, dass sie uns ihre Adresse geben sollten, damit wir ihnen später die Fotos schicken könnten, waren sie begeistert. Wir mussten alle einzeln, zu zweit und mit mir zusammen ablichten. María wollte sogar allein mit Kurt fotografiert werden. Sie hatte Gefallen an Kurt gefunden und versprach, ihren ersten Sohn nach ihm zu benennen.

Dann fragten sie uns: „Was sind wir euch für die Bilder schuldig?"

Wir waren erstaunt und wollten natürlich nichts. Doch sie ließen es sich nicht nehmen, uns dicke Kniestrümpfe aus Alpakawolle zu schenken. So etwas hatten wir nicht erwartet. Nur diesen Strümpfen habe ich es zu verdanken, dass ich auf dem Altiplano meist warme Füße hatte.

Wenig später ließen wir die Fotos gleich zweimal abziehen und schickten sie in zwei getrennten Umschlägen ab, so hofften wir, dass wenigsten einer ankäme.

Entlang des Titicacasees ging es nach Bolivien. Hier hatten wir wohl das Pech, dass wir kurz vor dem Nationalfeiertag im Land waren. Viele Leute in den Dörfern waren betrunken, überall gab es Kisten und Flaschen mit billigem, hochprozentigen Trinkalkohol. Der floss in Strömen und wurde pur getrunken. Neben den Indígenafrauen, die ihre Kinder in Tüchern auf den Rücken gebunden hatten, torkelten oft ihre besoffenen Männer. Die Frauen passten auf, dass sie nicht den Abhang hinunterpurzelten. Auch war es für viele Bolivianer fraglos, dass wir die Taschen voller Geld hatten, wir wurden ständig und überall angebettelt. Deswegen bleibt uns Bolivien nicht in bester Erinnerung. Sicher liegt es auch daran, dass Bolivien eines der ärmsten Länder Südamerikas ist. Aber auch in Brasilien, Peru und Argentinien haben wir sehr arme Leute getroffen, die trotzdem noch gut drauf waren. Natürlich gaben wir den peruanischen Bauern, die uns Kartoffeln schenkten, irgendetwas von unseren Vorräten zurück. Etwas, was sie gut gebrauchen konnten und vielleicht auch Abwechslung in ihre Küche brachte. Doch die meisten erwarteten gar nichts, nahmen dann aber doch gerne an, was wir hatten. In Bolivien schrien uns schon die kleinsten Kinder „dame plata" (gib mir Geld) hinterher, von den Betrunkenen hörten wir dasselbe oder auch ein recht aggressives „Gringo".

So waren wir froh, als im Süden Boliviens die Gegend weniger dicht besiedelt war. Hier zeigten sich wunderschöne Altiplanolandschaften mit vielen schneebedeckten Vulkanen, Salzseen, Lamas und Alpakas. Manchmal führte die Piste durch ausgetrocknete Flussbetten mit Kaktuswäldern, dann wieder über weite Flächen, die mit Punagras bewachsen waren. In dieser Einsamkeit mussten wir Vorräte häufig für eine ganze Woche mitführen und uns vorher gut erkundigen, wo wir das nächste Mal Wasser „tanken" konnten. Weil es nachts sehr kalt wurde, nahmen wir die Wasserflaschen mit ins Zelt. Temperaturen zwischen Minus vier und Minus neun Grad im Zelt waren keine Seltenheit. Klar, dass da das Wasser in den Flaschen zu gefrieren anfing.

Über den höchsten und größten Salzsee der Welt, den auf 3600 Meter Höhe gelegenen *Salar de Uyuni,* fuhren wir in zwei Tagen. Dieses Erlebnis wollten wir uns nicht entgehen lassen, für uns war es was ganz Neues. Doch wir hatten Bedenken, weil wir keinen Kompass dabei hatten. Bis dahin hatten wir einen Kompass nie vermisst. Aber gerade hier, in dieser unendlichen Ebene, wäre er von großem Nutzen gewesen, denn ausnahmsweise waren wir nicht auf Straßen angewiesen und konnten in jede beliebige Himmelsrichtung fahren. Doch es stellte sich bald heraus, dass unsere Sorge überflüssig war. Im Ort Uyuni hatten wir uns zuvor bereits schlaugemacht, und jeder, der den See kannte, erzählte uns das Gleiche: „Ihr müsst nur den Spuren der Autos folgen, dann verfahrt ihr euch nicht."

Und so war es tatsächlich. Die Wagen, die Touristen über den See karren, hinterlassen Spuren, und diesen brauchten wir nur nachzufahren.

Beim ersten Befahren waren wir sehr unsicher, das weiße Salz erinnerte uns an eine große Eisfläche. Die Temperaturen waren ja auch dementsprechend, das Salz fühlte sich eiskalt an. Wir waren erstaunt, dass wir nicht ausrutschten; doch rutschig war diese Salzfläche nicht.

Salz, soweit das Auge reicht – Salar de Uyuni

Wir kamen uns teilweise vor wie im Flugzeug hoch über den Wolken oder wie auf einem Hometrainer. Man tritt und tritt und kommt nicht von der Stelle. Die Pausen waren ungemütlich, nur kurze Zeit konnten wir auf der Salzfläche sitzen, dann fror uns der Hintern. Mit dem Wind hatten wir viel Glück, denn es wehte so gut wie keiner. Ewig weit konnten wir sehen, doch es dauerte lang, bis wir dann auch am „Horizont" angekommen waren. Noch aus einem zweiten Grund hatten wir Bedenken gehabt, über den See zu fahren, denn falls Wasser auf der Salzfläche stand, wäre das für unsere treuen Räder das Aus gewesen. Glücklicherweise mussten wir nur die ersten 20 Meter durch eine seichte Pfütze fahren. Hier war Wasser auf die Salzfläche gesprüht worden, damit das Salz zusammengeschabt und „geerntet" werden konnte.

Auf dem Weg nach Chile kamen wir noch an weiteren kleineren Salzseen vorbei, aber auch an Lagunen mit rosa Flamingos. Dann erreichten wir nach einem Pass die nordchilenische Atacama-Wüste.

Perrito

Von Calama aus machten wir einen Ausflug mit dem Bus zu den Chuquicamata-Kupferminen. Hier, mitten in der Wüste, gibt es das größte künstliche Loch der Erde zu bestaunen. Durch den Kupferabbau entstand eine große Industrieanlage mit vielen Arbeitsplätzen. Auf Serpentinen fahren riesige Lastwagen, die extra für Chuquicamata gebaut werden und deren Räder doppelt so hoch sind wie ein Mensch. Die Größe der Lastwagen kann man ermessen, wenn Pick-ups an ihnen vorbeifahren, sie wirken neben den Lastwagen wie Spielzeugautos. Auch die Hallen, in denen das Kupfer aus den Gesteinsmassen gewonnen wird, durften wir besichtigen. Dort mussten wir neben den Schutzhelmen und den Stahlkappen, die unsere Füße schützten, auch noch Gasmasken tragen. Das flüssige, golden glänzende Kupfer wird zu großen Platten gegossen. Es ist staubig, heiß und laut, kein Traumarbeitsplatz.

Diese hässliche Fabrik mit den vielen qualmenden Schornsteinen stand im krassen Gegensatz zur stillen Wüste, in die wir am nächsten Tag aufbrachen. Wir wollten zu den Geysiren von El Tatio und danach weiter nach San Pedro de Atacama fahren.

Von Calama radelten wir mit Rückenwind auf noch asphaltierter Straße nach Chui Chui, einem Altiplanodorf, wo wir eine der hier typischen Kirchen bestaunen konnten. Diese Kirchen sind aus Lehm gebaut, weiß gestrichen und haben wenige oder keine Fenster. Sie sind mit ebenfalls weißen Mauern umgeben und fehlen auch in der kleinsten Ansiedlung nicht. Besonders bemerkenswert sind die Kirchtürme, in denen von außen sichtbar die Glocke hängt. Nachdem wir Chui Chui verlassen hatten, wuchsen wieder vereinzelt kleine Pflanzen und Büsche, die so aussahen, als warteten sie nur auf den Regen, um dann zu erblühen. Ein Rückenwind half uns die schiefe Ebene hinauf, auch wenn die Straße jetzt nicht mehr asphaltiert war. Die Räder waren mit Lebensmitteln für die nächsten Tage schwer beladen.

Bald kamen wir aber nicht so gut voran, wie erhofft. Des Öfteren mussten wir die Räder schieben, weil die Piste zunehmend sandiger wurde und die Schlaglöcher sich häuften. Der Wind half uns schon lange nicht mehr, sondern blies uns Sand und Dreck um die Ohren. Entschädigt wurden wir von der tollen Landschaft. Zuerst ging es durch eine von tiefen Schluchten durchzogene Gegend. An den ausgetrockneten Flussbetten wuchsen Bäume und Büsche, sonst nur zähes Punagras in Büscheln. In der Ferne leuchteten schneebedeckte Vulkanspitzen, wir kamen langsam in höhere Lagen. Da oben unser Lager aufzuschlagen, war bei gutem Wetter ein besonderes Erlebnis. Die Nacht wurde von unzähligen Sternen hell erleuchtet, kein Fremdlicht oder Geräusch störte die Idylle. Immer wieder bestaunten wir in der Wüste den Nachthimmel. Nie konnten wir uns an diesem Schauspiel sattsehen, selbst wenn es sehr kalt war und der Wind so heftig blies, dass wir im Zelt sitzen mussten. Immer wieder öffneten wir den Reißverschluss für dieses Sternenwunder.

Die Nudelsuppen, die wir uns zu Mittag kochten, waren kein Genuss. In dieser Höhe von 4000 Metern ist der Siedepunkt des Wassers niedriger als im Flachland, Nudeln verkochen leicht. Im Windschatten einer Schneewehe aßen wir die Mehlpampe, sättigend war sie aber allemal.

Ab und an gab es Schilder, die uns den Weg wiesen, dann mussten wir wieder um ein Schneefeld herumschieben und verloren dadurch die Straße. Zum Glück hatten wir genügend Nahrungsmittel dabei, auf einen Tag mehr oder weniger kam es nicht an, das war beruhigend zu wissen, besonders für Kurt.

Als wir am dritten Tag das Schild „El Tatio 7 km" sahen, schöpften wir wieder Hoffnung, die Geysire wie geplant noch an diesem Tag zu erreichen.

Kurz davor tauchten ein paar Baracken auf, ein typisches Arbeitercamp. Dort wohnte derzeit nur Miguel mit seinen beiden Hunden, die mit ihm auf das Camp aufpassten. Bei ihm durften wir unsere Wasservorräte für die Nacht auffüllen. Die Verlockung, gleich dort in einer der leeren Baracken zu übernachten, war groß. Schließlich sanken die Temperaturen nachts weit unter den Gefrierpunkt. Doch das Spektakel, bei Sonnenaufgang die Geysire spritzen und dampfen zu sehen, hätten wir dann verpasst. Deshalb fuhren wir weiter.

ABFAHRT

In unserer
leergeräumten
Wohnung
in Thun

Das passt alles
auf unsere Räder

Abschiednehmen
ist schwer

ASIEN

Im Industal von Pakistan

Terrassierte Hänge in Nepal

Palast in Indien

Der Rawu-Pass in Tibet

Fahrrad-Arbeitsplätze in
Indien: Lastentransporter
und Rikschafahrer

AMERIKA

Araukarien in Argentinien

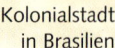

Kolonialstadt
in Brasilien

Altiplano-
Szenerie
in Chile

Altiplano Peru

Bergmassiv
Cerro Torre in
Argentinien

Endlose Staub- und
Schotterpiste – Ruta 40
in Patagonien

Wo immer ein
Wind weht:
Pampa in Argentinien

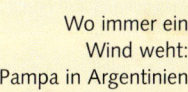

SCHILDER

Iran

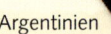

Argentinien

Brasilien

Australien

Peru

Sambia

Namibia

CATTLE CROSSING

Kroatien

KOLA

Neuseeland

MENSCHEN

Botswana

Moçambique

Tibet

Peru

Uiguren in China

Indien

MEILENSTEINE

50.000 Kilometer Mexiko

80.000 Kilometer Chile

111.000 Kilometer Australien

150.000 Kilometer Sinai

OZEANIEN

An der Westküste
von Neuseeland

Stuart Dessert
Peas Australien

Durch einen australischen
Eukalyptuswald

Gegen australische
Buschfliegen helfen
nur Moskitonetze
über den Kopf

Im roten
Zentrum
Australiens

Ausspannen unter Sidneys
berühmter Hafenbrücke

AFRIKA

Am Malawi-See

Botswana

Kinder in Lesotho mit selbstgebautem Musikinstrument

Vor einer
typischen
Rundhütte
in Lesotho

Sudan

Tansania

Durch die Savannen Tansanias

Über den verschneiten
Grimsel-Pass in der Schweiz

Schlagzeilen in Köln
Dellbrück. Nun sind
auch wir informiert

Der kleinere der beiden Hunde begleitete uns. In El Tatio angekommen, stellten wir unser Zelt auf und genossen das Baden im
Pool, der mit heißem Thermalwasser gefüllt war. Der Hund machte
keine Anstalten, zum Arbeitercamp zurückzulaufen, er lief um uns
herum, und die Kälte schien ihm nichts auszumachen. Wir verzogen uns nach dem Bad gleich in unser Zelt, nicht ohne immer wieder hinauszuschauen, um die Berge bei Sonnenuntergang zu
bestaunen, die ihre Farbe ständig zu wechseln schienen.

Morgens standen wir vor Sonnenaufgang auf. Gefroren hatten
wir nicht, doch selbst auf unseren Schlafsäcken lag Rauhreif, und
das Zelt war außen mit einer dünnen Eisschicht überzogen. Der
kleine Hund begrüßte uns schwanzwedelnd, als wir aus dem Zelt
krochen. Er hatte die ganze Nacht zusammengerollt neben unserem Zelt auf einer dicken Grasnarbe geschlafen. „Dieser Hund ist
schon ziemlich verrückt", dachten wir.

Die ersten Touristen, die mitten in der Nacht im 100 Kilometer
entfernten San Pedro de Atacama aufgebrochen waren, kamen an,
um die Geysire in der eisigen Morgenluft spritzen zu sehen. Bald
nach Sonnenaufgang wurden die Besucher aber wieder zur
Rückreise in die Jeeps verfrachtet.

Nun waren wir mit dem kleinen Hund wieder allein. Glücklicherweise hatten wir unsere Wassersäcke mit ins Zelt genommen, so war das Wasser nicht gefroren, und wir konnten unser
Frühstück zubereiten. Nach einem warmen Tee packten wir unsere Siebensachen zusammen und machten uns auf den Weg.
Mittlerweile wärmte uns die Sonne. Der kleine Hund rannte um
uns herum, und wir versuchten ihn zu ignorieren.

Bis nach San Pedro de Atacama sollten wir zwei Tage brauchen.
Ob es zwischendurch Wasser geben würde, konnten wir nicht in
Erfahrung bringen. Im Arbeitercamp unterhielten wir uns mit
Miguel. Auch er meinte: „Ja, dieser Hund ist schon ein bisschen
verrückt, bei dieser Kälte draußen zu schlafen." Wir füllten unsere Wasserbehälter auf und kurbelten weiter. Als uns der kleine
Hund weiter folgte, dachten wir uns nicht viel dabei. Auf der sandigen Wellblechpiste kamen wir nicht besonders schnell voran, zu
langsam für den kleinen, quirligen Kerl. Er rannte voraus, kam

Perrito, unser vierbeiniger Freund

wieder zurück, lief zwischendurch zu einem Schneefeld, um seinen Durst zu stillen, und legte so mindestens die dreifache Strecke zurück. Aber ans Umkehren dachte er nicht.

Zuerst versuchten wir, ihn mit Worten zu verscheuchen, sowohl in Deutsch als auch in Spanisch, doch das half nichts. Also wechselten wir zu einer universelleren Sprache und warfen mit Steinen in seine Richtung. Solch rüde Methoden hatten wir mittlerweile auf unserer Reise gelernt. Die Folge war, dass er uns lediglich in einem größeren Abstand folgte.

„Ist doch egal, wir sind für den Hund nicht verantwortlich", versuchten wir uns einzureden. Uns war dabei gar nicht wohl, denn immer weiter entfernten wir ihn von seinem Zuhause. Auf dieser schlechten Piste konnten wir ihm auch nicht schnell davonfahren.

Zur Mittagszeit waren wir noch kein bisschen tiefer. Wir kamen immer wieder über kleine Pässe, verzichteten auf Nudelsuppe. Lieber aßen wir Kekse, doch dem Hund gaben wir nichts davon ab.

Kurz nach unserer Mittagspause hatten wir einen breiten Bach zu durchqueren. An dessen Ufer wuchs Gras, und auf dem Wasser tummelten sich Gänse und Wasservögel. Der kleine Hund blieb am Ufer stehen.

„Er ist wasserscheu, nun wird er wohl umdrehen", hofften wir.

Wir zogen unsere Schuhe aus, krempelten die Hosen hoch und schoben durch das eiskalte Wasser. Dann versuchten wir, so schnell wie möglich zu entkommen. Diese Rechnung hatten wir allerdings ohne den kleinen Hund gemacht. Wir waren noch nicht außer Sichtweite, da konnten wir ihn beherzt in den Fluss hüpfen und schwimmen sehen. Er rannte uns freudestrahlend hinterher und hatte uns bald wieder eingeholt.

Auch die zweite Nacht, die er auf einer Grasnarbe vor unserem Zelt verbrachte, war bitterkalt. Das Thermometer fiel auf minus 15 Grad. Sehr früh fielen die wärmenden Sonnenstrahlen auf unser Zelt. Als wir ins Freie krochen, sprang der Hund auf und schüttelte sich vor Freude, wedelte heftig mit seinem Schwanz.

Jetzt war uns klar, der würde uns wohl bis nach San Pedro de Atacama begleiten. Darum gaben wir ihm von unseren Haferflocken ab. Gierig verspeiste er sie. Wir hofften, für Perrito, wie wir unseren Hund jetzt getauft hatten, einen Rücktransport zum Arbeitercamp organisieren zu können. Vielleicht begegnete uns noch ein Jeep mit Touristen, die auf dem Weg zu den Geysiren waren. Jetzt fühlten wir uns doch verantwortlich für unseren vierbeinigen Begleiter.

Unser Weg führte noch einmal über einen kleinen Pass und dann schön langsam hinunter, zwar auf schlechter Straße, aber trotzdem war es eine Wohltat. Die Landschaft änderte sich zusehends. Auf einmal gab es kleine grüne Büsche, der Altiplano glänzte golden vor den verschneiten Bergen und Vulkanen. Die Vicuñas (wilde Alpakas) stießen, sobald sie uns sahen, einen Warnpfiff aus und suchten das Weite.

Perrito musste sich jetzt ganz schön sputen, um uns folgen zu können. Bei einem der letzten Schneefelder hielten wir an und füllten eine Plastiktüte mit Schnee. Zuviel Wasser hatten wir nicht dabei. Zumindest konnten wir davon nicht auch noch unserem Perrito etwas abgeben, und schon bald würden die Schneefelder aufhören. Es wurde spürbar wärmer, je tiefer wir kamen. In den Trinkpausen öffneten wir die Plastiktüte, und Perrito nahm gern ein paar Mäuler voll Schnee. Mittags kochten wir eine extra große Portion Nudeln, teilten diese durch drei und salzten nur unsere Teile.

Es ging immer steiler bergab, schließlich erreichten wir eine Asphaltstraße. Perrito, der ein dichtes Fell trug, war die Wärme nicht gewöhnt und kam ins Schwitzen, oder besser gesagt, ins

Hecheln. Immer wieder machten wir extra lange Pausen für ihn.

Als wir die ersten Häuser, immer noch weit außerhalb von San Pedro de Atacama, passierten, kamen große Hunde kläffend auf die Straße gelaufen. Unser Perrito, an die Einsamkeit und Stille des Altiplanos gewöhnt, erschrak heftig. Zitternd rannte er ein Stück zurück und versteckte sich unter einem Strauch.

Kurt stellte sein Rad ab, um ihn aus seinem Versteck zu holen. Er versuchte, den kleinen Kerl auf den Arm zu nehmen und an den großen Hunden vorbeizutragen. Doch damit war Perrito nicht einverstanden. Er war ein Muskelpaket und drehte sich in Kurts Armen, bis er wieder auf dem Boden war, Kurt hatte keine Chance ihn zu halten. Trotzdem gelang es uns schließlich, ihn an den Häusern vorbeizuschleusen, indem wir uns schützend zwischen ihn und die Hunde stellten.

Doch das war erst der Anfang. In San Pedro de Atacama gab es jede Menge Hunde in jeder Größe, die unseren Perrito beschnüffeln wollten. Dazu kam auch noch der Autoverkehr, an den er nicht gewöhnt war. Perrito bekam es mit der Angst zu tun. Er versuchte, so gut es ging, sich zwischen uns und den Rädern zu verstecken. Wir gaben uns die größte Mühe ihn zu verteidigen, aber es gab zu viele fremde Hunde, und Perrito suchte bald das Weite.

Es machte keinen Sinn, ihn weiter mit den bepackten Rädern zu suchen, es gab viele kleine Straßen und Gassen im Ort. Also schauten wir uns nach einem Campingplatz um.

Nach den harten aber schönen Tagen im kalten und rauhen Altiplano genossen wir das milde Klima und vor allem die Dusche auf dem Zeltplatz. Vor dem Zelt in der Sonne sitzend tranken wir unseren feinen Kaffee und aßen die letzten Kekse. Wir hatten die Essensmenge gut berechnet, sogar unser kleiner Freund hatte noch mitessen können, oben auf dem Altiplano.

Schon bald zogen wir aber los, um das Dorf anzuschauen, das redeten wir uns jedenfalls ein. Der wirkliche Grund war: Wir wollten Perrito suchen. Uns plagten große Gewissensbisse, ihn jetzt im Stich gelassen zu haben, das gestanden wir uns später ein. Unser Rundgang durchs Dorf blieb erfolglos, wir konnten ihn nicht finden.

Abends war das milde Klima noch deutlicher zu spüren, lang

saßen wir noch draußen, hörten Radio und dachten an Perrito. Nur der Sternenhimmel war nicht mehr so klar wie hoch oben auf dem Altiplano, wo kein Fremdlicht störte.

Am nächsten Morgen standen wir früh auf, liefen zu der am weitesten entfernten Bäckerei, um dort unsere Brötchen zu kaufen, immer in der Hoffnung, Perrito zu begegnen. Nach dem Frühstück zogen wir noch einmal los. Auf der Suche nach einem Internet-Café liefen wir kreuz und quer durch den kleinen Ort. Immer hielten wir die Augen offen, um ihm vielleicht doch noch zu begegnen.

Dann, kurz vor unserem Zeltplatz, stand er plötzlich vor uns auf der Straße und wedelte wieder vor Freude heftig mit seinem Schwanz.

Jetzt wollten wir Perrito bei uns behalten, zumindest so lange, bis wir ihm einen Lift hinauf in seine Heimat organisiert hatten. Kurt ging zu einem Jeeptour-Unternehmen, um zu fragen, ob sie vielleicht unseren vierbeinigen Freund wieder hinauf in seine Heimat bringen könnten. Er erntete jedoch nur Unverständnis.

„Wir nehmen grundsätzlich keine Hunde mit", wurde ihm gesagt. Allerdings fügten sie noch hinzu: „Dieser kleine Hund ist schon einmal Leuten bis San Pedro de Atacama gefolgt, und drei Tage später war er wieder oben in El Tatio."

Wir wussten nicht so recht, ob wir das glauben sollten, waren aber trotzdem etwas beruhigt.

Um einen zweitägigen Ausflug ins nahe gelegene Valle de la Luna zu machen, schlichen wir uns aus San Pedro hinaus. Als wir wiederkamen, sahen wir auch Perrito wieder. Er hatte sich mittlerweile mit den Hunden des Dorfes angefreundet, freute sich trotzdem, uns zu sehen, hatte aber wegen seiner vielen anderen „Freunde" gar keine Zeit mehr für uns.

Paso Sico

Ohne unseren Vierbeiner setzten wir die Reise entlang des Salar de Atacama fort. Schon bald begann die anfangs noch asphaltierte Straße anzusteigen, und wir hatten das Gefühl, nicht mehr richtig vom Fleck zu kommen.

Für die Route nach Salta in Argentinien hatten wir uns für den Sico-Pass entschieden. Als Alternative hätte es noch den Jama-Pass gegeben. Der Sico war die einsamere Variante, weil bei ihm wesentlich längere Stücke noch nicht asphaltiert waren. Auf beiden Strecken kommt man in Höhen von über 4000 Metern, und beide sind nicht ganz „ohne". Die größte Schwierigkeit war wieder einmal, wie schon so oft, der Transport des Wassers, das in Mengen mitgeschleppt werden musste. Wir wussten einfach viel zu wenig über diese Strecke. Zum vielen Wasser packten wir auch noch eineinhalb Liter Benzin auf. Denn dass es keine Tankstellen bis kurz vor Salta gab, war klar. In solchen Höhen und bei diesen Temperaturen verbraucht man um einiges mehr Sprit beim Kochen. Da es so gut wie kein Wasser unterwegs gab, waren wir froh um Schneereste, die noch vom vergangenen Winter an geschützten Stellen übriggeblieben waren. Ohne diese Wasserspeicher wäre dieses Unternehmen wohl sehr unkomfortabel geworden.

Nun wussten wir aus Erfahrung, dass das Schmelzen von Schnee auf dem Kocher unglaublich lang dauert und viel Benzin verbraucht. Wir hatten eine bessere Idee, begannen schon früh am Tag, Schnee in die Wassersäcke zu stopfen, und banden sie hinten auf das Gepäck. Obwohl die Lufttemperatur recht niedrig war, schmolz der Schnee schnell, wenn die Sonne auf die schwarzen Säcke brannte. Dann füllten wir das Schmelzwasser in Flaschen ab und stopften gleich wieder neuen Schnee nach. So hatten wir bis zum Abend einige Liter Wasser zusammen und konnten uns damit genügend Tee kochen. Bei diesen eisigen Temperaturen und dem Wind sparten wir stark an Waschwasser, wir hatten aber auch kaum geschwitzt und fühlten uns deshalb nicht dreckig.

Es blies die ganze Zeit ein eiskalter Wind, glücklicherweise meist von hinten. Solange wir radelten, war alles kein Problem. Doch die Pausen fielen immer extrem kurz aus, weil wir sofort zu frieren begannen und es nirgends Windschutz gab.

Belohnt für die Mühen wurden wir von der überwältigenden Landschaft. Die Berge schimmerten in den unterschiedlichsten Farben, die sich je nach Tageszeit auch noch veränderten.

Wir kamen an großen Flamingo-Kolonien vorbei, die sich im

seichten Wasser der Salzseen spiegelten, fuhren durch eine endlos scheinende, menschenfeindliche Landschaft. Nur in den ausgetrockneten Flussbetten standen manchmal ein paar Bäume oder Büsche. Ansonsten wuchs nur ab und zu Punagras.

Die Straße stieg und stieg. In der Karte war lediglich ein einziger Pass eingezeichnet, der Sico mit 4092 Metern. Laut Höhenmesser befanden wir uns schon weit davor auf 4500 Meter Höhe. Es ging immer wieder über Hügelzüge und schließlich hinunter zum Sico.

Dies war die Landesgrenze, den chilenischen Zoll hatten wir bereits hinter uns. Über der Straße hing ein großes Schild, auf dem „Argentinien" stand. Es hing nur noch schief an einer Ecke. Das passte gut zur Lage dieses Landes, denn Argentinien steckte damals tief in der größten Wirtschaftskrise seiner Geschichte.

Grenze Chile/Argentinien

Trotzdem empfingen uns die Zöllner ein paar Kilometer später ganz herzlich. Stress hatten sie da oben nicht, in den letzten Tage waren uns etwa drei Fahrzeuge täglich begegnet. Wir fragten, nachdem sie uns 90 Tage Aufenthalt in die Pässe gestempelt hatten, nach einem geschützten Platz für unser Zelt. Der Wind hatte sich noch nicht ausgetobt, die Aussichten auf Windschutz waren nicht rosig. Die Zöllner stellten uns ein Zimmer mit Kochecke zur Verfügung, der argentinische Empfang hätte besser nicht sein können.

„Ihr müsst noch etwas Geduld haben, bis das Wasser im Boiler für die Dusche warm ist", sagten sie, als wir unsere Luxusherberge bezogen.

Vier Tage später trafen wir in Salta ein. Auch der argentinische Teil der Anden war beeindruckend gewesen. Trotzdem war es schön, wieder einmal in einer Stadt zu sein, denn auch San Pedro war nicht mehr als ein Dorf gewesen. Wie immer nach solch einsamen Strecken waren wir ausgehungert. Da war Salta ein richtiges Schlaraffenland für uns. Überall gab es feines Gebäck, Pizzen und Empanadas (mit Fleisch oder Käse gefüllte und frittierte kleine Pasteten). Die Wirtschaftskrise hatte den argentinischen Peso dermaßen entwertet, dass das Preis-Leistungsverhältnis überhaupt nicht mehr stimmte. Mit unseren starken Devisen konnten wir uns alles zu Spottpreisen kaufen. Leider galt das nicht für die Argentinier, die sich kaum noch etwas leisten konnten. Sie taten uns wirklich leid. So haben die als intensive Fleischesser bekannten Argentinier Soja- und Gemüse-Schnitzel entdeckt, was uns wiederum sehr entgegen kam. In den Supermärkten waren die Regale oft halb leer (besonders in den kleineren Orten) und die preisgünstigen Produkte ganz ausverkauft.

In einer Jugendherberge hatten wir ein schönes Einzelzimmer mit eigenem Balkon gefunden. Dort konnten wir auch die Küche mitbenutzen. Wir hatten uns ein feines Abendessen gekocht, frische Nudeln (so etwas hatte es seit den USA nicht mehr zu kaufen gegeben) mit Gorgonzola-Knoblauch-Soße. Wie immer mischten wir Soße und Nudeln zusammen, stellten den Topf vor uns auf den Tisch und aßen direkt daraus. Es war uns richtig peinlich, als uns ein anderer Gast zeigte, in welchem Schrank die Teller zu finden waren. Zu lange hatten wir in der Natur gelebt und waren wohl schon ziemlich „verwildert", anständig von Tellern zu essen, war uns gar nicht mehr eingefallen.

So richtig bewusst, was für Mengen wir eigentlich verschlangen, wurde uns am nächsten Morgen beim Frühstück. Beide hatten wir ein ganzes Baguette vor uns auf dem Teller liegen, was eigentlich gar nicht auf diesen passte. Doch immerhin hatten wir wieder gelernt, von Tellern zu essen. Dazu gab es Käse, Butter, Marmelade und ein Kilo Joghurt, den wir uns aber teilten. Neben uns am Tisch saßen zwei junge Australierinnen, die sich eine Grapefruit und eine Kiwi teilten und sich dabei mit einem Blick zu unseren Tellern über gesunde Ernährung unterhielten.

Das Treffen

Nach fünf Tagen Schlemmerei waren selbst unsere leeren Kalorienspeicher wieder voll, und wir verließen Salta in Richtung Süden. Das mediterrane Flair dieser Stadt und die herzliche, freundliche Art der Menschen hatten uns gut gefallen.

Die Gegend wurde sehr bald wieder einsam, nur alle zwei bis drei Tage erreichten wir kleinere Orte, dazwischen gab es nur Steppen und Halbwüsten. Regelmäßig kamen wir an Straßenkontrollen der Polizei vorbei. Dort wurden nicht nur unsere Pässe verlangt, wir wurden auch immer freundlich gefragt, ob wir noch Wasser bräuchten, was auf diesen trockenen Strecken extrem wichtig war. Die Polizei wusste gut über die Straßen und Distanzen Bescheid, was sonst selten der Fall war. Als einmal unterwegs auf dieser einsamen Strecke ein Polizist an uns vorbeifuhr, drehte er extra um, um uns zu fragen: „Habt ihr genug Wasser dabei?"

Denn anders als auf unserer Karte eingezeichnet, gebe es auf den nächsten 100 Kilometern keine Dörfer, sondern nur Ruinen, erklärte er uns.

„Andere Radfahrer, die sich auch auf diese Karte verlassen hatten, sahen nach diesen 100 Kilometern nicht mehr sehr ‚frisch' aus", erzählte er weiter. Wir erhielten von ihm gleich zehn Liter gutes Trinkwasser. So kamen wir auch über diese „Durststrecke".

Etwa auf halber Strecke zwischen Salta und Mendoza trafen wir in dem kleinen Ort Chilecito Armin. Kennengelernt hatten wir uns vor dreieinhalb Jahren in Islamabad, auch damals war er mit seinem selbst umgebauten Wohnmobil unterwegs gewesen. Dank Internet waren wir miteinander in Kontakt geblieben. Gerade als wir uns auf der Plaza in Chilecito getroffen hatten und beim Kaffee in seinem Wohnmobil saßen, kam ein Reporter des örtlichen Radiosenders und bat uns um ein Interview, das gleich live über den Äther ging.

Armin war kurz zuvor im „Urlaub" in Deutschland gewesen und hatte uns neue Ketten und Fahrradmäntel mitgebracht. Auch Gummibärchen und Lakritze hatte er dabei, für uns war es wie Weihnachten. Unser Zelt stellten wir direkt neben sein Auto unter riesigen Eukalyptusbäumen auf, und Armin begann gleich, Witze zu machen, weil wir beide unseren eigenen Eingang hatten.

„Ihr solltet zwei Schilder über den Eingängen anbringen: eines für ‚Männer' und eines für ‚Frauen'", meinte er, und setzte hinzu: „Habt ihr denn in der Mitte des Zeltes eine Trennwand?"

Er glaubte uns erst, dass keine vorhanden ist, als er sich mit eigenen Augen davon überzeugen durfte.

Für uns waren diese zwei Eingänge jedoch von großer Bedeutung und beim Zeltkauf ausschlaggebend gewesen. Wobei es nicht unbedingt die Eingänge waren, die hatten natürlich auch ihre Vorteile, wenn einer von uns nachts in die Büsche musste. Viel wichtiger waren die beiden Stauräume, beide hatten wir unseren eigenen Bereich, in dem jeder seine Ordnung oder Unordnung haben konnte. Schließlich waren wir rund um die Uhr zusammen, und da können schon auch irgendwelche Kleinigkeiten nerven.

Natürlich war dadurch Armins Neugier sofort geweckt, wie wir es so lang in diesem kleinen Zelt zusammen aushalten konnten. Wir erzählten ihm auch gleich von unserem anderen ungeschriebenen Gesetz. Beide führten wir unabhängig voneinander Tagebuch, und wir lasen nie das Geschriebene des anderen. So hatten wir beide die Möglichkeit, uns auch mal über den anderen auszulassen.

Wir blieben fast eine Woche auf dem Campingplatz von Chilecito. Armin versuchte, uns die Vorzüge des Wohnmobils näherzubringen, und wir versuchten, ihn vom Radfahren zu überzeugen. Doch weder stiegen wir ins Wohnmobil um, noch er aufs Rad. Es gab viel zu erzählen, lang saßen wir zusammen und tranken die eine oder andere Flasche Wein.

Das Schönste, aber auch das Anstrengendste, waren immer die Ost-West-Überquerungen der Anden. Wir wären gern öfter über die Andenpässe geradelt, doch es war erst Ende September, also Frühling in der südlichen Hemisphäre. Viele Pässe waren noch geschlossen. So mussten wir bis Mendoza fahren, erst dort konnten wir wieder über die Anden nach Chile. Der Bermejo-Pass ist asphaltiert, das ganze Jahr über vom Schnee geräumt und deshalb auch befahrbar. Er ist die Hauptverbindungsstrecke zwischen Argentinien und Chile. Sie führt von Mendoza nach Santiago de Chile und direkt am Aconcagua vorbei, dem mit fast 7000 Metern höchsten Berg Amerikas. Wir hatten Glück, der Berg versteckte sich nicht in den Wolken, als wir vorbeifuhren.

Beeindruckend sind die 29 enggeführten Serpentinen, über die sich die Straße in Chile nach unten schlängelt. In der ersten Stadt, Los Andes, wohnt der bei allen Tourenfahrern bekannte Eric. Sein Haus steht allen Reiseradlern offen und ist legendär. Der Dachboden ist ausgebaut, dort stehen acht Betten bereit. Jeder ist willkommen und kann sich dort so lange ausruhen, wie er es will. Es ist wirklich eine Oase für Radfahrer, und sein Gästebuch ist voll mit nützlichen Touren-Tipps. Hier bleiben alle Radfahrer ein paar Tage hängen. Es wird gefachsimpelt und an den Rädern geschraubt, abends zusammen gekocht, gegessen und getrunken.

Eric ist nicht nur ein Freund der Radfahrer, sondern auch der Kondore. Als wir uns bei ihm ausruhten, pflegte er gerade einen dieser riesigen Geier. Mehrere Gewehrkugeln von irgendwelchen gemeinen Schützen steckten in einem Flügel. So kamen wir in den Genuss, einen Kondor in seiner vollen Größe bewundern zu können. Oft zuvor und auch danach hatten wir Kondore am Himmel segeln gesehen, wo sie sehr majestätisch aussahen. Ganz im Gegensatz zu diesem Kondor, der, typisch für Geier, auf einem alten, mit Maden und Fliegen übersäten Kuhkopf saß und daran herumhackte. Der Geruch war bestialisch.

Von Los Andes ging es über Santiago de Chile weiter ans Meer nach Valparaíso, eine Stadt, die auf der UNESCO-Welterbe-Liste steht. Sie hat uns sehr gut gefallen und war den Abstecher ans Meer wert. Die kleinen, alten und verschachtelten bunten Häuser sind an den steilen Hang gebaut. Natürlich gibt es auch Straßen, aber typischer für die Stadt sind die Aufzüge, die den Bewohnern den steilen Anstieg ersparen. Valparaíso ist nicht, wie fast alle anderen Städte in Chile, im Schachbrettmuster angelegt, das wäre gar nicht möglich gewesen. Die Orientierung war nicht immer ganz einfach, doch gerne bummelten wir durch die Sträßchen und hatten dabei immer wieder tolle Ausblicke aufs Meer. Trotz steiler Hänge gab es zwischen den Häusern kleine Gärten, in denen Blumen blühten. Genug Platz für Geschäfte und große Supermärkte gab es dagegen nur an der Küstenstraße.

Das Seengebiet

Mit dem Frühling fuhren wir weiter an der Küste entlang Richtung Süden. Überall blühten die Sträucher und Wiesen. Wir nahmen in Kauf, dass der Weg manchmal in einer Sackgasse endete und wir unsere Sachen über Trampelpfade tragen oder schieben mussten. Dafür blieb uns die mörderische Panamericana, die interamerikanische „Traumstraße" mit ihren vielen Lastwagen und Bussen, erspart. Oft fanden wir wunderschöne Buchten mit Sandstränden. Zum Baden lockte uns der eiskalte Südpazifik trotzdem nicht, wasserscheu wie wir beide sind. Das störte uns jedoch überhaupt nicht. Wegen der noch immer verschneiten Pässe konnten wir erst wieder auf der Höhe des Seengebietes nach Argentinien fahren. Das nutzten wir dann aber auch richtig aus und wechselten so gut wie bei jedem Grenzübergang von Chile nach Argentinien oder umgekehrt. Das bedeutete immer einen Pass, wenig Verkehr und schöne Landschaft. Die Grenzübergänge bestanden manchmal nur aus einem Feldweg, aber ein Gebäude mit Zöllnern gab es trotzdem.

Wir kamen durch die riesigen Araukarienwälder. Diese uralte Baumart, die es schon zu Zeiten der Dinosaurier gegeben hat, zog uns völlig in ihren Bann. Wie schön es doch war, tagelang durch diese mit Flechten verhangenen Märchenwälder zu fahren. Auf den hohen Vulkanen dieser Gegend lag noch Schnee. Überall gab es klare Seen und Bäche, kaum Siedlungen, und an manchen Tagen sahen wir nur ein bis zwei Autos. Mit genügend Proviant in den

Taschen ließ es sich dort richtig gut leben. Die argentinische, also die Ostseite der Anden, war trockener. In Chile gab es die grüneren Weiden, dort mussten wir jedoch häufiger mit Regen rechnen.

In Osorno, einer großen Stadt westlich des chilenischen Seengebiets, kamen wir in den Genuss einer traditionellen Schweizer Weihnacht. Philipp und Brigitte (selbst ehemalige Tourenfahrer) unterrichteten dort an einer deutschen Schule. Zusammen mit ihren beiden Kindern feierten wir bei Raclette, Tannenbaum (mit echten Kerzen statt landestypischer Blinklichterkette), *Weihnachtsgüezi* (auf Deutsch: Weihnachtgebäck) und Liedern. Sogar für uns lag ein *Päckli* unter dem Baum, darin befand sich gute Schweizer *Schoggi*. Das Wetter war, trotz des Sommers, ähnlich wie in Europa; es regnete ständig, und die Kälte kroch durch sämtliche Klamotten.

Carretera Austral

Im argentinischen San Carlos de Bariloche bekamen wir wieder einmal Besuch. Es war bereits das dritte Mal, dass uns Dorothees Bruder Andi und seine Frau Alexandra besuchten. Für uns hatten sie Briefe, diverse Ersatzteile für die Ausrüstung, Gummibärchen, Schweizer Schokolade und das schon obligatorische Käsefondue im Gepäck. Gemeinsam machten wir uns auf den Weg nach Süden.

Die Carretera Austral war dann leider völlig verregnet. Dorothee und ich hatten uns schon sehr auf diesen Abschnitt gefreut, nicht nur wegen der atemberaubenden Natur mit ihren Wasserfällen, glasklaren Seen, Regenwäldern und Gletschern, sondern auch oder gerade wegen der Erinnerungen an jene Zeit, in der wir uns 1994 kennengelernt hatten.

Wir waren zwar damals dieses Stück noch nicht gemeinsam geradelt, hatten aber beide gutes Wetter und wussten, wie schön es sein konnte. Jetzt versteckten sich die Berge und Gletscher in den Wolken, deshalb machte es keinen Spaß, zu Wasserfällen zu laufen oder in den Seen zu baden. Mühsam wurde es, da wir unsere Zelte häufig im Regen auf- und abbauen mussten. Alles wurde

*Beim dritten Besuch von Andi und Alexandra
gab es „Reduce Speed"-Plaketten*

allmählich feucht und klamm. Wir waren froh um jedes trockene Plätzchen, und wenn immer möglich, machten wir unsere Pausen unter den Brücken.

Als wir an einem späten Nachmittags an einer Holzscheune vorbeikamen, war uns schnell klar, dass wir dort die nächste Nacht verbringen würden. Das Gebäude stand auf Stelzen und war nur über eine wacklige Leiter betretbar. Es war uns zu mühsam, alles hochzuschleppen, darum stellten wir die Zelte einfach im Trockenen unter der Hütte auf.

Das Problem begann, als die eigentlichen Bewohner der Scheune nach Hause kamen, eine Muttersau mit ihren drei Ferkeln. „Oh wie süß", fanden wir zuerst. Aber nicht lange, denn die Schweine begannen gleich mit ihrem Terror. Sie knabberten an den Taschen, Zelten und einfach an allem herum. Mit Steinen und Stöcken versuchten wir, sie zu vertreiben, doch nach mehreren erfolglosen Versuchen traten wir den Rückzug nach oben an. Als wir dann endlich alles auf dem Dachboden hatten, erkannten wir den Grund des vorherigen Terrors. Dort, wo zuvor unsere Zelte standen, war der Schlafplatz der Schweine, jetzt hatten sie sich dort zum Schlafen zusammengekuschelt. Außer einem gelegentlichen Grunzen im Schlaf verliefen Abend und Nacht schön ruhig.

Einen „Lift" der besonderen Art bekamen wir bei einer Baustelle. Mit einem Bagger hatten Bauarbeiter einen tiefen, etwa zwei Meter breiten Graben quer über die Straße ausgehoben, in dem reißendes Wasser floss. Bei genauerem Betrachten wurde schnell klar, dass es kein Hinüberkommen gab. Die Rohre, die eingelegt werden sollten, lagen noch daneben. Obwohl die Straße spärlich befahren war, hatte sich schon eine Autoschlange gebildet. Alles deutete auf einen längeren Aufenthalt hin. Doch es kam anders, die Bauarbeiter hatten wohl Mitleid mit uns. Sie unterbrachen ihre Arbeit, einer nach dem anderen durfte samt Rad in die Bagger-schaufel steigen und wurde auf die andere Seite befördert. Bereit-willig halfen uns die Arbeiter beim Ein- und Ausladen unserer schwerer Räder. Die wartenden Autofahrer standen staunend da, für sie nahm das Warten noch lange kein Ende, und wir konnten auf ruhiger Straße die Reise fortsetzen.

Nach mehreren Tagen im Regen freuten wir uns auf Coihaique, die einzige Stadt an der Carretera Austral. Dort wollten wir wieder einmal in einer trockenen Hospedaje schlafen und in einer geheiz-ten Küche kochen. Auch der Speiseplan bekam wieder mehr Abwechslung. Schon ein paar hundert Kilometer vor der Stadt

Mit dem Rad gibt es immer ein Durchkommen

hatten uns entgegenkommende Fahrradfahrer erzählt: „In Coihaique gibt es einen riesigen Supermarkt mit sage und schreibe 17 Kassen!" Hier füllten wir unsere Vorräte wieder hemmungslos auf.

Wir hatten genug vom Regen, deshalb beschlossen wir auf die trockene argentinische Seite zu wechseln. Der Wind, der dort herrscht, schien uns zu dem Zeitpunkt das kleinere Übel zu sein. Zwei Tage später überquerten wir mit der Fähre den Lago Buenos Aires, und auf einen Schlag hatte uns die Pampa. Schon auf dem See bekamen wir einen Vorgeschmack auf den argentinischen Wind. Der Wellengang war dermaßen stark, dass wir nicht mehr das Gefühl hatten, auf einem See zu sein, sondern mitten auf dem offenen Meer.

Ruta 40

Die 64 Kilometer auf der Asphaltstraße nach Perito Moreno waren der reine Genuss. Wir brauchten bei diesem Südwestwind kaum noch zu treten. Das Vergnügen wurde nur von dem Wissen getrübt, dass die Freude schon hinter der nächsten Kurve ein Ende haben könnte. Dies war spätestens in Perito Moreno der Fall, ab da ging es auf grobem Schotter Richtung Süden. Doch erst mussten wir uns in diesem Ort für die nächsten 500 Kilometer mit genügend Lebensmitteln eindecken, und abends beim argentinischen Wein aus dem Tetra Pak verdrängten wir den nahenden Aufbruch lieber.

Jeden Morgen standen wir mit dem ersten Licht auf. Sogar Dorothee, die morgens kaum aus den Federn kam, war leicht davon zu überzeugen, denn der Wind blies in den frühen, kühleren Stunden um einiges schwächer als nachmittags. Das heißt nicht etwa, dass der Wind schwach war, doch immerhin kamen wir beim frühen Starten noch mit 13 km/h voran. Um 14 Uhr waren es nur noch 5 km/h, und dann tat man besser daran, sich in der kargen Pampa nach einem geschützten Platz für die Nacht umzuschauen. Das Radfahren allein wäre schwer genug gewesen, doch richtig zermürbend war der ständige Lärm. Der Wind machte so einen

Krach, dass man sich nur brüllend unterhalten konnte. Es war auch nicht immer leicht, einen geschützten Platz für die Zelte zu finden.

Kurz nach der Mittagspause kämpften wir uns wieder einmal nur noch mit Schritttempo voran. Bis zum Horizont wäre es noch weit gewesen, und davor war kein passender Platz für die Nacht zu erwarten. Nur topfebene Pampa, so weit das Auge reichte. Also beschlossen wir, die Nacht in einer der trockenen Wasserdurchgangsröhren unter der Straße zu verbringen. Gemütlich war es dort drinnen allerdings nicht, der Wind pfiff hindurch. Wir konstruierten aus zwei Fahrrädern, den Zeltstangen und unserer Ersatzfelge eine Art Gitter. Darüber legten wir Andis und Alexandras Außenzelt. Der Wind presste es so stark an das improvisierte Gitter, dass es nicht weiter befestigt werden musste. Danach war es in der Röhre komplett windstill, gemütlich und vor allem schön ruhig. Verkehr gab es so gut wie keinen, schon gar nicht nachts. Trotzdem war es ein seltsames Gefühl, so direkt unter der Straße zu liegen. Wir schliefen viel besser als bei Wind im Zelt, das ist immer sehr laut, und man denkt bei jeder stärkeren Böe, die Stangen könnten gleich brechen. Wie schon so oft in der Pampa konnten wir auch an diesem Abend beim Sonnenuntergang das Spektakel am Himmel beobachten. Der Himmel wechselte ständig die Farben, uns kam es vor, als würde er brennen.

Zu windig fürs Zelt – Nachtlager in der Röhre

Schon sieben Tage waren vergangen, seit wir Perito Moreno verlassen hatten. Uns fehlten nur noch 45 Kilometer bis Tres Lagos. Sieben Tage in diesem Wind erforderten einiges an Durchhaltewillen, und wir kamen schon manchmal an unsere Grenzen. Wobei ich die psychische Belastung stärker empfand als die physische. In einer Gruppe so etwas zu machen, ist bestimmt schwieriger als allein oder zu zweit. Trotzdem bin ich begeistert von dieser Strecke, von der die Autofahrer sagen, sie sei langweilig. Immer wieder sahen wir Guanakoherden (wilde Lamas) und Nandus, eine Straußenart, die so wunderbar mit dieser wilden Natur harmonierten. Daneben gab es Gürteltiere zu bestaunen oder bizarre Felsenformationen, langweilig wurde es uns nie.

An diesem letzten Abend vor Tres Lagos, wo wir uns wieder mit Lebensmittel eindecken konnten, fanden wir einen einigermaßen windgeschützten Platz in einer Ruine. Von den drei Häusern standen nur noch ein paar Mauern, doch diese Reste boten uns genügend Schutz. Wir waren der festen Überzeugung, dass wir den Ort am nächsten Tag leicht erreichen würden, was wegen unserer zur Neige gehenden Vorräte auch dringend notwendig war. Doch wir hatten die Rechnung ohne den Wind gemacht. Der legte in der Nacht noch an Intensität zu, trotz schützender Mauern wurden die Zelte so stark durchgerüttelt, dass wir kaum ein Auge zumachen konnten. Dazu kam, dass der Wind das Wasser aus dem nahen Bach in unser „Zimmer" trieb. Mitten in der Nacht wurden unsere Schlafsäcke nass, zum Glück sind unsere Matten dick genug, so floss das Wasser nur um diese herum. Trotzdem war es nicht angenehm, wir mussten unser Zelt frühzeitig abbauen und die Schlafsäcke zum Trocknen aufhängen.

Beim Teetrinken warteten wir auf das erste Licht. Nach dem Porridge-Frühstück machten wir uns auf den Weg. Doch an Fahren war gar nicht zu denken, mühsam schoben wir die Räder durch den tiefen Schotter gegen den immer kräftiger werdenden Wind. Als sogar das Schieben zu anstrengend wurde, begannen wir, hintereinander in einer Linie zu schieben. Andi und ich wechselten uns vorn ab. Windschattenfahren ist beim Radfahren die normalste Sache der Welt, doch Windschattenschieben kannte ich bis dahin noch nicht. Bei Böen musste der Vorderste die Bremsen anziehen, damit sein Rad nicht rückwärts in die anderen geschoben wurde, und alle mussten die Köpfe senken, weil uns die Kieselsteine im wahrsten Sinne des Wortes um die Ohren flogen. Die Helme leisteten dabei einen guten Dienst.

Nach zweieinhalb Stunden waren wir gerade einmal neun Kilometer vorangekommen und alle ziemlich erschöpft. Wir kapitulierten vor dieser Naturgewalt.

Im Straßengraben bei einer Wasserröhre fanden wir etwas Schutz. Wir stoppten das erste Auto und hatten Glück. Es war ein Pick-up, und die beiden Argentinier waren bereit, Andi und Alexandra mitzunehmen, für uns gab es keinen Platz mehr. Das Aufladen der Räder war gar nicht so einfach. Als ich Alexandras Rad hochhob, riss es eine besonders starke Windböe waagrecht in die Luft und mich beinahe um. Drei Leute mussten daran herumzerren, bis es endlich auf der Ladefläche verstaut war. Auch die schweren Taschen wurden vom Wind erfasst. Sie rollten über die Fahrbahn, und wir mussten ihnen hinterherrennen.

„Wir warten in Tres Lagos bei der Tankstelle auf euch", rief uns Alexandra noch zu, und die beiden fuhren, hinten auf der Ladefläche sitzend, winkend davon. Dorothee und ich mussten noch lang warten. Die Ruta 40 ist kaum befahren, und die paar Fahrzeuge, die wir stoppten, waren alle vollbesetzt und vollbeladen. Einer von uns hielt ständig Wache, damit wir ja keines der seltenen Autos verpassten. Dann näherte sich im Schneckentempo ein großes, sehr hohes Wohnmobil. Das Ding war höher als breit, und der Seitenwind drückte dermaßen stark gegen die Kabine, dass sein Heck bei jeder Böe auf der flachen Schotterstraße ausbrach. Wir fürchteten, dass es jeden Augenblick kippen könnte.

Es waren Stuttgarter! Nun hat das Warten ein Ende, dachten wir. Sie hielten an, und ich kroch fast auf allen Vieren zum Fahrerfenster. Normales Aufrechtgehen war nicht mehr möglich. Der Fahrer saß auf der windgeschützten Seite des Wagens, und man konnte es dort nicht aushalten. Es entstanden so starke Wirbel, dass mir die Kieselsteine ins Gesicht flogen und ich schnellstmöglich wieder in den Wind floh. Am Beifahrerfenster klappte es besser, wenn die

Verständigung auch nur schreiend möglich war. Ich war dann einfach nur platt und konnte nichts mehr antworten, als mir das ältere Ehepaar erklärte: „Wir haben uns dieses Wohnmobil selbst ausgebaut, und die Innenausstattung würde wohl durch eure Räder leiden." Später berichtete uns Alexandra, dass sie sofort zu dem deutschen Wagen lief, als er bei der Tankstelle eintraf.

„Haben Sie die beiden Radfahrer nicht gesehen?"

„Doch, die liegen da voll im Wind!"

Wir mussten uns also weiter in Geduld üben und bereiteten uns mental schon auf eine weitere Nacht in der Röhre vor. Mein Rad hatte ich auf der anderen Straßenseite an das Betonmäuerchen gelehnt. Obwohl ich das etwa 70 Kilo schwere Rad in einem flachen Winkel angelehnt hatte, wurde es von einer Böe erfasst und umgeworfen. Der Wind hatte sich zum Sturm gesteigert, ich kam fast nicht mehr die Böschung hoch. Dann machte es „klack" an meinem Helm, das Visier war in der Mitte durchgebrochen.

Die nächste Hoffnung kam in Form eines Paares aus Leipzig. Ihr chilenischer Mietwagen, in dem sie auch schlafen konnten, war vollgestopft mit ihren Klamotten, wir mussten sie ziehen lassen. Als sie schon weg waren, fiel uns ein, dass wir sie um Wasser hätten bitten können. Wir nahmen uns vor, dies beim nächsten Auto zu tun.

Es dauerte nicht lang, da standen die Leipziger plötzlich wieder da. Sie hatten umgedreht und sagten: „Wir können wenigsten einen Versuch machen, ob nicht doch genug Platz vorhanden ist." Warum auch nicht. Alles wurde umgeschichtet, und sie machten das scheinbar Unmögliche möglich. So richtig entspannend und komfortabel war es nicht da hinten, eingequetscht zwischen Fahrradlenker und Gepäcktaschen zu sitzen. Doch es waren ja nur 35 Kilometer, und alles war besser, als in der Röhre festzuhocken.

Andi und Alexandra waren erleichtert, als wir auftauchten. Ganze fünf Stunden hatten sie auf uns warten müssen. Sie hatten gerade einem in unsere Richtung fahrenden Autofahrer eine Rolle Kekse und eine Flasche Cola mitgegeben. Das brauchten wir nun nicht mehr, hier gab es Proviant und ein kleines Restaurant. Außer uns saß noch ein Motorradfahrer fest, bei dieser Windstärke konnten wirklich nur noch Autos fahren.

Auf den Spuren unserer Vergangenheit

In El Chaitén hatten wir dann wieder etwas mehr Wetterglück und konnten in alpiner Landschaft einen wolkenlosen *Cerro Torre* und *Fitzroy* bestaunen, was ganz und gar nichts Alltägliches ist. Doch das hatten wir verdient nach einer verregneten Carretera Austral und dem Sturmwind auf der Ruta 40. Wir unternahmen Tageswanderungen, die Vegetation war ein krasser Gegensatz zur Pampa.

Drei Tage später trafen wir in El Calafate ein. Für uns ist das ein ganz besonderer Ort, denn hier hatten wir uns vor neun Jahren kennengelernt. Es hatte sich nicht viel verändert, wie schon damals waren jede Menge Tourenfahrer auf dem Campingplatz. Einige kannten wir, und von anderen hatten wir bereits gehört. Trotz Internetzeiten funktionierte das Buschtelefon immer noch. Wir hatten Grund genug zum Feiern und spendierten eine Runde Sekt.

Tagsüber schraubte man an den Fahrrädern und tauschte Tipps aus, abends saßen wir, der Kälte trotzend, bis spät in die Nacht beim Wein zusammen.

Anders sah es bei den Motorradfahrern aus. Die hatten sich in einer anderen Ecke zusammengetan und standen schon morgens mit einer Flasche Bier in der Hand um ihre Maschinen und fachsimpelten.

Einen Tag nach unserer Ankunft gingen wir zusammen mit allen anderen Radfahrern in ein Restaurant, das ein großes „All you can eat buffet" offerierte. Die Wirte hatten wohl keine Freude an uns. Nach solchen Strecken verdrückten wir alle mindestens das Doppelte, wenn nicht gar das Dreifache eines normalen Menschen, und es würde uns nicht wundern, wenn die Besitzer nun ein mehrsprachiges Schild aufgehängt haben: „No admittance to cyclists – Prohibido para ciclistas – Kein Zutritt für Tourenfahrer".

In El Calafate mussten wir uns wieder von Andi und Alexandra trennen, die hatten es nicht so gut wie wir. Sie kehrten bald zurück nach Europa.

Mit Rückenwind verließen wir Calafate, und weiter ging es auf den Spuren unserer eigenen Vergangenheit. Hier waren wir zum ersten Mal gemeinsam Rad gefahren und hatten die Vorteile der

Zweisamkeit entdeckt. Immer wieder hielten wir Ausschau nach den Lagerplätzen von damals, was nach neun Jahren gar nicht so einfach war.

Wir schafften am ersten Tag 116 Kilometer und hatten exakt 84.000 Kilometer auf den Tachos, als wir bei einer einsamen Polizeistation, mitten in der endlos scheinenden Pampa, ankamen. Der „Ort" hat sogar einen Namen, Coti Aike nennt sich das Nichts. Dort fragten wir den diensthabenden Polizisten, ob wir unser Zelt im Windschatten seiner Station aufschlagen dürften.

„Wollt ihr denn nicht bei uns im Haus schlafen?", fragte Luís zurück und stellte uns eines der Zimmer zur Verfügung. Sogar die warme Dusche durften wir benutzen, war das ein Luxus! Als wir etwas später unser Abendessen zubereiten wollten, winkte er sofort ab, und wir kamen in den Genuss, zusammen mit ihm und seinem Sohn in der geheizten Stube einen leckeren Eintopf essen zu können. Es waren Schulferien, darum hatte Luís seinen fünf-jährigen Sohn Nico bei sich. Luís war erfolgreicher Rodeoreiter, und Nico erzählte uns stolz: „Ich kann schon auf großen Pferden reiten und sogar galoppieren."

Auf dem Weg nach Süden ließen wir den Nationalpark Torres del Paine links liegen. Zum einen, weil wir etwas spät dran waren und nicht im Winter auf Feuerland sein wollten. Zum anderen behiel-ten wir den Park lieber so in Erinnerung, wie wir ihn vor neun Jahren erlebt hatten. In der Zwischenzeit hatte sich die Anzahl der Besucher drastisch erhöht, da wären wir wohl enttäuscht gewesen. Später haben wir von anderen Touristen erfahren, dass der Park gerade in dieser Zeit wegen zuviel Regen geschlossen werden musste. Nur gut, dass wir auf den Besuch verzichtet hatten.

Die Pinguinkolonie weiter südlich bei Punta Arenas ließen wir uns jedoch nicht entgehen. Es ist faszinierend, diesen im Wasser so behenden Vögeln zuzusehen, wie sie an Land kommen und auf ausgetretenen Pfaden im Gänsemarsch zu ihren Höhlen watscheln. Oft sind nur noch die Köpfe zu sehen, so tief haben die kleinen Vögel ihre Wege schon ausgetreten. Für die Besucher sind Stege angelegt worden, die über die Pinguinwege hinwegführen, dadurch werden die Höhlen nicht zertreten.

Der Wind machte uns weiterhin das Leben schwer. Besonders in Punta Arenas wurde es gefährlich. Auf einmal gab es mehr Verkehr, doch dafür konnten wir auf dem breiten Pannenstreifen radeln und uns bei Windböen große Schlenker leisten. Als der Randstreifen im dichteren Stadtgebiet aufhörte und der Verkehr immer mehr zunahm, wurde es richtig gefährlich! Wir schoben lieber die Räder. Wegen der Häuser am Straßenrand war es unmöglich, eine gerade Linie zu fahren, der Wind pfiff durch die Lücken. Wenn wir im Windschatten der Häuser waren ging es, doch bei jeder Querstraße blies uns der Wind fast auf die Fahrbahn.

In unserer Unterkunft hingen alte Fotografien. Darauf war zu sehen, dass man in der Stadt Seile gespannt hatte, an denen sich Fußgänger entlanghangelten, um nicht weggeblasen zu werden. Punta Arenas zählt ganz bestimmt zu den windigsten Orten auf dem Globus.

Das Ende der Welt

Mit der Fähre setzten wir nach Feuerland über, es wurde höchste Zeit, denn der Sommer ist da unten extrem kurz. Feuerland war genau nach unserm Geschmack, die Wildheit der Landschaft steigerte sich, je weiter südlich wir kamen. Dann standen wir vor einem der meistfotografierten und auch hässlichsten Schilder der Welt und machten mit Selbstauslöser ebenfalls ein Bild von uns und den Rädern. Auf dem Schild stand „Fin del Mundo", wir befanden uns also am Ende der Welt. Hier endete die Straße einfach in einer Bucht, weiter wäre es nur noch auf dem Wasserweg gegangen. Allzu lang hielten wir es da unten allerdings nicht aus. Die kleinen Blätter der Südbuchen hatten sich bereits herbstlich verfärbt. Wenn die Sonne schien, schimmerten sie in allen Rot- und Gelbtönen, doch es war ziemlich kalt und schneite bald bis in die Täler hinunter. Auf dem Weg nach Norden saß uns ständig der Winter im Nacken. Bei jedem Ruhetag kam es uns vor, als hätte er uns schon wieder ein Stück eingeholt.

„Fin del Mundo" – Das Ende der Welt

Wir fuhren auf der asphaltierten *Ruta 3,* die unter Radfahrern als langweilig gilt, Richtung Buenos Aires. Dass sie langweilig ist, können wir jedoch nicht bestätigen. Hier gibt es riesige Schafherden, die aus der Ferne wie Büsche aussehen und sich erst bei genauerem Hinsehen als wollene Vierbeiner entpuppen. Zwischen den Schafen verstecken sich immer wieder Nandus, und zum ersten Mal sahen wir Maras, die auch Pampahasen genannt werden. Sie sind jedoch wesentlich größer als europäische Arten. Wenn sie laufen, sieht es aus, als wären ihnen Vorder- und Hinterläufe zusammengebunden worden – sie scheinen Sprungfedern unter den Füßen zu haben.

Immer wieder liefen uns Füchse über den Weg. Wir sahen außerdem halbwilde Pferdeherden. In den Lagunen staksten Flamingos, und natürlich gab es wieder jede Menge Guanakos, die gehören einfach zur Pampa. Ein bleibendes Erlebnis hatten wir, als wir in der Nähe einer Pinguinkolonie unser Nachtlager aufgeschlagen hatten. Die Nacht war vom Mond erleuchtet, und die lauten Schreie der Pinguine waren längst verstummt. Auf unserem Teppich sitzend, bestaunten wir den Sternenhimmel und genossen die Ruhe der windstillen Nacht. Da huschte auf einmal ein großer, gespenstischer

Schatten über den Himmel und blieb für zwei bis drei Sekunden direkt über uns in der Luft stehen. Erst dann erkannten wir, was das war. Es handelte sich um eine Rieseneule, die uns aus zwei Meter Höhe neugierig bestaunte, dann war sie genauso schnell und leise weg, wie sie herangeschwebt war.

Schön war, dass der Wind durch die kühleren Herbsttage kaum oder nur noch mäßig blies. Es gab immer wieder leicht hügelige Abschnitte mit Schluchten und ausgetrockneten Bachbetten mit Bäumen, die ihr herbstliches Gewand trugen.

Oft standen Altäre für *Gauchito Gil* am Rande der Straße, der „Robin Hood" der Argentinier, der die Reichen bestahl und die Armen beschenkte. Die Altäre dieses populären Volksheiligen waren schon von weitem an den roten Fahnen zu erkennen. Uns erinnerten sie an die Hausaltäre der chinesischen Buddhisten. Es gab aber auch noch viele andere Heilige, denen in Argentinien ein Altar, ein Kreuz oder ein kleines Kapellchen gewidmet wurde. Ein Brauch hier ist, den Reisenden und wohl auch den Heiligen selbst Wasser hinzustellen. So ähneln diese Orte oft einer Petflaschen-Sammelstelle in ganz großem Stil.

Eine andere Eigenart der Argentinier ist, immer und überall ein *asado,* ein Barbecue, abzuhalten. Zu jedem Zeltplatz gehören Grillstellen, auch sonst gab es überall in der Pampa Feuerstellen, und um diese lagen dann weit verstreut die Knochen der saftigen Rindersteaks.

Von der Ruta 3 machten wir einige mehr oder weniger große Umwege und Abstecher. Da gab es außer den Pinguinen auch See-Elefanten und Seelöwen zu bestaunen. Sehr lohnenswert und interessant war unser Ausflug zu versteinerten Wäldern. Hier wuchsen vor 150 Millionen Jahren Araukarien, die eine Höhe von 100 Metern erreichten und mehr als 1000 Jahre alt werden konnten. Die versteinerten Stämme, mit einem Durchmesser von zum

Teil über zwei Metern, liegen jetzt überall verstreut in der kargen Pampa. Die Holzstruktur, Astlöcher, Jahresringe und Rindenstruktur waren noch gut zu erkennen, und man sah erst auf den zweiten Blick, dass alles aus Stein war.

Zum Übernachten nutzten wir fast jeden Abend die Kiesgruben. Zwar waren das keine wildromantischen Zeltplätze, dafür waren sie einigermaßen sicht- und windgeschützt. Es gab von den Pampabüschen genügend trockenes Holz für ein wärmendes Feuer. Nur selten und weit verstreut gab es Estancias, die meisten waren verlassen, oft gab es Wegweiser zu diesen mit Kilometerangaben, die zwei- oder gar dreistellig waren.

Einen kleinen Einblick, wie sich die Bewohner auf diesen einsamen Estancias fühlen, bekamen wir auf der Estancia *Las Martinetas*. Wir wussten, dass diese Farm nicht mehr bewohnt und bewirtschaftet wurde, dass es dort Wasser gab und dass das Nebengebäude nicht verschlossen war. Es gab einen Ofen, einen Tisch und Stühle, wir mussten nur erst ein bisschen Staub wischen. Gespenstisch rüttelte und zerrte der Wind an den Fensterscheiben, Türen und dem Blechdach. Trotzdem schliefen wir bestens, und wir hätten gern noch einen weiteren Tag in dieser Einsamkeit verbracht. Doch die bedrohlichen Regenwolken am Himmel trieben uns weiter, denn Regen würde die harte Sandpiste sofort in eine weiche, zähe Maße verwandeln. Wieder zurück auf der Asphaltstraße ging es im Sausetempo voran. Ich hatte manchmal, vor allem auf kurzen Abfahrten, erhebliche Mühe, Dorothees Tempo mitzuhalten. Grund dafür war mein kürzlich erstandener Reifen „Made in China", der alles andere als gute Rolleigenschaften besaß und schon nach 500 Kilometern komplett glattgefahren war.

Das Original von „Sierra de la Ventana"

Wieder einmal mehr gelang es uns nicht, alle ausgesprochenen Einladungen anzunehmen. Wir verließen gerade die Industriestadt Bahia Blanca, in der wir vier Tage lang bei dem Franzosen Michel Gäste sein durften. Ihm war es wie einigen anderen alleinreisenden

Weltumradlern ergangen, als sie durch Argentinien kamen. Seine Welttour fand ein Ende, weil er Mercedes kennenlernte und heiratete.

Eine ältere Passantin sprach uns an einer roten Ampel an und wollte uns zu sich nach Hause einladen. Am selben Tag gegen Abend hielt ein uns entgegenkommender Geländewagen an. Der Fahrer rief etwas zu uns herüber, was wegen des Verkehrs nur schlecht verständlich war. Er wollte wissen, woher wir kommen. Als ich „Suiza" zurückrief, kam vom Beifahrersitz ein überrachtes und freudiges „us der Schwiz!" Es waren Ursula und Horasio, sie Schweizerin, er Argentinier. Sie wohnten im etwa 50 Kilometer entfernten Sierra de la Ventana, bei den einzigen Bergen weit und breit. Mit dem Versprechen, sie am nächsten Tag zu besuchen, gingen wir auseinander.

Bei ihnen durften wir in einem kleinen Häuschen mit dem Luxus eines Holzofens und einer Küche wohnen. Es war immer noch kalt, den Winter hatten wir noch nicht hinter uns gelassen. Er sollte uns auch noch lang verfolgen.

Einen Tag später hatten wir den 18. Mai 2003. Fünf Jahre war es her, seit wir unsere Reise in Thun begonnen hatten. Horasio machte ein „Asado am Kreuz", das so typisch für Argentinien ist. Dabei wird ein Lamm auf ein Metallkreuz gespannt und neben dem offenen Feuer in die Erde gesteckt. Es dauerte Stunden, bis das Fleisch gar war. Es schmeckte dafür aber ausgezeichnet und war ein würdiges Festessen für unser Jubiläum.

Die beiden arbeiteten beim lokalen Radiosender „FM de la Ventana", und natürlich wurden wir auch gleich ins Studio geschleift. Doch so etwas waren wir längst gewöhnt. Oft waren wir in Argentinien von örtlichen Radio- oder Fernsehstationen interviewt worden.

In Sierra de la Ventana wohnte Irene, das 86-jährige Original der Stadt. Sie fuhr Rad und ritt wie ein Gaucho. 1924, als sie sechs Jahre alt war, wanderte sie mit ihren Eltern aus Deutschland aus und sprach jetzt immer noch Spanisch mit starkem deutschen Akzent. Wir statteten ihr einen Überraschungsbesuch ab. Sie hatte schon von uns gehört und gehofft, uns kennenzulernen. Wir radelten gemeinsam zur nächsten Pizzeria.

„Wenn es nicht regnen würde, wäre ich mit euch nach dem Essen reiten gegangen."

Sie besaß fünf Pferde und ritt im Sommer mit Touristen aus. So fuhr sie aber mit uns zum Übungsraum ihrer Band und stellte uns die anderen Bandmitglieder vor. Sie musizierte in einem Trio, in dem sie die Ziehharmonika spielte. Die anderen Bandmitglieder waren „der Brasilianer", halb so alt wie Irene, und dessen zwanzigjähriger Sohn. Der „Brasilianer" spielte Gitarre und sang, sein Sohn trommelte dazu. Wie jeden Mittwochnachmittag trafen sie sich um zu üben, und wir durften ein bisschen zuhören.

„An Samstagen spielen wir in Restaurants und lassen dann einen Hut herumgehen."

Auch indem sie in Seniorenheimen auftraten, finanzierten sie ihren Lebensunterhalt. Für uns war diese Begegnung sehr bereichernd, und wir wünschten Irene von ganzem Herzen, dass sie noch möglichst lang so viel Spaß am Leben hat.

Uruguay, Land der Oldtimer und Matetrinker

Weiter ging es nach Buenos Aires. Diese Riesenmetropole gefiel uns gut. Wir bewunderten die Kunst der Tangotänzer und bummelten über verschiedene Flohmärkte und durch die Viertel. Das bekannteste ist das bunte La Boca. Obwohl wir keine Opernfans sind, schauten wir uns die Oper „Tosca" von Puccini an. Dabei war die Opernaufführung an sich nicht das Besondere, sondern das Teatro Colón, in dem die Aufführung stattfand. Es ist eines der weltgrößten Opernhäuser mit vielen Balkonen und Galerien, Schnörkelstuck und roten Plüschsesseln. Schon das Gebäude allein ist einen Besuch wert, wir saßen im „Paraíso" oder „Olymp", ganz oben unter der Decke. Glücklicherweise sind wir schwindelfrei. Gut auch, dass wir unser Fernglas dabeihatten. Nach dem ersten Akt leisteten wir uns in der Opernbar ganz stilvoll ein Glas Champagner. Wir waren froh, als Tosca endlich tot war und die Oper somit nach dem 3. Akt zu Ende, einen weiteren hätten wir wahrscheinlich nicht mehr durchgestanden …

Oldtimer in Uruguay

Nach fast zwei Wochen Buenos Aires hatten wir dann doch genug vom Stadtleben und setzten mit der Fähre über den Río de la Plata, der mit seiner erstaunlichen Mündungsbreite eher dem Meer ähnelt als einem Fluss, nach Uruguay über.

Uruguay ist das Land der Oldtimer. Von Argentinien waren wir schon einiges gewöhnt, doch das hier schlug alles um Längen. Da sahen wir noch Museumsstücke mit außenliegenden Speichen-rädern herumfahren.

Bei einer Tankstelle bestaunten wir wieder einmal einen dieser Oldtimer. Es handelte sich um einen Kleinlaster. Der sichtlich stol-ze Besitzer öffnete für uns auch gleich die Motorhaube, wo uns ein blitzblanker Motor entgegenstrahlte. Als wir ihm erzählten, dass wir aus Deutschland und der Schweiz kommen, wies er uns auf das Typenschild hin. Das Auto stammte aus Bremen und hatte das Baujahr 1953. Da alle Angaben auf Deutsch waren, wollte er von uns wissen: „Was bedeuten denn die anderen Zahlen?"

„Die Nutzlast der Vorderradachse beträgt 900 kg und die der Hinterradachse 1800 kg". Voller Freude teilte er sein neues Wissen seinen Mitfahrern mit.

Auf dem Weg in den wärmeren Norden trafen wir noch viele nette und sehr hilfsbereite Uruguayer, die vor allem stolz auf die Sicherheit in ihrem Land waren. Wir kamen an einigen heißen Quellen vorbei, eine willkommene Erwärmung bei immer noch kalten Temperaturen mit Nachtfrösten.

Die Uruguayer scheinen das Matetrinken erfunden zu haben. Dass ein Uruguayer auf der Straße ohne seine Thermoskanne unter dem Arm und dem Matebecher mit der *bombina* (ein Röhrchen mit einem Sieb, durch das der Matetee gesaugt wird) in der Hand herumläuft, ist fast ebenso undenkbar wie bei uns das Spazierengehen ohne Hosen.

Auch wir legten uns hier eine Thermoskanne zu. Matebecher und Saugröhrchen besaßen wir schon längere Zeit. Die Kanne passte genau in den Flaschenhalter am Rad, deshalb wurden wir immer sofort als Matetrinker erkannt, erstaunt darauf angesprochen und zum Matetrinken eingeladen. Mate wird selten allein getrunken, der Becher macht die Runde und wird immer wieder mit heißem Wasser nachgefüllt. Das ist eine sehr gesellige Art Tee zu trinken, aber auch zeitaufwendig, deshalb ist dies in Betrieben oft verboten.

Obwohl in Uruguay sehr viel Mate konsumiert wird, liegen die größten Anbaugebiete weiter nördlich in Brasilien. Aber auch in *Misiones,* dem Zipfel ganz im Norden Argentiniens, der auf der Landkarte wie ein Finger aussieht. Diese Provinz war unser nächstes Ziel, und wir freuten uns darauf.

Überfall

Unser Zelt stand, von Scheinwerfern hell erleuchtet, auf dem kurzgeschorenen Rasen einer Verkehrsinsel, direkt neben den Zapfsäulen der YPF Tankstelle. Wir hockten in der kühlen Atmosphäre des Schnellimbisses vor unseren Fritten, tranken Bier und schauten hinaus in den Regen. Den Abend hatten wir uns ganz anders vorgestellt, mit gutem Essen in einem trockenen Hotelzimmer.

Wir waren knapp einem Überfall entkommen. Doch wie war so etwas möglich? Und das auch noch in einem unserer Lieblingsländer, in Argentinien? Insgesamt hatten wir bereits über ein halbes Jahr in diesem Land verbracht und schätzten die herzliche und hilfsbereite Art der Argentinier. So etwas passte einfach nicht hierher.

Wie sollte es nun weitergehen? War denn der Norden Argentiniens so viel gefährlicher als der Rest des Landes?

Wir befanden uns am vielleicht tiefsten Punkt der Reise. Fragen über Fragen und auch Angst!

An diesem Nachmittag hatten wir den Río Uruguay auf einer engen Brücke überquert, unsere Regenpelerinen flatterten im Wind. Es hatte den ganzen Tag geregnet, die 75 Kilometer von der uruguayischen Grenze durch Brasilien waren kein Genuss, da zum Regen auch noch der erbärmliche Zustand der Asphaltstraße hinzukam.

Brasilien konnte noch etwas warten, zunächst wollten wir zurück nach Argentinien, wo wir uns so wohlgefühlt hatten.

Die Grenzabfertigung verlief problemlos, wir bekamen zum 15. und letzten Mal auf dieser Reise einen argentinischen Einreisestempel in den Pass gedrückt. Nur noch rein nach Paso de los Libres, ein Zimmer suchen, im Supermarkt einkaufen und etwas Feines kochen und dazu leckeren argentinischen Wein trinken.

Auf meine Frage nach dem Weg in die Stadt verfinsterte sich die Miene des freundlichen Zöllners. „Dort vorn rechts, dann sind es noch drei Kilometer bis zur Stadtmitte."

„Aber besser, ihr lasst das bleiben, dort gibt es Banditen", erklärte er uns.

„Was? In Argentinien? Bei helllichtem Tag?"

Das konnten und wollten wir nicht glauben, zu sehr lockte ein trockenes Zimmer.

Bei der Tankstelle an der Abzweigung fragten wir den Mann am Kiosk: „Ist es wirklich gefährlich für uns, mit dem Fahrrad in die Stadt zu fahren?" „Ja", antwortete er, fügte aber gleich hinzu, „jetzt bei Tageslicht sollte es kein Problem sein." Genau das wollten wir hören, dann nichts wie los!

Keine Menschenseele auf den ersten anderthalb Kilometern, rechts und links nur Wald. Haben wir wohl richtig entschieden?

Erleichterung, als die ersten Häuser auftauchten. Links hinter einem Parkplatz und leicht zurückversetzt reihten sich ein paar kleine Geschäfte, davor saßen einige Leute.

Ich fuhr hinter Dorothee, als ein Mann uns etwas zurief. Seine Worte waren nicht verständlich, seine Gesten dafür eindeutig. „Da vorn sind Banditen!"

Ab diesem Moment war mit meinem guten Gefühl endgültig Schluss. Wir haben auf unserer langen Reise gelernt, auf konkrete Warnungen der Bewohner zu hören. Plötzlich wurden Zimmer und Essen nebensächlich.

„Lass uns umdrehen, ich habe ein ungutes Gefühl!", rief ich Dorothee zu. Im selben Augenblick sah ich, wie uns zwei junge Typen mit tief ins Gesicht gezogenen Baseballmützen entdeckten. Sie standen etwa 200 Meter entfernt mitten auf einem Fußballfeld und setzten sich zielstrebig Richtung Straße in Bewegung. „Da vorn kommen welche angelaufen", fügte ich noch hinzu.

Obwohl Dorothee nicht so recht verstanden hatte, warum ich unbedingt umdrehen wollte, war sie einverstanden. Wir stoppten, sie warnte mich vor einem entgegenkommenden Auto. Doch ich hatte schon längst auf der rechten Spur kehrtgemacht und trat als Falschfahrer den Rückzug an. Als der Wagen an mir vorüber war, wechselte ich mit einem Blick zurück die Fahrbahn und konnte nicht glauben, was ich sah: Dorothee versuchte mit aller Kraft, auf der leicht ansteigenden Straße ihr schwerbepacktes Fahrrad in Schwung zu bringen. Sie hatte gewartet, bis das Auto an ihr vorbei war, und verlor dadurch viel kostbare Zeit. Nur wenige Meter hinter ihr sah ich die beiden Typen rennen, der eine hielt ein langes Messer in der Hand.

Ungläubig beobachtete ich das Geschehen. Inzwischen hing der eine mit dem Messer bereits an Dorothees hinteren Gepäcktaschen, sein Komplize war nur wenige Schritte dahinter. Dorothee kam zum Stillstand, mein Herz beinahe auch! Ich war nur 20 Meter entfernt. Gedanken jagten mir durch den Kopf. Was soll ich tun? Rad stehen lassen und zu Hilfe eilen? Losfahren und mit möglichst viel Schwung in den Kerl mit dem Messer rasen?

Weiter kam ich mit meinen Gedanken nicht. Ich hörte quietschende

Autoreifen. Ein entgegenkommender Autofahrer sah die Szene, zog mit Vollbremsung auf die Gegenfahrbahn und kam nur knapp neben den Banditen zum Stehen. Mein erster Gedanke war: „Schade, dass er sie nicht mit dem Kotflügel erwischt hat!" Im selben Augenblick flog die Fahrertüre auf, und unser Retter sprang aus dem Wagen. Die beiden Schurken suchten das Weite, wir konnten sie noch über das Fußballfeld laufen sehen, bis sie hinter der nächsten Böschung verschwanden.

Dorothee erzählte mir später, dass ihre Gedanken, als das Auto zu ihr auf die Straßenseite gefahren kam, waren: „Jetzt wollen mich die Typen mit dem Messer umbringen, und dann will mich auch noch der Autofahrer überfahren, welchen Tod ich sterbe, ist jetzt auch noch egal." Um Angst zu haben, hatte sie keine Zeit, dazu ging alles zu schnell.

Ein weiterer Wagen hielt, per Mobiltelefon wurde die Polizei verständigt, und die hilfsbereiten Argentinier begleiteten uns zurück zu den Geschäften. Dort hatte sich inzwischen eine Gruppe Schaulustiger versammelt, die das Geschehen aus der Ferne beobachtete.

Während wir auf die Polizei warteten, wurde die Menschentraube um uns herum immer größer. Uns wurden Fragen gestellt wie: „Hatten beide je ein Messer?" „Wie lang war das Messer? Hielt er die Señora hinten am Fahrrad fest?"

Als nach 15 Minuten immer noch keine Polizei in Sicht war, handelte einer unserer Retter und fuhr mit eingeschalteter Warnblinkanlage vor uns her, geleitete uns zur großen, rund um die Uhr geöffneten und bewachten YPF-Tankstelle.

Auf der etwa fünf Kilometer langen Strecke tauchte dann doch noch die Polizei auf. Die zwei Uniformierten wollten wissen, was vorgefallen und ob uns etwas gestohlen worden war. Damit war für sie die Sache erledigt.

„Waren das Banditen aus Brasilien?", fragte ich. „Nein, nein, das sind unsere Jungs", bekamen wir zur Antwort.

Es war eine lange, schlaflose Nacht. Die Tankstelle war nicht nur hell beleuchtet, sie wurde von Lautsprechern auch noch beschallt. Bis vier Uhr morgens mit Cumbia, dann wechselten sie auf Salsa.

Wir wälzten uns im Zelt von einer Seite auf die andere, die

Gedanken schossen uns weiter durch den Kopf. Ist es nun vorbei mit dem unbeschwerten Reisen? Sehen wir von nun an hinter jeder Hecke Räuber, die uns auflauern? Zu unserer Verteidigung hatten wir rein gar nichts dabei, nicht einmal einen Pfefferspray.

Es sollte nur noch einmal vorkommen, dass wir mit Waffen bedroht wurden, dies erst drei Jahre später im afrikanischen Busch.

Wo der Mate wächst

Die folgenden Tage fuhr natürlich die Angst auch mit. Wir bekamen aber bald das Vertrauen zu den Menschen zurück. Um unsere Familien und Freunde zu Hause nicht unnötig zu beunruhigen, erwähnten wir diesen Vorfall nie in unseren Reiseberichten.

In Misiones strampelten wir tagelang an Mateplantagen vorbei. Es war Erntezeit, und wir lernten den Präsidenten der „Mate Cooperativa Playadito" kennen. Er war deutscher Abstammung und hieß Friedelmeyer. Seine Großeltern waren 1924 ausgewandert und nie wieder zurück nach Europa gegangen. Seine Großmutter hatte ihr Leben lang Heimweh und deshalb ihren Enkeln viele deutsche Volkslieder beigebracht. Friedelmeyer kannte wesentlich mehr davon als wir und sang uns einige vor. Die Matebäume, die sein Großvater vor fast 80 Jahren gepflanzt hatte, konnten immer noch wirtschaftlich genutzt werden.

„Wenn eine Plantage gut gepflegt wird", so erklärte uns, „kann man sie unendlich lang bewirtschaften."

Durch ihn kamen wir in den Genuss eines schönen Zeltplatzes beim Club seiner Firma direkt am Fluss, wo wir einen Tag blieben und die Matemühle und die Trocknungsanlage gezeigt und erklärt bekamen. Die Matezweige werden auf Lastern herbeigebracht, in den Hof geschüttet und mit einem Gabelstapler in große Trommeln befördert. Unter den sich drehenden Trommeln brennen riesige Holzfeuer.

„Zuerst müssen die Mateblätter ganz schnell angetrocknet werden, sonst werden sie schwarz", wurde erklärt.

Nach dem Schnelltrocknungsgang kommen die Zweige auf ein

Förderband und werden weitere drei Stunden getrocknet. Danach werden sie ein bis zwei Jahre gelagert und erst dann zu trinkfertigem Matetee gemahlen. Besonders stolz war diese Cooperative auf ihre computergesteuerte Mühle. Sie war ganz neu, alles lief automatisch, für uns gab es da leider nichts mehr zu sehen außer den Bildschirmen der Computer.

Mate bekamen wir immer wieder von Leuten geschenkt, die sich wunderten und freuten, dass sich Ausländer für ihre Sitten und Gebräuche begeisterten. Das heiße Wasser gab es in Boilern an jeder Tankstelle, so konnten wir immer wieder unterwegs heißes Wasser tanken und Matepausen einlegen, was bei den immer noch recht kalten Temperaturen gut tat. Außerdem wirkte das koffeinhaltige Getränk bei uns auch noch wie Doping.

Am Dreiländereck von Argentinien, Brasilien und Paraguay kamen wir bei den Iguazú-Wasserfällen vorbei. Die Fälle sind für die Nordargentinier das, was Bariloche für die Argentinier südwestlich von Buenos Aires ist. Mit entsprechend vielen Touristen wanderten wir auf den Wegen rund um die Wasserfälle, die uns trotz niedrigen Wasserstandes beeindruckten. Lediglich die Motorboote störten das Idyll. Touristen werden mit diesen Booten direkt zu und sogar unter die Wasserfälle gefahren, was mit Motorenlärm und viel Gequietsche und Gebrüll von Seiten der Touristen verbunden ist.

Tanken von heißem Wasser für den Matetee

Paraguay und die gebackene Suppe

„Paraguay ist sehr gefährlich", sagen die Argentinier. Vor allem Ciudad del Este, die junge Grenzstadt zu Brasilien. Etwas weiter nördlich wurde das damals größte Wasserkraftwerk der Welt gebaut. Durch den Bau des Dammes kamen Leute aus aller Welt in die Stadt, viele Asiaten und selbst Araber. Das geschäftige Treiben in den Straßen dieser Freihandelszone erinnert auch mehr an asiatische Städte als an südamerikanische. Es gibt sogar eine große Moschee, eine Seltenheit im christlich dominierten Südamerika. Darum wurde auch ernsthaft darüber spekuliert, dass sich Bin Laden hier aufhalten könnte. Unsere Suche nach ihm blieb leider erfolglos. Schade, denn mit der Belohnung hätten wir unsere Reise unbeschränkt fortsetzen können.

Dafür hatten wir das große Glück, Gäste bei Romanita und Chelo zu sein. Aus den geplanten ein bis zwei Tagen in Ciudad del Este wurden fünf. Jeden Tag, wenn wir weiterfahren wollten, überredete uns Romanita, doch noch einen Tag länger zu bleiben. Und wir ließen uns gern überreden. Denn sie verwöhnte uns mit ihrem guten Essen und kochte die für Paraguay typischen Gerichte. Das wohl paraguayischste war *sopa paraguaya,* bei der man natürlich gleich an eine Suppe denkt und dann sehr überrascht ist, wenn eine gebackene Mischung aus Maismehl mit Käse und Zwiebeln serviert wird.

Nach all diesen Leckereien konnten wir noch Tage, nachdem wir Ciudad del Este verlassen hatten, von unseren angefressenen Fettreserven zehren und kommen bis heute bei dem Gedanken an Romanitas Leckereien ins Schwärmen. Auf unserer Weiterreise durch Paraguay waren wir noch des Öfteren bei Leuten zu Gast und bekamen daher sehr viel von diesem Land mit. In Paraguay war der Einfluss der Spanier nicht so groß wie in anderen lateinamerikanischen Ländern. So konnte sich die indigene Sprache Guaraní noch gut halten und wird sogar in der Schule gelehrt. Chelo erzählte: „Vor Jahren, als es Paraguay wirtschaftlich noch wesentlich besser ging, haben wir Europa bereist. Wenn wir sicher sein wollten, dass uns niemand versteht, sprachen wir einfach Guaraní, und alle anderen haben gerätselt woher wir kämen."

Hier haben wir uns auch das *tereré*-Trinken angewöhnt, die paraguayische Art des Mate-Trinkens. Bei dem heißen Wetter trinken die Paraguayer ihren Mate, durch Kräuter zusätzlich verfeinert, statt mit heißem mit eiskaltem Wasser, was sehr erfrischend ist. Nun gab es an den Tankstellen fast immer kaltes Wasser, mit dem wir unsere Thermoskanne füllen konnten.

Wild-West

Kurz vor der Grenze nach Brasilien suchten wir uns einen Übernachtungsplatz. Wir kamen durch ausgedehnte und umzäunte Weideflächen. Irgendwo mussten ja die riesigen Rinderherden grasen, die später in Form von saftigen Steaks nach Europa kommen, aber das meiste wird im Land selbst verzehrt.

Bei all den Zäunen war es nicht einfach, einen Zeltplatz zu finden. Das wurde uns bald klar, nachdem wir den ganzen Tag an diesen endlosen Zäunen entlanggefahren waren. Zum Glück tauchte gerade zur richtigen Zeit und von der Straße gut sichtbar eine Estancia auf. Im Garten waren Frauen und spielende Kinder zu sehen, ideal, um nach einem Plätzchen für uns und unser Zelt zu fragen.

Das Tor zur Estancia stand offen, und obwohl ein großes Schild vor Rottweilern warnte, fuhren wir hinein. Sobald wir von den Leuten entdeckt wurden, verschwanden die Frauen und Kinder im Haus. Nur noch ein Mann blieb draußen und suchte Deckung hinter einem Pick-up, der vor der Türe geparkt war. Etwa hundert Meter vom Haus entfernt stellten wir die Räder ab und gingen zu Fuß weiter. Froh waren wir, dass uns und die drei großen Hunde ein Elektrozaun trennte. Die Rottweiler kamen zähnefletschend an den Zaun gerannt, und als wir näher kamen, sahen wir, dass der Mann hinter dem Auto demonstrativ mit einer Pistole spielte …

Was nun? Mit so einem Empfang hatten wir nicht gerechnet. Sollten wir umdrehen oder einfach weitergehen? Schnell entschieden wir uns für das Letztere. Wir versuchten, so harmlos wie möglich auszusehen. Dümmlich grinsend näherten wir uns dem Haus und trugen unser Anliegen vor.

Schon bald lugten die Kinder neugierig durch den Türschlitz, doch Luís, der Verwalter, spielte immer noch mit seiner Knarre.

„Könnt ihr mir eure Ausweise zeigen?"

„Die sind im Gepäck bei unseren Rädern."

Also begleitete er uns dorthin. Die Pistole nahm er mit, doch inzwischen war er schon wesentlich freundlicher, sogar die zwei Jungen durften mitkommen. Den Frauen und Mädchen war es noch nicht so ganz geheuer, sie blieben im Haus.

Luís betrachtete unsere Pässe und inspizierte dabei jeden einzelnen Stempel ganz genau. Erst dann gab er uns die Erlaubnis zum Zelten. Schon auf der Fahrt zum Farmhaus hatten wir uns einen Platz ausgesucht, eine kleine kurzgeschorene Rasenfläche, auf der eine Palme stand und wo es sogar einen Wasserhahn gab. Mehr brauchten wir nicht.

„Zum Duschen und Essen könnt ihr gern ins Haus kommen, es sind noch viele Reste vom Mittag übrig." Doch davon wollten wir lieber keinen Gebrauch machen, nicht zuletzt wegen der Rottweiler.

Wir machten uns sofort daran, das Zelt aufzubauen und waren damit noch nicht fertig, als die beiden Frauen mit den Kindern ankamen. Sie hatten sich und uns Bier mitgebracht und setzen sich zu uns neben das Zelt. Die eine war die Frau des Verwalters, die andere eine Angestellte. Die Kinder betrachteten neugierig unser Zelt, vor allem unsere „Betten" schienen sie zu beeindrucken. Jetzt schlugen wir die Einladung zum Duschen und Essen nicht mehr aus und gingen schon bald mit ihnen zum Haus.

Nachdem wir die Dusche genossen hatten, durften wir die Reste ihres Mittagessens verputzen. Das war wohl der beste Fisch, den wir je gegessen hatten, auf dem Grill gebraten mit Mais und Palmherzen! Natürlich gab es auch viel Fleisch, doch wir hielten uns an Salate, Maniok und Kartoffeln, genau das richtige für hungrige Radfahrer.

Mit Rahel, der Hausangestellten, verbrachten wir den Abend. Die anderen fuhren bald wieder zurück in die Stadt, wo sie arbeiteten und wohnten. Diese Estancia war nur eine von vielen, die einem Großgrundbesitzer gehörten, und für sie war Luís verantwortlich.

Rahel hatte mit 15 Jahren geheiratet und vier Mädchen zur Welt gebracht.

„Genau jedes Jahr habe ich ein Kind bekommen, und wenn sich mein Mann nicht vor fünf Jahren das Leben genommen hätte, dann hätte ich jetzt vier oder fünf Kinder mehr."

Sie selbst hatte 29 Geschwister und Halbgeschwister und fand solch große Familien normal. „Mein Vater heiratete dreimal, hatte mit jeder Ehefrau zehn Kinder."

Rahels Mädchen lebten bei ihrer Schwester in der Stadt, dort gingen sie auf eine gute Schule. Sie war davon überzeugt, dass es für ihre Töchter gut war, dass sich ihr Mann umgebracht hatte. Sonst hätten sie nie die Möglichkeit erhalten, etwas zu lernen. Doch war sie traurig darüber, dass sie ihre Töchter höchstens alle ein bis zwei Monate sah.

„Ich möchte nicht, dass meine Töchter später wie ich für andere Leute kochen und putzen müssen." Wenn der Großgrundbesitzer mit seinem Hubschrauber einflog, war sie für das Kochen und Putzen des großen Hauses zuständig.

Nachdem uns Rahel am nächsten Morgen noch zum *café do manjana* eingeladen hatte, ging die Reise für uns weiter.

Von großen und kleinen Tieren

Ein paar Tage später trafen wir, von Süden her kommend, im Pantanal ein, Brasiliens riesigem Feucht- und Sumpfgebiet mit wenigen Straßen und noch weniger Verkehr. Statt auf der BR 262, der Hauptroute, nach Corumbá zu fahren, wählten wir die davon nördlich verlaufende Piste, die aber während der Regenzeit nicht passierbar ist. Doch jetzt, in der Trockenzeit, sollten wir keine Probleme haben. In Miranda, dem letzten Ort, füllten wir unsere Taschen mit allen nötigen Vorräten, es konnte losgehen.

Die Straße war etwas erhöht gebaut und somit trocken. Sie führte durch Sumpfgebiete und an großen Seen entlang, dazwischen gab es unzählige Brücken und Holzstege. Viele Bäume blühten in leuchtendem Rot oder Violett, der Duft war unbeschreiblich intensiv, es roch nach Frühling und Frische. In den Seen blühten Wasserhyazinthen und Seerosen, selbst die kleinste Wasserstelle war gespickt voll mit Kaimanen. Sie zählen zu einer bis zu zwei Meter langen Krokodilart, sollen aber harmlos sein …

Es wurde uns erzählt: „Ihr könnt sogar mit denen schwimmen, die tun euch nichts!"

Doch ganz trauten wir diesen Reptilien nicht und verzichteten auf das erfrischende Bad in ihrer Mitte.

Zwischen den Kaimanen sprangen die Fische herum, es sah aus, als würden sie in ihrem eigenen Suppentopf schwimmen. Wasserschweine lagen auf dem Weg, um sich zu sonnen. Sie sahen aus wie überdimensionale Meerschweinchen und rannten, wenn wir näher kamen, mit der Grazie eines Nilpferdes ins nächste Wasser.

Die unzählbaren Vogelarten brüteten gerade und weckten uns am Morgen immer mit einem unglaublichen Lärm, der lang anhielt, gegen Mittag abnahm und plötzlich ganz aufhörte, um dann gegen Abend mit der gleichen Intensität wieder einzusetzen.

Doch nicht nur die angenehmen Tiere waren hier unterwegs, auch eine Unmenge Stechmücken plagte uns. Glücklicherweise hatten wir unser Moskitonetz dabei.

Wegen großer Feuchtstellen war es schwierig, einen geeigneten Platz für unser Nachtlager zu finden. So waren wir froh, als wir einen kleinen Hang hinaufschieben und dort etwas erhöht auf einer Wiese zelten konnten. Der Platz war ideal. Also stellten wir unser Zelt auf, und das normale Abendprogramm begann wie immer mit Kaffee und einer Dusche. Noch nicht einmal Mücken plagten uns. Im Gras gab es viele Käfer und andere Krabbelviecher zu beobachten, was wir sehr gern taten. Interessant waren die Blattschneiderameisen, die, beladen mit großen Blattstücken, eifrig auf ihrer Straße entlangrannten – es sah aus, als hätten sie kleine Segel aufgespannt. Viele bunte Käfer waren unterwegs und liefen die langen Grashalme hoch, um eine ideale Startrampe zu haben. Raupen taten sich an saftigen Blättern gütlich, und auch wir fingen bald an zu kochen.

Wie immer hatten wir alles in Plastikbeuteln verpackt, und diese erregten bald die Aufmerksamkeit der Blattschneiderameisen.

Sie bissen sich große Stücke Plastik ab und trugen nun diese Plastiksegel statt der Blätterteile auf ihrem Rücken zum Bau.

„Die wollen wohl einen wasserfesten Bau für die nächste Regenzeit bauen", witzelte Kurt.

Es störte uns vorerst nicht, weil sie unsere Vorräte ignorierten. Doch schon bald kamen mehr und mehr. Inzwischen war es spät geworden. Wir waren müde und verzogen uns in unser Zelt. Durch das Moskitonetz an den Eingängen kamen die Ameisen nicht durch und wir schliefen ein.

Mitten in der Nacht wurden wir wach und hörten, wie die Ameisen immer noch an unseren Plastiktüten knabberten. So ganz geheuer war uns das nicht, und ich leuchtete mit der Taschenlampe zur Kontrolle alles ab. Wir sahen, dass sie unser Essen immer noch nicht angeknabbert hatten. Dafür spazierten sie jetzt nicht nur mit weißen, sondern auch noch mit grünen und gelben Plastikfähnchen durch die Gegend.

„Das sind Teile unseres Zeltbodens!", rief Kurt aufgeregt.

Jetzt sahen wir plötzlich überall in unserem Zelt diese Krabbelviecher!

Der Schreck war groß. Es war ein Uhr nachts, und wir hätten gern noch ein bisschen geschlafen, doch daran war nicht mehr zu denken. Wir waren hellwach. Nur gut, dass sie kein Interesse daran hatten, uns zu beißen. Trotzdem hatten wir gehörigen Respekt vor ihnen, ein Biss mit diesen großen Zangen wäre sicher schmerzhaft gewesen.

So gut und schnell wie möglich packten wir unser lädiertes Zelt zusammen, darauf bedacht, möglichst keine Ameisen einzupacken. Wir beluden die Räder und schoben zur Straße.

„Was nun? Sollen wir unser Zelt noch einmal aufstellen?"

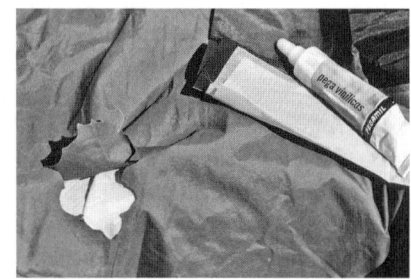

Von Blattschneiderameisen zerfressener Zeltboden

Es war mitten in der Nacht, keine gute Zeit, um weiterzufahren. „Aber wo gibt es eine Stelle ohne Ameisen?"

Zuerst schoben wir ein Stück die Straße weiter. Dann fanden wir einen Seitenweg, auf dem wir den Rest der Nacht verbringen wollten. Wir machten uns Tee und Kaffee, und gegen die Mücken halfen Moskitocoils, denn das Zelt wollten wir nicht noch einmal aufstellen. So verbrachten wir den Rest der Nacht bis zum Sonnenaufgang.

Nicht die hier lebenden Pumas hatten uns in die Flucht geschlagen, sondern einer Horde Ameisen war das gelungen. Ab jetzt achteten wir immer sehr darauf, dass wir unser Zelt nicht auf oder nahe bei einer Ameisenstraße aufstellten.

Trotzdem hatten wir ein paar Nächte später wieder Besuch von Ameisen, das bemerkten wir erst am nächsten Morgen, als Kurt seine Socken anziehen wollte. Diese Ameisen waren nur an seinen Socken interessiert gewesen, sie ähnelten jetzt einem großmaschigen Netz. Die Ameisen waren wohl spezialisiert auf Schweizer Käse.

Schwimmender Laden

Kaum war die Sonne als roter Ball im Morgendunst zu sehen, saßen wir in den Sätteln, und keine 20 Kilometer später erreichten wir Corumbá. Hier suchten wir uns ein Zimmer und stürzten uns zuerst auf das Frühstücksbuffet.

In Corumbá, das nahe der bolivianischen Grenze liegt, endet die Straße. Wir hofften, per Boot durch den Nationalpark Matogrossense nach Porto Jofre zu gelangen. Eine Art touristische Infrastruktur ist in Corumbá vorhanden. Mit großen Ausflugsschiffen werden Touristen ins Pantanal gefahren, aber nicht bis nach Porto Jofre. Doch so schnell gaben wir nicht auf, fragten uns beharrlich weiter durch, bis wir schließlich bei der Hafenbehörde einen Tipp bekamen. Dort sagte man uns: „Ein Boot namens *Lancha Raiza* fährt alle drei bis vier Wochen nach Porto Jofre."

Doch wann es das nächste Mal auslaufen würde, konnten wir hier nicht herausfinden.

Dieses Mal war ich es, die unbedingt die Bootsfahrt machen

wollte. Kurt wäre auch mit einem Umweg über die Straße zufrieden gewesen, doch durch den Nationalpark nach Porto Jofre konnten wir nicht mit dem Rad fahren, hier gab es nicht einmal die Andeutung eines Weges.

Im Hafen sahen wir zu unserem Erstaunen die Raiza liegen, was mich sehr freute. Kurt hätte nicht die Geduld gehabt, lang auf das Boot zu warten, und zumindest war damit klar, dass sie uns nicht gerade vor der Nase weggefahren war. Als nächstes mussten wir den Eigner finden, uns nach dem Abfahrtstermin erkundigen und ihn bitten, uns mitsamt den Rädern mitzunehmen. Nachdem wir Denote, den Besitzer und Kapitän der Lancha Raiza, in seinem Haus gefunden hatten, wurden wir schnell handelseinig.

„In zwei Tagen geht es los!", versicherte er uns. Er zeigte uns das Schiff. Auf dem Dach war genug Platz für unsere Räder, und es gab eine Kabine mit sechs Stockbetten für Passagiere. Die Fahrt sollte vier Tage dauern, sie war inklusive Vollpension. Um die Versorgung brauchten wir uns also nicht kümmern.

Immer wieder gingen wir hinunter zum Hafen, um zu schauen, was auf „unserem" Boot los war. Doch da tat sich nicht viel. Denote hatte nicht zwei „europäische Tage", sondern zwei „brasilianische" gemeint. Nach vier Tagen zogen wir aufs Boot, schon bald würde es losgehen, wurde uns erneut versichert.

Zwei weitere Tage verstrichen, dann war auch das Beiboot soweit beladen, dass es losgehen konnte. Früh am Morgen kamen die Mannschaft und Denote an Bord, nur zwei weitere Passagiere hatten sich eingefunden. Doch nachdem der Kahn vollgetankt war, trauten wir unseren Augen kaum: Eine Großfamilie, bestehend aus drei Frauen, zwei Männern und einer großen Schar von Kindern zwischen einem halben und 16 Jahren, stürmte die Raiza! Sie brachten eine Menge Gepäck mit, und es gab viel Geschrei. Nicht nur wir waren erstaunt, auch Denote wusste nicht, dass so viele Kinder kommen würden, erzählte er uns später.

Gegen Mittag legten wir ab. An eine ruhige, beschauliche Flussfahrt war nicht mehr zu denken, denn die Kinder liefen wild durcheinander. Wenn es den Erwachsenen zu bunt wurde, schlugen sie einfach auf sie ein, doch die schienen das gewohnt zu sein. Für das Baby hatten sie eine kleine Hängematte mitgebracht. Sie wurde quer durch die Kabine gespannt und das Kind darin so heftig geschaukelt, dass ich mich wunderte, dass es sich nicht übergab.

Am ersten Tag begegneten uns noch einige luxuriöse Hotelschiffe, auf denen sich Sportangler in den Pantanal hinausfahren ließen, um ihrem Hobby zu frönen. Tagsüber fuhren sie auf kleinen Motorbooten zum Angeln, und nachts genossen sie den Luxus des großen Schiffes.

Das Flussufer war ziemlich stark besiedelt, und die Raiza wurde von den Bewohnern bereits sehnsüchtig erwartet. Die Dschungelbewohner setzten sich in ihre kleinen Kanus, ruderten herüber und kamen an Bord. Sobald Denote ein Ruderboot auf uns zukommen sah, drosselte er das Tempo, die Kanuten vertauten ihr Kanu an der Seite des Schiffes und stiegen an Bord.

Wir befanden uns auf einem schwimmenden Laden, es wurden vor allem Zucker, Öl und Waschpulver gekauft. Sogar in der Nacht steuerten die Kanus auf unser Boot zu, um ihre dringend benötigten Vorräte aufzufüllen. An Schlafen war wegen des lauten Palavers nicht mehr zu denken. In manchen Siedlungen ging Denote von

Es gibt keine Straße durch den Nationalpark Matogrossense

Bord, um mit den Bewohnern direkt Geschäfte zu machen oder Großbestellungen entgegenzunehmen. Für diese Flussufer- und Dschungelbewohner ist das Boot der einzige regelmäßige Kontakt zur Außenwelt und die einzige Möglichkeit, zum Beispiel an Baumaterial wie Zement zu kommen.

In unserer Kabine sah es nachts ziemlich eng aus, nicht alle Passagiere fanden Platz. Darum rollte der Rest seine Matten unter dem Dach direkt vor der Kabine aus, jetzt gab es nachts kein Durchkommen mehr.

Tagsüber saßen wir meistens an Deck, beobachteten den vorüberziehenden Dschungel und die vielen Vögel.

Obwohl die Bootstour sehr interessant war, waren wir froh, als wir in Porto Jofre ankamen. Der Ort besteht aus einem zusammengefallenen Hotelkomplex und einer maroden Tankstelle. Jetzt konnten wir unser Reisetempo wieder selbst bestimmen. Nachdem wir das letzte Stück Pantanal hinter uns gelassen hatten, steuerten wir die Berge an.

Rio de Janeiro

Es ging sanfte Hügel hinauf und hinunter durch landwirtschaftlich genutzte Gegenden mit großen Feldern, riesigen Weideflächen und unzähligen Rindern. Die Strecke tat uns gut, wir kamen zügig voran, und ab und zu gab es zwischendurch auch recht hübsche Kolonialstädte.

Das brasilianische Straßenleben mit Musik, Cafés und vielen flanierenden Leuten, wie wir es im Amazonasgebiet kennengelernt hatten, fanden wir hier im Südosten des Riesenlandes nicht mehr. Die Städte waren eher verschlafen, und die Menschen machten einen reservierten Eindruck.

Normalerweise joggen die Brasilianer selten, es muss eher ein Ball mit im Spiel sein, dann kennt ihre Begeisterung jedoch keine Grenzen mehr. Doch so ganz ist die Fitness- und Wellnesswelle an den Brasilianern auch nicht vorübergegangen. Eine beliebte Sportart ist das Walken, dabei werden unzählige Runden um die *praça* gedreht oder um die kleinen Teiche in den Parks. Auch gibt es vielfach Fitnesscenter mit den üblichen Foltergeräten und großen Fenstern zur Straße, denn wer seinen Körper so plagt, will ja auch bewundert werden. An unseren Rädern war der Rückspiegel für die Brasilianer oft das am meisten bewunderte Teil, kann mit ihm doch kontrolliert werden, ob die Frisur noch richtig sitzt oder die Brille und andere Kleinigkeiten noch in Ordnung sind.

Schließlich ging es nach Rio de Janeiro. Vor dieser großen Stadt hatten wir Respekt, einmal wegen des Verkehrs, aber auch, weil es nicht die sicherste Stadt ist. Die Brasilianer hatten wir nicht als besonders rücksichtsvolle Autofahrer kennengelernt, so banden wir uns Stöcke mit orangen Stofffetzen an unser Gepäck. Die Stöcke ragten auf die Straße hinaus und sollten die Autos auf Abstand halten. Zu unserer Überraschung entpuppte sich dies als „Ei des Kolumbus"! Die Autos machten meist einen großen Bogen um uns oder fuhren eine Zeitlang hinter uns her, bis sie überholen konnten. Sie wollten offenbar keinen Kratzer an ihren tollen Autos riskieren, Autofahrer sind wohl weltweit gleich …

Um ins Zentrum zu gelangen, radelten wir von Süden kommend die meiste Zeit an Rios Stränden entlang, und zu unserem Erstaunen sogar auf Radwegen. Auch an der Copacabana ging es entlang, wo die Schönsten der Schönen in der Sonne brieten und ihre vom Fitnesscenter geknechteten Körper und Muskeln zur Schau stellten oder auf den Wellen surften. Natürlich waren auch Walker und Jogger unterwegs und überall viel Polizei.

So war die Fahrt in die Stadt eine sehr sichere und einfache Sache, bis der Radweg am Ende eines Strandes an einer Felswand endete. Es gab einen zweistöckigen Autobahntunnel, die Autobahn zum Flughafen. Wir hatten die Möglichkeit, über den Berg zu fahren, dazu hätten wir aber viele Höhenmeter auf engen Straßen und mit viel Verkehr machen müssen. Also entschieden wir uns kurzerhand für den Tunnel, obwohl er für Radfahrer verboten war. Glücklicherweise kamen immer wieder Galerien, so konnten wir in der Tunnelfinsternis wenigstens ein bisschen was sehen. Es war trotzdem ein Horror, Lärm und Gestank, nur gut, dass sich die Gegenfahrbahn nicht auch noch im selben Tunnel befand, sondern einen Stock über uns. Wir konnten unsere Räder auf dem erhöhten Randstreifen schieben. Doch der war sehr schmal und immer wieder von tiefen Rillen unterbrochen, damit das Regenwasser bei tropischen Gewitterregen gut abfließen konnte. Wegen dieser Rinnen war das Fahren unmöglich, und der Tunnel kam uns unendlich lang vor. Wir waren froh, als wir ihn hinter uns hatten.

Später hörten wir in einem Bericht über Rio, dass sich über diesem Tunnel eine ziemlich gefährliche *favela* (Armenviertel) befindet. Die Autobahn vom Flughafen muss wohl regelmäßig wegen Schießereien zwischen den Bewohnern dieser Favela und der Polizei gesperrt werden. Zum Glück hatten wir durch den Tunnel geschoben und nicht den Weg über den Berg gewählt.

In der Stadt brauchten wir lang, bis wir endlich ein geeignetes Hotel gefunden hatten, in dem wir das Zimmer nicht nur stunden-, sondern tageweise mieten konnten. Dieses Problem hatten wir schon öfter in Brasilien gehabt. Da erkundigten wir uns nach dem Zimmerpreis, um dann kurz darauf festzustellen, dass es sich um den Preis für drei Stunden handelte und nicht für den ganzen Tag. In Rio war das extrem. Auf der anderen Seite gab es wiederum viele Hotels, die nur Männer beherbergten. Auch das war nichts für uns, und ein Schlafsaal kam nicht in Frage, weil wir dafür einfach zuviel Gepäck hatten oder es keinen Platz für unsere Räder gab.

Als endlich ein Quartier gefunden war, freuten wir uns auf die Stadtbesichtigung. Rio ist schon eine ganz besondere Stadt, von jedem Punkt aus ist man recht schnell an einem Sandstrand. Am Stadtrand ragt der 738 Meter hohe Corcovado auf, gekrönt von der weltberühmten Statue *Cristo Redentor,* „Christus dem Erlöser". Auf dem Weg nach oben kamen wir durch Regenwald, in dem viele kleine Affen turnten.

Marcus und Rhea brachten uns bei, wie man den Nationaldrink *caipirinha* stilecht zubereitet. Beide hatten wir durchs Radfahren kennengelernt, Marcus war auch Touren gefahren. Sie wohnten im alten Viertel Santa Teresa, das mit seiner Straßenbahn durchaus Charme hat. Wir waren erstaunt, dass unser Rezept nur leicht von ihrem abwich. Zum Zerquetschen der Limonen benutzten sie einen speziellen kleinen Holzstößel. Wir hatten das immer mühsam mit dem Teelöffel gemacht. Später fertigten wir uns selbst so einen Stößel an, den wir bis zum Schluss der Reise im Gepäck mitführten und der uns gute Dienste leistete.

Gegen Mitternacht – wir saßen gemütlich in der Runde – hörte man in der Nachbarschaft Geknalle. Kurt meinte zu unseren Gastgebern: „Ah, Feuerwerk, da hat wohl jemand etwas zu feiern!" Die beiden mussten lachen und klärten uns auf: „Das ist kein Feuerwerk, sondern die allabendliche Schießerei zwischen der Drogenmafia und der Polizei."

Das Gefecht fand allerdings nicht in Santa Teresa, sondern im angrenzenden Viertel statt.

Unsere Tage in Brasilien waren gezählt, trotzdem mussten wir unsere Aufenthaltsgenehmigungen verlängern lassen, eigentlich eine leichte Sache, dachten wir. Als wir das erste Mal zur *Policia Federal* pilgerten, hatten die Beamten gerade einen freien Tag, also versuchten wir es am nächsten. Die Brasilianer kennt man ja als immer locker, unkompliziert und gut drauf, was wir auch nur bestätigen können. Deshalb wunderte es uns sehr, als uns die Wache am Eingang des Polizeigebäudes nicht hineinlassen wollte. Sie deuteten auf das Schild an der Tür – „Eintritt in Shorts und Bermudas nicht gestattet", stand da.

Waren wir noch in Brasilien, wo jeder mit so wenigen Klamotten wie möglich herumläuft?

Nach längerem Diskutieren durfte dann zumindest ich eintreten, beim brasilianischen Minirock ist schließlich viel mehr Bein zu sehen als bei meinen Shorts. Kurt musste draußen warten, bis ich nach längerem Schlangestehen mit Formularen und Einzahlungsscheinen wiederkam. Wir mussten damit zur nächsten *Banco do Brasil,* um dort die Verlängerungsgebühr zu bezahlen. An der Tür wurden wir scharf kontrolliert, doch die Shorts waren diesmal kein Problem. Nach dieser Kontrolle staunten wir nicht schlecht, als ein Kunde direkt am Bankschalter neben uns mit einem großen Messer ein Stück von seinem Käse absäbelte und es genüsslich verzehrte. Dann schnitt er ein weiteres Stück ab und reichte es, aufgespießt auf der Messerspitze, dem Beamten hinter dem Schalter. Auch der fand nur lobende Worte für den Käse!

Nach längerem Anstehen am Bankschalter gingen wir wieder zurück zur Polizei, wo Kurt draußen wartete und ich mich drinnen geduldig in die Schlange stellte. Doch dieses Mal war es nicht so einfach. Der Polizeibeamte weigerte sich, Kurts Aufenthaltsgenehmigung ohne dessen Anwesenheit zu verlängern. Es folgten wieder lange Diskussionen mit der Wache am Eingang. Es half nichts, in Shorts kam niemand rein! Ein junger hilfsbereiter Brasilianer fragte uns in perfektem Englisch: „Kann ich euch helfen?"

Schnell war unsere Lage erklärt, und wir gingen zu einem Händler auf der anderen Straßenseite, der bereit war, Kurt eine lange Hose zu vermieten. Aber er verlangte gleich zehn Reais, dafür kann man sich schon eine neue Hose kaufen! Unser Helfer schüttelte nur den Kopf und erklärte sich bereit, mit Kurt die Hose zu tauschen. Kurt wollte das gleich auf der Straße vor dem Polizeigebäude erledigen, doch der junge Brasilianer winkte entsetzt ab, das würde Ärger geben. Also gingen sie zum nächsten öffentlichen WC, wo die Hosen schnell getauscht waren. Mit Jeans durfte Kurt jetzt eintreten und warten, bis er an der Reihe war und den gewünschten Stempel im Pass hatte. Der hilfsbereite Brasilianer wartete immer noch lächelnd auf uns, nachdem wir nach gut einer Stunde endlich wieder aus dem Gebäude kamen. Wir hatten unsere Verlängerung im Pass, nun mussten nur noch die Hosen zurückgetauscht werden.

Nachdem wir Rio verlassen hatten, um an der Küste entlang Richtung Norden zu fahren und all die tollen Traumstrände Brasiliens kennenzulernen, spielte das Wetter gar nicht mehr mit. Es war kalt und regnete viel. Wir kurbelten fünf Tage bei tristem Wetter an der Küste entlang. Von den Stränden bekamen wir nicht viel zu sehen, alles war verbaut. Kilometerweit ging es an drei Meter hohen Mauern mit elektrisch geladenen Zäunen entlang. Dahinter verbargen sich die Luxusvillen der Reichen und irgendwo auch der Strand.

Es war an der Zeit umzudrehen, unser Flug nach Neuseeland ging ab São Paulo und war schon gebucht. Im großen Bogen umgingen wir Rio de Janeiro durch die Berge und kamen in Angra dos Reis wieder ans Meer. Hier besuchten wir noch die Ilha Grande mit Stränden, bei denen jeder Brasilianer ins Schwärmen kommt. Das Besondere an dieser recht großen Insel ist, dass es dort keine Straßen und Autos gibt. Auch wir mussten auf unsere treuen Begleiter verzichten und bewegten uns auf Schusters Rappen.

Auf der wirklich sehr schönen, aber bergigen Küstenstraße in Richtung São Paulo hatten wir mit dem Wetter wieder Glück. Santos liegt etwa 70 Kilometer von São Paulo entfernt am Meer, und dort endete unser Südamerikatrip. Wir verpackten unsere Räder, und der Airport-Bus holte uns beim Hotel in Santos ab. So ersparten wir uns das Radeln durch São Paulo. Diese riesige Stadt soll auch nicht ganz ungefährlich sein.

Als wir im Flugzeug saßen und nach drei Reisejahren auf dem amerikanischen Doppelkontinent nun endgültig Abschied nahmen, stieg in uns Wehmut hoch. Doch wir wussten, dass wieder etwas Neues kommen würde, schließlich wurden wir bereits von Colin und Dorothy in Neuseeland erwartet.

Bei den Kiwis

Die letzten spanischen Worte hörten wir kurz vor der Landung in Neuseeland. Der Kapitän gab das Wetter durch: „Dieciseis grados con lluvia – 16 Grad und Regen."

Gott sei Dank wurden wir von Colin am Flughafen in Auckland abgeholt, und dies, obwohl es früh am Morgen war und seine und Dorothys Mohairziegenfarm 70 Kilometer vom Flughafen entfernt lag.

Die Adresse von Dorothy und Colin hatten wir von Andrea und Peter bekommen. Die beiden Deutschen hatten wir in Argentinien getroffen. Es regnete, als sie uns mit ihrem Tandem entgegenkamen. Glücklicherweise gab es in der Nähe ein Bushäuschen, dort stellten wir uns unter, tranken Mate und erzählten. Andrea und Peter hatten schon Australien und Neuseeland mit ihrem „Road Train" bereist, so nannten sie ihr Tandem, an das sie noch einen Anhänger gehängt hatten. Wir fanden es richtig schade, dass der Regen nach drei Stunden aufhörte und wir weiterfahren konnten.

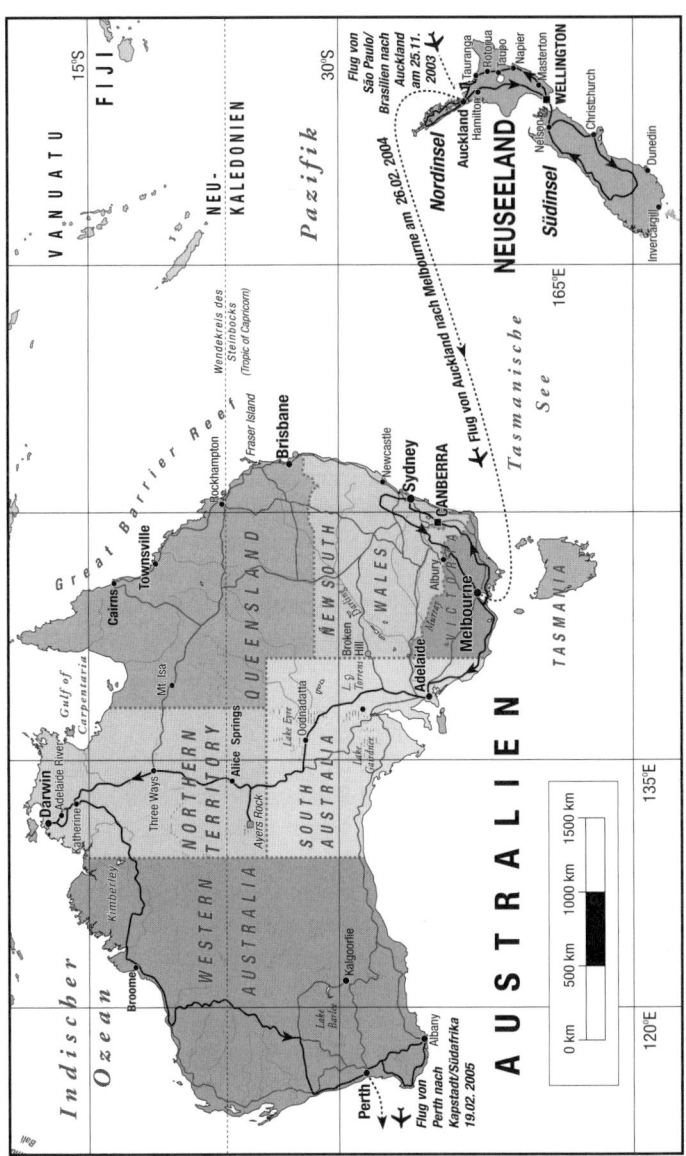

Ziegenfütterung auf der Farm von Dorothy und Colin

Wir tauschten Tipps und Adressen aus und hofften, uns einmal wiederzusehen.

Bei Colin und Dorothy verbrachten wir die ersten und die letzten Tage in Neuseeland. Wir versuchten, wieder Englisch zu sprechen, was uns nach so langer Zeit in Lateinamerika ziemlich schwerfiel. Auch mussten wir uns an den sehr englischen Stil der „Kiwis" gewöhnen, alles war so ganz anders als in Südamerika. Die Neuseeländer behaupten von sich selbst, dass sie englischer sind als die Engländer, besonders wenn sie sich in eine Schlange stellen müssen oder Höflichkeit angesagt ist. Auch ist die englische Königsfamilie das Wichtigste, über das in den Nachrichten berichtet wird.

Neuseeland kam uns sehr klein vor. Doch schon bald mussten wir einsehen, dass wir die Größe dieses Landes unterschätzt hatten. Die drei Monate, die wir hier verbrachten, reichten nicht, um ganz in den Norden und ganz in den Süden zu fahren, obwohl wir fast 5000 Kilometer auf diesen zwei Inseln zurücklegten.

Nach Brasilien fanden wir es kühl und regnerisch, die Neuseeländer sahen das ganz anders. So wurden wir oft gefragt: „Ist es nicht zu heiß zum Radfahren?" Dabei fuhren wir doch den ganzen Tag mit langen Ärmeln. Zwischendurch gab es auch ein paar Tage ohne Regen. Doch spätestens nach drei Tagen begannen die Farmer zu stöhnen, es müsste unbedingt mal wieder regnen. Und das, obwohl noch die Pfützen auf den Feldwegen standen.

Wann immer wir in Asien oder Amerika Tourenradler getroffen hatten, waren wir stehengeblieben und hatten lang miteinander geschwatzt. So wunderten wir uns sehr, als wir dem ersten Radfahrer in Neuseeland begegneten und dieser, ohne mit der Wimper zu zucken, an uns vorbeifuhr. Seit dem Donau-Radwanderweg in Deutschland war uns so etwas nicht mehr passiert.

Die ganz große Neuseelandbegeisterung stellte sich bei uns nicht ein. Trotzdem schätzten wir es, einmal nicht die Exoten zu sein, sondern einfach nur zwei unter Tausend anderen Touristen.

Um unsere Reisekasse zu schonen, verzichteten wir bis auf zwei Übernachtungen auf öffentliche Campingplätze. Die zahlreichen Zäune machten uns die größten Schwierigkeiten. Da die Kühe und Schafe das ganze Jahr über auf den Weiden stehen, müssen diese umzäunt sein. Es war einfach nicht möglich, irgendwo zu zelten, und wir mussten auf Farmen fragen. Dadurch kamen wir jedoch viel mehr in Kontakt mit den Neuseeländern. Auf Zeltplätzen hätten wir nur andere Touristen getroffen.

Die Farmer, die wir fragten, hatten immer einen idealen Platz für uns. Bei trockenem Wetter auf einer Wiese, meist idyllisch neben einem Bach. Bei Regenwetter durften wir im Schafschur-Gebäude zelten, in dem es elektrisches Licht und fließendes Wasser gab. Wir stellten unser Zelt in den Freiräumen zwischen den Schafwollballen auf. Zwar roch es recht intensiv, aber für uns war es purer Luxus, im Trockenen zu sitzen und genug Platz zu haben, während der Regen auf das Blechdach trommelte.

Auch auf den Milchfarmen war immer ein Plätzchen für uns zu finden. Dort beeindruckten uns die Melkkarusselle sehr. Mit ihnen konnten 60 Kühe auf einmal gemolken werden. Ein Hund trieb die Rinder in das Karussell. Dort waren zwei Männer zwei Stunden lang beschäftigt, um die 8000 Liter Milch zu melken, die jeweils morgens und abends mit großen Tanklastern weggefahren wurden. Noch vor gar nicht langer Zeit hatten wir in Brasilien auf einer Milchfarm übernachtet, und dort wurden die sechs Kühe noch von Hand gemolken – krasser konnte der Gegensatz gar nicht sein.

Wie sicher ist Sicherheit?

Wir wunderten uns über die zahlreichen Rad- und Wohnmobil-Touristen. Ein Grund dafür ist vielleicht, dass Neuseeland ein sicheres Land sein soll. Nach zweieinhalb Jahren Lateinamerika genossen auch wir diese „Sicherheit", wir hatten keine Bedenken, unser Zelt auf einem Rastplatz neben der Straße und für jeden sichtbar aufzustellen. Deshalb waren wir überrascht, als folgendes geschah: Nachdem wir lange durch Nutzwald gefahren waren, hatten wir abends unser Zelt auf einem Rastplatz an der Straße aufgeschlagen. Wir waren geduscht (erfrischende, kalte Fahrradflaschendusche), und die Espresso-Kaffeekanne stand bereits auf dem „Herd", als ein Auto über den kurzgeschnittenen Rasen direkt an unser Zelt gefahren kam. Ohne auszusteigen und mit laufendem Motor fragte uns die Fahrerin: „Wollt ihr die Nacht hier verbringen?", was wir erstaunt bejahten. „Ich würde das nicht tun, denn in dem Dorf da drüben wohnen komische Leute", erzählte sie uns.

Wir überlegten, was wir tun sollten. Einmal hatten wir eine Warnung dieser Art ignoriert, das war in Argentinien gewesen. Damals waren wir mit dem Schrecken davongekommen. Auch wenn es nicht gefährlich sein sollte, war an eine entspannte Nacht hier nicht mehr zu denken. So packten wir wieder alles zusammen und fuhren weiter.

Nach fünf Kilometern versteckten wir uns in dem Nutzwald, ein sicherer Platz, dachten wir. Solche Wälder, in denen die Bäume schön in Reih und Glied stehen, sind immer ideal zum Zelten. Man ist gut geschützt, der Boden ist meist flach und oft wegen der Nadeln auch noch weich. Doch an einen ruhigen Schlaf war auch hier nicht zu denken. Während wir unser Abendessen zubereiteten, nahm der Wind immer mehr an Intensität zu. Rund um unser Zelt krachten Äste herab, und wir fürchteten uns vor umstürzenden Bäumen. Zum zweiten Mal an diesem Abend zogen wir aus Sicherheitsgründen um und stellten das Zelt auf einer Lichtung auf. Dabei achteten wir genau darauf, dass uns kein Baum treffen konnte. Erst gegen Morgen beruhigte sich der Wind, und es setzte ein kräftiger Regen ein. Was für eine Nacht!

Ein anderes Mal sahen wir einen schönen Strand in einer Bucht, einfach super zum Zelten. Doch in der Nähe gab es Häuser. Obwohl kein Mensch weit und breit zu sehen war, wollten wir lieber jemanden um Erlaubnis fragen. Nach längerer Suche sahen wir einen älteren Mann und seine Frau zwischen der Schule und dem Gemeindehaus stehen. „Wen müssen wir fragen, wenn wir am Strand zelten wollen?" Ohne lang zu überlegen, gab uns der Mann, ein älterer Maori, die Erlaubnis, und seine Frau ergänzte: „Wenn Etha euch das erlaubt, dann wird es keine Probleme geben, he's the boss."

Wir bekamen gutes Trinkwasser und machten uns auf zum Strand. Dort packten wir unsere Räder ab und begannen, das Zelt auf dem kurzen Rasen an einer windgeschützten Stelle aufzustellen. Es dauerte keine zwei Minuten, bis ein junger Mann in einem Geländewagen angefahren kam. Es war ein cooler Maori mit Sonnenbrille und zu einem Zöpfchen zusammengebundenen Haaren. Ganz und gar unfreundlich wies er uns darauf hin: „Das hier ist Privatland, der Zeltplatz befindet sich in der nächsten Bucht."

Die Enttäuschung war groß, denn wir waren müde und froh, einen so schönen Zeltplatz gefunden zu haben, und jetzt das. Als wir meinten: „Etha hat uns erlaubt, hier zu zelten", änderte sich alles. „Natürlich dürft ihr hier bleiben", hieß es jetzt, „habt ihr genug Wasser? Wenn ihr noch was braucht, könnt ihr zu mir kommen."

Der junge Maori zeigte uns, wo wir ihn finden konnten, wo es Holz für ein Feuer gab und wo eine geschützte Stelle für ein Bad im Meer war. Das Erwähnen Ethas hatte gewirkt, er war hier wirklich der Boss.

Auf das Bad im Meer verzichteten wir, uns war es zu kalt. Aber ein kleines Lagerfeuer entzündeten wir, saßen noch lang vor dem Zelt und sagten uns immer wieder, wie gut wir es doch hatten.

Der Absturz

Die größte Gefahr in Neuseeland geht sicherlich vom Verkehr aus. Doch glücklicherweise fuhren wir unfallfrei durch die Welt, mit Ausnahme eines Selbstunfalls von mir: Um dem Verkehr zu entkommen, wichen wir bei Wellington auf eine Mountainbikestrecke aus. Eine stillgelegte Bahnstrecke mit ein paar spektakulären Tunneln war dort Bikern zur Verfügung gestellt worden. Zwischendurch gab es die alten Wartehäuschen, die wir gern als Zeltplatz nutzten. Dort gab es Wasser und ein Dach über dem Kopf – sehr praktisch für den Fall, dass es regnete. Das letzte Stück führte über einen schönen, schmalen *single track* (Fußweg), rechts die Felswand und links der Abgrund, hinunter zum Bach. Mit meinen Vorderradtaschen streifte ich den Fels, kam ins Schlenkern und stürzte mit vollbepacktem Rad etwa zehn Meter die Böschung hinunter. Zum Glück landete ich weich auf Dornenbüschen.

Für Kurt war es gar nicht so einfach, mir zu Hilfe zu kommen. „Lebst du noch?" Hast du dir etwas gebrochen?", waren seine ersten Fragen. Dann wollte er wissen, ob mit dem Rad noch alles in Ordnung ist. Er musste sich erst einen Weg zu mir hinunter suchen. Gemeinsam sammelten wir die Taschen und deren Inhalt aus den Dornen, dann zogen wir das Rad heraus. Bis auf die aufgebogene Gabel war das Fahrrad noch in Ordnung, und Kurt schaffte es mit viel Kraft, das Rad wieder einzubauen. Damit der Reifen nicht seitlich an der Gabel schleifte und auch die Bremse wieder funktionierte, zentrierte er es entsprechend. Ich hatte viele Kratzer von den Dornen abbekommen und eine tiefe Schnittwunde am Unterschenkel, sonst war ich heil geblieben. Nach einem großen Kraftakt hatten wir alles wieder auf den Weg hinauf befördert, und ich musste noch 50 Kilometer bis zur nächsten Krankenstation fahren, wo die Wunde gesäubert und versorgt wurde.

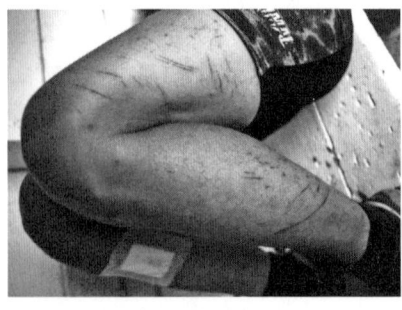

Glück im Unglück – nur zerkratzte Beine

Immer wenn es möglich war, wählten wir kleine Straßen und am liebsten solche, die für Autos gesperrt waren; dann machte auch in Neuseeland das Radfahren Spaß. „Vielen Neuseeländern sollte es verboten werden, am Steuer eines Autos zu sitzen", ging es mir des Öfteren durch den Kopf. Denn aus den sonst sehr netten und hilfsbereiten Einwohnern des Landes werden hinter dem Steuer rücksichtslose Raser, die unter keinen Umständen den Fuß vom Gaspedal nehmen wollen, sei die Straße noch so eng und befahren. Bei diesen Überholmanövern fehlten oft nur Zentimeter zwischen den Autos und unseren Taschen. Noch immer können wir es kaum glauben, dass die Einwohnerzahl nur vier Millionen betragen soll.

Sitzen die denn alle am Steuer und fahren wie die Wilden in der Gegend herum? Oder sind mit den vier Millionen eher die Anzahl der Autos gemeint? Auch fragen wir uns immer noch, wer denn da in den Blechkisten saß. Denn jene Neuseeländer, mit denen wir in Kontakt gekommen waren, hatten absolut nichts gemein mit diesen rücksichtslosen Rasern.

Während der „Australien Open" waren wir einige Tage zu Gast bei Kate. Kate war früher eine begeisterte Tennisspielerin. Jetzt aber, im Alter von 85 Jahren, schaute sie sich die Spiele lieber im Fernsehen an und kommentierte sie fachkundig. Dabei spann sie Wolle von ihren drei betagten Schafen, die in ihrem Garten grasten und die sie liebte wie andere Leute ihre Hunde. In Neuseeland ist die Kunst des Spinnens noch weit verbreitet. Wie so oft hatten wir auch bei Kate Mühe, all die Gastfreundschaft und Hilfe anzunehmen. Sogar für unsere Weiterfahrt hatte sie extra einen Kuchen gebacken, damit wir genug Proviant hatten. Als wir sagten, dass wir ihr so gar nichts geben könnten, meinte sie: „Gebt die Hilfe einfach später, wenn ihr wieder sesshaft seid, an andere weiter, so stimmt es für alle."

Uns hat sowohl die Nord- als auch die Südinsel gut gefallen. Beide Inseln sind sehr unterschiedlich und haben ihre Reize und Besonderheiten. Obwohl die Südinsel die höheren Berge hat, mussten wir auf der Nordinsel mehr Höhenmeter strampeln. Die Wälder aus Farnbäumen hatten es uns angetan, es gab Gletscher zu bestaunen und wirklich wunderschöne Küsten und Passstraßen. Nur die Sandfliegen, unter denen wir besonders auf der Südinsel leiden mussten, trugen nicht zu entspannten Pausen bei. Diese Viecher schlugen uns mehr als einmal in die Flucht. Oft verzogen wir uns ins Zelt, sobald dieses stand, um von den Sandfliegen nicht

aufgefressen zu werden. Weniger schön sind die riesigen Nutz-
waldflächen, die auf beiden Inseln vorkommen. Besonders im
abgeholzten Zustand sehen die Berge sehr deprimierend aus.

In Neuseeland feierten wir unseren 100.000sten Kilometer. Obwohl wir genau wussten, dass die Kilometerzähler danach wieder
bei Null anfangen würden, erschraken wir ein wenig, als es passierte und wir nach fast sechs Jahren wieder „0.00 km" auf den
Tachos sahen. Um diesen Moment zu verewigen, hatten wir uns
fünf runde Luftballons und einen länglichen gekauft. Auf die fünf
runden malten wir jeweils eine Null, und auf den länglichen kam
die Eins. Die Ballone steckten wir auf Stäbchen und befestigten sie
an den Vorderradtaschen. An meinem Rad war die Eins und zwei
Nullen, Kurts Rad stellten wir genau daneben mit den restlichen
drei Nullen. Mit Kiwifrüchten legten wir die Buchstaben NZ für
Neuseeland vor den Rädern auf den Boden. Wir nahmen die
Flasche Sekt, die wir uns zuvor gekauft hatten, zusammen in die
Hände und stellten uns zu den Rädern. Mit dem Selbstauslöser
machten wir dann unser Erinnerungsfoto. Danach fuhren wir nicht
mehr weit, denn wir fanden bald einen Zeltplatz mit einem kleinen
kalten Bach, in dem wir den Sekt auf die optimale Trinktemperatur
herunterkühlen konnten.

Gerade rechtzeitig zur Schur der Mohairziegen kamen wir wieder bei Dorothy und Colin an. Jetzt hatten sie alle Hände voll zu
tun. Obwohl Dorothy auch mal eine Ziege selbst schert, hatten sie
jetzt einen Schafscherer engagiert, denn immerhin hatte sie 250
Mohairziegen. Uns wurde erklärt, dass es schwieriger und zeit-
aufwendiger sei, eine Ziege zu scheren als ein Schaf, weil diese
empfindlicher sind und mehr zappeln. Der Schafscherer war sehr
routiniert, eine Ziege nach der anderen kam unter sein Messer.
Wir konnten Dorothy und Colin beim Säubern der Felle helfen.
Stark verfilzte oder verknotete Stellen und auch kleine Stöckchen
und Blätter mussten aus der Wolle gezogen werden. Zwei Tage
dauerte es, bis das letzte Tier geschoren war. Jetzt sahen sie auch
aus wie richtige Ziegen, vorher mit den langen Haaren mussten wir
schon genauer hinschauen, um sie nicht mit Schafen zu verwech-
seln, und dies trotz der typischen Ziegenaugen.

Einige Tage später brachte uns Colin zum Flughafen, und wir flogen nach Australien, dem vierten Kontinent auf unserer Reise.

Bei den Aussies

Wir hatten uns gründlich auf den australischen Zoll vorbereitet. Da wir in Neuseeland auf Farmen waren, hatten wir unsere Schuhe und vor allem die Schuhsohlen gründlich geschrubbt, kein Krümel Erde oder Dreck durfte daran sein. Auch unsere Räder und die Reifen hatten wir auf Hochglanz gebracht, das alles wurde von den Zöllnern begutachtet. Als sie dann unsere Zeltheringe sahen, die ich fein säuberlich mit Zahnbürsten abgebürstet hatte, winkten sie uns freundlich durch. Wir hatten aus den Erfahrungen in Neuseeland gelernt. Damals hatten wir uns nicht so sorgfältig auf die Einreiseprozedur vorbereitet, die Zollabfertigung wurde zu einer langwierigen Angelegenheit. Die neuseeländischen Zöllner inspizierten alles. Wir mussten unsere Schuhsohlen putzen und unser Zelt samt Heringen desinfizieren lassen. Damit nur ja keine tierischen oder pflanzlichen Krankheitskeime ins Land geschleppt wurden. Dabei hatten wir noch Glück. Wenn sie das Milchpulver und die anderen Lebensmittel gesehen hätten, wäre uns die Sache teuer zu stehen gekommen.

Von Austin und seiner fünf Monate alten Tochter wurden wir am Flughafen in Melbourne abgeholt. Wir kamen uns vor wie „Neckermänner": In Neuseeland hatte uns Colin zum Flughafen gebracht, und hier wurden wir wieder abgeholt, obwohl Austin uns noch gar nicht kannte. Seine Adresse hatten uns Paul und Anne, Freunde von ihm und seiner Frau Sam, in Neuseeland gegeben. So einfach kann Reisen sein.

Sam und Austin wohnten in einem Vorort von Melbourne, hier konnten wir alles organisieren, was wir für die Weiterfahrt brauchten. In erster Linie mussten wir Ersatzteile für unsere Räder kaufen, denn alle Verschleißteile wie etwa die Ketten, die schon älter waren und in der nächsten Zeit gewechselt werden sollten, hatten wir aus Gewichtsgründen in Neuseeland gelassen.

Dann machten wir uns auf den Weg, um Australien zu erkunden. Die Neuseeländer hatten erzählt, es sei platt wie ein Pfannkuchen – aber wir wurden ganz schnell eines Besseren belehrt.

Schon bald fuhren wir durch dichten Eukalyptuswald und auf kleinen Farmstraßen die Berge hinauf. Wir waren erstaunt, wie viele verschiedene Arten von Eukalyptusbäumen es gibt. Anders als auf den anderen Kontinenten, wachsen sogar unter den Eukalyptusbäumen verschiedene Pflanzen. In den dichten Wäldern gediehen darunter riesige Baumfarne, und es roch überall intensiv nach Eukalyptusbonbons.

Meist begegnete uns am Tag nur eine Handvoll Autos, dafür sahen wir aber umso mehr Kängurus. Als wir das erste Mal übernachteten, wählten wir unseren Zeltplatz auf einer kleinen Wiese neben einer „Hall" (eine Art Gemeindehaus). Mitten in der Nacht hörten wir merkwürdiges Stapfen um unser Zelt. Als wir den Reißverschluss ein Stückchen öffneten, um zu sehen wer da läuft, schaute uns ein Känguru an, das dann aber schnell das Weite suchte. Es hatte auf der Wiese um unser Zelt gegrast. Die Farmer sind gar nicht begeistert von den vielen Kängurus. „Wenn immer wir eines sehen, knallen wir es ab", sagten sie. Auf den Weiden fressen die Kängurus den Rindern das Gras weg, und auch auf den Getreidefeldern richten sie großen Schaden an.

Große weiße Kakadus flogen in riesigen Schwärmen mit viel Lärm über uns hinweg. Doch wehe, wenn wir unser Nachtlager unter ihrem Schlafbaum gewählt hätten, dann hätte es die ganze Nacht auf unser Zelt herabgetropft, und am Morgen wäre es weiß gepunktet gewesen!

Der Herbst kam, die Wiesen waren nach einem trockenen Sommer gelb. Was die Sonne noch nicht verbrannt hatte, fraßen jetzt die unzähligen Heuschrecken. Die Straße war glitschig von den vielen toten Insekten. Die Autos mussten mit laufenden Scheibenwischern fahren, um die Heuschrecken von der Windschutzscheibe wegzubekommen, und wir banden uns beim Bergabfahren ein Tuch vor Mund und Nase, um unser Gesicht vor diesen Viechern zu schützen. Es war fast so, als würden wir durch einen Schneesturm fahren.

In Australien war es meistens leicht, einen Übernachtungsplatz zu finden. Es gab in jedem kleinen Ort, der aus mehr als sechs Häusern bestand, eine „Hall" oder einen Sportplatz. Niemand störte sich daran, wenn wir dort für eine Nacht unser Lager aufschlugen. Hier gab es Wasser und einen trockenen Platz fürs Zelt, falls es mal regnete. Manchmal kam es vor, dass am Abend ein Sportverein zum Training kam. Dann wurde das Flutlicht angeschaltet, die Sportler absolvierten ihr Training. „Tut uns leid, dass wir das Licht wieder löschen müssen!", entschuldigten sie sich zum Schluss für die Störung und wünschten uns eine gute Nacht, bevor sie wieder verschwanden.

Anders als in Neuseeland ließen uns die Farmer selten auf ihrem Land zelten. Wenn wir sie nach einem Lagerplatz fragten, schickten sie uns immer auf öffentliches Land. Die Zeltplätze waren aber immer traumhaft gelegen, und wir genossen das Alleinsein. Wenn es Zäune gab, dann war zwischen Straße und Zaun genug Platz für unser Zelt. Verkehr gab es außerhalb der großen Städte kaum. Alles war unheimlich weit und groß.

„Bloody wet and bloody cold"

Wir nahmen uns drei Monate Zeit, um von Melbourne nach Sydney und wieder zurück zu radeln. Dann flogen wir für einen zweiten Besuch nach Europa, denn mein Vater feierte seinen 80. Geburtstag. Die Räder und unser Gepäck waren bei Austin und Sam gut aufgehoben.

Anfang Juli kehrten wir nach Melbourne zurück, mitten im australischen Winter. Der ist zwar nicht so kalt wie der europäische, doch kalt genug und vor allem zu nass, um in Australiens Süden komfortabel radfahren zu können. Dafür gab es nur wenige Touristen auf der „Great Ocean Road", einer der schönsten Küstenstraßen Australiens, auf der sich im Sommer die Autos Stoßstange an Stoßstange bewegen sollen.

Jetzt war kaum ein Tourist unterwegs. Unter den wenigen Auto- und Wohnmobilfahrern, die zu dieser Zeit auf der Great Ocean

Road fuhren, waren wir bald als „The red and the purple" bekannt, entsprechend der Farben unserer Jacken. Das erfuhren wir später von einer Wohnmobilfahrerin, die uns in den Flinders Ranges wiedererkannt hatte und ansprach. Zu diesem Zeitpunkt hatten wir gerade nicht unsere Jacken an, darum fanden wir es sehr verwirrend, als sie uns nach den Farben unserer Jacken fragte.

Glücklicherweise regnete es nicht durchgehend, immer wieder brach die Sonne durch, und wir konnten die wild zerklüftete Küstenlandschaft oft mit einem bunten Regenbogen bestaunen. So viele Regenbögen hatten wir davor noch nie gesehen. Überall stand das Wasser. Besonders die tiefer gelegenen Wiesen wurden in einen Sumpf verwandelt, die tropfnassen Kühe taten uns leid. Welch ein Unterschied zu dem trockenen Australien, durch das wir im Herbst gefahren waren.

Zum Unterstellen während der – zum Glück meist nur kurzen – Regenschauer gab es nicht sehr viele Gelegenheiten. Als wir einmal völlig durchnässt und frierend an einem Bauernhaus vorbeikamen, fuhren wir sofort in die trockene Scheune und stellten uns dort unter. Wir zogen uns zuerst etwas Trockenes und Warmes an, dann kochten wir uns zum Mittagessen unsere obligatorische Nudelsuppe, eine Angewohnheit, die wir seit China hatten.

Der Platz erschien uns ideal für die Nacht, und wir wollten die Eigentümer fragen, ob wir in ihrer trockenen Scheune schlafen dürften, denn es wollte nicht aufhören zu regnen. Doch weit und breit war kein Mensch zu sehen. Niemand öffnete die Tür des Farmhauses, als wir dort anklopften. In der offenstehenden Scheune befand sich eine komplette und gut sortierte Werkstatt mit allen erdenklichen Bohrern und elektrischen High-Tech-Maschinen. Ein Lastwagen und ein Pick-up standen mit steckendem Zündschlüssel unverschlossen da. Auch die beiden Hunde, die uns schwanzwedelnd begrüßt hatten, wollten versorgt werden. Auf der Weide grasten die Rinder, und im Stall schliefen zwei kleine Schweine.

„Jemand muss bald kommen", dachten wir, „denn wer würde schon die Zündschlüssel stecken und alles offen lassen, wenn er länger wegbliebe."

Es vergingen zwei Stunden, bis endlich ein starker Allradwagen mit Ladefläche auf die Scheune zugefahren kam. Inzwischen hatten wir bereits erfolglos beim 100 Meter entfernten Nachbarhaus versucht, eine Menschenseele zu finden. Der langhaarige und bärtige Typ, der aus dem Auto stieg, schien gar nicht überrascht zu sein, als er uns sah. Er stellte sich als Mike vor, sein Haus sei zehn Kilometer entfernt. „Ich muss kurz nach den Tieren schauen, die Besitzer dieser und der Nachbarfarm sind für zwei Wochen ins warme Darwin entflohen."

Natürlich durften wir die Nacht in der trockenen Scheune verbringen und unser Zelt zwischen den Landmaschinen und dem Werkzeug aufstellen. Mike zeigte uns noch, wo die Lichtschalter und der Wasserhahn waren, und meinte: „It's bloody wet and bloody cold", wünschte uns eine angenehme Nacht und war nach kurzer Zeit wieder verschwunden.

Einige Tage später hatten wir das Glück, dass wir gerade an einem der dünn gesäten Farmhäuser vorbeikamen, als sich die Schleusen des Himmels öffneten. Wieder steuerten wir direkt auf das Haus zu und fanden Schutz unter dem Vordach. Dieses Mal waren die Besitzer jedoch zu Hause. Rosmarie und Emil empfingen uns sehr herzlich, sie schienen erfreut über den unerwarteten Besuch. Bald saßen wir vor dem warmen Holzfeuer am Kamin mit Kaffeetassen in den klammen Händen. Emil war vor 40 Jahren aus Deutschland ausgewandert, um dem Militärdienst zu entkommen. In Australien hatte er Rosmarie geheiratet, und gemeinsam bauten sie sich diese Farm auf. Ihre drei Söhne waren inzwischen erwachsen, nur einer lebte noch auf der Farm.

Die Schauerböen peitschten den ganzen Nachmittag über das Blechdach des Farmhauses, und bald war klar, dass wir an diesem Tag nicht mehr weiterfahren konnten. Das war aber gar kein Problem für Rosmarie und Emil. „Ihr könnt in unserem Gästehäuschen bleiben". Das nahmen wir dankbar an. In dem Häuschen hatte Rosmaries Mutter bis zu ihrem Tod gewohnt. Es war perfekt eingerichtet und diente jetzt als Gästehaus. Auch am nächsten Tag ließ der Regen nicht nach und Rosmarie empfahl: „Bleibt einfach so lange, bis das Wetter besser ist."

Emil nahm uns auf seine Rinderinspektion mit. In seinem Allrad-Pickup fuhr er im wahrsten Sinne des Wortes querfeldein und für uns noch eine Extratour am Strand entlang, die Dünen hinauf und hinunter. Wir waren beeindruckt, wo man mit so einem Auto überall durchfahren kann. Ihn belustigte es sehr, wenn wir uns in extremen Schräglagen ängstlich und verkrampft an Armaturenbrett und Decke festklammerten. Mit Begeisterung erzählte er uns, dass er schon des Öfteren auf den Dünen mit dem Auto gekippt sei, und fuhr noch einige Extrarunden für uns, denn es schien ihm großen Spaß zu machen, unsere ängstlichen Gesichter zu sehen.

Nach einer weiteren Nacht in dem kleinen gemütlichen Häuschen wurden wir zu Gusti und Malcolm weitergeschickt. Ohne einen Tropfen Regen schafften wir die 60 Kilometer zu der abgelegenen Farm ihrer Freunde.

Auch Malcolm war stolz auf seine große Farm und nahm uns gleich nach der warmen Dusche und dem Kaffee mit auf eine Farmrundfahrt. Im Vergleich zu Emil war sein Tempo um einiges rasanter. Er fuhr so schnell zwischen seinen Kühen und Schafen hindurch, dass wir Angst um die Viecher hatten. Immer erst im letzten Moment sprangen sie zur Seite. Nicht nur die Rinder und Schafe mögen große Weideflächen, sondern auch die Kängurus. Bis dahin hatten wir gedacht, wir hätten schon viele gesehen, doch was wir jetzt zu sehen bekamen, stellte alles Bisherige in den Schatten. Wir zählten über 50 Kängurus auf einer seiner Weiden, friedlich grasend zwischen den Rindern.

„Nur einmal in eurem Leben werdet ihr das sehen, was ich euch jetzt zeige!"

Wir machten einen Besuch bei einer Emu-Familie, die sich auf seinem Land niedergelassen hatte und die an Malcolm gewöhnt war. Vorsichtig näherten wir uns den großen Vögeln. Wir fütterten mit etwas Brot das Weibchen, das Wache schob, während das Männchen die Eier ausbrütete. Malcolm ging zum Männchen hin, hob dessen Bein etwas an, und zum Vorschein kam ein halbes Dutzend frisch geschlüpfter und gepunkteter Emu-Küken.

Nach dem Abendessen wollte er uns noch die nachtaktiven Wombats zeigen. „Oft kann man sie im Scheinwerferlicht sehen", erzählte er uns. Nachdem wir erfolglos die Straße hinauf- und hinuntergefahren waren, packte er einen Handscheinwerfer aus. Er öffnete die Motorhaube und schloss ihn an der Autobatterie an. Wir verließen die Straße und fuhren wieder quer über seine Felder. Malcolm hatte sein Seitenfenster geöffnet und suchte während der Fahrt mit dem Scheinwerfer das Land ab. Dieses Mal hatten wir Glück, außer seinen Rindern und Schafen tauchten im Lichtkegel plötzlich viele verdutzte Kängurus und zweimal auch ein flüchtender Wombat auf. So ganz geheuer war uns die Fahrt nicht, es ging mit einem Affenzahn über die von Wombat-Löchern gespickten Felder. Über die vielen Füchse, deren Augen im Scheinwerferlicht aufleuchteten, war Malcolm gar nicht erfreut. „Die reißen meine Lämmer, und im nahe gelegenen Nationalpark am Meer räubern sie die Nester der Wasservögel aus."

Auch sie waren, wie einst die Kaninchen, von den Engländern nach Australien eingeschleppt worden.

Im Outback

Im australischen Outback, dem überwiegend sandigen und fast menschenleeren Hinterland, sind die Distanzen zwischen den Orten, ja sogar zwischen einzelnen Häusern, oft gigantisch. Das bedeutete für uns eine gute Planung, was das Einkaufen von Lebensmitteln anging. Zuerst mussten wir mit Hilfe der Karte überschlagen, wie viele Tage eine Strecke erforderte, und dann genug Essen einkaufen. Oft packten wir Proviant für zehn Tage ein, wobei ein Reservetag eingerechnet war, denn Radfahrer essen viel.

Zwischen den Ortschaften mit Supermärkten gab es selten Gelegenheiten für einen Ruhetag, was für uns eine „Kilometerfresserei" bedeutete. Der Gedanke, alle Vorräte verbraucht und noch nicht den nächsten Supermarkt erreicht zu haben, war unerträglich. Das passierte uns zum Glück nie, eher fuhren wir etwas mehr oder schleppten mehr Nahrungsmittel.

Von Adelaide nach Alice Springs, mit einem Abstecher zum Ayers Rock, fuhren wir im australischen Frühling. Überall blühten wilde

Blumen, die Strohblumen ähnelten und aus der kargen roten Erde sprossen. Wir zelteten auf Blumenwiesen, sahen Australiens Nationalblume *Stuart Desert Peas* blühen und besuchten den berühmten Ayers Rock und die Olgas im Blumenmeer. Besonders nachts wurde es noch ganz empfindlich kalt. Nicht selten hatten wir morgens eine Reifschicht auf dem Außenzelt.

Als wir den Wendekreis des Steinbocks Richtung Norden überschritten hatten, mussten wir zusätzlich zum Essen auch noch einige Liter Wasser auf die Räder packen; nun wurde es immer wärmer, und wir tranken mehr und mehr. Im Norden Westaustraliens, wo die Distanzen zwischen den Möglichkeiten, Wasser zu „tanken", manchmal 200 Kilometer überschritten, war es auch am heißesten. So tranken wir pro Tag und Nase etwa zehn Liter, dazu kam noch das Wasser zum Kochen und Waschen.

Mit Hilfe von Flaschen und Wassersäcken packten wir bis zu 17 Liter Wasser auf jedes Rad und tranken bei den *Roadhouses* – Raststopps für Autofahrer – noch wie die Kamele, bevor wir uns auf den Weg durchs überwiegend wüstenhafte Outback machten.

„Wo finden wir Wasser auf den nächsten Kilometern?", war immer wieder unsere Frage bei den Roadhouses. Manchmal hatten wir von anderen Radfahrern eine Weg- und Wasserbeschreibung, was sehr nützlich war.

Doch da wir oft nicht genau wussten, wo wir Wasser erwarten konnten, war es immer eine Freude, wenn wir am Weg ein Windrad oder einen Wassertank entdeckten und zusätzlich an Wasser kamen. Das bedeutete dann eine ausgiebigere Dusche am Abend. Da Australien sehr trocken ist, hat jeder Autofahrer einen Wasserkanister bei sich, und wir wussten, dass sie uns im Notfall ein bisschen Wasser abgeben würden. Doch nur einmal waren wir auf diese Hilfe angewiesen. Die Farm, die in unserer Karte eingezeichnet war, existierte nicht oder war zu weit entfernt von der Hauptroute. Kein Windrad, kein Wassertank war in Sicht, und unser Wasservorrat ging dem Ende zu. Als die Zeit gekommen war, streckte Kurt die leere Wasserflasche beim ersten vorbeikommenden Auto in die Luft. Der Fahrer bremste sofort und wollte uns helfen. Es war der Pick-up einer Minengesellschaft, und auf der

Ladefläche standen drei Fässer, randvoll mit Wasser gefüllt.

„Nehmt so viel Wasser, wie ihr transportieren könnt." Wir tankten alle unsere Flaschen und Wassersäcke voll, dann schenkte uns der nette Fahrer noch zwei Orangen und eine Banane, bevor er weiterfuhr. Wir steuerten nur noch den nächsten schönen Lagerplatz an, stellten unser Zelt auf und freuten uns über die ausgiebige Dusche.

Temperaturen zwischen 30 und 40 Grad fanden wir bei trockener Luft noch angenehm. Doch oft stieg das Thermometer auch darüber. Wichtiger war, dass es nachts abkühlte, denn wenn die Temperaturen unter 30 Grad fielen, schliefen wir angenehm.

Es machte uns Spaß, mal wieder Kilometer zu „fressen" (was bei uns aber auch nicht viel mehr als 100 Kilometer am Tag bedeutete) und zügig voranzukommen. Doch nach einiger Zeit in dieser weiten, einsamen Natur sehnten wir uns nach Kultur und anderen Bedingungen. Vor allem, was das Wasser betraf. Der Wind war uns glücklicherweise meist gut gesonnen.

Trotz allem waren die Strecken durch das Outback oft sehr abwechslungsreich. Wir kamen immer wieder durch ganz besondere Gegenden, wie beispielsweise die Kimberley-Region im Nordwesten Australiens mit charakteristischen *boab trees* (Affenbrot- oder Flaschenbäume) und bestaunten wunderschöne, kilometerlange Sandstrände mit wirklich weißem Sand, an denen Meeresschildkröten an Land zur Eiablage kamen. Größere und kleinere Hügelzüge wechselten sich mit breiten Überschwemmungsgebieten ab, wo während und nach der Regenzeit das Wasser steht und die Vegetation sich stark von der Umgebung unterscheidet. Gerade bei solchen Strecken behaupten Autofahrer, sie seien völlig langweilig, und es gäbe nichts zu sehen. Dabei haben uns besonders diese Abschnitte gut gefallen. Die meisten Radfahrer können das wohl nachvollziehen.

An einigen Flüssen gab es Wasserlöcher, *billabongs,* die permanent Wasser führten. Schon von weitem waren diese Löcher, die manchmal auch künstlich für die Rinder angelegt wurden, zu erkennen. Dort gab es Scharen von schnatternden und lärmenden Kakadus, schwarz und weiß gefiedert, aber auch Wasservögel. An diesen Stellen zelteten wir sehr gern. Die Erfrischung, in den Billabongs zu schwimmen, tat nach einem heißen Tag im Fahrradsattel besonders gut.

Insgesamt gefielen uns diese großen australischen Weiten sehr gut, weil es oft über 200 Kilometer kein Haus gab. Selbst auf den Highways war so wenig Verkehr, dass wir unsere Rastpausen auch mitten auf der Straße hätten machen können, wenn es dort Schatten gegeben hätte. Sogar die ewig langen *road trains,* bullenstarke Lastwagen mit mehreren Anhängern, fuhren sehr rücksichtsvoll und machten fast immer einen großen Bogen um uns.

Noch intensiver muss diese Weite der Japaner erlebt haben, den wir zwischen Ayers Rock und Alice Springs auf dem Stuart Highway getroffen hatten. Zu Fuß war er vor fünf Monaten mit seinem Handkarren in Darwin gestartet, um quer durch Australien bis Adelaide zu laufen. Klar, dass wir mehr Luxus dabeihaben konnten als er. Es war uns eine Freude, ihm eine Packung Kekse zu schenken, denn er musste für mehrere Wochen seine Lebensmittelvorräte mitschleppen und wir nur für Tage.

Ein anderes Mal konnten wir sogar einem Motorradfahrer helfen. Natürlich war Essen oder Wasser kein Problem für ihn, doch

Road train

mit einer gerissenen Kette kam er nicht mehr weiter. Er hatte keine Chance, sein schweres Motorrad auf dem vom Regen aufgeweichten Oodnadatta Track, einer 700 Kilometer langen Schotterpiste in Südaustralien, zu schieben. „Hast du genug Wasser?", fragten wir ihn aus Gewohnheit. Wir versprachen, so schnell wie möglich Hilfe zu schicken. Obwohl die nächstgelegene Farm nur 15 Kilometer entfernt war, brauchten wir bis dorthin noch ganze zwei Stunden. Der starke Gegenwind machte uns arg zu schaffen, und durch die weiche Fahrbahn hatte sich der Rollwiderstand verdoppelt oder gar verdreifacht.

Der Farmer setzte sich gleich in seinen Pick-up und fuhr los, als wir ihm von dem liegengebliebenen Motorradfahrer berichteten. Nach uns war tatsächlich kein Autofahrer mehr gekommen, der eine raschere Hilfe hätte organisieren können.

Der ganz normale Alltag

Nicht erst im Outback, sondern schon seit langem hatte sich eine Art Alltag eingeschlichen. Jeder von uns hatte seinen Zuständigkeitsbereich. Morgens krabbelte Kurt immer vor mir aus dem Zelt. Ich blieb noch liegen, bis er den Kocher angeschmissen hatte. Erst dann zog ich mich an. Während Kurt den Haferflockenbrei und den Tee zubereitete, rollte ich unsere Matten zusammen und packte die Schlafsäcke weg. Wenn das erledigt war, hatte Kurt auch schon das Frühstück fertig, für das wir uns immer Zeit ließen. Danach packte jeder von uns seine Sachen zusammen. Kurt war für unseren Kocher und die kleinen Töpfe zuständig, ich für die Tassen und den großen Topf. Jeder hatte seine Apsis auszuräumen und alles in den Taschen zu verstauen. Danach bauten wir gemeinsam das Zelt ab und stopften es in Kurts linke hintere Packtasche. Jede Socke und jedes Messer hatte seinen Platz, an den es gehörte. Wir hätten unser Gepäck blind ein- und auspacken können. Wenn alle Taschen an den Rädern hingen, schauten wir uns noch um, ob etwas liegengeblieben war. Doch wenn etwas fehlte, hatten wir es meist schon beim Einpacken gemerkt. Um möglichst nichts zu verlieren, hatten wir eine kleine Tischdecke dabei, unsere „Küche". Sonst wären Messer und Löffel wohl schnell im Sand verschwunden. Alle Küchenutensilien lagen auf dieser Matte, und wenn sie abgeräumt war, hatten wir alles verstaut.

Dann schoben oder fuhren wir zur Straße, und die Fahrt konnte beginnen. Nach 30 Kilometern oder zwei Stunden im Sattel wurde die erste Pause eingelegt. Meist gab es Kekse und Obst. Nach dem Essen machten wir Dehnübungen. Die hatten wir schon in Indien eingeführt, nachdem ich große Schwierigkeiten bekommen hatte, meinen Kopf zu wenden. Beim Radfahren brauchten wir immer nur ganz bestimmte Muskeln, und da wir Rückspiegel hatten, mussten wir noch nicht einmal den Kopf bewegen. Kurt, der früher schon nach dem Radfahren seine Dehnübungen gemacht hatte, exerzierte diese vor und zählte dazu bis 25, damit wir die einzelnen Muskeln lange genug dehnten. Ich machte die Übungen nach und war zu faul zum Zählen. Dieser Punkt im Tagesprogramm beeindruckte unsere Besucher oder andere Radfahrer, die ein Stück mit uns fuhren, sehr. Nicht immer machten alle mit, aber sie konnten sich noch Jahre später gut daran erinnern, wie wir die Übungen gemacht hatten und wie komisch wir dabei ausgesehen hatten. Auch wenn normalerweise die Autofahrer hupten, wenn sie an uns vorüberfuhren, schauten sie während der Dehnübungen meist weg. Sie dachten wohl, wir seien verrückt.

Danach radelten wir weiter bis zur Mittagspause. Unser Mittagessen war, je nach Land, sehr verschieden. In Australien gab es fast immer „Two Minute Noodle Soup" (Instant-Nudelsuppe), die konnten wir gut über viele Tage mitschleppen. Die Packungen waren leicht, klein und mit heißem Wasser schnell zubereitet. Lang war unsere Pause nie. Schon bald nach dem Essen machten wir uns wieder auf den Weg, denn wir hatten lieber am Abend mehr Zeit. Nur ein einziges Mal in Australien fanden wir, dass es in der Mittagszeit zu heiß war zum Fahren, doch da saßen wir bereits wieder auf dem Rad. Am nächsten Tag waren die Temperaturen dann wieder so, dass wir es angenehmer fanden, im kühlenden Fahrtwind zu radeln, als unter einem Baum zu liegen und die wärmste Zeit des Tages zu verdösen. Selten gab es am Nachmittag eine große Pause, meist fuhren wir durch, bis ein Platz zum Übernachten gefunden war. Zuerst wurde das Zelt aufgestellt, dann das Gepäck in die Apsiden geräumt und alles, was wir noch am Abend oder am nächsten Morgen brauchten, herausgeholt. Während ich im Zelt die Betten herrichtete, setzte Kurt den Kocher zusammen und stellte einen Kaffee auf. Nach der ersten Tasse wuschen wir uns. Dazu hatten wir eine kleine Duschmatte bei uns. So sparten wir Wasser, da der Sand und Schmutz nicht an den Füßen kleben blieb. Meist gab es nach dem Duschen einen zweiten Kaffee, und gleich darauf setzten wir einen großen Topf Tee auf. Unser Kocher hatte jetzt selten eine Ruhepause. Dem ersten Topf Tee folgte ein zweiter oder dritter, denn es war wichtig, die verlorene Flüssigkeit nachzufüllen, besonders wenn wir viel geschwitzt hatten. Zum Tagebuchschreiben, dem nächsten Punkt in unserem Abendprogramm, tranken wir den Tee. Das Tagebuchschreiben war oft lästig und sehr zeitintensiv. Aber wir haben während der ganzen Reise jeden Tag beschrieben. Wenn wir keine Zeit hatten, da es zu spät war oder wir eingeladen waren, hieß es am nächsten Tag, das Schreiben nachzuholen.

Danach konnten wir uns dem Essen widmen. Meist kochten wir mit frischem Gemüse, wir hatten uns mit der Zeit eine große Auswahl an Gerichten zusammengestellt. Sogar ein kleines Heftchen legten wir an, damit wir keines unserer „Menüs" vergaßen. Natürlich konnten wir nicht in jedem Land das gleiche kochen. Immer wieder gab es andersartige Gemüsesorten, die wir gern ausprobierten. Meistens kreierten wir aus der Not heraus neue Gerichte, wenn das Angebot bescheiden war. Wir lernten, die wenigen Zutaten so zu kombinieren, dass es immer wieder anders schmeckte. Beim Gemüseputzen und -schneiden, was neben dem Planen des Speisezettels mein Job war, hörten wir Radio. Sobald der Kocher lief, war das jedoch nicht mehr möglich, er machte zuviel Lärm. Für das Kochen war Kurt zuständig, gewürzt und abgeschmeckt haben wir gemeinsam. Beim Essen schalteten wir das Radio aber wieder ein. Es war immer interessant für uns, die Neuigkeiten aus aller Welt zu erfahren, und bald hatten wir unsere Lieblingssendungen. Nach dem Essen gab es noch einmal Kaffee, entweder hörten wir dabei weiter Radio, unterhielten uns, planten unsere Route oder schrieben die Einkaufsliste für die nächsten Tage. Langweilig wurde uns nie. Immer wieder staunten wir, wie viel wir uns zu berichten hatten, obwohl wir die ganze Zeit zusammen waren. Wir bestätigten uns darin, dass wir es einfach nur gut hatten und unheimlich privilegiert waren, weil wir so eine Reise machen konnten. Schon bald krabbelten wir dann müde ins Bett.

Von Krokodilen, Schlangen und anderen wilden Tieren

Die Tierwelt Australiens begeisterte uns immer wieder mit ihren verschiedenen Kakadus, Papageien und anderen buntgefiederten Vögeln. Neben den vielen Kängurus, Wallabys, Wombats und Schnabeligeln gab es auch Krokodile, und vor denen wurden wir stets gewarnt. Vor allem im Norden Australiens waren die bis zu sechs Meter langen gefährlichen Salzwasserkrokodile daheim, deshalb verzichteten wir lieber auf den Sprung ins kühlende Nass. Dass wir nie so ein Krokodil zu Gesicht bekommen hatten, bedauerten wir nicht sehr.

Die erste Begegnung mit einer Schlange hatten wir in den Bergen von New South Wales. Auf einer praktisch unbefahrenen Straße lag plötzlich vor mir eine kleine braune Schlange mitten auf der Fahrbahn. Als ich realisierte, was da vor mir lag, schnellte sie vom Asphalt direkt zwischen meine vorderen Taschen. Natürlich erschrak ich heftigst, da wir immer wieder vor den giftigen australischen Schlangen gewarnt worden waren. So etwas hatte ich nicht erwartet, eine springende Schlange!

„Wahrscheinlich ist sie noch irgendwo zwischen meinen Taschen", vermutete ich, als ich sie nicht mehr sah. Ich stellte mein Rad auf den Seitenständer. Vorsichtig schlichen wir gemeinsam darum herum, doch von der kleinen Schlange war nichts mehr zu sehen.

Das zweite Schlangenerlebnis fand auf dem Oodnadatta Track statt. Wir kämpften gegen einen ziemlich heftigen Wind. Dorothee fuhr dicht hinter mir, um möglichst viel Windschatten zu bekommen.

Wegen des Gegenwindes und der schlechten Piste kamen wir nur sehr langsam voran.

Dann ging alles recht schnell. Ich sah die Schlange erst, als sie sich etwa zwei bis drei Meter vor mir zu bewegen begann. Ich rief Dorothee zu: „Achtung, Schlange!" und machte gleichzeitig eine Vollbremsung. Als ich zum Stehen kam, legte ich mein Rad seitlich zu Boden, für den Ständer war keine Zeit mehr, weil sich die Schlange direkt auf uns zu bewegte und bereit zum Angriff war.

Ich fürchtete, sie könnte auf mich losspringen. Darum hatte ich die Flucht nach hinten angetreten, wohl die beste Reaktion, denn in diesem Moment drehte die Schlange ab und verschwand in den Büschen neben der Straße. Für Dorothee kam die Vollbremsung zu überraschend, sie fuhr in mein Hinterrad und stürzte. Dabei schürfte sie sich ihr linkes Knie auf, doch ein aufgeschürftes Knie ist immer noch besser als ein Schlangenbiss.

Häufiger und lästiger waren die Fliegen, Ameisen und Mücken, die oft in Schwärmen auftraten. Die berüchtigten australischen Fliegen krabbelten uns in Nase und Ohren und setzten sich in Augen- und Mundwinkel fest. Vor allem, wenn es bergauf ging oder bei Rückenwind, da konnten wir ihnen nicht entkommen. Sie flogen uns zur Nase rein und kamen zum Mund wieder heraus, allerdings dann tot. Manchmal atmeten wir sie auch ein. Wenn sie in ein Ohr geflogen waren, surrten sie irre laut darin herum. Da half meist nur ein Netz über dem Kopf, so sahen wir Australiens Outback oft nur durch das grüne Fliegennetz.

Nur ein Moskitonetz hilft gegen die lästigen Buschfliegen

Gegen die Mücken halfen Moskitocoils, die wir recht zahlreich abbrannten, doch damit ließ es sich gut leben. Am anstrengendsten waren die Ameisen. Nicht nur einmal hatten wir uns versehentlich einen Platz zum Zelten in einer „Ameisenstadt" ausgesucht. Aktiv wurden diese Viecher erst, wenn die Sonne sehr tief stand und es kühler wurde. Dann kamen sie in Horden aus ihren Löchern gekrabbelt. Alle fünf Minuten zogen wir mit unserem Teppich an eine neue Stelle, wo nicht so viele Ameisen waren. Doch wir schienen sie anzuziehen, denn die Ruhe war nie von Dauer, schon bald hatten sie uns wieder entdeckt.

Richtig stressig wurde es, wenn es die großen Ameisenarten waren, die mit ihren Zangen schmerzhaft zubeißen konnten. Noch tagelang waren diese Bisse zu spüren. So war das Zelten nicht mehr gemütlich, sie kamen immer wieder anmarschiert und streckten uns, auf den Hinterbeinen laufend, ihre riesigen Zangen entgegen. Uns blieb nur die Flucht, denn wenn wir sie wegkickten, kamen immer mehr angriffslustige Ameisen, und wieder mussten wir fliehen. Das ging so lange weiter, bis wir eine Idee hatten: Wir setzten uns auf die für Ameisen rutschige Zeltunterlage und schoben trockene Holzstöcke unter die Ränder der Plane, so dass diese etwas hoch standen und die Ameisen nicht auf diese glatte Plane krabbeln konnten. Jetzt hatten wir unsere Ruhe, aber der Bewegungsradius war dadurch sehr eingeschränkt. Es blieb uns nur die Hoffnung, am nächsten Tag mehr Glück mit unserer Zeltplatzwahl zu haben.

Australische Weihnachten

Nach den letzten beiden Weihnachten – eine nach Schweizer Art, die andere nach deutscher – feierten wir diesmal wie die Australier. Wir trafen in Perth Jenny wieder. In einer Community im Norden von Australien hatten wir sie kennengelernt und waren für ein paar Tage ihre Gäste. Über Weihnachten war Jenny in Perth, und wir freuten uns, sie wiederzusehen.

Sie zählte zu jenen Leuten, für die Australiens Süden zu kalt war und die nicht ständig über die Hitze stöhnten, wenn das Thermometer angenehm über 30 Grad stieg. Sie war auch eine der wenigen, die mit den Aborigines arbeiteten und diese nicht abschätzig behandelten. Jenny war Lehrerin in einer Aborigines-Community, wo wir sie besuchten. Sie und ihre weißen Lehrerkollegen wohnten in einem abgezäunten Bereich. Sie durften die Kinder unterrichten, aber am Leben der Community teilzunehmen, war nicht erwünscht, was sie respektierten.

Auch wir hatten die Aborigines, denen wir begegneten, als zurückhaltend erlebt. Auf staubigen Outback-Pisten waren sie oft die einzigen, die mit ihren klapprigen Autos anhielten und fragten: „Alles in Ordnung? Habt ihr genug Wasser dabei?"

Vor kleinen Geschäften kamen wir manchmal mit ihnen ins Gespräch. Viele waren Künstler, aber sie kamen nie auf die Idee, uns ihre Gemälde zu zeigen oder gar zum Kauf anzubieten.

Jenny hatte uns erzählt, dass sie das Aboriginal-Gemälde, das in ihrem Wohnzimmer hing, von einer alten Frau gekauft hatte. Der Preis, den diese Frau dafür verlangt hatte, war viel zu niedrig, und als Jenny sie darauf hinwies, meinte sie: „Das ist schon in Ordnung, ich bin ja keine berühmte Künstlerin."

Mit Jenny, ihrer Familie und Freunden verbrachten wir Weihnachten 2004. Am 25. Dezember gingen wir gemeinsam am Vormittag an den Strand zum Schwimmen, wo wir unsere ersten stümperhaften Erfahrungen mit Bodysurfen sammeln konnten.

Gegen Mittag leerte sich der Strand, und alle fuhren zum großen Weihnachtsmittagessen nach Hause. Da hier Weihnachten im Sommer ist, hat niemand Lust auf warme, fettige Speisen. Es gab viele Salate und ein kaltes Buffet. Doch noch vor dem Essen mussten die Knallbonbons geöffnet werden. Durch Ziehen an beiden Seiten dieser riesigen Bonbons gab es einen Knall, und heraus kamen eine Papierkrone, ein Zettel mit einem Sinnspruch, ein Witz und ein Anhänger. Dann setzte sich jeder die Papierkrone auf den Kopf, und das Festmahl konnte beginnen. Später ging es zum Abkühlen in den Swimmingpool. Es wurde viel gegessen und getrunken, und natürlich durfte der englische Plum-Pudding beim Dessertbuffet nicht fehlen.

Ein paar Tage später radelten wir zu einer Opernaufführung unter freiem Himmel, da hatte Kurt einen ganz besonderen Platten: Nur Kurt kann wohl von sich behaupten, seinen 100. Platten auf einer Weltreise mitten in Perth bei einer Oper mit Musik von Mozarts Zauberflöte geflickt zu haben.

Über 16.000 Kilometer hatten wir in Australien zurückgelegt, und es war an der Zeit, den Kontinent zu wechseln, auch wenn wir die Kängurus, die nachts um unser Zelt hüpften, vermissen würden.

Ankunft in Südafrika

Wir waren von Perth die ganze Nacht durchgeflogen und landeten gegen Mittag in Kapstadt. Es war der 19. Februar 2005, und Afrika sollte unser letzter Kontinent vor Europa sein.

Unsere Räder standen bereits neben dem Gepäckband und warteten auf uns, und nur wenig später kamen auch die Taschen angerollt. Wir luden alles auf einen Gepäckwagen und schoben diesen durch den Zoll. Kurt fing gleich an, die zerlegten Räder wieder zusammenzusetzen und fahrbar zu machen. Meine Aufgabe bestand darin herauszufinden, auf welchem Weg wir am besten in die Stadt kamen und wo dort eine preiswerte Unterkunft zu finden war.

Die Touristeninformation war schnell gefunden. Die Frau dort machte ein entsetztes Gesicht, als ich sie fragte, welchen Weg wir mit dem Rad nehmen mussten, um in die Stadt zu gelangen. Sie klärte mich auf: „Der einzige einigermaßen sichere Weg in die Stadt ist die Autobahn, doch die ist für Radfahrer verboten. Außerdem führt sie mitten durch die Townships."

Sie empfahl uns, einen Shuttle-Bus zu nehmen und schnell ließen wir uns dazu überreden. Wir waren sehr müde und konnten das Risiko nicht einschätzen, schließlich waren wir ja neu im Land. Etwas Angst vor Südafrika hatten wir schon, viel Gutes war über dieses Land nicht zu hören gewesen.

Der Bus fuhr uns direkt zu dem gewünschten Backpacker-Hostel, wo wir im Garten zelten durften. Übermüdet versuchten wir, bei

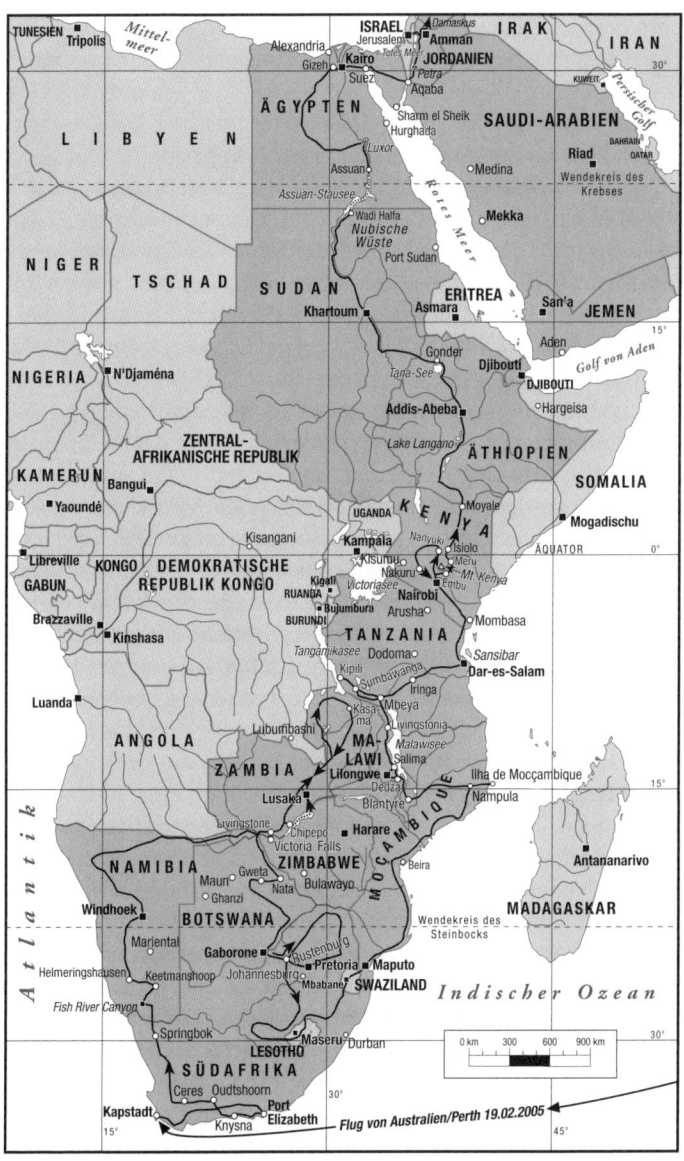

TUNESIEN ■Tripolis
Mittelmeer
IRAK
IRAN

Alexandria
ISRAEL
Jerusalem ■Amman
Damaskus
Totes M.
JORDANIEN
Gizeh Kairo
Suez
Petra
Aqaba
KUWEIT
Persischer Golf
30°

ÄGYPTEN
Sharm el Sheik
Hurghada
SAUDI-ARABIEN
BAHRAIN
Riad
QATAR

L I B Y E N
Luxor
Medina
Wendekreis des
Krebses

Assuan
Assuan-Stausee

N I G E R
TSCHAD
Wadi Halfa
Nubische Wüste
Port Sudan
Rotes Meer
Mekka

SUDAN
Khartoum
ERITREA
Asmara
San'a
JEMEN

NIGERIA ■N'Djaména
Aden
Golf von Aden
15°

Gonder
Djibouti
DJIBOUTI

ZENTRAL-
AFRIKANISCHE REPUBLIK
Tana-See
Addis-Abeba
Hargeisa

KAMERUN ■Bangui
Lake Langano
ÄTHIOPIEN
SOMALIA

■Yaoundé
UGANDA
K E N Y A
Moyale
■Mogadischu

Kisangani
Kampala
Nanyuki
Isiolo
Meru
ÄQUATOR
0°

Libreville
KONGO
DEMOKRATISCHE
REPUBLIK KONGO
Kisumu
Nakuru
Mt. Kenya
Embu

GABUN
Kigali
RUANDA
Victoriasee
Nairobi

Brazzaville ■Kinshasa
BURUNDI
Bujumbura
Arusha
Mombasa

TANZANIA
Dodoma
Sansibar
Dar-es-Salam

Luanda
Tanganjikasee
Kipili
Iringa

A N G O L A
Sumbawanga
Mbeya
Livingstonia

Lubumbashi
Kasama
MA-
LAWI
Malawisee

ZAMBIA
Lilongwe
Salima
Ilha de Moçambique

Lusaka
Dedza
Nampula

Livingstone
Chipepo
Blantyre

NAMIBIA
Victoria Falls
Harare
M
O
Ç
A
M
B
I
Q
U
E

ZIMBABWE
Beira

Maun
Gweta
Nata
Bulawayo

Windhoek
Ghanzi
Antananarivo

BOTSWANA
MADAGASKAR
15°

Wendekreis des
Steinbocks

Mariental
Rustenburg

Helmeringshausen
Gaborone
Pretoria ■Maputo

Keetmanshoop
Johannesburg
Mbatane
SWAZILAND

A
t
l
a
n
t
i
k
Indischer Ozean

Fish River Canyon

Springbok
Maseru
Durban

LESOTHO
SÜDAFRIKA
30°

Ceres Oudtshoorn
Port
Elizabeth

Kapstadt
Knysna
Flug von Australien/Perth 19.02.2005
45°

0 km 300 600 900 km

30°
15°

dem bekannten kräftigen Kapwind unser Zelt aufzustellen, dabei brach eine Zeltstange und bohrte sich durch das Zelt. „Afrika fängt ja gut an!"

Hanes, der Besitzer, hatte Mitleid mit uns und ließ uns zum selben Preis im Schlafsaal übernachten. Also packten wir unseren Kram wieder zusammen und zogen ins Haus. Hier richteten wir uns so gut es ging ein, doch Radfahrer haben immer viel mehr Gepäck als Rucksacktouristen, und so war der Schlafsaal schnell mit unseren Sachen vollgestellt. Als nächstes wollten wir uns etwas zum Essen kaufen. Hanes erklärte uns den Weg zum nächsten Supermarkt, und wir machten uns gleich auf die Socken. Übermüdet, wie wir waren, und belastet von all den Gruselgeschichten über Südafrika, sahen wir in jedem Menschen auf der Straße einen potenziellen Mörder. Wir fühlten uns gar nicht wohl, und das Hostel lag auch nicht unbedingt in der besten Gegend von Kapstadt. Vor den Türen der kleinen Reihenhäuser standen Menschen, die sich unterhielten, alle schienen sie uns feindselig anzusehen. Bald hatten wir das Nötigste eingekauft, die Auswahl erschien uns nach den riesigen Shopping-Zentren in Australien bescheiden, wir waren enttäuscht und schlecht drauf. Wieder zurück im Backpacker, aßen wir etwas und gingen danach sofort schlafen. Von der großen Einweihungsparty, die in dieser Nacht stattfand, bekamen wir nichts mit. Der Grund der Fete war, dass die Renovierungsarbeiten im Hotel gerade abgeschlossen waren.

Am nächsten Tag, nach 15 Stunden Schlaf, sah die Welt wieder ganz anders aus. Wir gingen im gleichen Supermarkt wie am Tag zuvor unsere Frühstücksbrötchen holen. Jetzt grüßten uns die Leute auf der Straße freundlich, waren höflich und hilfsbereit. Wir fragten uns: „Wo haben wir bloß gestern Abend all die potenziellen Verbrecher gesehen?" Auch die Auswahl in dem Supermarkt schien über Nacht größer geworden zu sein. Es ist erstaunlich, was es ausmacht, wenn man ausgeschlafen ist und nicht alles so verkrampft sieht.

Nach einem gemütlichen Frühstück machten wir uns auf den Weg in die Stadt. Wie bei jeder Ankunft auf einem neuen Kontinent musste eine ganze Menge organisiert werden, und dies machten wir am besten noch im reichen Südafrika.

Ein paar Tage später waren wir mit Karten und den nötigen Reiseführern für das südliche Afrika eingedeckt. Bei der Schweizer und der deutschen Botschaft hatten wir neue Reisepässe beantragt, denn für die vielen Stempel und Visa, die wir auf dem Weg nach Europa brauchten, war in unseren alten Pässen nicht mehr genügend Platz.

Als wir in Kapstadt zum ersten Mal die Weltkarte studierten, erschraken wir. Wir hatten das Gefühl, schon fast zu Hause zu sein. Kein Meer trennte uns mehr von Europa, wir mussten uns nur noch in den Sattel schwingen und treten. Als wir dann über den genaueren Karten saßen, planten wir viele Umwege, so schnell sollte unsere Reise nicht zu Ende gehen. Ich fand immer neue Strecken, so dass Kurt bald anfing mich zu bremsen. Er meinte, wir müssten nicht alles schon jetzt planen, und damit hatte er sicher recht.

Wenig später verließen wir mit vielen neuen Ideen im Kopf und vollen Packtaschen Kapstadt.

Kapstadt

Von Farm zu Farm

Nicht immer hatten wir Glück mit dem Wetter. Auch wenn es nicht ständig kräftig regnete, machte es keinen Spaß, patschnass im Nieselregen weiterzuradeln. Als wir gegen Mittag in solch einem Zustand eine Farm unweit der Straße entdeckten, fuhren wir kurzentschlossen hin. Außer zwei Hunden war niemand zu Hause; der größere ignorierte uns, und der kleinere kläffte uns an, was uns aber nicht sonderlich beeindruckte. Wir setzten uns frech auf die trockene Veranda und wollten warten, bis der Regen nachließ. Wir hatten gerade unser Mittagessen verzehrt, da kam auch schon der Farmer an. Er war nicht im Geringsten erstaunt, hatte er uns doch schon vorher im Regen radeln gesehen, und nur wenig später saßen wir mit ihm beim Kaffee am Küchentisch. An der Wand hingen Springbock- und Kuduköpfe, die uns aus Glasaugen anschauten. An solchen „Zimmerschmuck" mussten wir uns noch gewöhnen. Man findet die Trophäen auf fast jeder Farm, aber noch waren wir neu in Afrika und fanden es schon recht merkwürdig.

Fluppy besaß eine Straußenfarm. Er züchtete Strauße und verkaufte die jungen Vögel an Mastbetriebe weiter. Ihm war klar, dass es keinen Spaß machte, bei dem Regen weiterzufahren. Auf seiner Farm gab es, ein paar Kilometer entfernt und schön auf einem Hügel gelegen, ein Wochenendhaus. Dort wollte er uns hinbringen, damit wir in Ruhe besseres Wetter abwarten konnten.

Doch im Moment hatte er keine Zeit dazu, er musste sich noch um seine Schafe kümmern. Darum quartierte er uns erst einmal in einem leerstehenden Haus auf seiner Farm ein. Ein Schwager hatte dort vor kurzem noch gewohnt und gemeinsam mit ihm die Farm geführt. Doch es gab nicht genug Arbeit für beide, weshalb der Schwager hatte in die Stadt ziehen müssen. In dem Haus gab es eine Küche, zwei Wohn-, vier Schlaf- und zwei Badezimmer. Die heiße Dusche und das Dach über dem Kopf waren ein richtiger Segen für uns. Jetzt sah die Welt auf einmal wieder freundlicher aus, auch wenn es draußen weiterhin regnete.

Am Nachmittag kam Fluppy wieder.

„Ich glaube, es ist besser, wenn ihr hier übernachtet. Der Weg in mein Berghaus ist ziemlich schlammig, steil und steinig und im Moment für Radfahrer nicht geeignet", meinte er.

Wir waren sofort begeistert von seinem Gedanken, das Haus gefiel uns gut.

„So viel Luxus wie hier haben wir schon lang nicht mehr gehabt", erklärten wir ihm, und er freute sich für uns.

Er wollte uns seine Farm zeigen. Er fuhr mit uns auf die Straße vor der Farm, von hier sollten wir seine brütenden Strauße auf dem Feld suchen. Mit unseren ungeübten Augen sahen wir nichts, zumal auf dem Feld auch viele Büsche wuchsen. Die am Tag brütenden grauen Weibchen hatten ihre Köpfe geduckt und waren aus der Ferne für uns nicht von den Büschen zu unterscheiden. Fluppy musste uns schon ganz genau erklären, wo wir suchen sollten. Trotzdem brauchten wir lang, bis wir endlich die Strauße entdeckten.

Dann fuhr er mit uns zu den brütenden Tieren, jagte eine Straußenhenne vom Gelege und zeigte uns die gerade geschlüpften Küken. Sie waren so groß wie ein kleines Huhn und sahen sehr borstig aus. Dabei behielt er die Alten ständig gut im Auge, denn sie können wohl ziemlich gefährlich werden.

Trotz des schlechten Wetters fuhr er mit uns danach doch noch zu seinem Wochenendhaus, es gab dort weder Strom noch fließendes Wasser. Auch mit seinem Allrad-Wagen hatte er Schwierigkeiten, den steilen und rutschigen Weg hinauf- und hinunterzukommen. Die Aussicht vom Hügel war jedoch wunderschön. Fluppy hatte einen *sun downer* mitgebracht, und wir sahen mit dem Glas in der Hand die Sonne zwischen den Wolken am Horizont untergehen. In der Zwischenzeit hatte es auch aufgehört zu regnen.

Nach der Rundfahrt zeigte er uns, wie man *potjiekos* macht, typisch südafrikanischen, deftigen Eintopf, den wir später noch oft auf Farmen aßen. Außer Kartoffeln und Fleisch kommen in einen gusseisernen Topf auch verschiedene Gemüsesorten wie Mais und auch Kürbis. Traditionell köchelte früher der Potjiekos stundenlang über offenem Feuer. Als er fertig war, wünschte er uns einen guten Appetit und ließ uns mit einer Flasche Wein in „unserem" Haus allein. Da es am nächsten Tag wieder regnete, genossen wir unser Zuhause noch einen weiteren Tag, bevor es bei strahlendem Sonnenschein weiterging.

Wie in Australien und Neuseeland waren auch in Südafrika die Farmen eine willkommene Anlaufstelle, wo wir nach einem Platz für unser Zelt fragen konnten. Nicht selten wurden wir gleich ins Haus eingeladen, und selbst wenn die Farmer an dem Abend fortmussten, überließen sie uns ihr Haus. Je nach Art der Farm bekamen wir am nächsten Morgen noch viele getrocknete Früchte, Wurst, Kekse oder Äpfel mit auf den Weg.

Die „Garden Route"

Bei Oudtshoorn verließen wir die Straße R62, um in Richtung Meer zur „Garden Route" zu radeln. Beim Aufstieg auf eine Passhöhe hielt ein kleiner Van auf dem Seitenstreifen vor uns. Es waren Rob und Jill aus Rustenburg, die auf dem Weg nach Kapstadt waren, wo Rob den *Two Oceans Marathon* laufen wollte. Beeindruckt von unserer sportlichen Leistung, boten sie uns einen Erfrischungsdrink aus der Kühlbox an. Nach einer kurzen und netten Unterhaltung trennten wir uns wieder. Wir ahnten da noch nicht, wie wichtig diese Begegnung für uns noch werden sollte.

Hinter dem Pass wurde auf einen Schlag alles grün, und nach einer Schussfahrt waren wir also auf dieser Touristenstraße mit dem wohlklingenden Namen „Garden Route". Doch schon nach wenigen Kilometern bereuten wir, diesen Abstecher überhaupt gemacht zu haben, und fanden, dass der Name wohl das Schönste daran war. Wir befanden uns auf einer stark befahrenen, mehrspurigen Autobahn und konnten uns vor lauter Lärm nur noch brüllend unterhalten. Bis Knysna sahen wir nur ein einziges Mal das mit Häusern verbaute Meer. Es gab jede Menge Nutzwald, der aussah, als hätte jemand einen riesigen Kamm über die Hänge gezogen. Zum Teil waren große Areale kahlgeschlagen worden, die braunen eckigen Flächen stachen trostlos aus dem vielen Grün heraus.

Die letzten sechs Kilometer vor Knysna waren auf einmal nur noch einspurig. Zwar hatte man nun einen Blick auf die Knysna-Bucht, doch wenn sich ein Lastwagen nach dem anderen mit Zentimeterabstand an einem vorbeizwängt, hat man herzlich wenig davon.

Auch mit diesem Touristenort konnten wir uns nicht wirklich anfreunden und saßen nach kurzem Aufenthalt schon wieder in den Sätteln. Keinen Kilometer zuviel sollte es an der Küste entlang weitergehen, wir hatten gründlich die Nase voll und bogen wieder ab in die Berge.

Auf der Bergstraße kamen wir am Stadtrand durch ein Township. Es war Sonntagmorgen, und auf der Straße waren die für den Kirchgang herausgeputzten, schick gekleideten schwarzen Familien unterwegs. Das Familienoberhaupt im Sonntagsanzug hatte meistens eine Bibel oder das Gesangbuch in der Hand, die Ehefrau hatte sich bei ihm eingehängt und war mit einem engen Rock, der dazu passenden Jacke und hochhackigen Schuhen bekleidet. Die kleinen Mädchen in ihren weißen Tüllkleidern hatten Schleifen in den Haaren und trugen Lackschuhe. Die kleinen Jungen waren die Miniaturausgabe ihrer Väter, die Stimmung war sonntäglich und feierlich. Überall wurden wir freundlich gegrüßt, Autos waren so gut wie keine unterwegs.

Port Elizabeth war vorläufig unser östlichster Punkt in Südafrika, hier sahen wir das Meer noch einmal, dann machten wir uns im Landesinneren wieder auf nach Westen. Wir hüpften von Farm zu Farm durch die trockene Karoo und hatten viele schöne Begegnungen mit den Farmern.

Als wir wieder einmal einen Platz im Busch zum Zelten gefunden hatten, kochten wir mit dem letzten Benzin unseren Haferflockenbrei, zur Abwechslung bereiteten wir ihn an diesem Morgen mit Bananen zu. Wir mussten dringend eine Tankstelle finden, was in dieser einsamen Gegend nicht so leicht war. Etwa 30 Kilometer weiter standen wir an der Abzweigung nach Matjiesfontein. Wenn nicht ein Schild mit Tankstellensymbol dort gestanden hätte, wären wir wohl nie in diesen historischen Ort gefahren. Er bestand nur aus einem alten Bahnhof und zwei Hotels, die im Stil der Gründerzeit eingerichtet waren. Zwei uralte Zapfsäulen waren die Tankstelle. Um Benzin zu tanken, mussten wir im Restaurant Bescheid sagen, dann wurde nach dem Mann mit dem Schlüssel für die Säulen gesucht. Das Benzin wurde mit einer Handkurbel hochgepumpt, und wir hatten wieder genug Sprit, um komfortabel bis zum schönen Ort Ceres zu kommen.

Plötzlich vernahmen wir eine überraschte Stimme hinter uns. „Das gibt es doch nicht, was für ein Zufall!" Als wir uns umdrehten, sahen wir Jill und Rob. Wir erkannten sie sofort wieder, er war den überlangen 52 Kilometer-Marathon gelaufen, und ihr Urlaub, den sie am Kap verbracht hatten, ging dem Ende zu. Sie luden uns im noblen Café zu Kaffee und *koek sisters* ein, frittierte Teigzöpfe in Sirup getaucht. Rob meinte nur: „This is pure fuel" (reiner Treibstoff). Bevor wir in unterschiedliche Richtungen weiterfuhren, tauschten wir unsere eMail-Adressen aus. „Falls ihr einmal nach Rustenburg kommt, dann meldet euch bei uns", sagten sie zum Abschied.

Gut gelaunt strampelten wir durch die kühle Morgenluft weiter. Der Winter stand bereits vor der Tür, und wir mussten schauen, dass wir schnell in den Norden kamen.

Von Ceres radelten wir zum Teil auf kleinen Nebenstraßen, die nur mit Allradantrieb zu fahren waren, durch die schönen Cedarberge Richtung Namibia. Kaum hatten wir Ceres verlassen und fuhren eine Bergstraße hinauf, da knallte es bei mir am Vorderrad. Ich war zu dicht an Dorothees Hinterrad gefahren und hatte die Scherben einer Bierflasche auf dem Boden nicht gesehen. Der noch fast neue Mantel, „Made in Germany", den wir für teures Geld in Port Elizabeth gekauft hatten, war nun an einer Stelle aufgeschlitzt. In Europa hätte man ihn einfach weggeworfen und dabei vielleicht noch gedacht „Pech gehabt." Doch wir wussten nicht, wann und wo wir das nächste Mal zu einem Qualitätsmantel kommen würden. Für solche Fälle hatten wir immer mindestens einen Faltreifen im Gepäck. Obwohl der Schnitt etwa zwei Zentimeter lang war, wollte Dorothee am Abend versuchen, ihn zu nähen. Dazu benutzte sie Zahnseide. Die Flickstelle sah danach wirklich gut aus, doch ich hatte meine

Zweifel, ob das lange halten würde. Ich wurde eines Besseren belehrt, erst einige Monate später gab er nach immerhin 9000 Kilometern endgültig den Geist auf.

Wir näherten uns auf einer Staubpiste dem Fish River Canyon, als auf einmal, nur wenige Meter vor uns, eine Herde Zebras die Straße kreuzte und uns in einer Staubwolke zurückließ. Alles war so schnell gegangen, und trotzdem wird uns dieser Augenblick für immer im Gedächtnis bleiben. Wir standen nur noch staunend da, es ist ein gewaltiger Unterschied, ob man die großen Tiere Afrikas so unerwartet vom Fahrradsattel aus sieht oder bei einer Safari durch das Autofenster.

Luxus-Urlaub in Namibia

Ursula und Olivier hatten uns per eMail mitgeteilt, dass sie am 8. Mai zwei Zimmer, eins für uns und eins für sich, in Helmeringhausen im gleichnamigen Hotel reserviert hatten.

Um möglichst viel von unserem ersten Hotelzimmer seit langer Zeit zu haben (unser letztes hatten wir in Brasilien), zelteten wir die Nacht vor Helmeringhausen kurz vor dem Ortseingang. So kamen wir schon früh am Vormittag an und mussten warten, bis das Zimmer gereinigt war, dann konnten wir es beziehen. Wir duschten und legten uns auf die Betten und verließen das Zimmer erst wieder, als Ursula und Olivier aus der Schweiz eintrafen und wir das Wiedersehen feiern konnten.

Da die beiden nur drei Wochen Zeit hatten, mussten sie sich auf ein kleines Gebiet Namibias beschränken und alles gut planen und organisieren. So buchten sie schon von der Schweiz aus per Internet ein paar Unterkünfte für uns alle, und wir kamen in den Genuss von „Luxus-Urlaub".

Die Route, die wir zusammen radelten, gehörte sicher zu den ganz schönen, doch auch zu den schwierigeren. Olivier hatte sich eine der verlassensten Gegenden auf diesem Planeten ausgesucht. Die Pisten waren oft schlecht und sandig, Wasser war eine Mangelware, und in den paar Läden, an denen wir vorbeikamen, war die Auswahl klein.

Luxusunterkunft in Namibia

Trotzdem war es eine schöne gemeinsame Zeit. Die beiden hatten seit ihrer Kindheit nie mehr gezeltet, und weil die Distanzen zwischen den Gästefarmen zu groß waren, kamen wir nicht ums Campen herum. Die Aufgabenverteilung war klar geregelt. Sie hatten die Unterkünfte organisiert und bezahlt, wir dagegen waren für die Zeltnächte verantwortlich. So brachten wir ihnen bei, wie es sich auch ohne Hotels luxuriös leben lässt. Am ersten Abend mussten wir sie geradezu überreden, sich mit der Fahrradflasche zu duschen, doch sie merkten schnell, wie gut das tat. Wir versuchten auch, kulinarisch etwas zu bieten. Zum Glück hatten wir uns in der letzten Stadt noch mit viel Trockenobst und anderer Trockennahrung eingedeckt, denn mit dem, was es am Rande der Wüste Namib zu kaufen gab, war kein großer Staat zu machen.

Doch im Grunde genommen waren wir es, die profitierten. Wir logierten und dinierten auf Luxusfarmen und unternahmen die eine oder andere geführte Tour. In Windhoek ging mit dem Abschied von Ursula und Olivier unser „Luxus-Urlaub" auch schon wieder zu Ende. Wir radelten weiter in den Norden, Richtung Spitzkoppe, dem „Matterhorn" Namibias.

Der lange Marsch

Es war schon fast Mittagszeit, und unsere Wasservorräte gingen dem Ende zu. Grund zur Sorge hatten wir allerdings nicht, von verschiedenen Leuten wurde uns versichert, dass sich am trockenen Fluss Amarurun eine stillgelegte Mine befand, bei der immer noch Leute wohnten, und weit war es bis dort nicht mehr. Doch schon beim Ankommen schwand unsere Hoffnung, denn die Mine war eine Geisterstadt. Dann entdeckten wir plötzlich bei einem Haus ohne Dach einen Mann, und wir waren erleichtert. Trotz der Sprachprobleme war ihm schnell klar was wir wollten und er ging mit uns in seine Hütte, in der ein Plastikeimer mit etwas trübem Wasser stand. Das Wasser hätte nie ausgereicht, und wir machten ihm klar, dass wir mehr davon brauchten. Schließlich mussten wir für den Rest des Tages und auch noch für den nächsten Tag Wasser haben. Auch dies begriff er schnell und zeichnete uns einen Plan in den Sand, wo es ausreichend Wasser geben sollte. In der Annahme, dass es sich um seine eigene Wasserversorgung handelte, baten wir ihn, uns dort hinzuführen.

Wir folgten ihm mit den Rädern, blieben aber bald im Sand stecken und gingen ohne Räder weiter. Als nach zehn Minuten noch kein Wasser in Sicht war, beschlossen wir, dass Dorothee zurück zu den Rädern geht. Zu lang wollten wir sie selbst in dieser gottverlassenen Gegend nicht alleinlassen.

Ich folgte dem Mann weiter. Als der Weg das sandige Flussbett verließ, zog er sich seine Schuhe an, die er bis dahin in den Händen getragen hatte. Da wurde mir klar, dass es ein längerer Marsch werden könnte, doch wie lang er tatsächlich werden sollte, hätte ich mir nie vorstellen können.

Wir wanderten über Stock und Stein und überquerten ein kleines Gebirge. Als wir eine weite Ebene in der Wüste erreicht hatten, zeigte er auf eine Baumgruppe, die man als kleinen Punkt in der Ferne sah. Dort war unser Ziel. Ich kämpfte mit der Panik, schaute auf den Stand der Sonne, schätzte die Entfernung ab und kam zu dem Schluss, dass wir vielleicht kurz vor Sonnenuntergang zurück bei Dorothee sein könnten, falls wir uns beeilten. Dabei durfte ich gar nicht an das Schleppen der vollen Wassersäcke denken und daran, dass sich Dorothee wohl große Sorgen machte.

Das letzte Stück gingen wir auf einer sandigen Piste, und die frischen Autospuren ließen mich hoffen, dass uns vielleicht jemand zurückfahren könnte.

Bei der Farm stand ein Auto, drei Frauen waren mit ihren Ziegen beschäftigt, Kinder liefen herum, und in der Tür stand ein freundlich dreinschauender Mann. Glücklicherweise sprach er etwas Englisch und begriff unsere Situation schnell. Die Erleichterung war riesig, als er sich bereit erklärte, uns zurückzufahren. Ich füllte unsere Wassersäcke mit gutem Trinkwasser, und mit Hilfe der ganzen Familie war das Wasser schnell hinten auf der Ladefläche verstaut, wobei sogar der kleinste Junge einen Vierliter-Wassersack schleppte. Zur Belohnung durfte er mit mir auf dem Beifahrersitz Platz nehmen. Obwohl er kaum über das Armaturenbrett sehen konnte, strahlte er wie ein Honigkuchenpferd. Alle anderen sprangen lachend hinten auf, und in einem Höllentempo fuhren wir zurück zu Dorothee, die sichtlich überrascht und erleichtert dreinschaute, als wir angefahren kamen.

Jagdsafari

Da in Namibia fast alle Farmen auch teure Gästefarmen sind, zelteten wir meistens im Busch oder direkt zwischen Zaun und Straße. Wir schleppten immer viel Wasser mit und zogen, wenn es ging, kleine Straßen vor. Bei einer unserer üblichen 30-Kilometer-Stretch- und Kekspausen sprach uns ein Farmer an, der gerade mit seinem Auto die Farm verließ. „Habt ihr euch verfahren?" Er hatte auf dieser Straße noch nie Radfahrer gesehen, deshalb dachte er, wir hätten uns verirrt. Nach kurzem Plaudern meinte er: „Mein Farmhaus liegt da hinten, nur einen Kilometer von hier, wollt ihr euch nicht ein wenig ausruhen und meine Gäste sein?" Da wir es nicht eilig hatten, nahmen wir die Einladung gern an und blieben gleich drei Tage bei Matthew und seinem kleinen Sohn Benny.

Hier erlebten wir dann auch unsere erste Jagdsafari. Matthew, der für die Versorgung seiner Arbeiter zuständig war, wollte einen Kudu schießen, von denen es jede Menge auf seinem Farmgelände gab. Die Farmen lagen in Südafrika und Namibia oft weit von irgendwelchen Einkaufsmöglichkeiten entfernt, und die Arbeiter konnten in den kleinen Farmläden, die es auf jeder Farm gab, nur das Nötigste kaufen. Auch für die Fleischversorgung waren die Farmer verantwortlich, da die Arbeiter nicht selbst auf Jagd gehen durften.

Matthew war besonders stolz darauf, dass es auf seiner Farm eine reiche Vogelwelt gab. Er hatte seinen Arbeitern verboten, Vögel mit der Steinschleuder abzuschießen, und hatte jetzt Bedenken, dass sich seine Arbeiter über das Verbot hinwegsetzen würden, wenn er sie nicht regelmäßig mit Fleisch versorgte. Also fuhren wir gegen Abend los, um unser Jagdglück zu versuchen. Einerseits hofften wir für ihn und seine Arbeiter, dass er einen Kudu sah und schießen konnte. Andererseits waren wir nicht gerade wild darauf mitzuerleben, wie er eines dieser schönen Tiere erlegte. Wir fuhren kreuz und quer über holprige Farmwege. Schon bald sahen wir die ersten Kudus, es waren zwei Kühe, und die standen genau hintereinander. Daher konnte Matthew nicht schießen, sonst hätte er beide Tiere erlegt. Es dämmerte bereits, wir und sogar er hatten die Hoffnung schon fast aufgegeben, als wir wieder eine Kuduherde im lichten Busch erspähten.

Matthew schoss aus etwa 300 Meter Entfernung einen recht alten Bock. Sobald er sich überzeugt hatte, dass das Tier getroffen war, rasten wir in einem Höllentempo zurück zur Farm. Seine Arbeiter sprangen, erfreut über die Nachricht, dass es bald Fleisch geben sollte, hinten auf die Ladefläche des Autos, und ab ging es zurück zur Beute. Als seine Arbeiter das große Tier sahen, strahlten sie noch mehr als schon zuvor. Jetzt hatten sie wieder Fleisch für die nächsten Wochen. Matthew und seine vier Arbeiter zogen den etwa 300 Kilogramm schweren Bock auf den Pick-up, auch Kurt half und zog kräftig an den gedrehten Hörnern des Kudus.

Für unser *Braai* (Grillessen) schlachtete Matthew eines seiner Schafe und würzte es sehr delikat. Noch selten zuvor hatten wir so gutes Fleisch gegessen. Beim Grillen fabrizierte er extra Rauch unter dem Fleisch, was ihm den Geschmack von Geräuchertem verlieh. In Südafrika ist Grillen Männersache, und wir konnten ihnen keine größere Freude machen, als ihre Kochkunst in den höchsten Tönen zu loben.

Am nächsten Morgen packten wir wieder unsere Sachen, Matthew hätte uns gern noch ein paar Tage als Gäste gehabt, und er bedankte sich für unseren Besuch. Als Wegzehrung gab er uns Biltong mit. Damit wir das getrocknete Kudufleisch besser essen konnten, schlug er mit dem flachen Teil seines Beils darauf herum, wodurch sich kleinere Stücke und Fasern lösten. Biltong war für uns ideal, es ließ sich bei Trockenheit sehr lang mitführen und schmeckte hervorragend.

Endlich in Afrika

Als wir die ersten Elefanten in einem Nationalpark in Südafrika sahen, hatten wir das Gefühl, ganz in Afrika angekommen zu sein. Doch weit gefehlt, erst kurz vor Sambia fing für uns das richtige Afrika an. Nördlich der sogenannten „Red Line", die sich im Norden durch ganz Namibia zieht, wohnen keine weißen Farmer mehr, Matthews Farm war die letzte vor dieser „Grenze" gewesen. Über diese Schutzlinie darf kein Tier oder Tierprodukt nach Süden gebracht werden. Die weißen Farmer haben Angst, ihre riesigen Herden könnten sich mit den Krankheiten der Wildtiere infizieren.

Nördlich der Red Line wohnten die Leute nicht mehr in großen Farmhäusern oder Wellblechhütten. Es gab schöne Rundhütten, die aus Erde, Steinen, Holz und Gras gebaut waren. Je nach Gegend waren sie mit Mustern aus Erdfarben verziert und standen zu Gehöften zusammen. Um sie herum waren Zäune aus Bastmatten oder Baumstämmen gezogen. Zum Schutz vor Wildtieren, und um ihr eigenes Vieh über Nacht im Kral zu halten, wurden Dornenäste dazwischengeflochten.

Auf den Straßen waren immer viele Leute unterwegs. Natürlich fielen wir mit unseren vollbepackten Rädern auf, vor allem die

Kinder winkten uns hinterher, und wir mussten fast ohne Unterbrechung einhändig fahren, um zurückwinken zu können.

Teilweise reihte sich ein Dorf an das andere, so dass wir Schwierigkeiten hatten, im Busch einen einsamen Platz zum Zelten zu finden. Wenn wir dann doch eine geeignete Stelle gefunden hatten, hörten wir abends die Trommeln aus dem nächsten Dorf.

Oft kamen morgens die Bewohner der Dörfer vorbei, sie wussten genau, wo wir unser Lager aufgeschlagen hatten, obwohl wir glaubten, dass niemand uns entdeckt hatte. Sie hielten uns wohl für harmlos und gönnten uns unsere Nachtruhe.

Auf der Suche nach einem geeigneten Platz für die Nacht passierten wir einmal ein großes Gebäude, auf dem irgendwas wie „Jugendzentrum" geschrieben stand. Wir dachten, es wäre keine schlechte Idee, dort zu fragen. Zwar wunderten wir uns über den hohen Zaun und das Wachpersonal, doch Fragen kostet ja nichts.

Der Groschen fiel erst, als wir zum Chef dieser Institution geführt wurden. Auf seiner Bürotür stand „Head of the Prison". Es war tatsächlich ein Jugendgefängnis. Der Direktor war von unserer Tour begeistert, wir durften im Gefängnishof zelten und auch die Gefängnisduschen benutzen. Ein guter Zeltplatz, auch wenn uns am Anfang etwas mulmig zumute war. Aber eigentlich fühlten wir uns schon sicherer, seit wir die rote Linie überschritten hatten, es war keine Feindschaft bei der Bevölkerung auf dem Land zu spüren. Die Leute lachten viel, auch wenn sie ärmer waren. Über den Caprivi-Strip verließen wir Namibia und erreichten Sambia.

„Made in China – Assembled in Zambia"

Die Qualität der Fahrräder und die Auswahl an Ersatzteilen nahmen rapide ab, je weiter wir nordwärts kamen. In Livingstone in Sambia durften wir uns eine Zeitlang bei Vimbi und Claire vom Radfahren erholen. Beide hatten sich kurz zuvor zwei nagelneue, poppige Mountainbikes angeschafft, wohl die besten, die man in Livingstone bekommen konnte.

Vimbi erzählte mir, dass ihm bereits auf der ersten Probefahrt die Kette gerissen war, und bat mich, mir die Sache mal anzuschauen. Was ich dann zu sehen bekam, übertraf fahrradtechnisch alles, was ich bisher gesehen hatte. Ein Wunder, dass man den Lenker nicht am Sitzrohr montiert hatte. Die folgenden zwei Tage war ich damit beschäftigt, die Fahrräder wenigstens halbwegs fahrbar zu machen. Es gab keine Schraube, die nicht locker war, kein Lager, das nicht Spiel hatte, aber auch reichlich Montagefehler, die eine Funktion unmöglich machten.

Ich klapperte sämtliche Radläden der Stadt ab, um ein brauchbares Schaltwerk, Umwerfer und eine Kette zu kaufen. Doch da gab es nicht viel Gutes, dafür aber jede Menge billigen Schrott, mit dem ich mich begnügen musste. Ich musste große Kompromisse eingehen. Es ging in erster Linie darum, dass die Dinger fuhren und die Gänge halbwegs zu schalten waren, ohne Lagerspiel wäre dies nicht möglich gewesen. Bei meiner ersten Probefahrt brach aus unerfindlichen Gründen der Ständer ab, und als Vimbi seine Runde drehte, kam er erneut mit einer gerissenen Kette und einem deformierten Plastikpedal, das sich nicht mehr drehen ließ, zurück. Wir hätten uns nie mit dieser Qualität zufrieden gegeben, doch Vimbi und Claire trugen es mit afrikanischer Fassung und lachten darüber.

Die Krönung war, als ein kleiner Junge, der mir bei einer der unzähligen Probefahrten entgegen kam, meinte: „Nice bike!" Solch ein Lob haben unsere Räder in Afrika nie bekommen.

Radwege nach afrikanischer Art

Trotzdem gibt es viel mehr Räder und Radfahrer in Sambia als in ganz Südafrika und Namibia zusammen. Die Räder sind reine Transportmittel und keine Sportgeräte. Wenn Pisten von vielen Radfahrern und wenigen Autos befahren werden, zieht sich dort, wo alle fahren, eine Spur über den nicht vorhandenen Belag. Mal verläuft sie rechts, mal links oder auch in der Mitte. Sehr schnell begriffen wir, dass es am besten war, genau dieser Spur zu folgen. Da war es am wenigsten sandig, steinig oder holperig, einfach die ideale Bahn zum Fahren, weil der Untergrund von den unzähligen Radfahrern verdichtet worden war. Wehe, wir kamen von dieser Spur ab, dann steckten wir schnell im Sand fest oder knallten in ein Schlagloch.

Zwischen den Dörfern gab es auch einige Verbindungen, die nur mit dem Rad zu bewältigen waren, wenn zum Beispiel Brücken fehlten oder eine neue Straße gebaut werden sollte. Autofahrer mussten dann schon einmal 100 Kilometer Umweg in Kauf nehmen, um von A nach B zu kommen, nicht aber Radfahrer. Also probierten wir auch solche „Short cuts" aus. Zwar mussten wir mal schieben und manchmal auch die Räder entladen, um alles einen steilen steinigen Hang hinauf oder hinunter zu tragen, aber der Weg war kürzer. Wir versuchten, immer auf den Trampelpfaden zu bleiben. Schwieriger war es, wenn die Radspuren durch Dörfer führten. Denn da gab es jede Menge Spuren, aber auch jede Menge hilfsbereiter Leute, die uns gern ein Stück begleiteten und der übrigen Dorfbevölkerung lautstark beim Vorbeifahren verkündeten, wohin wir wollten. So kamen wir, wie geplant, am Lake Kariba in Chipepo an.

Von dort aus wollten wir mit dem Boot weiterfahren. In unserer Karte war zwar eine kleine Straße am See entlang eingezeichnet, doch konnte uns niemand sagen, ob diese wirklich existierte, und Papier ist schließlich geduldig.

Seelenverkäufer

In Chipepo angekommen versuchten wir als erstes herauszufinden, wann das nächste Schiff fahren würde. Wir freuten uns, als wir erfuhren, dass es schon am nächsten Morgen losgehen sollte. Das Boot fuhr nur einmal pro Woche, im ungünstigsten Fall hätten wir eine ganze Woche warten müssen oder doch versuchen, die Straße um den See zu finden. Nur bei der Abfahrtzeit gingen die Meinungen weit auseinander.

Das zweite, was wir herausfinden mussten, war die Anlegestelle des Bootes. Einen für uns erkennbaren Hafen oder ein Kai gab es nicht, und auch darüber bekamen wir die unterschiedlichsten Informationen. Uns überzeugte schließlich eine Stelle am Ufer, an der Leute mit viel Gepäck lagerten.

Wir mussten uns noch mit dem nötigen Proviant eindecken, denn die Bootstour sollte einen ganzen Tag dauern. Da wir ohne unsere Räder den Einkaufsbummel machen wollten, gönnten wir uns ein Zimmer in dem einzigen „Hotel" des Ortes. In dem leeren Raum konnten wir unsere Räder und unser Gepäck einschließen und zusammen ohne Stress in den kleinen Läden alles organisieren. Nachdem wir uns im See gewaschen hatten – eine Dusche oder eine Toilette gab es in dem „Hotel" nicht –, machten wir uns auf den Weg. Es war Mittagszeit, die Frau in dem kleinen Laden saß mit ihren Kindern auf einer Matte. Sie aßen *nshima,* den typischen Maisbrei, den es schon seit Südafrika gab, und der je nach Land einen anderen Namen hatte. Dazu gab es ein bisschen Gemüse und Fisch. In Sambia, besonders hier am Lake Kariba, wurde viel *capenta* gegessen. Das sind sehr kleine, oft nur zwei bis drei Zentimeter große Fische, die in der Sonne getrocknet werden und dann, mit etwas Zwiebeln und Tomaten gekocht, als Beilage zum Nshima serviert werden. Die Auswahl an Nahrungsmitteln in dem Laden war nicht groß, aber es gab das Nötigste wie Konserven, Kekse, Salz, Zucker, ein paar Päckchen Nudeln und Reis. Die meisten Leute waren hier Selbstversorger, verkauften aber auch das, was sie produzierten, und so kamen wir sogar zu Tomaten.

Vor einem anderen Laden saßen Frauen, die sich gegenseitig

Haarverlängerungen in die Haare flochten. In Schwarzafrika sind diese Verlängerungen sehr beliebt. Es werden viele kleine Zöpfe am Kopf entlang geflochten, die dann mit Hilfe der Kunsthaare im Nacken lang herunterhängen. Als wir kamen, unterbrachen sie ihre Arbeit, und die Frau mit der halbfertigen Frisur ging mit uns in den Laden. Die Auswahl war dieselbe wie in dem anderen Laden. Wir kauften Kekse und fragten nach Brot und Rapsblättern, einem typischen Gemüse bei der Landbevölkerung im südlichen Afrika. Wir hatten gelernt, mit Rapsblättern ein schmackhaftes Gemüsegericht zu kochen. Die Frauen führten uns quer durchs Dorf zu dem Haus, in dem es Brot zu kaufen gab. Die Rapsblätter bekamen wir aus dem Garten einer der anderen Frauen und hatten so alles, was wir brauchten.

Wieder zurück im Hotel versuchten wir erneut zu erfahren, wann das Boot fahren sollte, aber allein schon eine solche Frage stößt in Afrika oft auf Unverständnis. Man versprach, uns zu wecken, sobald das Boot in Sicht sein würde, noch war nichts zu sehen, und es wurde schon dunkel.

Wir hatten unser Innenzelt im Zimmer aufgebaut und legten uns bald schlafen. Vorsichtshalber hatten wir den Wecker auf Mitternacht gestellt, dann wollten wir einmal sehen, ob sich draußen etwas tat. Eigentlich waren wir der festen Überzeugung, dass es viel Lärm geben würde, wenn das Schiff ankommt, und wir dadurch sowieso aufwachen würden. Als der Wecker schellte, blickten wir kurz hinaus, alles schien ruhig zu sein. Also wollten wir zwei Stunden später noch einmal nachschauen und legten uns wieder hin. Auch um zwei Uhr morgens tat sich nichts. Als um drei Uhr an unsere Tür gehämmert wurde, schreckten wir auf, denn wir hatten kein Schiff gehört. Schnell packten wir unsere Sachen zusammen. Mit den bepackten Rädern verließen wir das Zimmer und schoben zum Hafen, da war aber alles dunkel, und viele Leute saßen immer noch unter dem Baum. Wir wurden gedrängt weiterzugehen, doch erst, als wir schon fast am Ufer waren, erkannten wir, dass das Boot tatsächlich da lag. Es war nur durch eine spärliche Funzel beleuchtet, die wir vom Hotel aus unmöglich hatten sehen können. Sicher lag es schon eine Weile da.

Jetzt musste alles schnell gehen, wir packten die Räder ab und trugen unsere Taschen über eine wackelige Planke aufs Dach des Bootes. Unsere Räder kamen hinterher, und wir entschlossen uns, ebenfalls auf dem Dach Platz zu nehmen. Der offene Passagierraum darunter war schon voll belegt. Kurz nach uns stiegen noch die Frauen mit ihren Babys und Kleinkindern dazu, die Planke wurde auf das Boot gezogen, und ganz langsam glitten wir in die Dunkelheit hinaus.

Unsere erste Anlaufstelle war eine Capentafabrik. Es war noch dunkel, als wir dort ankamen, und es hieß, dass wir hier bis Tagesanbruch bleiben würden. Uns war es ganz recht, denn die kleine Lampe an Bord konnte ja nicht gerade als Scheinwerfer bezeichnet werden. Als es endlich hell wurde und wir dachten, es würde weitergehen, verließen die meisten Passagiere das Boot. Die Frauen sammelten Holz, machten Feuer und kochten Nshima. Die kleinen übermüdeten Kinder quengelten und schlugen auf ihre Mütter ein, wenn sie deren Aufmerksamkeit haben wollten. Die Männer standen zusammen, unterhielten sich und warteten, bis die Frauen fertiggekocht hatten. Dann aßen sie getrennt von den Frauen und Kindern.

Auf dem Lake Kariba in Sambia

Kurze Zeit später kamen Männer mit Werkzeug an Bord. Ein Wälzlager war komplett ausgeschlagen und musste ersetzt werden. In dem Camp hatten sie genau das richtige Ersatzteil, und es war schön zu sehen, wie professionell die Mechaniker arbeiteten, da hatten wir in Afrika schon anderes erlebt.

Schließlich konnte es weitergehen, die Töpfe wurden schnell im See gespült und eingepackt. Der Motor lief bereits, als die Passagiere wieder an Bord kamen. Jetzt war die Fahrt wesentlich schneller, dafür blies der Wind stärker, und das kleine Boot wurde ganz schön durchgeschüttelt. Sogar wir auf dem Dach bekamen Spritzwasser ab und waren nicht die einzigen, die sich bei diesem Seegang nicht mehr ganz wohl fühlten. Auch der Kapitän hatte wohl seine Bedenken und steuerte bald eine kleine, windstille Bucht an.

Hier warteten wir ein paar Stunden, bis sich der Wind etwas gelegt hatte und es weitergehen konnte. Danach wurde die Bootsfahrt ein Genuss. Immer wieder legten wir bei Dörfern an, alle Dorfbewohner strömten zum Boot, Passagiere stiegen ein und aus, es wurden Säcke mit Mais aus- und andere Waren dazugeladen. Jugendliche schwammen zum Boot und kletterten herauf, nur um nach einem Sprung ins Wasser wieder zurückzuschwimmen.

Wir waren die einzigen Weißen an Bord, es kam wohl nur selten vor, dass Leute unserer Sorte mitfuhren. Das Boot brachte Abwechslung in das Dorfleben und war dieses Mal, mit uns drauf, eine besondere Attraktion.

Am Abend hatten wir unser Ziel noch lange nicht erreicht, deshalb steuerten wir einen Strand an und verbrachten dort die Nacht. Die meisten Passagiere gingen an Land und legten sich zum Schlafen in den Sand. In der Nacht kam erneut Wind auf, der auch am Morgen noch recht kräftig blies. So konnten wir nicht weiterfahren und mussten wieder warten. Dann endlich, gegen Mittag, konnte es weitergehen, und zu unserem Erstaunen erreichten wir noch vor Mitternacht unseren Bestimmungsort. Denn nun war selbst die Geduld der Afrikaner zu Ende. Trotz Dunkelheit wurde bis ans Ziel gefahren.

Obwohl die Bootstour sehr interessant war, war es schöner, danach wieder im Sattel zu sitzen und die Freiheit zu haben, selbst zu bestimmen, wann und wohin die Reise gehen sollte.

Wir machten einen großen Bogen durch Sambia bis fast zur tansanischen Grenze. Dort ganz im Norden drehten wir wieder um und kurbelten noch einmal in Richtung Süden. Dies war unsere Winterschleife, wir wollten im Frühling wieder in Südafrika sein und dann auch Lesotho, das Königreich in den Bergen, besuchen.

Besonders interessant war es, an den Sonntagen durch Dörfer zu fahren. Hier standen viele Kirchen eng beisammen. Aus der einen Kirche schallte ein Halleluja, aus der zweiten dröhnte Gesang und in der dritten versuchte der Prediger mit seiner strengen Stimme, noch alles zu überbieten. Daneben, und für manche wahrscheinlich viel wichtiger, gab es Bierschuppen, in denen Mais- oder Hirsebier ausgeschenkt wurde und wo sich die Männer nach dem Gottesdienst versammelten, während die hübsch herausgeputzten Frauen und Mädchen nach Hause gingen, um zu kochen.

Seit längerer Zeit bekamen wir immer mehr Probleme mit unserem Benzinkocher, ständig waren Düse und Benzinleitung verschmutzt. Von anderen Reisenden hatten wir schon von diesem Problem gehört. Es gab einige, die so entnervt waren, dass sie ganz auf den Kocher verzichteten und stattdessen wie die Einheimischen mit Holz kochten. Diese Lösung erschien uns nicht gerade verlockend. Der Kocher bedeutete für uns viel Luxus, und den Menschen ihr oft sehr knappes Brennmaterial wegzunehmen, war noch eine andere Sache. Also versuchten wir es mal mit Petroleum, die Benzinkocher funktionieren ja auch damit, und in Afrika gab es an jeder Tankstelle neben Diesel und Benzin auch eine Zapfsäule mit Petroleum, das Kerosin genannt wurde. Die Warteschlangen an diesen Säulen waren immer länger als bei den anderen beiden Säulen, nur wurde Petroleum nie in großen Mengen gekauft. Die Leute standen genau wie wir mit ihren kleinen Fläschchen an, sie betrieben damit ihre Lampen. Strom gab es nur in Städten und selbst dort nur sehr unzuverlässig.

Tatsächlich hatten wir mit Petroleum viel weniger Probleme, obwohl sich die Leistung des Kochers dadurch verminderte und sich das Petroleum zum Vorbrennen nicht so leicht entfachen ließ. Der größte Nachteil war aber, dass die Töpfe schwarz wurden, doch immer noch viel weniger als bei einem offenen Holzfeuer.

Während unserer ganzen Zeit in Afrika kochten wir mit Petroleum weiter. Außerdem war es meist auch in den kleinen Dorfläden erhältlich und wenn nicht, führte man uns zum Kerosinhändler im Dorf.

Von Salz und Sand in Botswana

Wir fuhren mit einer Fähre über den Zambezi-Fluss und waren in Botswana. Eigentlich hatten wir vor, hier nur auf Asphaltstraßen zu bleiben, denn die Pisten sollen sehr sandig sein. Doch die Überquerung der Magadikgadi-Salzpfannen übte einen besonderen Reiz auf uns aus. Salzstraßen sind in der Trockenzeit sehr gut zu befahren, und die unwirkliche Landschaft ist meist fantastisch.

Unser Ausgangspunkt zur Überquerung der Magadikgadi-Salzpfanne war Gweta. Dort versuchten wir, von verschiedenen Leuten Informationen über die Allrad-Strecke zu bekommen. Wichtig war zu erfahren, wo es Wasser gab und wo die sandigsten Stellen lagen. Langsam kristallisierte sich heraus, dass wohl die ersten zehn der insgesamt 30 Kilometer bis zum Rand der Pfanne sehr sandig sein würden. Danach würde die Piste fest und gut zu befahren sein, erklärte uns der Manager eines Hotels. Er selbst machte mit Touristen Touren über die Salzpfanne und musste es also wissen.

Doch sehr sandig ist ein relativer Begriff, darum bestiegen wir unsere unbepackten Räder und radelten und schoben die ersten drei Kilometer, um uns selbst ein Bild zu machen. Wir waren überrascht, wie viel wir fahren konnten und dass wir selten wirklich im Sand einsackten.

Auf dieser Probefahrt begegnete uns ein freundlicher schwarzer Farmer mit seinem Pick-up. „Geht es hier über die Salzpfanne zu Kubu Island?", fragten wir ihn. Er bestätigte, dass wir uns auf dem richtigen Weg befanden und die Piste eigentlich nicht schlimmer werden würde. Das glaubten wir gerne. Voller Zuversicht kehrten wir zurück zur Lodge, bei der unser Zelt stand, und plantschten im Pool an der Bar. Leider hielt dieser Zustand der Zuversicht nicht lange an. Ein paar ortskundige Weiße, die ihren *sun downer* an der

Bar genossen, hatten Wind von unserem Vorhaben bekommen. Sie fragten uns in ernstem Ton: „Seit ihr denn *mad* (verrückt)? Das ist ja reiner Selbstmord, was ihr da machen wollt!"

Dann folgte ein ausführliches Horrorszenarium.

„Immer wieder müssen wir dort draußen Leute retten, die mit ihrem Auto steckengeblieben sind, es hat auch schon Tote gegeben!"

„Wisst ihr denn, wie heiß es dort draußen werden kann? Ihr könnt leicht die Hauptspur verlieren und euch verirren. Könnt ihr denn 60 Liter Wasser mitnehmen?" (Wir trinken ja viel, doch 60 Liter erschienen uns doch etwas übertrieben, wir brauchen ja nicht jeden Abend ein Vollbad).

Kopfschüttelnd und mit finsterer Miene wünschten sie uns dann noch viel Glück zu diesem „großen Abenteuer". Trotz allem ging diese Warnung nicht spurlos an uns vorüber, die Vorfreude war auf jeden Fall gedämpft.

Natürlich wussten wir, dass wir auf uns selbst gestellt sein würden und kaum mit fremder Hilfe rechnen konnten. Aber Autofahrer haben ganz andere Probleme als Radfahrer. Ich war auch fest entschlossen, zumindest den Versuch zu wagen, über die Salzpfanne zu fahren. Wie immer war Kurt skeptischer, doch ebenfalls bereit, es zu probieren.

Ausgerüstet mit Proviant für die folgenden vier Tage und genügend Wasser, um notfalls auch wieder umdrehen zu können, starteten wir am nächsten Morgen. Die ersten zehn Kilometer gingen einigermaßen, wir schoben zwar zwischendurch längere Strecken, doch es schien zu klappen. Wir erwarteten, dass es danach besser werden würde, leider aber war das Gegenteil der Fall. Immer wieder versuchten wir, neben der Straße zwischen den Bäumen zu schieben, in der Hoffnung, dort einen festeren Untergrund zu finden, aber nichts half. Der Sand wurde tiefer und das Schieben mit jedem Meter mühsamer. Nach 18 Kilometern mussten wir uns eingestehen, dass dieses Unternehmen gescheitert war. Die Entscheidung umzudrehen fiel uns nicht leicht.

Nachdem wir in unseren alten Spuren einen Kilometer zurückgeschoben hatten, hörten wir Motorengeräusche, es war der nette

Farmer vom Vortag. Er kam von seiner *Cattle post* (Viehstation) angefahren und war auf dem Weg nach Gweta.

„Was ist denn los?", wollte er wissen.

„Die ersten Kilometer konnten wir problemfrei fahren, aber die letzten schoben wir nur noch, und das ist in diesem Sand sehr anstrengend", erwiderten wir.

„Das sandigste Stück habt ihr bereits geschafft, bald wird die Straße besser." Er bot an, uns nach Gweta zu fahren oder uns zu seiner Cattle post an der Salzpfanne zu bringen, wo es Wasser gab und wir auch zelten konnten.

Wir ließen uns nicht zweimal bitten, luden die Räder hinten auf den Pick-up und sprangen auf. Er fuhr nicht direkt zu seiner Viehstation, sondern machte extra für uns noch einen Abstecher zur Salzpfanne, um uns den richtigen Weg zu zeigen und uns zu erklären, wie weit es bis zu den nächsten Viehstationen war, wo wir bestimmt wieder Wasser bekommen konnten.

Obwohl es noch recht früh war, stellten wir unser Zelt zwischen den reetgedeckten Rundhütten seiner Viehstation auf und genossen den ungewöhnlichen Zeltplatz. Nur drei junge Männer waren hier, sie mussten auf die Kühe und Ziegen aufpassen und diese abends zusammentreiben, um sie zu tränken. Obwohl sie Englisch verstanden, waren sie froh, dass wir sie nicht in ein Gespräch verwickeln wollten. Sie blieben lieber unter sich.

Magadikgadi Salzpfanne

Kurt wollte möglichst früh aufstehen, um auf der Salzpfanne im Morgenlicht schöne Fotos zu machen. Bei mir hält sich die Begeisterung über das frühe Aufstehen immer sehr stark in Grenzen, aber ich sah den Grund dafür an diesem Tag durchaus ein. Als wir morgens schon vor sechs Uhr aus dem Zelt krochen, waren die drei Jungs mit ihren Tieren beschäftigt, und im Hof formte eine junge Frau Ziegel aus Lehm und Mist, das war wohl Frauenarbeit, aber das meiste ist in Afrika Frauenarbeit.

Die beiden folgenden Tage gehörten sicher zu den anstrengenderen, aber auch schöneren Tagen unserer Reise. Wenn der Weg auf Salz verlief, kamen wir gut und zügig voran. Doch die Spur führte immer wieder über Inseln, auf denen es sandige oder sehr steinige Abschnitte gab, die uns viel Kraft und Zeit kosteten. Jeden Tag begegneten wir mindestens einem Auto, wir hatten nie Angst, uns zu verirren, und Wasser war überhaupt kein Problem. Das Horrorszenarium erwies sich als Farce.

Der Höhepunkt war Kubu Island, eine Insel mitten im Salzsee aus bizarren großen Felsen, zwischen denen die für Afrika so typischen dickstämmigen Baobabs (Affenbrotbäume) wachsen.

Nachdem wir die Salzpfanne durchquert hatten, verließen wir die asphaltierten Straßen in Botswana nur noch, wenn wir uns einen Platz zum Zelten suchten, und kamen immer wieder in Gegenden, die wüst von Elefanten zerstört waren. Die kleineren Bäume hatten sie einfach umgeknickt, um so an die grünen Blätter zu gelangen. Von den großen Bäumen hatten sie dicke Äste abgerissen, und wenn sie in der Nacht neben unserem Zelt vorbeimarschierten, hörten wir zwar nicht ihre Tritte, aber das Knacken der Bäume. Dann blieben wir mucksmäuschenstill und bewegten uns nicht, bis die Herde weggezogen war. In solchen Momenten zweifelt man dann doch daran, dass man im Zelt vor Großwild sicher sein soll. Die Geräusche in der Nacht waren immer um einiges lauter als bei Tag. Wahrscheinlich wanderten die Tiere in großer Entfernung an unserem Zelt vorbei, wir wagten aber nie hinauszuschauen.

Gaborone, die Hauptstadt von Botswana, war unser letzter Aufenthaltsort in diesem Land, und diese Stadt unterschied sich in nichts von den südafrikanischen Städten.

Weihnachten, Regen und andere Musik

Von Gaborone war es nicht weit bis Rustenburg, wo wir Rob und Jill besuchten. Es war inzwischen acht Monate her, dass wir die beiden in der Kap-Region getroffen hatten. Rob konnte es kaum glauben, dass wir in der Zwischenzeit schon fast bis Tansania und zurückgefahren waren. Wir verbrachten ein paar schöne Tage bei ihnen und ihren Freunden. Rob war Arzt und arbeitete bei einer Mine. Dort hatte er es vorwiegend mit Lungenkrankheiten zu tun. Er war nicht nur ein begeisterter Läufer, sondern auch ein leidenschaftlicher Radfahrer und Wanderer. In seiner Freizeit half er uns gern, wenn es darum ging, etwas zu organisieren. Er kannte die entsprechenden Rad- und Outdoor-Läden in seiner Stadt. Trotzdem gelang es uns nicht, neue Brooks-Ledersättel und das Ostafrika-Handbuch zu bekommen. Über das Internet zu bestellen war für uns nicht möglich, weil wir schlicht und einfach keine Postadresse besaßen. Doch Rob bot uns an, seine Adresse zu benutzen, und so machten wir es dann auch. Die Zeit bis zum Eintreffen der Sendung betrug Wochen, doch so lang wollten wir nicht in Rustenburg warten. Nach einer Runde durch den Norden Südafrikas wollten wir noch einmal bei Rob und Jill vorbeischauen.

Seit langem feierten wir Weihnachten wieder einmal für uns allein. Nachdem Heiligabend mit Sonnenschein begonnen hatte, zogen gegen Abend Wolken auf. Wir radelten immer weiter hinauf in die Berge, den bedrohlich schwarzen Wolken entgegen. Unser Zelt stellten wir in einem Nutzwald mit unendlich vielen Fichten auf, schafften es gerade noch zu kochen, und dann entlud sich ein kräftiges Gewitter. So saßen wir gemütlich bei Kerzenschein und später auch mit „Kaffee Fertig" (Kaffee mit Schnaps) im Zelt und hörten im Radio auf der Deutschen Welle Weihnachtslieder. Bei jedem Blitz wurde es im Zelt taghell, und das Radio knackte laut.

Am nächsten Tag steckten wir im Nebel, fuhren an dem Aussichtspunkt „God's Window" vorbei und hätten doch gerade an Weihnachten sehr gern einen Blick durch „Gottes Fenster" geworfen ...

Aber nicht nur zu Weihnachten durften wir uns an deutscher Musik erfreuen, sondern auch auf der Farm von Leon und Alta. Wir hatten bei ihnen nach einem Platz für unser Zelt gefragt, was aber „gar nicht in Frage" kam! Sie hatten ein Gästezimmer für uns und verwöhnten uns mit Braai, Potjiekos und anderen guten Sachen. Wir hatten das Vergnügen, CDs von Heino und Heintje zu hören. Alta und Leon waren begeisterte Tänzer und fanden, dies sei die ideale Tanzmusik. In voller Lautstärke und mit wachsender Begeisterung legten sie eine CD nach der anderen von diesen Sängern auf. Wir beneideten die beiden dafür, dass sie die Texte nicht verstanden. Heino wäre ja noch gegangen, aber Heino und Heintje im Doppelpack waren dann doch etwas zuviel für uns.

Wie alle Farmer wünschten sich die zwei Regen, allerdings auch, weil sie wollten, dass wir noch ein paar Tage länger blieben. Nach dem zweiten erlebnisreichen Tag sagten wir zu den beiden: „Wenn es morgen nicht regnet, werden wir weiterfahren."

Leon weckte uns am nächsten Morgen mit den Worten: „Es regnet in Strömen. Ich glaube, ihr solltet noch hier bleiben." Ich ging zum Fenster und zog den Vorhang zurück: Der Himmel hätte gar nicht blauer sein können.

Im südlichen Afrika ist Regen ein ganz großes Thema, nicht umsonst heißt das Geld in Botswana *Pula,* „Regen". Regentropfen heißen *Thebe,* hundert Thebe sind ein Pula. Richtig verstehen kann man das erst, wenn man in das Gesicht eines Farmers sieht, der seinen Regenmesser nach einem heftigen Regenguss prüft. Die Regenmesser sind hier wohl das interessanteste und wichtigste Messgerät der Farmer. Nach einem heftigen Gewitterguss steht bei den Farmern das Telefon nicht mehr still. Da ruft man alle Nachbarn im Umkreis von 20 Kilometern an, um diesen mitzuteilen, dass und vor allem welche Mengen es geregnet hat. Sie erzählten uns oft sehr ausführlich darüber. Für uns war es jetzt auch ein bedeutendes Gesprächsthema. Vor Südafrika wussten wir gar nicht, wie so ein Regenmesser aussieht. Wir fragten mittlerweile direkt nach, wie viel es geregnet hatte, und wenn wir gerade bei Nichtfarmern waren, waren wir über die „Banausen" ohne Regenmesser sehr enttäuscht.

Wir hatten oft Glück, denn nicht selten erreichten wir im letzten Moment eine Farm, um uns unterzustellen, bevor die ersten

Regengüsse niederbrachen und die Wege in Bäche verwandelten. Nie werden wir die glücklichen Gesichter der Farmer vergessen, wenn es draußen „junge Hunde" regnete, das Wasser in reißenden Bächen ums Haus floss und bei diesen ordentlichen Gewittergüssen ihre Dämme fürs nächste Jahr gefüllt wurden. Bei so heftigen Regengüssen wären in Europa alle nur besorgt gewesen, dass die Keller volllaufen könnten.

Farmer beim Regenmessen

Wie wäre es, wenn wir schwarz wären?

Die südafrikanische Gastfreundschaft ist wohl die beste weltweit. Wir schleppten oft tagelang unseren Proviant durch die Gegend, und das Zelt blieb in der Tasche. Wenn wir auf Farmen fragten, ob wir zelten dürfen, hieß es oft „no way". Was aber nicht bedeutete, dass sie uns wegschickten, sondern dass wir in ihrem Gästezimmer oder gar Gästehaus schlafen sollten.

Da die Farmen oft sehr abgelegen liegen, freuen sich die Bewohner über Besuch, der Abwechslung bringt. Oft wurde dann ein Braai gemacht, und wir wurden eingeladen, noch einige Tage zu bleiben. Man verwöhnte uns nach allen Regeln der Kunst. Trotzdem hatten wir nie das Gefühl, Schmarotzer zu sein, wir waren so etwas wie wandernde Geschichtenerzähler, ein alter und schon längst ausgestorbener Beruf. Das war Kurts Job, und jedesmal, wenn er eine Geschichte zu erzählen begann, wusste ich natürlich was nun kommen würde. Doch unsere Gastgeber hörten wirklich interessiert zu.

Für Vegetarier ist Südafrika sicherlich nicht der richtige Platz, auch wir haben dort eine Überdosis an Fleisch abbekommen.

So lernten wir die verschiedensten Leute und Farmen kennen. Von Schaf-, Rinder-, Mais- bis hin zur Wildfarm, wo extra für die Jagd verschiedene Antilopen, Zebras und Büffel, ja sogar Elefanten und Leoparden gezüchtet werden, haben wir alles gesehen. Die Tiere dürfen hier so lange leben, bis ein Jäger bereit ist, genug Geld für den Abschuss zu zahlen. Dann kann er sich so eine exotische Trophäe in sein Wohnzimmer hängen.

Diese „Game farms", wie die Wildfarmen in Südafrika genannt werden, sind riesig groß und umgeben von hohen und elektrisch geladenen Zäunen. Wenn eine dieser Farmen an die andere grenzte, fuhren wir oft zig Kilometer nur an diesen Zäunen entlang. Die Tore zu den Farmen waren immer mit dicken Schlössern abgesperrt, auf dem Schild am Tor stand nur die Telefonnummer. Kunden oder Besucher konnten mit ihrem Mobiltelefon dort anrufen und um Einlass bitten. Wir hatten ohne ein Handy keine Chance, denn Klingelknöpfe gab es keine.

Wieder einmal fuhren wir an diesen endlosen, abstoßenden Zäunen entlang. Wir waren müde und hofften, bald eine normale Farm zu finden, doch es sah nicht gut aus.

Ohne damit zu rechnen, dass sich das Tor öffnen ließ, versuchte ich es doch und erschrak fast, als sich das riesige Schiebetor bewegte. Das Farmhaus war von der Straße aus zu sehen. Deshalb schoben wir unsere Räder durch das Tor und kamen zunächst über eine Weide mit Kühen, woraus wir schlossen, dass es zumindest hier keine Raubtiere gab. Beim zweiten großen Tor trafen wir den Besitzer an. Er kam in seinem großen Geländewagen angefahren und war mit seiner Familie auf dem Heimweg nach Johannesburg. Erstaunt stieg er aus, und wir trugen unser Anliegen vor.

„Natürlich dürft ihr hier bleiben", war seine generöse Antwort. Seine Frau packte noch schnell für uns etwas Fleisch und Gemüse aus dem Kofferraum, damit es uns auch an nichts fehlte. Der Sohn holte das Verwalterpaar L.B. und Martie und sie wurden uns vorgestellt. „Ihr könnt so lange bleiben wie ihr wollt, einzige Bedingung ist, dass ihr euch ins Gästebuch eintragt", meinte der Besitzer und diskutierte mit Martie, in welchem der fünf Chalets wir untergebracht werden sollten.

Es war wie im Reiseprospekt. Wir bekamen ein reetgedecktes Chalet mit eigenem Bad. Unter einem riesigen Dach befanden sich im Raum ein großer Tisch mit Stühlen und eine komplette Kücheneinrichtung. Die Wäsche mussten wir zum Waschen abgeben, nicht einmal Feuer fürs Braai durften wir selbst entfachen, und wenn wir morgens aufstanden, war der Frühstückstisch bereits gedeckt.

Das Beste war jedoch, dass wir jeden Tag mit L.B. auf Safari gehen konnten. Dabei lernten wir die verschiedensten Tiere und ihre Gewohnheiten kennen. Sie hatten gerade ein vier Wochen altes Giraffenbaby, und L.B. musste jeden Tag mit seinem Auto eine Runde drehen, um zu sehen, wo sich die Tiere aufhielten und ob sie gesund waren.

Wir erfuhren, dass der Besitzer ein schwerreicher Mann war, diese Farm nur als Hobby betrieb und manchmal in einem seiner Privatflugzeuge zum Braai aus Johannesburg angeflogen kam. Nur noch selten wurde auf dieser Farm gejagt, der Besitzer hielt die Tiere eher zu seiner Freude.

Martie und L.B. genossen unsere Anwesenheit, wir erzählten gern von uns und unserer Reise. Das waren sie von den normalen Gästen nicht gewohnt. Da durften sie nur das Feuer anmachen und mussten sich danach gleich wieder zurückziehen, da diese Jagdgesellschaften lieber unter sich sein wollten. Als wir nach vier Tagen unsere Reise fortsetzten, gehörten wir schon fast zur Familie.

Doch auch bei den meist ärmeren schwarzen Bevölkerungsgruppen fühlten wir uns willkommen. Die Leute winkten uns freundlich zu, und wenn wir einen Platz zum Zelten brauchten, war auch das nie ein Problem. Wir hatten das Gefühl, dass sie es mochten, wenn Weiße sie freundlich um etwas baten. Zwischen der weißen und schwarzen Bevölkerung besteht, auch nach Abschaffung der letzten Apartheidsgesetze 1991 und den ersten freien Parlamentswahlen 1994 noch immer eine riesige Kluft. Zu groß sind die kulturellen und soziologischen Unterschiede, die Angst und das Misstrauen untereinander. Wir mussten uns oft fragen, ob sich nach der Apartheid so viel verändert hatte und ob uns die Farmer auch die Türen geöffnet hätten, wenn wir schwarz gewesen wären.

Wieder zurück bei Rob und Jill, erzählten wir mit Begeisterung von unseren Erlebnissen, und wieder konnten sie kaum glauben, wie viele Dinge wir in der kurzen Zeit erlebt hatten.

Die neuen Brooks-Sättel aus England und der Ostafrika-Reiseführer aus Deutschland warteten bereits auf uns. Noch einmal verbrachten wir ein paar erholsame Tage in Rustenburg. In Robs Werkstatt durfte Kurt unsere „Babys" wieder auf Vordermann bringen. Bei einer Probefahrt staunte Rob, wie leicht und geräuschlos sich unsere mittlerweile etwas betagten Räder fuhren. Kurts alten (zweiten) Sattel, der immerhin 70.000 Kilometer auf dem Buckel hatte, wollte Rob im Radfahrer-Clubhaus von Rustenburg aufhängen. Falls wir ihn später wiederhaben wollten, würde er uns diesen gern per Post zukommen lassen.

Robs Freund Chris, Besitzer des Outdoor-Ladens, beschrieb uns eine schöne Strecke durch den Freestate und gab uns ein paar Namen und Telefonnummern mit auf den Weg. Er erklärte uns, wie wir zu seinem Farmhaus, in dem er aufgewachsen war und das er jetzt nur noch als Wochenend- und Ferienhaus benutzte, gelangen konnten und wo wir den Schlüssel abholen konnten.

In Kroonstad, einem größeren Ort auf dem Weg dorthin, riefen wir bei seinen Freunden an, und diesen war es gar nicht recht, dass sie gerade jetzt übers Wochenende wegfahren mussten. Kein Problem, versicherten wir ihnen, doch sie ließen es sich nicht nehmen, uns ein Hotelzimmer inklusive Abendessen zu organisieren. Das Frühstück am nächsten Morgen hatten sie in einem Gartenrestaurant reserviert, dort wurden wir auch gleich von der lokalen Presse empfangen.

Auf der Farm von Chris genossen wir wieder einmal das häusliche Leben. Im Garten hingen die Pfirsichbäume voller Früchte, und wir machten uns selbst Marmelade, Kompott, Gebäck und Brot.

Das Telefonieren war in diesen Gegenden gar nicht so einfach. Da gab es noch alte Telefonapparate, nicht mit Wählscheibe, sondern mit einer Handkurbel. Man musste die Zentrale ankurbeln und sich verbinden lassen. Vier bis fünf Haushalte hatten dieselbe *line*. Jeder erkannte am Klingelton, ob der Anruf ihm oder einem seiner Nachbarn galt. Doch mithören konnten die Farmer derselben Linie allemal. Daher wusste die Person in der Zentrale auch immer sehr gut Bescheid, wer derzeit zu Hause oder krank war und was es sonst an Neuigkeiten gab.

Als wir einmal erfolglos versuchten, unsere Nachbarn anzurufen, erkundigte sich die Frau von der Zentrale gleich, wie es uns ging und ob es uns so ganz allein auf dieser entlegenen Farm gefiel. Nur wenig später riefen uns die Nachbarn an, sie hatten von der Frau in der Zentrale vernommen, dass wir versuchten hätten, sie anzurufen – keine Buschtrommel funktioniert da besser. Für persönlichere Gespräche hatten aber mittlerweile alle Familienmitglieder ihr eigenes Mobiltelefon.

Als nächstes besuchten wir Hansi und Madeleine, auch Freunde von Chris, die auf einer Farm nahe der Grenze zu Lesotho wohnten. Nachdem es mehrere Tage lang wie aus Kübeln gegossen hatte, rieten sie uns davon ab, bei dieser Wetterlage das bergige Lesotho zu durchqueren. Doch wir brauchten ein neues Visum für Südafrika.

Sie halfen uns weiter, indem sie mit uns zum nächsten Lesotho-Grenzposten Sephapho's Gate fuhren, wo wir die südafrikanische Aufenthaltsbewilligung verlängern konnten. Dann boten sie uns ihr Ferienhaus am Stausee von Vanderkloof an. Auf dem Weg dorthin bremste uns der Regen noch ein paar Mal aus. Doch dank Leuten wie Cobus und Alta, bei denen wir auf besseres Wetter warten konnten, derweil sie uns königlich verwöhnten, blieben wir meist trocken. Lesotho durfte noch etwas warten.

Im Ferienhaus erwartete uns der pure Luxus. Schon ein Dach über dem Kopf zu haben, wäre uns bei dem Wetter als Luxus erschienen. Neben den vielen Zimmern – wir konnten uns kaum für eins entscheiden – gab es Waschmaschine, Geschirrspülautomat, eine riesige Fensterfront mit Blick auf den tieferliegenden See und die gedeckte Terrasse. Das Angebot im kleinen Dorfladen war schon okay, doch manche Sachen schienen uns teurer als normal. Darum buken wir unser eigenes Brot und sogar Kekse für die Weiterfahrt. Zwei Wochen verbrachten wir mit Nichtstun, viel Lesen und Schreiben. Dann kribbelte es wieder in unseren Beinen, und wir machten uns auf den Weg in das Königreich Lesotho.

„It's tough in Africa"

Nicht nur Gäste haben die Südafrikaner sehr gerne, sondern auch Haustiere der verschiedensten Art. So wurden wir auf einer Farm nicht nur von den Hunden freudig begrüßt, unter ihnen sprang uns auch einmal ein Springbock entgegen. Auf einer anderen Farm tranken ein junger Schakal und ein Lamm, das seine Mutter verloren hatte, einträchtig aus einem Milchtopf. In Namibia gab es auf einer Farm ein junges Bergzebra zu bewundern.

Vor dem Stachelschwein, das Retha großgezogen hatte und das mittlerweile zwei Jahre alt war, hatten wir schon etwas mehr Respekt. Doch als uns Henni die Krokodile auf seiner Game Farm zeigen wollte, und das um drei Uhr morgens nach einigen Brandy-Cola, wurde uns doch etwas flau im Magen. Nichtsdestotrotz fuhr Henni mit uns querfeldein, um ein Krokodil zu finden. Sobald er das Krokodil erspäht hatte, stellte er den Motor ab und schlich sich im Scheinwerferlicht an. Damit auch wir uns näher trauten, stürzte er sich auf das Krokodil und hielt mit seinem großen Hut das Maul auf dem Boden fest. Erst als wir ihn genug wegen seines Mutes bewundert hatten und näherkamen, drehte er lachend das Krokodil um. Es war eine hohle Plastikattrappe. „It's tough in Africa!", meinte er lachend.

Lesotho

Nach all den wilden Tieren kam die große Schieberei in Lesotho. Dieses „Kingdom of the Mountains" wird umschlossen von den über 3000 Meter hohen Drachenbergen. Die Straßen sind steil und hoch und in den seltensten Fällen asphaltiert. Wir mussten unsere Räder oft schieben. Manchmal kam vor, dass die Wege zu steil wurden und wir es nicht mehr schafften. Dann gab es nur eines: Die Räder mit vereinten Kräften nach oben bringen. Wir stellten ein Rad ab und zerrten das andere die steilen Rampen hinauf. Nach ein- bis zweihundert Metern ließen wir es stehen, brachten das andere Rad noch ein bisschen höher herauf und holten

Lesotho

anschließend das erste Rad nach. Keines unserer Räder wollten wir aus dem Auge verlieren, deshalb hatten wir diese Technik entwickelt. Vielleicht waren wir zu vorsichtig, vielleicht misstrauten wir den Menschen grundlos, aber auch in der Schweiz oder in Deutschland hätten wir nie unsere vollbepackten Räder unbeaufsichtigt gelassen. Aber nicht nur bergauf schoben wir, sondern auch oft bergab. Das Risiko, auf den steinigen und extrem steilen Straßen zu stürzen war uns einfach zu hoch, weil die Bremskraft mit solch schwer beladenen Rädern nicht mehr ausreichte.

Das Königreich Lesotho liegt wie eine Insel inmitten von Südafrika und die Bewohner, die *Sotho,* bewahrten sich weitgehend ihre eigene Kultur. Die Weißen waren wohl nicht an diesem unwegsamen Land ohne Bodenschätze interessiert. Nur die Missionare bildeten die Ausnahme, so gab und gibt es vorwiegend katholische Missionen und Kirchen. In diesem Land entdeckten wir die Vorzüge der Kirchen bei Regen.

Obwohl wir länger in Südafrika geblieben waren und die Regenzeit eigentlich inzwischen hätte zu Ende sein müssen, wurden wir doch in den Bergen erbarmungslos von Regenfällen erwischt. Wir hatten einen langen anstrengenden Tag hinter uns, waren müde, es wurde Abend und wir brauchten einen Platz zum Zelten. Aber überall waren Menschen unterwegs, es gab auch kein flaches Stück Erde, und ein Dorf reihte sich ans nächste. So fragten wir bei einer Dorfkirche, ob wir in ihr übernachten könnten. Es war kein Problem, wir durften unser Zelt in der Kirche zwischen den Bänken aufstellen. Kaum hatten wir uns gemütlich eingerichtet, setzte draußen der Regen ein. In solchen Momenten fühlt man sich so richtig dankbar und geborgen, man kann sich kaum etwas Schöneres vorstellen, als einfach im Warmen und Trockenen zu sein. Die ganze Nacht hörten wir das Trommeln des Regens auf dem Blechdach der Kirche. Auch am nächsten Tag wurde es nie länger als ein paar Minuten still, und wir durften bleiben.

Zum Glück hatten wir immer für ein bis zwei Tage Reserve-Proviant dabei, denn viel gab es in diesem Dorf nicht zu kaufen. Trotzdem ging uns der Zucker aus, aber allein hätten wir es nie geschafft, einen Laden zu finden. Die Hütten sahen alle gleich aus, es gab nirgends ein Schild oder Hinweise auf einen Laden. In einem Haus unweit der Kirche war Alina, ein vierzehnjähriges Mädchen, zu Besuch. Sie ging in die Nonnenschule, ein Internat nahe der nächstgrößeren Stadt, daher sprach sie Englisch und war sichtlich stolz darauf.

Alina genoss es trotz Dauerregens, mich durch das Dorf zu führen und mir all ihre Verwandten und Freunde vorzustellen.

Wir trafen die Frauen meist in der Küchenhütte und im Halbkreis um ein wärmendes und rauchendes Feuer sitzend. Nachbarn und Freunde hatten sich zusammengesetzt, bei diesem Wetter konnten die Frauen nicht hinaus und ihrer Feldarbeit nachgehen, und das genossen sie ganz offensichtlich. Noch nicht einmal die Katzen wollten bei diesem Dauerregen auf Mäusefang gehen und hatten sich in einer Ecke der Hütte nahe beim wärmenden Feuer zusammengerollt. Den Hirten schien der Regen aber nichts auszumachen, außerdem hatten sie keine andere Möglichkeit. Wir hatten sie schon früh am Morgen mit ihren Tieren die Hänge hinaufgehen sehen. Wo sich die Männer aufhielten konnte ich nicht herausfinden, sie saßen nicht mit in den Küchenhütten.

Das wichtigste war natürlich der Besuch bei Alinas Großmüttern, die in Wolldecken gewickelt auf ihren Pritschen lagen und sich ganz offensichtlich über den ungewöhnlichen Besuch freuten. Auch hier brannte das Feuer, und der Raum war verraucht, kein Wunder, dass eine Großmutter über tränende Augen klagte. Die andere Großmutter hatte offene Beine und konnte kaum noch gehen. Beide wurden von Alinas Mutter versorgt, und alle drei waren stolz auf Alina.

Am nächsten Tag hatte der Regen aufgehört, und wir konnten weiterfahren und weiterschieben. Doch davor mussten wir uns noch bei den beiden Großmüttern verabschieden, so hatten wir es ihnen versprochen.

Es ging hinauf zum höchsten fahrbaren Pass Afrikas. Das ist der Black Mountain Pass mit 3200 Meter Höhe und nicht – wie einige Südafrikaner behaupteten –, der Sani Pass. Vom Black Mountain Pass fuhren wir hinunter zum Sani Pass, der die Grenze zu Südafrika bildet. Dort verließen wir Lesotho wieder. Das kleine Land hat uns gut gefallen, weil es im Gegensatz zu Südafrika, „so richtig afrikanisch" ist.

Nach ein paar schönen letzten Tagen in Südafrika verließen wir auch dieses Land endgültig Richtung Osten nach Moçambique. Zuvor mussten wir noch einen Umweg über Swaziland machen, um uns dort in der Hauptstadt Mbabane Visa für Moçambique zu besorgen. Swaziland ist ebenso wie Lesotho ein Königreich. Gefallen hat es uns dort nicht besonders, es war mit dem vielen Verkehr nicht gerade radfahrerfreundlich, und wir hatten wenig Kontakt zu der Bevölkerung. Aber vielleicht sind wir einfach nur die falschen Strecken gefahren und haben uns zu wenig Zeit genommen.

Der Zahn der Zeit

Nicht nur wir waren älter geworden, auch unsere Ausrüstung war mittlerweile in die Jahre gekommen und im wahrsten Sinne des Wortes ziemlich mitgenommen. Wir machten uns schon seit einiger Zeit Sorgen um unser Zelt. Es wurde zusehends maroder. Jedesmal wenn wir es aufstellten entdeckten wir neue Löcher und hörten, wie an einer neuen Stelle ein Riss entstand. Uns war klar, mit diesem Zelt würden wir es wohl nicht mehr nach Europa schaffen. Wir hatten beim Aufstellen immer Angst, es würde das letzte Mal sein. Doch wo konnten wir in Afrika ein neues für uns geeignetes Zelt bekommen? Selbst in Südafrika war das schwierig, wir hatten gesucht, aber nichts Geeignetes gefunden. Da die Bestellung der neuen Radsättel über das Internet so gut geklappt hatte, wollten wir es auf demselben Weg versuchen. Wir wollten uns vom Hersteller des Zeltes ein neues Außenzelt nach Maputo in Moçambique schicken lassen.

Doch die Firma war nicht bereit, das Außenzelt in ein Land außerhalb Europas zu schicken. Auf die Frage, was uns ein neues Zelt in Europa nutzte, wenn wir doch in Afrika waren, bekamen wir keine Antwort mehr. Bei einem Ausrüstungsladen in der Schweiz hatten wir mehr Glück. Man wollte uns das entsprechende Außenzelt schicken, bräuchte jedoch genauere Angaben, um uns das richtige Modell zukommen zu lassen. Wir suchten nach einer bestimmten Nummer in unserem alten Zelt, konnten sie aber nicht finden.

Unsere letzte Hoffnung war, dass sich der Chef der Zeltfirma noch an uns erinnerte. Beim letzten Besuch in der Schweiz vor zwei Jahren hatte Kurt längere Zeit mit ihm telefoniert und ihm von unserer Reise erzählt. Er schicke uns danach gleich ein neues Zelt zu einem guten Preis nach Thun. Vielleicht würde er ja noch etwas in seinen Unterlagen finden, und das teilten wir dem Ausrüstungsladen mit.

Als wir das nächste Mal im Internet-Café saßen hatten wir eine Mail vom Chef der Firma erhalten. Er schrieb, dass einer seiner Mitarbeiter in einer Woche in Moçambique Urlaub machen wolle und uns ein neues Zelt zu einem Vorzugspreis mitbringen könne.

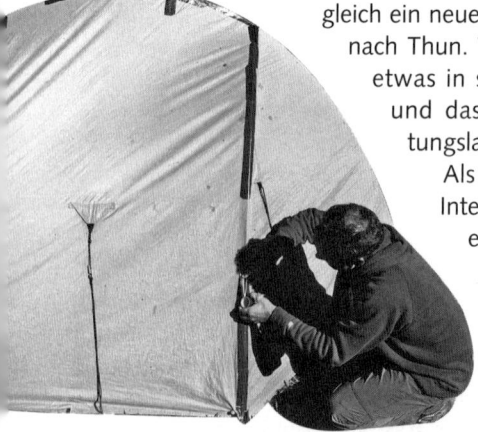

Kurt beim Zeltflicken

Wir fielen aus allen Wolken, konnten unser Glück kaum fassen. Auf einmal war alles so einfach, wir bekamen das Zelt ohne Versandkosten und steuerfrei. Sofort schrieben wir zurück und gaben unsere Adresse und Telefonnummer in der Hauptstadt Maputo an.

Alles traf sich so gut, denn in Maputo wohnten wir bei Jörg und Elder. Jörg hatten wir vor Monaten in Lusaka in Sambia getroffen, damals war er noch als Radfahrer unterwegs und auf dem Weg nach Südafrika. Mittlerweile hatte er sein Rad nach Deutschland zurückgeschickt und sich in Maputo niedergelassen, wo er mit Elder ein Geschäft aufgemacht hatte.

Hubi, der Mitarbeiter der Zeltfirma, traf genau einen Tag nach uns in Maputo ein. Mit im Gepäck hatte er ein nagelneues Zelt, alles ging reibungslos.

Wir verbrachten eine gute Zeit mit Elder und Jörg in Maputo. Die beiden hatten sich eine Wohnung in einem Hochhaus gemietet. Wir hatten dort nicht nur das Wiedersehen mit Jörg zu feiern, sondern auch unseren 9. Abfahrtstag, den 18. Mai 2006. Vor genau acht Jahren waren wir in der Schweiz auf unsere Räder gestiegen und losgefahren. Damit wir genug Geld zum Feiern hatten, gingen wir am Nachmittag zum Geldautomaten, und nach dem dritten Versuch spuckte er dann sogar etwas aus. Wir bezogen gleich die maximale Summe von 6.000.000 Meticais, auf einen Schlag waren wir Millionäre. Leider entsprach das nur etwa dem Gegenwert von 200 Euro, doch zum Feiern reichte es allemal.

Gemeinsam mit Elder und Jörg zwängten wir uns in ein Matatu (Sammeltaxi). Selbst wenn man denkt, das Auto sei voll, hält der Fahrer an der nächsten Ecke und lässt Weitere zusteigen. Dann wird so lange gedrückt, bis sich drei weitere Passagiere ins Wageninnere gequetscht haben.

Wir fuhren zum Fischmarkt. Hier wird abends der Fang des Tages verkauft. Jeder Stand hat mehr oder weniger dieselbe Ware und möchte diese so teuer wie möglich an den Mann oder die Frau bringen. Zum Glück war Elder dabei. Er sprach ausgezeichnet Portugiesisch und war geübt im Verhandeln, sonst wären die Preise bei vier weißen Käufern sicherlich um ein Vielfaches höher gewesen. Nach zähen Verhandlungen erstanden wir anderthalb Kilo Shrimps und einen großen Fisch. Alles wurde in Plastiktüten gesteckt, und damit gingen wir zu den Restaurants gleich nebenan. Um einen kleinen, sandigen Innenhof mit großen Bäumen hatten sich zahlreiche kleine Restaurants angesiedelt. Besonders am Wochenende herrscht hier Hochbetrieb, erzählte uns Jörg. Ganze Großfamilien würden sich zum gemeinsamen Essen und Trinken einfinden.

In diesen Restaurants konnte man sich den Fisch und die Shrimps lecker zubereiten lassen, die Zutaten für die Beilagen hatten die Restaurants selbst. Natürlich musste wieder gehandelt und diskutiert werden, nicht nur über den Preis, sondern auch über die Art und Weise der Zubereitung. Wieder übernahm Elder diese Rolle. Das Resultat ließ sich sehen, zu dem Fisch gab es frittierte Kartoffeln und Salat. Das Bier wurde aus den Getränkebuden, die sich an der Stirnseite des Innenhofes befanden, gebracht. Erstaunlicherweise schafften wir es, alles zu verspeisen.

Danach quetschten wir uns erneut in eine dieser rollenden Sardinenbüchsen. Doch es ging noch nicht nach Hause, sondern in die African Bar, wo wir nach langer Zeit wieder einmal in den Genuss von Live-Musik kamen. Es spielte eine Band aus der Region, und die Jungs hatten wirklich was drauf. Sie begannen mit Afrojazz, und je länger der Abend dauerte, desto mehr „Gas" gaben sie, da konnte einfach niemand mehr ruhig bleiben. Um drei Uhr früh fuhren wir im Taxi zurück. Die Distanz wäre zum Gehen nicht zu groß gewesen, und so viel hatten wir auch nicht getrunken, dass wir den Heimweg nicht mehr gefunden hätten. Aber vor kurzem war Jörg nach einem Discoabend zu Fuß heimgegangen und war von drei Typen überfallen, geschlagen und gewürgt worden. Sie hatten ihn mit blutender Nase, ohne Geld, Gürtel und Schuhe zurückgelassen, und das wollten wir nicht auch erleben.

Wir blieben noch ein paar Tage bei den beiden. In ihrem Wohnzimmer hingen vier schöne, für Afrika typische Batiken. „Eigentlich schade, dass wir beide keine Wohnung haben, in der wir die Bilder aufhängen könnten", sagte ich zu Kurt und betrachtete die Batiken. Da hatte er eine gute Idee:

„Ist doch kein Problem, eine Batik lässt sich ja falten, warum nähen wir uns nicht einfach eine in unser Innenzelt?"

Noch am selben Tag kauften wir uns auf dem Markt ein schönes Einzelstück, und ich nähte sie so ins Zelt, dass wir sie beim Liegen betrachten konnten. Seitdem war unser „Wohn- und Schlafzimmer" wunderschön dekoriert.

Auch im Zelt ist Platz für Bilder

Safari der anderen Art

An der Küste von Moçambique machten wir zur Abwechslung mal eine etwas andere Safari mit: Ausgerüstet mit Neoprenanzügen, Taucherbrille, Schnorchel und Flossen ging es mit einem Boot hinaus in tieferes Gewässer. Wir waren auf der Suche nach Walhaien, den größten Fischen der Unterwasserwelt. Walhaie haben außer der Größe von zehn bis dreizehn Metern nichts mit Walen gemeinsam, sie sind keine Säugetiere, sondern Fische. Sie kommen zur Nahrungssuche an die Meeresoberfläche und sind so vom Boot aus als große Schatten sichtbar. Es dauerte nicht lang, bis wir die ersten entdeckten. Das Boot fuhr so dicht wie möglich an die Tiere heran, wir setzten die Tauchermasken auf, und ab ging es ins Wasser. Es war faszinierend und beängstigend zugleich, so nahe bei diesen Giganten zu schwimmen. Man hätte sie ohne Probleme berühren können, was aber nicht erlaubt war. Die Situation, wenn plötzlich ein Walhai auf einen zugeschwommen kam und wir ihm direkt in sein riesiges Maul schauen konnten, war uns nicht geheuer, auch wenn wir genau wussten, dass sie für uns ungefährlich waren. Wenn sie abtauchten oder für uns zu schnell wurden, stiegen wir wieder ins Boot und fuhren zu der nächsten Gruppe. Einmal segelte sogar ein Manta Ray an uns vorbei, und wir hatten das Glück, mit Delfinen zu schnorcheln. Sie schwammen in großen Schulen paarweise unter uns. Ihre Laute und ihr Singen konnten wir unter Wasser schon hören, bevor wir sie entdeckten. Mit Delfinen hatten wir nicht gerechnet, und daher freuten wir uns besonders darüber. Das einzig Mühsame waren die Quallen, die wir zwar nicht sahen, dafür aber ihr Brennen im Gesicht und auch sonst auf der Haut spürten.

Nach zwei Stunden im Wasser wurde uns trotz Neopren langsam kalt, und mir war vom Wellengang sogar etwas übel. Ich hätte nie gedacht, dass man beim Schnorcheln seekrank werden kann.

Doch diese „Meeres-Safari" bleibt unvergesslich, sie gehört sicher zu den schönsten Naturerlebnissen auf unserer Reise.

Gefangen in der Kirche

Waren die Leute im Süden von Moçambique noch zurückhaltend und freundlich, so entwickelten sie sich weiter nördlich zu einem Durchhaltetest für uns. Es schien, als hätten die Menschen noch nie im Leben Weiße gesehen und schon gar keine mit vollbepackten Fahrrädern. Es war kein Verfolgungswahn, es war Realität: ständig wurden wir von Radfahrern begleitet. Sie fuhren lange Strecken mit uns und warteten auf uns, wenn wir eine Pause machten. Andere bestiegen ihr Rad, sobald sie uns sahen, und nahmen die Verfolgung auf. Nach ein paar Kilometern drehten sie abrupt um und fuhren zurück, sie hatten einfach mal ein Stück mit uns mitfahren wollen.

Wenn wir in Dörfern einkauften, hatten wir sofort mindestens 50 Leute um uns stehen, die uns, ohne etwas zu sagen, anstarrten. Beim Durchfahren der Dörfer gab es ein großes Geschrei, viele krümmten sich vor Lachen, sobald wir an ihnen vorbei waren, und das Gegröle hielt noch lang an. Unsere Mittagspausen waren auch nicht sehr gemütlich: sobald wir uns an den Straßenrand setzten, kamen sie aus allen Richtungen und beobachteten uns aus einer gewissen Entfernung. Wir kamen uns vor wie seltene wilde Tiere, deren Essverhalten studiert werden musste.

Besonders unangenehm wurde es, wenn wir an einer Schule vorbeikamen, dann hingen die Schüler aus dem Fenster und riefen uns hinterher. Eine Schule besteht aus fünf bis sechs Klassenzimmern, und ein Lehrer hatte uns erzählt, dass in jeder Klasse um die 100 Schüler sitzen. Wenn die Schüler Pause hatten und wir am Schulhof vorbeifuhren, gab es nicht nur Geschrei, sondern die Horde lief auf die Straße und begann eine Verfolgungsjagd. Sahen wir Schüler auf einem Schulhof, stieg bei uns der Adrenalinspiegel an und wir versuchten so schnell wie möglich an der Schule vorbeizufahren. Wenn uns die Kinder erst entdeckten, wenn wir das Schulgelände bereits passiert hatten, dann waren wir bald weg, und die wilde Horde stand nur noch brüllend auf der Straße. Doch wehe, die Schüler entdeckten uns beizeiten! Dann entwickelten sie einen enormen Ehrgeiz, und einige verfolgten uns ziemlich lange. Das war vor allem möglich, weil es meist Erdpisten waren und wir nicht schnell fahren konnten. Obwohl die verschiedenen Menschen, die wir unterwegs trafen, immer besonders interessant für uns waren, fingen wir im Norden Moçambiques an, in Panik zu geraten, sobald jemand auf uns zukam.

Ein ums andere Mal retteten uns die Kirchen, wir verbrachten oft unsere Pausen in diesen einfachen Lehmbauten, und abends stellten wir zum Schlafen unser Innenzelt neben dem Altar auf.

Zelten in der Kirche

Doch in den Kirchen waren wir Gefangene, denn die Leute schlichen um diese herum, in der Hoffnung, uns zu sehen. Sie standen oft Stunden in sicherem Abstand vor der Kirche oder stellten sogar Wachen auf, die den anderen Bescheid gaben, sobald sie ein Zucken von uns sahen. Erst wenn es dunkel war trauten wir uns aus der Kirche heraus.

Als wir einmal auf einer von lokalen Radfahrern stark frequentierten Lehmpiste eine kurze Trinkpause machten, hörten wir es hinter uns scheppern. Zwei Radfahrer hatten den Blick nicht von uns wenden können und waren frontal zusammengeknallt. Dass es nicht öfter zu Unfällen gekommen war, wunderte uns sehr, denn Motorradfahrer schauten rückwärts, statt darauf zu achten, wo sie hinfuhren. Manchmal drehten sich sogar Autofahrer auf ihren Sitzen um und steuerten ihr Fahrzeug Richtung Straßengraben. Im letzten Augenblick schafften sie es glücklicherweise immer, das Steuer noch herumzureißen.

Ein paar Mal waren wir richtig verzweifelt und überlegten, Moçambique auf dem schnellsten Weg zu verlassen. Doch unser Ziel war die *Ilha de Moçambique,* und es wäre schade gewesen, wenn wir diese geschichtsträchtige Insel nicht besucht hätten.

Gezeiten-Klospülung

Die Ilha de Moçambique ist faszinierend, ihre Geschichte geht zurück bis ins späte 16. Jahrhundert, als sich hier die Hauptstadt von Moçambique befand. Heute ist die drei Kilometer lange und 500 Meter breite Insel durch eine Brücke mit dem Festland verbunden. Wir brauchten lange, um diese Brücke zu überqueren. Es war gerade Ebbe, und das Watt war voller Menschen, die nach Muscheln buddelten. Im spätnachmittäglichen Licht spiegelten sich die nach Nahrung Suchenden, man hatte das Gefühl, sie würden übers Wasser gehen. An den Ufern standen malerisch die Hütten dicht an dicht zwischen Palmen, und am Horizont türmten sich Kumuluswolken hoch in den Himmel.

Obwohl Moçambiques touristische Infrastruktur bescheiden ist, nahm uns auf der Insel die einzigartige Atmosphäre gleich gefangen. Die koloniale Altstadt mit ihren zum größten Teil zerfallenen Gebäuden gleicht einer Geisterstadt. Im südlichen Teil stehen, im Kontrast zu den alten Steinhäusern, etwa 1200 Lehmhütten ganz eng beisammen, so dass sich die mit Palmblättern gedeckten Dächer berühren. Hier lebt der größte Teil der Bevölkerung, meist Fischer. Die Insel ist vorwiegend muslimisch und steckt voller Leben.

Wir fanden auf Anhieb die *Casa Luis,* eine bei Touristen beliebte Unterkunft, obwohl es nirgends einen Wegweiser oder ein Schild gab. Die Leute in den Gassen winkten uns, ohne dass wir fragen mussten, in die richtige Richtung. Wir blieben gleich ein paar Tage, denn wir brauchten wieder einmal etwas Zeit zur Erholung. Neben den vielen Spaziergängen durch die Altstadt mussten wir auch Wäsche waschen. Dafür warteten wir einen Zeitpunkt mit fließendem Wasser ab, was etwa jeden zweiten Tag der Fall war, und auch dann immer nur für ein paar Stunden. Darum standen im Innenhof ein paar alte Ölfässer, die gefüllt wurden, sobald Wasser aus der Leitung kam.

Unsere Packtaschen wurden immer löchriger. Es stand zwar immer noch „Wasserdicht" darauf, doch davon waren sie inzwischen weit entfernt. Im Gepäck hatten wir diverse Materialien, vom Fallschirmstoff bis zur Lastwagenplane. Ich nähte ständig und gewissenhaft Flicken über die gerissenen Stellen, es entstand ein buntes Patchwork, bei dem sich die verschiedenen Flicken außerdem noch überlappten. Ich benutzte entweder ein starkes Garn, mit dem Fischernetze geflickt wurden, oder ganz einfach Zahnseide. Um die Nähte abzudichten, schmierten wir am Schluss einen Kleber darauf. Viel hat es trotzdem nicht geholfen.

Neben den historischen Bauten und dem bunten Treiben in den Gassen war die Insel auch noch von wunderschönen Sandstränden umgeben, doch von diesen hielten wir uns lieber fern. Die Hütten besaßen keine Toiletten, und die Leute gingen an den Strand, um dort ihr Geschäft zu verrichten. Die nächste Flut übernahm dann die Spülung.

Aber auch auf dem Festland weiter nördlich gab es so gut wie nie Toiletten. Anfänglich wunderten wir uns über die vielen

Hundehaufen auf dem asphaltierten Seitenstreifen der Straße. Wir kurvten im Slalom um die Haufen herum, doch Hunde bekamen wir so gut wie keine zu Gesicht. Schließlich dämmerte uns, von wem diese Haufen stammen. Geruchsfreie Pausen am Straßenrand waren eine Seltenheit, überall stank es nach Klo. Manchmal saßen wir bereits und hatten unseren Proviant ausgepackt, als uns eine Windböe den entsprechenden Duft in die Nase trieb. Dann versuchten wir es ein wenig weiter, machten vorher die Geruchsprobe, aber das half auch nicht immer.

Nach gut 137.000 Kilometern rollten wir über einen Feldweg in das 42. Land auf unserer Reise hinein, nach Malawi.

Urlaubsland Malawi

Malawi war ein recht einfaches Reiseland. Es gab so etwas wie eine touristische Infrastruktur, was Vor- und Nachteile hatte. Das Radfahren war kein Genuss, weil alle 50 Meter eine Horde Kinder an die Straße gerannt kam, die mit ausgestreckten Armen „Mzungu give me, give me" schrien. Mzungus sind Weiße oder Fremde. Von den Hütten her hörten wir dann noch die Frauen „give me money" rufen. Wir beneideten die Autofahrer, die von all dem nicht viel mitbekamen. Uns ging die ständige Bettelei stark auf die Nerven, und wir reagierten manchmal unverhältnismäßig. Einmal, es war auf einem Markt, stand ein kleines, vielleicht acht Jahre altes Mädchen in verdreckter Kleidung vor uns. In der Hand hielt es eine Süßkartoffel. „Give me my money, give me my money", rief es ohne Unterlass und streckte uns die leere Hand entgegen. „Give me your sweet potato", rief ich genervt zurück und streckte ebenfalls die Hand vor. Als mir das Mädchen die Kartoffel geben wollte, begann ich mich für mein blödes Verhalten zu schämen.

Die Menschen besaßen wirklich nicht viel und waren zu bedauern. Man fühlte sich macht- und hilflos. Doch leider hatten wir wie schon oft zuvor erleben müssen, dass sich die Bevölkerung in Gegenden mit viel Tourismus und Entwicklungshilfe veränderte, und wir zweifelten oft am Sinn dieser Hilfe. Gerade Malawi soll noch vor ein paar Jahren ein ganz tolles Land mit netten, hilfsbereiten Menschen gewesen sein, und nun hatten die Leute ihren Stolz und ihre Würde verloren.

Dafür genossen wir die schönen Sandstrände des Malawisees und das Schnorcheln. Aus dem Malawisee werden viele seiner bunten Aquarienfische nach Europa exportiert und wir fühlten uns beim Schnorcheln so, als würden wir in einem großen Aquarium schwimmen.

Überall wurde auch hier, wie in vielen anderen afrikanischen Ländern, das Bao-Spiel gespielt. Dazu braucht man ein Brett mit Kuhlen und benutzt als Spielsteine Bohnen. Es gibt viele diverse Spielregeln, je nach Land und Region. Wir hatten die Regeln in Malawi gelernt, und jetzt fehlte uns nur noch so ein zusammenklappbares Spielbrett, um spielen zu können. Diese Bretter gab es in allen möglichen Ausführungen an zahlreichen Souvenirständen zu kaufen, doch keines gefiel uns. Wir hatten eine ganz bestimmte Vorstellung, als geschnitztes Motiv hätten wir gern den Chambo-Fisch aus dem Malawisee auf dem Deckel gehabt. Immer wenn wir uns die Bao-Spiele ansahen, kamen sofort die Verkäufer angerannt. Sie versprachen uns, eines ganz nach unseren Wünschen anzufertigen, doch wir waren auf der Durchreise und am nächsten Tag schon wieder auf der Strecke.

Unsere Tage in Malawi waren bereits gezählt, als wir uns noch einmal nach einem Spielbrett umschauten und wieder nichts Passendes fanden. Nun fragten wir den Verkäufer: „Wie lang brauchen Sie, um uns ein Bao-Spiel nach unseren Wünschen anzufertigen?"

Zu unserem Erstaunen wollten sie es schon am nächsten Morgen gefertigt haben. Wir erklärten in allen Einzelheiten, wie wir es haben wollten, genug Spiele hatten wir uns angeschaut, um eine ganz bestimmte Vorstellung zu haben. Außer dem Fischmotiv auf dem Brett wollten wir auch noch eine hübsche Verzierung zwischen den Kuhlen haben. Jetzt musste noch der Preis ausgehandelt werden, und nachdem sie uns gezeigt hatten, warum ihr Preis etwas höher war, willigten wir schmunzelnd ein. Der junge Verkäufer zog eine Dose Schuhcreme aus seiner Hosentasche und erklärte: „Schuhcreme ist teuer, wir reiben das Spielbrett nach dem Schnitzen damit ein. So kommt die Holzmaserung besser zur Geltung und es sieht viel schöner aus." Dieses Argument und seine Ehrlichkeit überzeugten uns. Später wurde unser Bao-Spiel von vielen Leuten wegen des tollen Holzes bewundert. Nicht immer erzählten wir, dass die Schuhwichse das Brett so nobel aussehen lässt.

Afrikanischer Kochkurs

Abseits der Touristenpfade hatten wir dann doch auch ganz gute Kontakte mit Menschen. Nachdem uns Zybion seinen Wohnort Dedza in Malawi gezeigt hatte, gingen wir mit ihm auf den Markt und kauften frischen Chambo. Überall in Malawi wurde dieser Fisch gegessen, es gab ihn frisch auf dem Markt und in getrocknetem und gepökeltem Zustand. Cecilia, Zybions Frau, hatte versprochen, mir die Zubereitung dieses Fisches zu zeigen. Zuerst musste der Fisch ausgenommen und entschuppt werden. Cecilia hatte viel Übung darin, doch ich stellte mich ganz schön ungeschickt an, mehr als einmal glitschte mir der Fisch aus den Händen und fiel in den Dreck. Gekocht wurde mit Holzkohle, der Topf stand auf drei

Kochkurs von Cecilia

Steinen über dem Feuer, und Cecilia machte es nichts aus, den heißen, grifflosen Topf mit bloßen Händen anzufassen. „Verbrennt ihr euch nicht oft die Hände?", fragte ich sie.

Da lachten Cecilia und ihre Freundinnen über so eine dumme Frage: „Natürlich verbrennen wir uns, aber das heilt ja wieder."

Sie lachten auch darüber, dass ich die Tomaten und Zwiebeln nicht wie sie in der Hand haltend in kleine Würfel schneiden konnte. Ich bemühte mich sehr, doch so gut wie Cecilia kann ich es auch heute nicht. Wahrscheinlich bin ich noch immer ein Gesprächsthema bei Cecilia und ihren Freundinnen. Denn eine Frau, die sich bei den einfachsten Handgriffen in der Küche so ungeschickt anstellt, hatten sie wohl noch nie gesehen. Zum Fisch gab es Nshima (Maisbrei) und Rapsgemüse mit geriebenen Erdnüssen. Oft kochten wir uns später das Rapsgemüse nach Cecilias Rezept selbst, es schmeckt hervorragend, einmal mehr konnten wir unsere Küche durch ein Rezept bereichern.

Malawi war für uns so etwas wie ein „Urlaub", und als wir nach Tansania kamen, merkten wir wieder, was Reisen für uns interessant macht.

Der „Wilde Westen" Tansanias

Auf dem Weg zum Tanganjikasee fühlte sich Kurt nicht richtig gesund. Natürlich dachten wir gleich an Malaria, doch er hatte kein Fieber. Am Tanganjikasee hatten wir ein paar Ruhetage eingeplant, es ging von 1400 Meter auf knapp 800 Meter hinunter, und uns fehlten nur noch 40 Kilometer bis zum See. Wir dachten, der Abstieg wäre kein Problem, den würde er trotz allem noch schaffen.

Kurt litt erheblich, es ging ihm schlechter und schlechter. An ein baldiges Stoppen und Zelten war aber nicht zu denken. Es gab nirgends Wasser, und die Straße war stellenweise so steil und unwegsam, dass wir schieben mussten. Beim ersten Fluss schöpften wir Wasser, das auch noch recht klar war. Obwohl es nur noch ein paar Kilometer bis zum See waren, schlugen wir uns gleich in den Busch zum Zeltaufbau.

Beim Duschen schüttelte es Kurt vor Kälte, trotz 35 Grad Hitze. Es gab jede Menge lästiger Buschfliegen, sie krabbelten uns in Ohren, Nase und Mund und setzten sich an die Augen. Wenn man sie zerdrückte, stank es. Deshalb flohen wir ins Zelt. Kurt hatte mittlerweile über 39 Grad Fieber und nahm brav die Antibiotika, die ich ihm gab.

Als es anfing zu dämmern und die Fliegen sich langsam verzogen hatten, krabbelte ich aus dem Zelt, um einen Tee zu kochen und ein bisschen zusammenzuräumen. Da entdeckte ich im Busch einen Mann, der wild mit seiner Machete fuchtelte und mir befahl, mich hinzusetzen. Als ich mich umsah, waren wir umstellt von etwa 20 Männern, die entweder Macheten hatten oder mit Pfeil und Bogen bewaffnet waren. Die Bögen und Pfeile waren nicht sehr groß, sahen eher aus wie von Kindern zum Indianerspielen gemacht. Aber sicherlich konnten diese Männer damit gut umgehen, und wer weiß, mit was die Pfeilspitzen getränkt waren. Die Pfeile waren in die Bögen gespannt und zielten auf mich.

Angst hatte ich keine, dazu ist in solch bedrohlichen Situationen nie Zeit. Schon damals in Argentinien, als ein Halbstarker mit einem langen Messer an meinem Fahrrad hing, war das so gewesen. Die Angst kommt erst später, wenn alles vorbei ist, und das ist auch gut so. Am liebsten hätte ich den Männern gesagt, sie sollen sich doch etwas näher zusammenstellen, damit ich ein Foto machen kann. Es sah einfach unwirklich aus, doch ich folgte lieber ihren Befehlen und setzte mich auf den Boden.

Kurt kam aus dem Zelt, dank der Antibiotika war sein Fieber gesunken. Er durfte noch nicht einmal den Reißverschluss schließen, er wurde sogleich vom Zelt weggezerrt. Sie hatten wohl Angst, er könnte zu einer Waffe greifen.

So saßen wir beide ein paar Meter neben dem Zelt auf dem Boden, und die Männer suchten in unserem Zelt nach Waffen, Macheten oder ähnlichem. Sie konnten kein Englisch und wir nicht Swahili, also war die Verständigung nicht einfach, oder, besser gesagt, unmöglich. Wir versuchten die ganze Zeit, ihnen mit Gesten und unseren wenigen Swahili-Worten klarzumachen, dass wir nur friedliche Touristen sind und Kurt wahrscheinlich an Malaria leidet.

Als ihnen klar war, dass wir keine Waffen besaßen, versuchten sie, unser Zelt abzubauen. Sie hatten keine Erfahrung mit Hightech-Zelten, daher durfte ich nach mehreren fehlgeschlagenen Versuchen helfen. Kurt musste weiter auf dem Boden sitzen bleiben und wurde von einem Bogenschützen, der direkt hinter ihm stand und auf ihn zielte, bewacht.

Ich brauchte recht lang, musste erst das Zelt ausräumen, bevor ich mit dem Abbau beginnen konnte. Allein ist das nicht so einfach, vor allem, wenn man das nicht gewohnt ist, denn Kurt durfte noch immer nicht aufstehen und helfen.

Erleichtert stellte ich fest, dass sie zuvor nichts weggenommen hatten. Die Geldgürtel, die wir achtlos zu unserem Gepäck geworfen hatten, waren noch da. Erst als es fast dunkel wurde, erlaubten sie auch Kurt zu packen. Jetzt war wohl die Angst vor wilden Tieren und der Dunkelheit größer als die Angst vor uns.

Nach dem Zusammenpacken mussten wir die Räder beladen. Ich wusste immer noch nicht, was sie mit uns vorhatten. Für Kurt war dagegen klar, dass sie uns in ihr Dorf bringen wollten.

Als die Räder beladen waren, fehlten noch Kurts Schuhe. Er hatte sich nach dem Duschen die Badelatschen angezogen und in seinem Fieber die Schuhe bei der Duschstelle stehengelassen, um möglichst schnell ins Zelt zu kriechen. Wir suchten mit unseren Taschenlampen nach den Schuhen, und schnell wurde klar: einer der Männer musste sie genommen haben. Es waren nicht mehr die neuesten Schuhe, sie begannen schon auseinanderzufallen, trotzdem waren sie noch besser als gar keine. Wir leuchteten die ganze Umgebung ab, die Männer wurden immer nervöser, weil es mittlerweile stockduster geworden war. Ohne die Schuhe gefunden zu haben wurden wir ins Dorf abgeführt. Dort erwarteten uns die restlichen Dorfbewohner und starrten uns neugierig mit großen Augen an. Schon längst hatte es sich herumgesprochen, weshalb die Männer in den Busch gegangen waren. Umringt von vielen Kindern und anderen Dorfbewohnern, wurden wir zu einer Art Gemeindehaus geführt. Mittlerweile war auch mir klar, dass wir hier übernachten mussten oder durften. Wieder langes Warten, während man die Schlüssel zu einem Raum organisierte. Es handelte sich vermutlich um das Gemeindegefängnis. Während wir warteten, wurden wir angewiesen, dauernd unsere Räder anzuleuchten, um Diebstahl vorzubeugen, wie wir annahmen.

Als der Raum aufgeschlossen war, kam ein Mann heraus. Was mit ihm weiter passierte, bekamen wir nicht mit, denn jetzt durften wir in diesen stickigen heißen Raum hinein. Es stank furchtbar. Doch trotz der schlechten Luft waren wir froh in einem Raum zu sein und der starrenden Menschenmenge entkommen zu sein.

Als wir bemerkten, dass man den Raum von außen wieder abschließen wollte, protestierten wir heftig. Es half, und sie ließen die Türe unverschlossen. Doch wir mussten ihnen versprechen, dass wir, während wir schliefen, von innen einen Tisch dagegenstellten. Das diente unserer eigenen Sicherheit, damit uns nichts geklaut wurde.

Wir mussten lange warten, bis die Menschenmenge, die an den geschlossenen Fenstern hing und uns pausenlos beobachtete, endlich verschwunden war. Dann erst konnten wir frische Luft hereinlassen. Wir waren müde, tranken nur noch einen Tee, stellten unser Innenzelt im Raum auf und schwitzten uns in dem stickigen Raum in den Schlaf. Im Freien im Zelt wäre es so schön und angenehm gewesen.

Später erfuhren wir, dass die Grenze zum Kongo recht nahe lag und es immer wieder Probleme mit Leuten aus dem Nachbarland gab. Mike und Lynn, die Missionare, von denen wir noch berichten werden, erklärten uns, dass viele hier Angst vor Weißen hätten, weil die angeblich ihr Blut trinken wollten.

Kaum war die Sonne am nächsten Morgen aufgegangen, war das Dorf schon auf den Beinen, und jemand rief in gutem Englisch: „Kann ich euch sprechen?"

Wir packten aber zuerst unseren ganzen Kram zusammen und beluden die Räder, bevor wir die Türe öffneten.

Draußen wartete bereits das ganze Dorf auf uns, man hatte einen Mann geholt, der Englisch sprach. Es war ein netter, uralter Mann, der in seiner Kindheit, als Tanganjika noch eine deutsche Kolonie war, bei den Deutschen die Gänse gehütet hatte. Danach war er bei den Engländern zur Schule gegangen. Jetzt wohnte er

„eine Stunde vom Dorf entfernt" bei der Familie seiner Tochter, die ein Stück Land bebaute und ein paar Ziegen hielt.

Er entschuldigte sich für die Leute vom Dorf, weil sie kein Englisch sprachen und erklärte: „Ihr hättet gestern Abend einfach hier im Dorf fragen müssen, und sie hätten euch einen Platz zum Schlafen gegeben."

Aber genau das wollten wir ja vermeiden, weil wir keine Lust hatten, ständig von einer Menschenmasse beobachtet zu werden.

Auf jeden Fall gab es jetzt keine Probleme mehr, und wir erzählten noch, dass uns Schuhe abhanden gekommen waren. Nach weiterem höflichen Geplauder sagte der Mann: „Nun werde ich mich noch um die Schuhe kümmern." Es gab ein Palaver zwischen den Dorfbewohnern, und dann lösten sich drei Männer aus der Gruppe. Sie kamen nach einer Weile wieder, es gab erneute Diskussionen, dann versuchten zwei andere Männer ihr Glück, und unser Dolmetscher sagte: „Habt noch etwas Geduld!"

So ging das eine Zeitlang weiter. Danach setzte er einen Brief an die Polizei im nächstgrößeren Dorf auf. Wir sollten diesen mitnehmen und bei der Polizei dort abgeben. In dem Brief stand groß und breit der Tathergang mit dem Namen des Diebes, denn alle wussten, wer die Schuhe genommen hatte.

Jetzt wurde es richtig interessant. Unter den Brief kamen noch Stempel und die Unterschrift des Dorfvorstehers. Dann nahmen sie den Brief, um diesen dem Dieb zu zeigen. Vor der Polizei hatten die meisten großen Respekt, sicher zu Recht, denn die war nicht gerade zimperlich.

Wir mussten weiter warten, es kamen und gingen Männer, dann setzte wieder Palaver ein. Die ganze Zeit waren wir umringt von vielen Schaulustigen, vor allem von den Kindern. Das ärgerte die Männer, und wenn die Kinder zu nahe kamen, wurden sie mit Stockschlägen vertrieben. Sie liefen 20 bis 30 Meter weg, bis sie nicht mehr verfolgt wurden, schlichen dann langsam und unauffällig wieder näher, und das Ganze wiederholte sich.

Schließlich kam der alte Mann und sagte: „Ich habe mein Möglichstes getan, doch der Dieb will die Schuhe nicht herausrücken." Wir hatten uns schon fast auf die Räder geschwungen, da hieß es, wir sollten noch ein bisschen warten. Aber nur, um wenig später wieder zu hören, dass alles keinen Zweck hatte. Nun war es wirklich langsam an der Zeit aufzubrechen, wir warteten dann aber doch noch ein wenig, da sich die allgemeine Stimmung deutlich verbessert hatte. Die Männer redeten jetzt viel gelöster miteinander und lachten sogar, nur wir wussten noch nicht, was das bedeuten sollte. Plötzlich kam ein Dorfbewohner mit Kurts Schuhen in der Hand angelaufen, sogar die Socken steckten noch darin. Jetzt war die Atmosphäre ganz entspannt, die Dorfbewohner waren sehr froh und erleichtert, dass alles einen guten Ausgang genommen hatte, und wir fuhren weiter zum Tanganjikasee.

Malaria

In Kipili am Tanganjikasee gab es nur ein einziges Gästehaus, das von Mönchen des Benediktiner-Ordens geführt wurde. Dort stiegen wir ab. Da es in dem Ort weder Markt noch Geschäfte gab, waren wir froh und glücklich über die von den Mönchen angebotene Vollpension, obwohl der Speiseplan nicht gerade viel Abwechslung bot. Es gab mittags und abends Reis in Tomatensoße und verkochten Fisch.

Als am Nachmittag mein Fieber wieder zu steigen begann, gingen wir ins Dorf, um einen Malariatest zu machen. Wir fanden die Klinik verschlossen vor, aber die Dorfbewohner gingen gleich auf die Suche nach der zuständigen Person. Leider ohne Erfolg, man vertröstete uns auf den nächsten Tag. Als wir dann am nächsten Morgen zur Klinik gehen wollten, konnte ich mich, geschwächt vom Fieber, kaum noch auf den Beinen halten.

„Soll ich euch zur Klinik fahren?"

Bruder Donatus, einer der Mönche, konnte nicht mit ansehen, wie ich durch die Gegend torkelte, als wäre ich betrunken. Er holte sofort das Auto und fuhr uns ins Dorf zur Klinik.

Der Malariatest fiel positiv aus. Schon immer war ich überzeugt gewesen, wenn einer von uns beiden Malaria bekäme, würde ich das sein, und Dorothee würde verschont bleiben. Und genau so war es. Da in Kipili weder Arzt noch gute Medikamente vorhanden waren, brachte uns Bruder Donatus, ohne zu zögern, zum 16 Kilometer entfernten Nachbardorf.

Dort wurde mir erneut Blut abgenommen. Sie machten nicht nur einen zweiten Malariatest, sondern untersuchten mein Blut auch gleich nach Typhuserregern. Typhus hat sehr ähnliche Symptome und war in der Gegend stark verbreitet.

Eine Stunde dauerte es bis zum Testergebnis. Donatus führte uns in der Zwischenzeit zu den in der Nähe lebenden Nonnen, die richteten mir gleich ein Bett, und ich legte mich völlig entkräftet hin. Dorothee behauptet immer, dass ich schon bei der kleinsten Krankheit aussehen würde, als könnte ich jeden Moment sterben. Und jetzt war ich richtig krank, kein Wunder also, dass die Nonnen sehr besorgt um mich waren. Das von ihnen angebotene Essen lehnte ich dankend ab, mir war nicht nach Essen zumute. Sie ließen es sich aber nicht nehmen, mir Tee und verschiedene Früchte aus ihrem eigenen Garten zu bringen, eine Rarität in dieser Gegend.

Während ich auf meiner Pritsche litt, wurde Dorothee zum Mittagessen eingeladen. Bei uns in Kipili hatten wir zwar Vollpension, aber was die Nonnen ihr auf den Tisch zauberten, war um Welten vielseitiger. Sie hatten sich einen Garten angelegt, in dem sie verschiedene Gemüsesorten und Obst anbauten. So gab es neben dem Fisch, Reis und Maisbrei auch Bohnen, Auberginen und Zucchini. Trotzdem entschuldigten sie sich noch bei Dorothee, dass sie nicht mehr Gemüse hatten. Zum Nachtisch gab es Bananen, Guaven und Mandarinen. Als mir Dorothee von dem Festmahl vorschwärmte, interessierte ich mich nicht wirklich dafür, ich hatte im Moment ja andere Probleme.

Glücklicherweise wurden keine Typhuserreger und nur wenige Plasmodien (Malariaerreger) in meinem Blut gefunden. Darum staunten wir nicht schlecht, als der Arzt begann, massenhaft Spritzen und Ampullen auf seinem Tisch aufzuhäufen. Den „ersten Schuss" bekam ich auch gleich verabreicht. Es handelte sich um Antibiotika, denn das Fieber musste erst gesenkt werden, bevor mit der Malariabehandlung begonnen werden konnte.

Zurück in Kipili organisierte Donatus für mich eine Kranken-schwester die mir die Spritzen geben sollte. Zu den unmöglichsten Zeiten musste ich gespritzt werden, darum wurde sie direkt im Nebenzimmer untergebracht. Nach der ersten Nacht entließen wir sie bereits wieder, Dorothee konnte nicht mit ansehen, wie unpro-fessionell sie arbeitete, und von da an wurde ich von ihr behandelt. Alle acht Stunden bekam ich abwechselnd 5 ml Quinine in die linke und 5 ml in die rechte Pobacke verpasst. Insgesamt waren es 14 Spritzen in meinen Allerwertesten, ans Radfahren war im Moment gar nicht mehr zu denken.

Ich glaube, dass ich mehr unter den Medikamenten litt als an der Malaria. Ich hatte starke Kopfschmerzen, mir dröhnten die Ohren, und leichtes Fieber hatte ich immer noch. Das Schwierigste war, genug Flüssigkeit zu mir zu nehmen. Mein Magen fühlte sich aufgebläht und voll an, so konnte ich immer nur wenig Wasser auf einmal trinken. Nachts wachte ich ständig mit trockenem Mund auf, trank etwas Wasser und schlief wieder ein. Immerhin schaffte ich es trotzdem, pro Nacht so um die zwei Liter zu mir zu nehmen.

Als die Quinine-Behandlung vorüber war, ging es mir sehr schnell wieder besser. Während der ganzen Zeit kümmerte sich Bruder Donatus sehr fürsorglich um mich. Er sorgte dafür, dass auch abwechslungsreichere Kost und mehr Gemüse auf den Speiseplan kamen, und brachte mir Früchte. Als ich unter Kopfschmerzen litt, organisierte er die entsprechenden Medikamente. Er war wirklich mein rettender Engel. In diesem Ort gab es so gut wie nichts zu kaufen, keinen Strom, kein Telefon, schon gar nicht Internet, und selbst ein Handy war dort nutzlos. Was hätten wir ohne Bruder Donatus nur gemacht?

Buschfeuer

Natürlich war ich nach der Malaria noch etwas erholungsbe-dürftig, darum entschieden wir uns, zurück zu der Missions-station zu fahren, wo wir bereits auf dem Weg zum Tanganjikasee Gäste bei Lynn und Mike gewesen waren. Die beiden hatten uns

damals spontan zu sich eingeladen, als sie im Auto an uns vorbeigefahren waren.

Die ersten 150 Kilometer nach Sumbawanga konnten wir in
einem Lastwagen mitfahren, natürlich von Bruder Donatus organisiert. Ab dort waren es noch 40 Kilometer und 400 Höhenmeter
bis zu den Missionaren. Den Test bestand ich gut, Radfahren war
also wieder möglich.

Lynn, Mike und die anderen Missionarsfamilien freuten sich über
unser unerwartetes Wiedersehen, und wir durften ein paar weitere erholsame Tage bei ihnen verbringen.

Dort lernten wir auch, wie man mit einfachen Mitteln ein Busch-
feuer wirkungsvoll bekämpft. Wir saßen abends bei Tee und Kaffee
in einer gemütlichen Runde, als jemand das Feuer entdeckte. Nur
50 Meter vom Haus entfernt brannte das strohtrockene, manns-
hohe Gras. In Sekundenschnelle war alles auf den Beinen, man
schrie „Alarm!" und es wurde nach einer Axt gesucht.

„Wozu brauchen die denn eine Axt?", fragten wir uns und bekamen gleich die Antwort. Denn damit wurden belaubte Äste von
den Bäumen gehackt und an die von überall herbeieilenden Helfer
verteilt. Wir waren etwa 30 Leute, die mit den Ästen auf das Feuer
eindroschen. Es sprühten die Funken, und nach einer Viertelstunde
war das Feuer komplett gelöscht.

Rukwa-Tal

Die Malaria hatte unsere Reisepläne etwas durcheinander
gebracht. Unsere ersten Pläne, weiter auf sandigen Pisten
durch kaum bewohntes Gebiet zu fahren, hatten wir aufgegeben,
denn Kurt musste sich erst einmal richtig erholen. Doch nach der
Auszeit bei Lynn und Mike war auch er wieder für neue Erlebnisse
bereit. Da wir nicht den gleichen Weg zurück zur asphaltierten
Hauptverbindungsroute nach Dar-es Salam fahren wollten,
beschlossen wir, durchs Rukwa-Tal zu fahren. Dieser Teil Tansanias
wird selten von Touristen bzw. *mzungus* besucht, und Lynn und
Mike hatten uns schon viel davon erzählt. Die beiden haben dort

ein paar Jahre als Missionare gearbeitet, und nun waren ihre Freunde Kim und Ted dort stationiert. Obwohl Ted ein gelernter Baukonstrukteur ist, war er im Rukwa-Tal „Mädchen für alles".

Wir staunten nicht schlecht, als er uns seine „Zahnarztpraxis" zeigte. Zweimal in der Woche konnten die Bewohner zu ihm kommen, und er behandelte ihre Zähne, was immer Zähneziehen bedeutete. Doch für die dort lebenden Menschen war dies praktisch die einzige Möglichkeit ihre Zahnschmerzen loszuwerden.

Hauptsächlich versuchte er jedoch, den Talbewohnern beizubringen, dass hier die verschiedensten Bananen und Fruchtbäume gediehen, selbst Ölpalmen. Jede mitmachende Familie bekam von ihm zwei Fruchtbäume geschenkt. Wenn ein Baum gut gepflegt wurde und nach einem Jahr noch stand, bekam die Familie für jeden überlebenden Baum zwei zusätzliche geschenkt. Mit diesem Konzept hatte er Erfolg, und die Bewohner begannen schon, ihre eigenen Bäume zu züchten. Damit die Nahrung eiweißhaltiger wurde, baute er Fischteiche. Ihm war es ein Anliegen, dass sich die Ernährungssituation im Tal verbesserte, und das mit möglichst einfachen Mitteln. Davor musste die Bevölkerung während der Trockenzeit regelmäßig Hunger leiden.

Im Rukwa-Tal befanden wir uns wieder im „wirklichen Afrika". Die Straßen waren kaum als solche zu erkennen, Autos sahen wir in diesen Tagen gar nicht. Wir fragten uns wie Ted es geschafft hatte, den Weg den er uns beschrieben hatte, mit dem Auto zurückzulegen. Es gab aber ein dichtes, durch unzählige Radfahrer mit der Zeit entstandenes Radwegenetz. Wir mussten nur den Reifenspuren folgen und immer wieder nach dem Weg fragen. Teilweise gab es auch nur eine Schiebespur durch den tiefen Sand, und jeder Radfahrer weiß, dass diese Spuren sehr hilfreich sind. Wir nahmen sie gern in Anspruch, denn durch eine bereits vorhandene Spur zu schieben, ist wesentlich leichter. Normalerweise wechselten wir uns beim Schieben durch den Sand immer wieder mit dem Führen ab. Wenn wir uns zum Übernachten von der Straße entfernten, taten wir am nächsten Morgen gut daran, wieder in derselben Spur zurückzuschieben.

Statt „Mzungu", wie es sonst üblich ist im Swahili-Sprachraum, riefen uns die Kinder im Tal „Teddy" hinterher, der Missionar war

Afrikanischer Radweg

hier bekannt wie ein bunter Hund. Für die Durchquerung des Tales benötigten wir mehr als eine Woche, und es waren die Kleinigkeiten, die es so interessant machten. Hier leben die Wasukumas, die riesige Rinderherden besitzen und traditionell gekleidet sind. Früher hatten sie wohl Armreifen aus Elfenbein, jetzt waren es weiße Rohrstücke, die sie oft beschnitzten. Ihre Kleidung ähnelt jener der bekannteren Massai, doch sie kleiden sich mit schwarzen statt roten Tüchern, und führen wie die Massai immer einen Stock bei sich. Ihre Rinderherden wurden von Hirtenjungen gehütet, und die waren sehr neugierig. Wenn wir einen Platten flicken mussten, kamen sie an und schauten uns dabei zu. Wenn wir dann die Kamera auspackten, bekamen sie es mit der Angst zu tun und rannten weg. Vielleicht hatten sie Angst, wir würden auf sie schießen. Normalerweise war es jedoch kein Problem Menschen zu fotografieren, alle wollten auch gleich mit aufs Foto.

Bei Kim und Ted blieben wir zwei Nächte. Auf der Weiterfahrt waren wir wieder gezwungen, nach einem Platz zum Zelten zu fragen, denn das Tal war einfach zu dicht besiedelt. Wie immer fragten wir bei Schulen und Kirchen. Anders als in Moçambique und Malawi musste in Tansania der Chef des Dorfes gefragt werden. Nur er konnte uns die Erlaubnis geben, diese Rangordnung schien in Tansania sehr wichtig zu sein. Also fragten wir uns nach der Schule durch, und wenn wir diese gefunden hatten erklärten wir einem der Lehrer unser Anliegen. Der brachte uns dann zum Rektor, zum Dorfchef, zum Pfarrer und zu weiteren wichtigen Leuten, die alle ihren Segen dazu geben mussten.

An einem Wochenende musste der Dorfchef aus der „Kneipe" geholt werden. Sehr zu seinem Bedauern, und er musste vorher noch einmal seine Tasse in den Biereimer tauchen, um diese in einem Zug zu leeren. Dabei handelte es sich nicht um das bei uns bekannte Bier, es wird in Tansania aus Mais, Sorghum (Hirse) oder Bananen gebraut.

Interessant war es auch, wenn dann der Chef unterwegs noch einer anderen wichtigen Person begegnete und diese je nach Wichtigkeit länger oder kürzer voreinander knieten.

Schlussendlich war es nie ein Problem, einen Platz in einer Kirche oder einem Klassenzimmer zu bekommen. Dann konnten wir die Türe schließen, und die Show war für die Schaulustigen zu Ende.

Auch das „Wassertanken" war im Rukwa-Tal wie so oft in Afrika ein Erlebnis, besonders am Ende der Trockenzeit. Zwar waren viele Leute der Meinung, Ted müsste einfach nur kommen und ein Loch bohren, dann wäre das Wasserproblem gelöst. Aber auch wenn Ted viele solcher Projekte macht und gemacht hat, müssen gewisse Voraussetzungen vorhanden sein, sonst kann selbst er nicht weiterhelfen. Den meisten Leuten war jedoch klar, dass der Mzungu nur sauberes Wasser trinkt und dieses auch noch filtert, was ein Problem für uns war. Denn wenn wir nach Wasser fragten, hieß es erst einmal „hamna – gibt es nicht". Doch natürlich gab es Wasser, sonst könnten die Leute dort ja nicht leben.

Es war schwierig und mühsam, den Leuten klarzumachen, dass wir gern zu dem nächsten Wasserloch oder der Wasserstelle gehen wollten, um dort unsere Flaschen und Säcke selbst zu füllen. Wir wollten nicht das von den Frauen mühsam hergeschleppte Wasser annehmen, denn Wasserholen ist Frauenarbeit in Afrika. Wenn das soweit geklärt war musste noch jemand gefunden werden der bereit war, uns dorthin zu bringen. Es kam vor, dass uns die gesamte Dorfjugend oder gar das gesamte Dorf begleitete, oder dass uns einfach niemand zur Wasserstelle führen wollte. Dies bedeutete, dass es ein langer Weg dorthin war.

Oft musste nach Wasser im trockenen Flussbett gegraben werden. Manchmal waren die Wasserlöcher in dem Flussbett einige Meter tief. Damit die Tiere das Wasser nicht verschmutzen konnten, wurde ein Wall von Dornenzweigen um die Wasserstelle herum gelegt. Trotzdem schafften es immer wieder einige Ziegen, diese Wälle zu überwinden. Hinterher war das Wasser trübe und roch nach Ziegenbock.

Das Fragen nach Wasser war auch wegen des Sprachproblems mühsam, deshalb folgte ich manchmal den Frauen und Mädchen, die mit leeren Eimern und Kanistern auf dem Weg zur Wasserstelle waren. So kam auch ich zum Wasserloch. Sobald die Mädchen sahen dass ich ihnen folgte, konnte es passieren, dass sie ihre Eimer wegwarfen, schnell ihre kleinen Geschwister auf den Rücken packten und zur Wasserstelle liefen. Dort hofften sie, andere Dorfbewohner zu treffen. Wenn nur Kinder an der Wasserstelle waren, nahmen sie Reißaus und schauten mir aus sicherer Entfernung beim Füllen unserer Flaschen und Säcke zu. Manchmal waren aber auch Mutigere darunter die stehenblieben und ihre 2 bis 3 Wörter Englisch an mir ausprobierten: „What's your name?" „How are you?"

Wenn wir in Schulen übernachteten, wurden Kinder weggeschickt, um uns Wasser zu holen. Da schleppten dann zwölfjährige Mädchen 20-Liter-Wassereimer auf ihren Köpfen an. Schule auf dem Land in Tansania bedeutet für die Schüler oft nebenher auch Feldarbeit, Holz holen und Wasser schleppen – oftmals alles für die Lehrer.

Radsafari

Auf dem Weg nach Dar-es Salam mussten wir einen Nationalpark durchqueren. Schon lang vorher wurden wir immer wieder von Tansaniern gefragt: „Habt ihr denn keine Angst vor Löwen und Elefanten?" Und wir gaben zurück: „Das Tier, vor dem wir uns am meisten fürchten, hat vier Räder …". Der Verkehr war in Tansania (und nicht nur hier) die größte Gefahr für Radfahrer, auch wenn wir bis jetzt noch nie einen Unfall mit Autos gehabt hatten.

Man riet uns: „Am besten, ihr fahrt während der Mittagszeit durch den Park, dann schlafen die Löwen, und ihr werdet kaum Tiere sehen. Doch genau das wollten wir.

Der Wecker schellte um sechs Uhr. Das hatten wir am Abend so ausgemacht, und jetzt bereute ich es schon, gern wäre ich noch etwas liegengeblieben. Kurt hingegen war schon aus dem Bett gehüpft und hatte Teewasser aufgesetzt. So starteten wir also früh am Morgen in Mikumi, wo wir uns ein Zimmer genommen hatten.

Schon bald sahen wir Impalas und Zebras, stellten aber fest, dass die Tiere mehr Angst vor uns auf unseren Rädern als vor den Autos hatten. Löwen haben wir vom Rad aus nicht gesehen, waren aber auch nicht so furchtbar traurig darüber. Dafür begegneten uns genug andere Tiere, vor allem große Elefanten- und Giraffenherden. Etwas mulmig wurde uns schon, als ein Elefant nahe der Straße mit seinen Ohren zu wedeln begann, sobald er uns sah. Ein unvergessliches Erlebnis waren fünf Giraffen, die ein paar hundert Meter neben uns hergaloppierten. Sie dachten wohl, wir wären recht komische Artgenossen, und wir reckten unsere Hälse, um sie zu täuschen. Als sie vor Neugierde näher zur Straße kamen, bekamen wir bei ihrer Größe schon etwas Respekt, doch schon bald suchten sie das Weite und rannten in den Busch.

Die Tiere im Mikumi National Park waren eher scheu, hier wurde auch noch viel gewildert, erzählte man uns.

Wo der Pfeffer wächst

Natürlich war ein Abstecher auf die Insel Sansibar geplant. Von Dar-es Salam aus bestiegen wir die Fähre, und schnell erkannten wir wieder, warum wir äußerst ungern andere Transportmittel in Anspruch nehmen. Das Verladen war ein Alptraum. Wir mussten unsere Räder und das Gepäck auf die offene Ladefläche der Fähre heben und dort verstauen. Glücklicherweise war die Überfahrt ruhig.

Stone Town, die alte Stadt auf der Insel Sansibar, war wirklich sehenswert. Noch beeindruckender war die Ernte der Gewürznelken. Sie wurden auf großen Tüchern am Straßenrand in der Sonne zum Trocknen ausgelegt, und der feine Geruch stieg ständig in unsere Nasen, während wir über die Insel radelten. Auch andere Gewürze wuchsen hier, wie Pfeffer, Zimt oder Kardamom. Wie alle anderen Touristen schlossen auch wir uns einer Führung auf einer Gewürzfarm an, es war sehr interessant, wie die Gewürzpflanzen und ihre Früchte aussehen.

Wieder auf dem Festland waren unsere Tage in Tansania gezählt, und bald rollten wir über die Grenze nach Kenia und weiter nach Nairobi. Dort erwartete uns bereits Res, ein Freund aus der Schweiz, der vor kurzem nach Nairobi gezogen war und dort arbeitete.

Die Umkehr

„Also dann, bis in einem halben Jahr wieder", sagten wir zu Res, als wir uns von ihm und seiner Familie verabschiedeten. Unsere Pläne standen fest: Wir wollten eine große Runde um den Victoriasee drehen und über Uganda und Rwanda zurück nach Tansania fahren, um dort das große Naturschauspiel der Gnu-Wanderung zu erleben. Natürlich wie immer schön gemütlich mit vielen Umwegen und Abstechern. Zeit spielte bei uns keine Rolle, und genügend Geld hatten wir auch noch.

Ein paar Tage später, nahe dem Mount Kenya, überquerten wir seit langem wieder einmal den Äquator, mehr als viereinhalb Jahre hatten wir uns nur auf der südlichen Hemisphäre bewegt.

Nach langer Zeit wieder zurück auf die nördliche Hemisphäre

In Nanyuki, der Stadt am Äquator, besuchten wir das erste Mal nach dem Verlassen Nairobis ein Internetcafé, um unsere eMails zu lesen. Eine Nachricht von Andi, Dorothees Bruder, sollte unsere ganzen Pläne über den Haufen werfen und uns eine neue Aufgabe für die Zukunft geben. Bis dahin war uns nie klar gewesen, was wir nach unserer Reise machen würden.

Andi schrieb, dass ihre Eltern mehr und mehr Schwierigkeiten hatten, allein in ihrem großen Haus zu leben, denn beide waren bereits weit über 80 Jahre alt. Da sie nicht in ein Altersheim wollten, wünschten sie sich, dass jemand aus der Familie bei ihnen einziehe, um ihnen ein bisschen zu helfen.

Wir fühlten uns sofort angesprochen, doch es war eine harte Entscheidung. Unser unstetes Reiseleben gefiel uns nach wie vor sehr gut, und uns war klar, dass dies keine leichte Aufgabe, sondern eine neue Herausforderung sein würde. Wir hatten noch so viele Pläne, und es gab noch so viel zu sehen und zu erleben …

Nach langem Hin und Her und vielem Überlegen fanden wir einen Kompromiss: Wir waren bereit, diese Aufgabe zu übernehmen, doch wollten wir nicht hier und jetzt unsere Reise abbrechen, sondern auch noch das letzte Stück mit dem Rad nach Europa zurücklegen. Auf die Runde um den Viktoriasee verzichteten wir und machten uns sofort auf den Heimweg. Im Spätherbst wollten wir dann in Köln einrollen.

Diese Lösung gefiel allen sehr gut, die Eltern freuten sich auf unsere Rückkehr. Falls sie bis dahin allein nicht mehr klarkommen sollten, würden sich Andi und Alexandra um sie kümmern, das hatten wir mit ihnen so ausgemacht.

Doch um die Afrikadurchquerung fortsetzen zu können, mussten wir erst wieder zurück nach Nairobi, wir brauchten ein Visum für Äthiopien.

Wie immer suchten wir uns interessante und schöne Nebenstraßen aus. Auf diesen Strecken sahen wir wieder viele Tiere vom Rad, zum ersten Mal sogar afrikanische Büffel. Unvergesslich in Erinnerung ist uns eine Mittagspause unter einer Schirmakazie. Während wir unsere Avocadobrötchen genossen, zogen in einiger Entfernung Giraffen und Strauße durch das hohe Steppengras.

Immer wieder begegneten uns mit Perlenketten behangene Massai, einige hielten lange Speere oder Pfeil und Bogen in den Händen. Zu uns waren sie immer sehr freundlich, wir waren für sie mit unseren vollbepackten Rädern mindestens so exotisch wie sie für uns. Das Rift Valley, der ostafrikanische Grabenbruch, mit seinen Seen voller Flamingos, mit riesigen, kakteenartigen Bäumen, seinen unendlich scheinenden Weiten und mit bizarren vulkanischen Felsabbrüchen gefiel uns besonders gut.

Eine knappe Woche nachdem wir bei Res eingetroffen waren und unsere Äthiopienvisa bereits besorgt hatten, kam dann der Schock: Dorothees Mutter hatte einen Fahrradunfall gehabt und lag auf der Intensivstation. Auf Wunsch der Mutter buchte Dorothee den nächstmöglichen Flug nach Köln und war schon tags darauf in Deutschland. Was für ein Glück, dass wir gerade in Nairobi waren und nicht irgendwo im Busch. Dorothee verbrachte ganze vier Tage bei ihrer Mutter im Krankenhaus, dann hatte diese sich soweit erholt und durfte nach Hause.

In der Zwischenzeit hatten auch Andi und Alexandra von dem Unfall erfahren. Sie befanden sich in Marokko im Urlaub. Die beiden brachen sofort ihren Urlaub ab, fuhren zurück nach Köln, um sich um die Eltern zu kümmern. Dorothee konnte wieder nach Nairobi fliegen. Obwohl sich die Mutter wieder recht gut erholt hatte, wollten die Eltern nicht mehr allein wohnen.

Wir mussten aber unsere Reise nicht abbrechen, wir versprachen Andi und Alexandra, im Spätherbst per Fahrrad in Köln einzutreffen. Die beiden hatten uns schon dreimal auf unserer Reise besucht und waren jedesmal ein Stück mit uns geradelt. Dies war wohl der Grund, warum sie gut verstehen konnten, was es uns bedeutete, diese lange Reise per Rad zu beenden. Auf der anderen Seite bereuten wir nicht die Entscheidung, uns sofort auf die Heimreise gemacht zu haben.

Kenias Wüste, Polizisten und Kamelfliegen

Als ich nach zwei Kölner Wochen wieder in Nairobi eintraf, starteten wir sofort. Zuerst ging es wieder Richtung Mount Kenya, dabei überquerten wir ein letztes Mal auf dieser Reise den Äquator. Bald verließen wir die grüne, fruchtbare und sehr bevölkerungsreiche Landschaft am Fuße des schneebedeckten Berges und rollten in Nordkenias Wüste hinein.

Die gefürchtete Isiolo-Moyale Strecke

Schon vieles hatten wir über die Isiolo-Moyale-Strecke gehört, vor allem von der schlechten Piste wurde uns ständig berichtet. Darüber, wo wir unterwegs Wasser finden konnten, waren wir gut informiert. Genug Proviant hatten wir auch geladen, es war nicht unsere erste Wüstendurchquerung und sollte auch nicht die letzte sein.

Es war schön, einmal wieder durch einsamere Gegenden mit viel Busch- und Steppenlandschaft zu fahren. Hier leben die stolzen Samburu, geschmückt mit großen Perlenketten und Ringen. Sie ziehen mit ihren riesigen Rinder- und Ziegenherden umher und oft kam von ihnen die Frage, ob wir ein Foto von ihnen machen wollten. Da es für sie ganz selbstverständlich war Geld dafür zu verlangen, lehnten wir dankend ab, das war nicht unsere Sache.

Immer öfter begegneten uns auch Kamelkarawanen und große Kamelherden. Wir fragten uns, wovon diese Tiere in dieser kargen Landschaft lebten. Wovon dagegen die Kamelfliegen lebten, wurde uns schnell klar, da sie auch uns besuchten und uns schmerzende Stiche bescherten.

Die Bohrlöcher, bei denen es gutes Wasser gab, waren dünn gesät. Dadurch mussten die Nomaden ihr Wasser weit schleppen. Wir sahen lange Kamelkarawanen mit Wasserkanistern zu den Wasserstellen ziehen. Der gesamte Wasserbedarf für die Nomaden und deren Tiere musste mühsam durch die halbe Wüste transportiert werden. Wir wunderten uns, wo es in dieser Wüste überall Nomadenzelte gab.

Trotzdem fanden wir Plätze zum Zelten, wurden weder von Menschen noch von Tieren entdeckt und genossen es wieder, unser Zelt im Busch aufzustellen, auch wenn es nicht ganz entspannend war, im Dunkeln vor dem Zelt zu sitzen. Es gab genug Kälber und Lämmer, so hofften wir wenigstens, dass eventuell hier lebende Löwen und Leoparden diese Leckerbissen bevorzugten und uns in Ruhe lassen würden.

Trotz der schlechten Straße war die Strecke durch die Wüste sehr speziell. Sie führte vom klimatisch angenehmen Hochland hinunter in eine heiße, trockene Steppe. Es muss vor allem an der trockenen Luft gelegen haben, dass wir die Hitze als gar nicht sehr unangenehm empfunden haben. Unser Flüssigkeitsbedarf stieg, jeder trank 10 Liter Wasser am Tag und ging nie zwischendurch pinkeln. Teilweise zogen wir es vor, die Räder selbst auf Flachstrecken zu schieben, da große Steine und tiefer Schotter das Fahren sehr anstrengend und manchmal auch unmöglich machten. Von zahlreichen Autos waren zwei Hauptspuren tief in den Schotter eingegraben, und in diesen Rinnen große Steine festgefahren. Da machte schon das Schieben große Mühe. Zwischendurch gab es auch wieder fahrbare Strecken, und zum Glück entdeckten wir die Karawanenwege neben der Straße. Von den vielen Kamelen war der Sand festgetreten worden, und auf dieser Spur sanken unsere Räder nicht ein. Doch wehe, wenn wir nur fünf Zentimeter neben diese Spur gerieten, dann blieben wir sofort im Sand stecken.

Der Tag ging bereits dem Ende zu, die Etappe war anstrengend gewesen, überdies hatte uns sogar Regen ausgebremst. Endlich sahen wir das Dorf, das in der Karte verzeichnet war und wo wir Wasser nachfassen wollten. Natürlich hatten wir vor, das Dorf so schnell wie möglich zu erreichen. Aber ich rutschte im tiefen Schotter aus und stürzte ziemlich unglücklich. Als ich aufstehen wollte, hing mein Bein am Rad fest. Zuerst dachte ich, meine Hose hätte sich verfangen. Dann sah ich jedoch, dass das Stäbchen vom Schutzblech ungefähr einen Zentimeter tief in meinem Schienbein steckte. Sobald ich mein Bein weggezogen hatte, fing es an kräftig zu bluten. Kurt suchte das Verbandszeug in meinem Gepäck, und wir versorgten die Wunde notdürftig. Obwohl ich bei der Weiterfahrt keine starken Schmerzen hatte, waren wir froh, als uns der Polizist an der Kontrollstelle im Dorf gleich einlud, bei ihm zu übernachten.

Gern nahmen wir das Angebot an und bekamen ein kleines, leerstehendes Häuschen zur Verfügung gestellt in dem wir unser Innenzelt aufbauen konnten. Es gab einen Wasserhahn im Hof, und daraus floss sogar klares Wasser. Die Dusche war wohltuend und das Dach über dem Kopf ein Segen, da es in der Nacht noch einmal anfing zu regnen.

Nach einer erholsamen Nacht konnte ich nur noch humpelnd herumlaufen. Obwohl die Wunde nicht entzündet war, tat sie mir doch weh. Sicherlich war es nicht ratsam weiterzufahren, dachten wir. Ein Ruhetag würde nicht nur meinem Bein, sondern auch uns ganz gut tun. Der Polizist lud uns ein, so lange zu bleiben, wie wir wollten. Bald fing es auch wieder an zu regnen, und erst am Nachmittag hörte es wieder auf. Selbst die großen Lastwagen hatten da ihre Mühe und rutschten auf der glitschigen Piste von einer Seite zur anderen. Wir waren froh, dass wir geblieben waren. Schon am Nachmittag bereitete mir das Laufen keine Probleme mehr, und am nächsten Tag konnten wir bei strahlendem Sonnenschein auf einer einigermaßen abgetrockneten Fahrbahn weiterfahren.

Unser Ziel an diesem Tag war der nächste Polizeiposten. Dort wollten wir Wasser fassen und noch ein Stückchen weiterfahren und unsere letzte Nacht in Kenia im Busch verbringen. Am Nachmittag trafen wir bei der Polizei ein, die uns bereitwillig mit gutem Wasser versorgte, uns aber auch anbot, hier zu zelten. „Wir sind erst seit einer Woche hier stationiert", erzählten sie uns. Diese Gegend war noch nie sehr sicher, aber gerade in der letzten Zeit wurden einige Überfälle auf Autos und Lastwagen verübt, und deshalb waren sie hierher versetzt worden. Die Autos fuhren ab hier nur noch im Konvoi und vor allem nicht bei Nacht.

Nach diesem Bericht ließen wir uns nicht mehr lange bitten, stellten im Polizeigarten unser Zelt auf und hatten einen friedlichen, sicheren letzten Zeltplatz in Kenia, bevor wir am nächsten Tag nach Äthiopien radelten.

Stock und Stein

26. März 2007: „You, you, you, ferenji, you, youyouyouyou give me money, you, give, give, pen, pen!" So schallte es uns hinterher, während wir einen der unzähligen Berge hochfuhren. Neben und hinter uns lief und umtobte uns eine große Kinderschar, die uns tierisch auf die Nerven ging.

Erfolglos versuchten wir, die Plagegeister wegzuscheuchen, was sie nur noch mehr ansporte. Ein Blick nach vorn zeigte uns, dass sich die Steigung noch lang hinzog. Jetzt ist es genug mit den kleinen Nervensägen. Wir hielten an, und ich griff zu meinem gut einen Meter langen Stock aus Hartholz. Den hatte ich mir extra für

Äthiopien geschnitzt, er steckte jederzeit griffbereit in meiner rechten Vordertasche und ragte dort für alle sichtbar wie eine Antenne neben dem Lenker in die Höhe. Beim Drohen mit dem Stock wichen die am nächsten rennenden Kinder abrupt zurück, meist half die Drohgebärde, und sie verschwanden. Doch dieses Mal waren es zu viele. Erwachsene Äthiopier am Straßenrand erkannten unsere missliche Lage und halfen uns, indem sie zum Teil Hühnerei große Steine aufhoben und in Richtung Kinder warfen. Dies wirkte, wir bedankten uns und fuhren unbelästigt ein paar hundert Meter weiter, bis sich die nächsten Schreihälse an uns hefteten. Wir versuchten, sie zu ignorieren, und kurbelten angestrengt weiter den Berg hinauf. Noch zwei- bis dreihundert Meter, und die Steigung war geschafft! Wir wurden schneller, die Kindermeute auch und bei der Abfahrt konnten sie erstaunlich lang mithalten, bis sie endlich aufgaben und wir entwischen konnten. Es flogen noch ein paar Steine hinter uns her, dann war es geschafft.

An der nächsten Steigung wiederholte sich das Ganze, doch dieses Mal folgte keine erlösende Abfahrt, es ging fast flach weiter, und die Plagen rannten mit. Da fuhr plötzlich ein VW-Bus neben uns her, es waren die Österreicher Dieter und Jacob. Ich konnte mich mit dem Beifahrer während der Fahrt unterhalten, was etwas Ablenkung brachte. Ich war eingeklemmt zwischen dem Auto und der rennenden Meute, die uns schon zu lang verfolgte. Die Kinder brüllten „ferenji, ferenji", man hält das im Kopf nicht aus.

Als ich bemerkte, dass einer an meinem Gepäck herumzufummeln begann, griff ich blitzschnell zum Stock, schlug nach rechts aus und traf den Vordersten an der Schulter. Er wich zurück und verursachte eine Karambolage unter den Mitlaufenden. Aus dem Augenwinkel sah ich noch, wie ein paar in den Straßengraben purzelten. Jacob war beeindruckt und meinte: „Da hast du aber eine gute Waffe."

29. März 2007: Schon aus einiger Entfernung sahen wir die Kinder vor der Schule auf der Straße stehen. Wir waren in einem Flachstück, da konnten wir das „You!" und das „Ferenji", das dauernd von allen Seiten erklang, besser ertragen. Wir schauten

einfach weder links noch rechts. Doch an einer Schule vorbeizufahren, wenn die Schule zu Ende war oder die Schüler eine Pause
hatten, war eine andere Sache.

Auf beiden Seiten standen mindestens 50 bis 100 Schüler, die
meisten grölten, andere kauten an ihren Zuckerrohrstangen.
Plötzlich prallte mir ein Stück Zuckerrohr mit voller Wucht auf den
Rücken, und wir hielten an und schauten zurück. Doch wer das
Ding geworfen hatte, war bei der Menge nicht festzustellen.

Gefolgt von der ganzen Horde schoben wir die Räder über das
Schulgelände und hielten nach den Lehrern Ausschau. Wir wurden
bald fündig und erzählten ihnen, was vorgefallen war. Sie reagierten
sofort und begannen, mit ihren Stöcken und Fäusten wahllos und
heftig auf die Schüler einzudreschen. Ganz nach dem Motto: Es
trifft sowieso den Richtigen. Wir standen nur staunend daneben.

„Es tut uns furchtbar leid, auch wir haben keine Autorität mehr
über die Schüler, vor allem im Elternhaus fehlt jede Art von
Erziehung", berichteten die Lehrer. Wir mussten leider wieder fest-
stellen, dass der Stock die einzige Sprache war, die diese Kinder verstanden.

4. Mai 2007: Wir befanden uns mittlerweile weiter im Norden
Äthiopiens, wo aber noch mehr Steine flogen. Von überall her ka-
men halbwüchsige Hirtenjungen angelaufen. Wie immer hatten
wir keine Chance, an Steigungen zu entkommen. Schreiend liefen
mindestens 20 dieser Bengel hinter uns her und „steinigten" uns.
Weit und breit war kein Erwachsener in Sicht, und die Straße stieg
für die nächsten Kilometer weiter an. Ein entgegenkommender
Lastwagenfahrer hatte Erbarmen und machte eine Vollbremsung.
Er und sein Beifahrer sprangen flink aus der Kabine und begannen,
Steine auf die Kinder zu werfen. Schnell flohen diese über die
Felder, und wir hatten genug Zeit zu entkommen.

Ich muss es sagen: Äthiopien war für uns das bisher traurigste
und unfreundlichste Land auf der ganzen Reise! Eigentlich wäre es
ein höchst interessantes Land mit seiner alten Kultur und Geschichte. Doch die Leute und vor allem die Kinder verdarben einem
die ganze Lust, sich näher darauf einzulassen. So durchquerten

wir Äthiopien einfach so schnell wie möglich. Wenn es zu vermeiden war, verließen wir abends unser Zimmer nicht mehr, denn selbst ein Spaziergang durchs Dorf wurde zum unerfreulichen Spießrutenlauf.

Zwangspause in Addis

In Addis Abeba, der Hauptstadt von Äthiopien, gab es für uns eine recht lange Zwangspause. Denn wir benötigten für die Weiterfahrt durch den Sudan ein Visum, und die Sudanesen ließen sich mit dem Ausstellen viel Zeit. Glücklicherweise hatte uns Thomas, ein Tourenfahrer, den Kurt in Nairobi getroffen hatte, die Adresse von Brita und Christoph aus Deutschland gegeben. Bei Brita, Christoph und ihren vier Kindern waren wir willkommen und durften ihre Gäste sein, bis wir unsere Visa hatten. Auch als die Familie in den Osterurlaub fuhr, stand uns ihr Haus zur Verfügung. Wie immer in großen Städten gab es außer den Visa noch vieles zu erledigen, so mussten wir beispielsweise neue Vorräte anlegen.

Wir waren viel unterwegs und statteten dabei dem „Mercato" einen Besuch ab. Dieser Markt soll der größte in ganz Ostafrika sein, und es war leicht, sich dort zu verlaufen. Interessant war er jedoch allemal. Da gab es die Ecke, wo Schreiner Stühle, Schränke, Betten und Tische zusammennagelten. An einer anderen Stelle wurde geschweißt, wurden aus Armierungseisen alle möglichen Utensilien gefertigt. Schuster hatten auch ihren Sektor, hier gab es Leisten, Felle und Leder in allen möglichen Varianten neben den fertigen Schuhen zu kaufen.

In einer Gasse waren Korbwaren, in einer anderen Tonwaren und besonders die traditionellen äthiopischen Kaffeekannen zu haben. Äthiopischer Kaffee wird auf eine ganz bestimmte Art zubereitet und zelebriert: In der runden Kaffeekanne wird der frisch geröstete und in einem Eisenmörser zerstößelte Kaffee mit Wasser auf einem Holzkohlenfeuer aufgekocht. Um die kleine Feuerstelle werden zur Zierde Gräser und Blüten verteilt, und in der Holzkohle werden Weihrauch und andere Duftstoffe verbrannt. Zwei- oder dreimal kann Wasser nachgefüllt und der Kaffee noch einmal gekocht werden, dann erst wird das Kaffeepulver gewechselt.

Überall gab es Gemüse, Obst, Decken, Kleider, unzählige kleine Kaffeestände und vieles, vieles mehr. Dazwischen zogen sich die Gassen bergauf und bergab durch das hügelige Addis Abeba. In den Gassen flossen Schmutzbäche und türmen sich Müllhaufen. Im Matsch eingetretene tote Hühner waren da keine Seltenheit. Es lagen Kuh-, Schafs- und Ziegenköpfe herum, in ganz frischem oder halb verwestem Zustand. Für die Hunde begehrte Knabberknochen. Wir mussten sorgsam auf den Weg achten, um nicht in den meist engen und glitschigen Gassen auf einem Stück Fell oder toten Tier auszurutschen. Mit Säcken beladene Esel wurden durch die Gassen getrieben. Da wunderten wir uns nicht, wenn auch einmal ein toter mitten auf dem Weg lag und die Leute einfach darüberstiegen und ihren Weg fortsetzten.

Wie überall in Afrika wuschen die Frauen die Wäsche und kochten das Essen auf der Straße. Die Männer saßen herum, und die Kinder spielten im Schmutz. Quer über die Gassen waren Leinen gespannt, an denen Wäsche trocknete und Schafherden darunter durchtrotteten.

Natürlich fehlten auch nicht die äthiopienüblichen „you you you you" und „ferenji"-Rufe. Erholsam war der Marktbesuch nicht, aber spannend. Nach so einem Ausflug waren wir froh, in die Oase von Britas und Christophs Haus flüchten zu können.

Lange warteten wir auf unser Touristen-Visum für den Sudan. Aber als wir nach gut drei Wochen immer noch vertröstet wurden und die Visa nicht in Sicht waren, verloren wir die Geduld und entschieden uns für das schnell erhältliche Transit-Visum. Jetzt endlich konnten wir in Richtung Sudan weiterfahren. Nur gut, dass wir die ganze Zeit bei Christoph und Brita wohnen durften. Beide hatten mit uns gelitten und konnten gut verstehen, dass wir wieder auf unsere Räder steigen und die Reise fortsetzen wollten.

Kurz bevor wir die äthiopischen Berge verließen, hatten wir wohl die schlimmste Panne unserer Reise. Kurts Schaltwerk hatte sich in den Speichen verfangen. Resultat ein kaputtes Schaltwerk und ein verbogenes Schaltauge. Das Hinterrad blockierte, glücklicherweise fuhren wir gerade bergauf und waren nicht sehr schnell. Es war schon spät, und wir waren beim letzten Anstieg dieses Tages. Von unten konnten wir schon das Dorf sehen, in dem wir übernachten wollten. Trotzdem mussten wir noch das Rad reparieren oder zumindest halbwegs fahrbar machen, Kurt konnte ja nicht einmal sein Rad mehr schieben. Zum Glück ist er vom Fach und wusste, was zu tun war. Mit der Ersatzachse konnte er das Schaltauge wieder zurechtbiegen, nur das Schaltwerk war nicht mehr zu retten. Die Feder war gebrochen. Trotzdem konnte er noch bis ins Dorf fahren.

Dort quartierten wir uns in einem Hotel ein, und es wurde gleich dunkel. Kurt verschob die genaue Analyse des Schadens auf den nächsten Morgen, denn er wollte nicht bei Kerzenschein sein Rad untersuchen.

Es stellte sich heraus, dass das Schaltwerk nicht mehr zu reparieren war, und hier einen Ersatz aufzutreiben, war unmöglich. Doch glücklicherweise hatten wir die Berge hinter uns, und der Sudan sollte ziemlich flach werden. Denn auch die Aussichten, im Sudan ein Ersatzteil zu bekommen, waren gering. Wir hofften auf die erste große Stadt in Ägypten, doch erst in Kairo fanden wir, was wir brauchten. So musste Kurt die nächsten 3300 Kilometer mit nur drei Gängen fahren. Ein Glück, dass das Schaltwerk die Kette noch spannte. Dadurch ließen sich vorn mit dem Umwerfer alle drei Kettenblätter schalten. Wenn er hinten schalten wollte, musste er anhalten und die Kette von Hand auf ein anderes Ritzel legen.

Sudan

Als wir endlich die äthiopischen Berge in Richtung Sudan verlassen hatten, wurde das Radfahren entspannter. Das Geschrei und die fliegenden Steine gehörten der Vergangenheit an, endlich konnten wir wieder aufatmen. Natürlich wurde es auch wärmer, und Temperaturen über 40 Grad waren keine Seltenheit, unter 30 Grad dagegen schon. Das war kein großes Problem, es galt einfach, genug zu trinken, und während des Fahrens kühlte uns der Wind.

Wir genossen die Wüstenstrecken. Endlich konnten wir wieder zelten, und am Abend sahen wir höchstens noch eine Wüstenmaus am Zelt vorbeilaufen.

Wir folgten dem Nil, der Lebensader mit deutlich mehr Menschen, doch auch hier war es nie ein großes Problem, einen Platz zum Übernachten zu finden. So übernachteten wir einmal bei El Tom, auch E. T. genannt. Nachdem wir ein erfrischendes Bad im Fluss genommen hatten, durften wir unter freiem Himmel auf seiner Dachterrasse mit Nilblick schlafen. Unsere Wege hatten sich gekreuzt, als wir uns auf einem Rastplatz – eine Seltenheit im Sudan – nach einer geeigneten Stelle für unser Zelt umschauten. In perfektem Englisch sprach er uns an, und wir erklärten ihm unser Vorhaben. Worauf er meinte: „Schlaft doch lieber bei mir im Haus." Er wohnte nur einen Kilometer von diesem Rastplatz entfernt, den sein Sohn angelegt hatte. Mit seiner Frau hatte er 14 Jahre in den USA gelebt. Sie war Schottin und immer noch in den Staaten. Doch ihre Pläne waren, in den Sudan zu ziehen und hier ihren Lebensabend auf der Zitronenplantage zu verbringen, im Nil zu schwimmen und die herrlichen Sonnenuntergänge zu genießen.

Nach dem Bad im Nil tranken wir erst einmal einen *sun downer*. Obwohl im Sudan Alkohol verboten und daher offiziell nicht zu kaufen war, wussten die Einheimischen immer, wo es Alkohol gab. E. T. hatte Schnaps mit Limonenschalen verfeinert. Dazu gab es gute Falafel, Gurken, Zwiebeln, Tomaten und Brot. Auf der Dachterrasse wehte eine leichte Brise, so war es angenehm „kühl".

Am nächsten Morgen erhielten wir von E. T. die Adresse eines Freundes in Khartoum, doch dort waren wir bereits von Sven und Riccardo eingeladen.

Khartoum war nicht nur mit die heißeste Stadt auf unserer Reise, sondern auch eine der teuersten. Riccardo und Sven aus Deutschland waren für die Sicherheit der Lufthansa-Flugzeuge in Khartoum verantwortlich. In dieser Stadt waren und sind wohl immer noch unheimlich viele Hilfsorganisationen und auch UN-Truppen stationiert. Von dem Darfur-Konflikt und den Unruhen oder Kriegen im Südsudan bekamen wir gar nichts mit.

Auf dem Weg von Khartoum nach Wadi Halfa am Assuan-Stausee konnten wir abends noch immer das Kreuz des Südens am Himmel sehen. An zwei Abenden blieb es selbst für das luftige Innenzelt zu heiß. Ganz gegen unsere Gewohnheit verzichteten wir sogar auf dieses und legten uns ohne Schutz gegen diverse Krabbelviecher in der Wüste auf die Matten. Sobald es kühl genug war, schliefen wir wieder im schützenden Innenzelt, und das war gut so, wie es sich herausstellte. Denn schon nach der ersten Nacht im Innenzelt krabbelte am Morgen ein großer Skorpion unter dem Zelt hervor.

Wir kamen durch traumhafte Wüstengegenden, dann ging es wieder ein Stück durch Dattelhaine und Felder am Nil entlang. Als wir in einem dieser Dattelhaine gezeltet hatten, kamen morgens die Schäfer mit ihren Schafen, die unter den Bäumen grasten. Andere Männer schnitten das höhere Gras und trugen es zu Bündeln geschnürt auf ihren Köpfen zu den Schafen. Wir staunten nicht schlecht, als auf einmal ein Klingelton zu hören war. Ein Mann warf schnell sein dickes Grasbündel vom Kopf und zog sein Handy aus

Nubische Gastfreundschaft

der Tasche, um zu telefonieren. Da es hier in den Dörfern keinen elektrischen Strom gab, wunderten wir uns sehr darüber.

Die Sandpiste führte durch Nubierdörfer mit schön bemalten und luftig gebauten Häusern. Wir durften auch Gäste bei Nubiern sein. Nachdem sie uns verköstigt hatten wurden uns zwei Betten in den Hof gestellt. Es regnet in dieser Gegend alle fünf Jahre einmal, so schlafen alle draußen in den Höfen ihrer Häuser, wo es nachts schön luftig und angenehm kühl ist. Tagsüber, besonders am Nachmittag, verzogen sich alle in ihre luftigen Häuser, und sie konnten gar nicht verstehen, dass wir trotzdem auf dem Rad saßen und weiterkurbelten.

Im südlichen Afrika hatten wir oft bei Kirchen gefragt, ob wir dort schlafen konnten. Jetzt fragten wir bei Moscheen. Es war kein Problem, so durften wir im Hof der Moscheen zelten, und man brachte uns am nächsten Morgen Kaffee und Tee.

Das Anstrengendste und Aufwendigste im Sudan war die Bürokratie, die wir ja bereits in Addis gründlich kennengelernt hatten. Wir wussten, dass wir mit unserem zweiwöchigen Transit-Visum keinesfalls durch den ganzen Sudan kommen würden. Darum hatten wir uns schon im Voraus mit Mazar in Wadi Halfa in Verbindung gesetzt. Er war Sudanese und half Touristen bei den Grenzformalitäten. Auf Anraten Mazars trafen wir mit einem um zwei Wochen überzogenen Visum in Wadi Halfa ein. Dort kümmerte er sich um alles. Er erledigte sämtliche bürokratischen Angelegenheiten für uns, rannte von einer Behörde zur anderen, bekam nachträglich Visaverlängerungen und organisierte sogar unsere Tickets für die Fähre nach Ägypten. Wir kamen uns vor wie allumsorgte Pauschaltouristen, doch lieber so, als selbst mit weit überzogenem Visum vor den Zollbeamten zu erscheinen.

Obwohl uns die beiden Visa inklusive der Empfehlungsschreiben unserer Botschaften, den Registrierungen und Verlängerungen stolze 487 US Dollar gekostet hatten, wäre es noch teurer gewesen, in Khartoum zu verlängern. Es waren mit Abstand die beiden teuersten und schwierigsten Visa unserer Reise.

Terrorverdächtig

Nach achtzehnstündiger Bootsfahrt erreichten wir um 11 Uhr vormittags Assuan. Doch von Bord durfte noch niemand, es konnte sich „nur noch" um Stunden handeln, das wussten wir bereits von anderen Reisenden. Als erstes wurden die am Vortag eingesammelten Pässe zurückgegeben, dann kamen Zöllner an Bord. Was normalerweise an einem Schalter im Zollgebäude stattfindet, wurde hier auf dem engen und nicht dafür geeigneten Boot erledigt – Chaos pur! Nach langem Schlangestehen waren endlich auch unsere Pässe kontrolliert und gestempelt. Wir machten es uns im Schatten eines Rettungsbootes bequem, denn noch immer wurde niemand von Bord gelassen.

Nach einer Weile kamen Beamte aufs Sonnendeck und einer rief: „Wo ist der Schweizer?" Ich musste mitgehen, sie führten mich vom Boot in ein riesiges Zollgebäude. In einem Büro saßen fünf Uniformierte, emsig damit beschäftigt, die von den Passagieren ausgefüllten Einreiseformulare zu kontrollieren. Die Regale an den Wänden waren gefüllt mit Aktenordnern, auf deren Rücken in alphabetischer Reihenfolge die Anfangsbuchstaben angekommener Passagiere standen. Bei jedem Zettel wurde der entsprechende Ordner herausgezogen und überprüft, ob derjenige nicht auf der schwarzen Liste stand, ganz so, als wäre der Computer noch nicht erfunden worden.

Auch mein Pass wurde gründlich überprüft, eine Notiz hineingelegt, und ich musste dem Beamten, der meinen Pass hatte, von einem Büro zum nächsten folgen. Schließlich landete ich mit etwa 25 anderen „Terrorverdächtigen" auf einer großen Terrasse. Wir wurden von drei Schwerbewaffneten in kakifarbener Uniform bewacht, und ab und zu rief man einen von uns ins angrenzende Büro. Der wichtige Mann im Büro – ohne eine Uniform – betätigte immer wieder eine Tischglocke, worauf einer der drei Laufburschen hineinrannte und Tee, Wasser oder die gewünschte Person zu ihm brachte. Es dauerte und dauerte.

Um 15.30 Uhr konnte ich von der Terrasse aus sehen, wie die restlichen Passagiere das Boot verließen. Ich ärgerte mich, weil

Dorothee nun beide Räder vom Schiff bringen musste. Dazu kam noch, dass sie sich in Wadi Halfa auf dem Weg zur Fähre noch einen Platten eingefahren hatte und diesen nun allein flicken musste. Glücklicherweise war noch Fumi, der japanische Tourenfahrer, bei ihr. Er war Dorothee sehr behilflich und packte kräftig zu. So kamen sie problemlos durch die Gepäckkontrolle. Als sie etwas näher waren, konnte ich ihnen zuwinken und mich mit ihnen unterhalten. Nun wusste Dorothee wenigstens, wo ich war. „Aber was wollen sie denn von dir?" „Keine Ahnung!"

Zwischenzeitlich waren einige Pässe verteilt worden, meiner war leider nicht dabei. Es verblieben noch acht „Verdächtige", darunter auch der Imam, der am Vorabend auf dem Sonnendeck das Abendgebet geleitet hatte. Auch er war sichtlich genervt, und wir tauschten vielsagende Blicke.

Eine halbe Stunde später wurden wieder Pässe verteilt, übrig blieben nur noch ein Sudanese und ich. Der Sudanese wurde ins Büro gerufen, musste aber weiter warten. Dann war ich an der Reihe. Der „wichtige Mann" hielt meinen Pass in den Händen und sprach am Telefon mit jemandem. Er grüßte nicht, fragte nur streng: „What are you doing in Egypt? What is your job? – Was machen Sie in Ägypten? Was ist Ihr Beruf?" Danach scheuchte er mich mit einer Handbewegung aus seinem Büro.

Etwa zehn Minuten später wiederholte sich die Prozedur, nur wurde ich dieses Mal, kaum hatte ich das Büro betreten, ohne jede Frage wieder hinausgeschickt und musste weiter warten. Ich sah, wie einer der Helfer mit meinem Pass von Büro zu Büro wanderte, schließlich wurde ich aufgefordert, ihm zu folgen. Vor einem verglasten Büro, in dem mindestens sechs Uniformierte meinen Pass einander zureichten, musste ich warten. Ich sah, wie sie wild darin herumblätterten und miteinander diskutierten. Inzwischen hatten sich Dorothee und Fumi zu mir durchgefragt, außer uns gab es keinen Touristen mehr im Zollgebäude. Während der ganzen Zeit fragte ich immer wieder, was eigentlich los war, doch die Antwort lautete immer nur „no problem".

Es war 16.30 Uhr, als ich endlich meinen Pass wieder in den Händen hielt, ganze fünfeinhalb Stunden später, nachdem wir in Assuan angelegt hatten. Welcome in Egypt.

„Big brother is watching you"

Ägypten zählt nicht gerade zu den liberalsten Ländern, dies hatten wir ja schon bei der Einreise erlebt. Noch in keinem Land hatten wir so viel Polizei gesehen wie hier. Es gibt eine spezielle Touristenpolizei, die für die Sicherheit der Touristen zuständig ist. Der Tourismus ist Ägyptens Haupteinnahmequelle, daher fanden wir es schon etwas seltsam, dass kaum einer der Touristen-Polizisten Englisch konnte.

Von anderen Radfahrern hatten wir erfahren, dass jeder Tourist zwischen Assuan und Luxor (240 km) eine Polizeieskorte bekam. Um dies zu umgehen, wählten wir anstelle der Hauptroute entlang des Nils die kleinere Straße auf der Westseite des Flusses. Das war bestimmt auch die wesentlich schönere und angenehmere Route mit sehr wenig Verkehr.

Am zweiten Abend nach dem Aufbruch in Assuan konnten wir die Macht und den Einfluss der Polizei in Ägypten so richtig kennenlernen. Die fruchtbare Gegend am Nil entlang war recht dicht besiedelt, und wir machten es wie immer, wenn wir keinen einsamen Platz zum Zelten finden konnten: mit den Leuten reden. Wir steuerten eine Moschee an, dort gab es genügend Platz für unser Zelt. Die beiden Männer empfingen uns sehr nett und luden uns gleich zum Tee ein. Das Zelten schien also kein Problem zu sein. Doch dann erschien ein Mann, der ein paar Brocken Englisch sprach und meinte, dass wir unmöglich hier zelten könnten. Wir sollten besser weiter nach Luxor fahren, denn sonst würden sie hier Ärger mit der Polizei bekommen. Das wollten wir natürlich nicht. Wir kurbelten weiter und versuchten es kurz drauf noch einmal bei einem Restaurant. Auch da wieder bedauerndes Kopfschütteln und das Wort „Polizei". Zum Glück sprach einer der Männer dort gut Englisch und erklärte uns die Situation. Es war ihm sichtlich peinlich, mit „I'm so sorry" entschuldigte er sich mehrfach. Die Leute hier würden uns gern übernachten lassen, doch dann bekämen sie große Probleme mit der Polizei.

Um die Leute nicht noch mehr in Verlegenheit zu bringen, füllten wir unsere Wasserflaschen auf, fuhren noch ein Stück weiter und schoben unsere Räder über die Felder bis an den Rand der Wüste, die gleich dahinter begann. Nun warteten wir auf den Sonnenuntergang, denn es waren noch einige Bauern auf den Feldern. Sobald es dunkel würde, gingen sie nach Hause, und wir könnten die Nacht in Ruhe in der Wüste verbringen – so dachten wir.

Es begann bereits zu dämmern als ein sehr ernst dreinblickender Mann mit Turban erschien und uns überdeutlich zu verstehen gab, dass wir hier nicht bleiben durften. Nicht gerade begeistert davon schwangen wir uns wieder in die Sättel. Im letzten Tageslicht kamen wir an einem Kraftwerk vorbei und baten erneut um einen Schlafplatz. Die Männer diskutierten wild miteinander, ihnen schien klar zu sein, dass wir in der Nacht nicht weiter nach Luxor fahren konnten. Nach kurzer Zeit ergriff einer von ihnen die Initiative, sagte „Welcome" und zeigte uns einen Platz für unser Zelt. Aber es wurde trotzdem die Polizei benachrichtigt, sie rückte bewaffnet mit Gewehren an und verbrachte die Nacht neben unserem Zelt.

Ab diesem Zeitpunkt wusste die Polizei von uns. Am nächsten Morgen kam uns schon früh ein Polizeiwagen entgegen. Die Streife wendete, sobald sie uns gesehen hatte, und eskortierte uns die letzten 30 Kilometer bis Luxor. Wir hatten uns vor solchen Eskorten der ägyptischen Staatsmacht gefürchtet. Doch zu unserem Erstaunen begrüßten die Polizisten uns mit einem netten „Welcome" und trieben uns nicht zum Schnellerfahren an, wie wir es von anderen Radfahrern gehört hatten.

Von Luxor nach Kairo wählten wir die wesentlich längere, aber dafür sehr schöne Strecke nach Westen in die Wüste über die Oasen. Am Nil entlang gab es viel Verkehr und Polizeibegleitung. Selbst auf der Wüstenstrecke kamen wir immer wieder an Polizeiposten vorbei, doch die Männer luden uns fast immer zum Tee ein, und wir konnten bei ihnen Wasser bekommen.

Wir hatten unser Tagespensum geschafft und füllten bei einem dieser Polizeiposten unsere Wasserflaschen auf. „Wir wollen lieber in der Wüste schlafen", sagten wir ihnen, und zur Antwort bekamen wir ein: „No problem". Nachdem wir den angebotenen Tee ausgetrunken hatten verabschiedeten wir uns. Als uns nur wenig später ein Polizeiauto folgte, waren wir nicht mehr so sicher, ob wir sie richtig verstanden hatten. Wir hielten an, um noch einmal zu fragen, ob wir in der Wüste schlafen durften. Die Antwort war wieder „no problem", doch sie folgten uns weiter. Also schoben wir ein Stück von der Straße in die Wüste hinein und schlugen unser Lager auf. Das Polizeiauto blieb am Straßenrand stehen, und wir befürchteten schon, dass sie nun die ganze Nacht dort Wache halten würden. Aber fünf Minuten später drehten sie um und fuhren zu ihrem Posten zurück. Wir konnten kaum glauben, dass sie uns alleingelassen hatten und genossen die Wüstennacht.

Nach über 200 Kilometern einsamer Wüste erreichten wir die erste Oase, doch bis zum Hauptort Kharga waren es noch weitere 70 Kilometer. Nach der Mittagspause entdeckte uns die Polizei und ließ uns ab diesem Moment nicht mehr aus den Augen. In den Polizeiautos befanden sich immer gleich fünf Polizisten, so dass wir uns auch richtig sicher fühlen konnten. Wieder erklärten wir ihnen gegen Abend, dass wir in der Wüste zelten wollten. In nur acht Kilometern käme ein schöner Übernachtungsplatz, erklärten sie uns. Nach acht Kilometern hielt das Polizeiauto bei der Feuerwehr, wo uns die Polizisten zum Abendessen einluden. Nach dem obligatorischen Tee war es dann endlich soweit, und sie zeigten uns den Platz in der Wüste.

Wüstencamp

Die ganze Mannschaft fuhr im Auto vor uns her, hinaus aus dem Dorf zu Bilderbuch-Sanddünen die im Abendlicht rot leuchteten. Einfach ein Traumplatz. Ihre letzte Frage war: „When do you leave tomorrow?" (Wann wir am nächsten Tag aufbrechen würden), und mit einem „Good night!" fuhren sie davon. Das war schwer zu verstehen: die Polizei verfolgte uns den ganzen Tag und ließ uns danach unbewacht in Dorfnähe zelten.

Anders war es in den Oasenorten, wenn wir in einem Hotel nächtigten: Da hielt sich ständig mindestens ein Polizist in der Lobby auf, und wenn wir das Hotel verließen, wollte er oder wollten sie wissen, wohin und warum. Sie schliefen in oder vor dem Hotel, und am nächsten Morgen wartete schon das mit Polizisten vollgestopfte Auto auf uns, um uns bis zum Ende der Oase zu begleiten.

Sehr gern campierten wir in der Wüste, da gibt es kein Fremdlicht, das einzige, was dort leuchtet, sind die Sterne und der Mond. Wenn es zudem auch noch windstill war, herrschte völlige Stille. Doch wehe, wenn der Wind wehte und der Sand flog, dann hatten wir immense Schwierigkeiten, unser Zelt aufzustellen. Bei Sturm gelang das Aufbauen manchmal gar nicht, und im Sand hielten die Heringe kaum. Dann legten wir uns einfach auf die Matten, schlangen uns Tücher um die Köpfe, damit uns kein Sand in Ohren und Nase flog. Wir versuchten zu schlafen, in der Hoffnung, dass der Schauder bald ein Ende hatte.

Am Morgen nach unserer letzten Nacht vor Kairo in der Wüste passierte es: Wie immer machte ich, während Dorothee im Zelt alles packte, draußen unser Frühstück. Der Kocher hatte wieder einmal keine große Leistung, ich hätte ihn zerlegen und putzen müssen. Dazu verspürte ich jedoch wenig Lust und erhöhte stattdessen einfach den Druck in der Benzinflasche, denn das half meistens. Dazu machte ich den Kocher nicht aus, sondern pumpte, während er brannte, mehr Luft in die Flasche, was ich davor schon tausendmal gemacht hatte. Doch während ich pumpte, riss das Gewinde der Pumpe wegen des hohen Drucks in der Flasche. Ein riesiger Feuerball schoss aus der Flasche, und das auslaufende Benzin brannte im Wüstensand. Mit Sand hatte ich den Brand schnell gelöscht, doch trotzdem zitterten meine Knie. Um möglichst windgeschützt zu kochen, hatte ich den Kocher ganz nahe am Zelt aufgebaut. Kaum auszudenken, was für Folgen es gehabt hätte, wenn der Feuerball in Richtung Zelt geschossen wäre. Dorothee befand sich noch im Zelt, und das hätte sicher leicht Feuer gefangen. Wir hatten schon unzählige Male in Hotelzimmern gekocht, nur gut, dass es mitten in der Wüste passierte, da hatten wir wieder einmal Glück gehabt. Der Grund war wohl das Alter der Pumpe, schon öfter war mir aufgefallen, dass das Gewinde erst auf der letzten Umdrehung zu greifen begann, hatte mir aber keine großen Gedanken deswegen gemacht. Die Pumpe hatte schon ein paar Jahre auf dem Buckel, wir trauten ihr schon lang nicht mehr. Darum schleppten wir schon seit Südafrika eine nagelneue Ersatzpumpe mit uns herum, und mit der konnte ich nach dem Unglück unseren Frühstückstee zu Ende kochen.

Als wir aus der Wüste kommend die Pyramiden von Gizeh erblickten, war dies ein großer Moment für uns! Wir hatten die Sahara hinter uns, die typische Afrika-Durchquerung gemacht und damit den Klassiker „Cape to Cairo" gemeistert. Nur darf man sich aber das Auftauchen der Pyramiden nicht ganz so romantisch vorstellen, denn in Wirklichkeit kommt man nicht aus der Wüste, sondern hat schon 50 Kilometer dichten Stadtverkehr mit viel Müll und Lärm hinter sich.

Stars und Sternchen

Kairo 13. Juli 07: Mit Dan und Lauren saßen wir bei einem Glas Wein auf ihrer verglasten Terrasse im sechsten Stock eines Wohnhauses und schauten hinunter zu den Booten, die sich in einem scheinbaren Durcheinander auf dem Nil tummelten. Wieder einmal hatten wir Glück gehabt und durften privat bei Leuten wohnen und mussten nicht in einem kleinen anonymen Hotelzimmer hausen. Wir hatten Luxus pur, Klimaanlage, Küche, Bad und ein eigens Zimmer mit Doppelbett. Sogar unsere treuen Begleiter durften auf dem Teppichboden neben dem Bett stehen.

Mit dem Warenlift hatten wir sie vollbepackt hochgefahren und bis ins Gästezimmer geschoben, die oft mühsame Schlepperei war komplett weggefallen.

Dan war Journalist, und Lauren arbeitete bei der US-Botschaft, ursprünglich stammten sie aus New York. In Dongola im Nordsudan hatten sich erstmals unsere Wege gekreuzt, Dan recherchierte im Sudan an einer Story über den Nil. Wir nächtigten im gleichen staubigen Wüstenhotel. Spontan gab er uns seine Anschrift in Kairo, selbst wenn sie zufällig abwesend sein sollten, könnte er uns eine Bleibe arrangieren, das hatte er uns damals versprochen.

Inzwischen war es dunkel geworden, die Lichter der Skyline spiegelten sich im Wasser, und im Schneckentempo schob sich die nie enden wollende Blechlawine Stoßstange an Stoßstange über die Nilbrücke.

Doch unser Interesse galt mehr den buntblinkenden Vergnügungsschiffen, die ziellos den Fluss rauf und runter fuhren. Dazu gab es laute Musik, die sogar den Stadtlärm übertönte. Ausgelassen wurde gefeiert, gesungen und getanzt.

Dan fragte uns, ob wir auch Ewan McGregor im Sudan begegnet waren. Ewan McGregor? Der Name sagte uns nichts. Dan lachte: „Na, ihr seid wohl zu lang unterwegs gewesen. Ihr kennt euch in der Promiwelt ja gar nicht aus." Da dämmerte es uns: „Ach ja, da war ein BBC-Team in der Wüste. Mit denen haben wir einen netten Mittag verbracht. Aber wer ist Ewan McGregor?"

Rückblende, ein Monat zuvor, Abri, 7. Juni 2007: Spürbar leichter wurde das Radeln, als wir die ersten Häuser von Abri erreicht hatten. Der ständige Nordwind blies uns an diesem Morgen besonders stark ins Gesicht.

Im Windschatten einer Ruine hatten wir vor etwa zehn Kilometern unsere obligatorische „Znünipause", das zweite Frühstück, gemacht. Dieses Mal gab es Fladenbrote und dazu getrocknete Datteln. Danach führte die Sandpiste direkt durch die Wüste, was immer wieder vorkam, wenn der Fluss eine Schleife machte. Der Übergang vom satten Grün der bewässerten Felder zur gelben, vegetationslosen Sandwüste könnte nicht größer sein. Das grüne

Seitenband des Nils, der sich durch die Wüste schlängelt, besteht hauptsächlich aus Dattelpalmen. Dazwischen hatten sich die Nubier in harter Handarbeit quadratische Felder angelegt, auf denen sie das Wenige anbauen, dass sie zum Überleben brauchten. Uns fielen immer wieder die zahlreichen Luzernefelder auf. Dies ist sozusagen der Treibstoff für ihre Esel, die als Arbeits- und Reittiere nicht wegzudenken sind. Die Zeit schien hier stehengeblieben zu sein, die Uhren gingen langsamer. Nubien ist ein Idyll. Zwischen den Lehmhäusern, die kunstvoll mit Nilschlamm verputzt und liebevoll mit Naturfarben verschönt worden waren, tauchten immer wieder elegante Frauen in bunten, langen Gewändern auf. Die Männer stachen uns mit ihren schneeweißen *galabias,* Nachthemden ähnelnden, knöchellangen Gewändern, ins Auge. Sie ritten auf Eseln oder verrichteten die Feldarbeit, dabei wurde die Galabia zwischen den Beinen hochgeknotet. Wie sie dabei ihre Kleidung so weiß halten konnten, ist und bleibt uns ein Rätsel.

Mit nur sechs bis sieben Stundenkilometern krochen wir Abri entgegen. Selbst die Luft veränderte sich schlagartig, sobald wir das Oasenband am Nil verließen, sie wurde spürbar trockener. Das Thermometer, das ich am Lenker befestigt hatte, zeigte nur noch

Arbeitstier Esel

zwei Striche statt Zahlen, denn der Messbereich hörte bei 60 Grad Celsius auf! Und dies, obwohl der Himmel durch den vielen Sand ein trübes Blau angenommen hatte.

Bei jeder etwas stärkeren Windböe flog uns der Sand um die Ohren, so mussten wir immer wieder stoppen, die Gesichter schützend abwenden und warten, bis es vorbei war.

In Abri fragten wir uns als erstes nach dem Souk (Markt) durch. Abri war für uns die letzte Möglichkeit im Sudan einzukaufen. Vor uns lagen noch fast 200 Kilometer sandige Wüstenpisten bis Wadi Halfa, dem Grenzort. Unsere Einkaufsliste war entsprechend lang, aber die Illusion, alles was da darauf stand, auch kaufen zu können hatten wir nicht. Vor allem die hier überall wachsenden Datteln sollten wir nicht bekommen, jeder hatte sie selbst im Garten, da besteht auf dem Markt keine Nachfrage. Dorothee blieb bei den Rädern im Schatten eines Baumes und dem Stammplatz eines Hundes sitzen. Als dieser kam, traute er sich nicht zu seinem Platz zurück, er durfte sich aber mit seinem Kollegen den Schatten des Nachbarbaumes teilen, auch wenn der Kollege nur ungern Platz machte.

Ich versuchte, unsere lange Liste abzuarbeiten, und trottete von Geschäft zu Geschäft. Die drei mit Reklameaufklebern übersäten Geländewagen und die beiden Motorräder fielen mir im eher mittelalterlichen Treiben der Stadt sofort ins Auge. Da uns diese Fahrzeuge nicht überholt hatten, mussten sie von Wadi Halfa her gekommen sein. Unsere Informationen über Wasserstellen auf diesem letzten Wüstenstück im Sudan waren noch sehr lückenhaft und unpräzise. So hofften wir, dass uns diese Leute konkretere Angaben geben konnten.

Die achtköpfige Gruppe trafen wir in einem Restaurant, sie hatte gerade zu Mittag gegessen. Danach schlenderten die Männer mit kurzen Hosen durch die umliegenden Geschäfte. Eine Menschentraube von neugierigen Sudanesen hatte sich um sie herum gebildet. Da noch jede Menge von ihrem Essen übrig war, luden sie uns ein, und wir ließen es uns schmecken.

Während wir aßen, filmten uns die drei Kameramänner ständig, und bald war klar, dass wir es mit einem Filmteam der BBC zu tun hatten. Mit vollem Mund beantworteten wir ihre unzähligen

Fragen. Das Essen war sehr unafrikanisch, es gab verschiedene Salate, aber weder Bohnen noch das übliche Brot oder die für den Nordsudan und Ägypten so typischen sauren *pickles* waren zu finden. Wir durften sogar von richtigem Porzellangeschirr essen. Uns wurden Servietten und Feuchtigkeitstücher angeboten, mit welchen wir uns vor dem Essen die Hände abwischen konnten, obwohl wir doch mit Messer und Gabel aßen. So etwas hatten wir seit Monaten nicht mehr gesehen oder erlebt.

Als wir mit dem Essen fertig waren, wurde alles in große Kisten verpackt und in den Geländewagen verstaut. Erst da wurde uns allmählich klar, dass dieses Team ihren eigenen Koch, Essen, Geschirr, Servietten … eben alles aus England mitgebracht hatte. Nur Tische, Stühle und die Räumlichkeiten wurden vom lokalen Restaurant benutzt.

Das Essen war sehr gut gewesen, die Infos vom sudanesischen Reiseführer, den sie angeheuert hatten, halfen uns dagegen nicht weiter. Völlig desinteressiert und von oben herab meinte er: „Da kommen alle paar Kilometer ein Restaurant und Wasser." So eine Antwort ist nicht nur völlig unbrauchbar, sie ist sogar grob fahrlässig. Glücklicherweise hatten wir bereits genug Wüstenerfahrung und ließen uns nicht, in falscher Sicherheit wiegend, im wahrsten Sinne des Wortes in die „Wüste schicken".

Claudio, der Kameramann, war Schweizer. Wie immer genoss ich es, wenn ich mich auf Schweizerdeutsch unterhalten konnte. „Wird nun etwas von uns auf BBC gesendet werden?", fragte ich ihn. Das Filmmaterial werde während der Reise nach London geschickt, dort geschnitten und in der mehrteiligen Reihe mit dem Titel „The long way down" ausgestrahlt. „Wir sind nur dafür verantwortlich, dass genug gutes Material vorhanden ist, Einfluss darauf, was gesendet wird, haben wir nicht", erklärte mir Claudio.

Ewan McGregor unterhielt sich inzwischen mit Dorothee, dabei klagte er über die schlechten Pisten. Von den anfänglich drei Motorrädern war bereits eines ausgefallen, und die Reservestoßdämpfer waren alle aufgebraucht.

Als Dorothee ihm von der bevorstehenden 600 Kilometer langen Strecke zwischen Moyale und Isiolo in Nordkenia erzählte, ihm die tiefen Spurrillen mit dem groben Schotter beschrieb und von den dort liegengebliebenen Fahrzeugen berichtete, wurde Ewan nachdenklich und blasser. Da half auch nicht, ihm zu erklären, dass die schlechten Wegstrecken oft die schönsten und interessantesten sind …

Bald drängte die Truppe zum Aufbruch, sie hatten es nicht so gut wie wir, denn für die Strecke von London nach Kapstadt standen ihnen nur vier Monate zur Verfügung.

Zwei Monate später erreichte uns eine eMail von Lynn und Mike. Auf deren Missionsstation im hintersten Winkel Tansanias hatte ich mich vor fast einem Jahr von meinem Malariaanfall erholen dürfen.

Lynn berichtete, dass ihre beiden Töchter bei einem Motorradausflug den berühmten Schauspieler Ewan McGregor getroffen hätten. Sie hatten ihn, im Gegensatz zu uns, sofort erkannt, waren ganz aus dem Häuschen geraten und hatten ihn zum Kaffee auf die Station eingeladen.

„Seit drei Monaten sind wir schon unterwegs", antwortete Ewan auf Lynns Frage. Darauf Lynn: „Das geht ja noch, wir hatten schon Gäste, die seit neun Jahren mit dem Rad um den Globus fahren." „Waren das Schweizer?", fragte Ewan und berichtete Lynn von unserem Treffen im Sudan.

Kurz nachdem wir unseren letzten Reisebericht im November 2007 an Freunde und Bekannte verschickt hatten, schrieben uns Dave und Christine aus Brighton etwas Unglaubliches: Die beiden hatten wir 1999 auf dem Karakorum Highway in Pakistan getroffen, wir waren gemeinsam über den 4700 Meter hohen Khunjerab-Pass nach Kashgar (China) geradelt. Dave schrieb, nachdem er unseren Rundbrief (in dem wir vom Treffen mit Ewan McGregor berichteten) gelesen hatte, sei er vor die Haustüre gegangen und hätte dort seinen Nachbarn getroffen. Der erzählte ihm, dass er im Buch „The long way down" von Ewan McGregor von zwei Fahrradfahrern gelesen habe, die bereits über neun Jahre im Fahrradsattel waren und dabei fast die ganze Welt gesehen hätten.

Inzwischen wissen wir, dass wir nicht nur in seinem Buch erwähnt wurden, sondern auch auf BBC zu sehen waren.

Noch einmal Nahost

Auf unserem Weg hinaus aus der Zehnmillionenstadt Kairo verfuhren wir uns, aber nicht nur uns ging es so. Clement, ein Radfahrer aus Frankreich, hatte dieselben Probleme. Was für ein Zufall! Kollegen auf Landstraßen zu treffen ist ja eins, aber mitten in einer Großstadt, so etwas hatten wir noch nicht erlebt. Gemeinsam fragten wir uns nach dem richtigen Weg aus der Stadt hinaus durch und fuhren gleich zusammen weiter über die Halbinsel Sinai bis zum Roten Meer. Das letzte gemeinsame Radeln mit Tourenfahrern war in Namibia gewesen, es war schön, einmal wieder Begleitung zu haben. Wie immer gab es viel zu erzählen, Ideen und Erfahrungen auszutauschen.

Nach einem Badetag am Roten Meer trennten sich unsere Wege. Wir fuhren mit der Fähre nach Akaba in Jordanien. Den Landweg über Israel konnten wir nicht nehmen, denn ein Stempel von diesem Land im Reisepass hätte uns die Einreise nach Syrien nicht erlaubt. Um nach Europa zu kommen, gab es nur einen Weg, und der führte durch Syrien.

Trotzdem machten wir später einen Abstecher nach Jerusalem. Wir mussten nur die gleiche Grenze hinein und heraus aus Israel nehmen und darauf bestehen, dass uns weder Israel noch Jordanien einen Stempel in den Pass drückte. So konnten die Zöllner an der syrischen Grenze den Abstecher nach Jerusalem in unseren Pässen nicht erkennen.

Allerdings hatten wir Glück, mit unseren Rädern bekamen wir am israelischen Zoll eine Extrabehandlung. Es war nicht möglich die Fahrräder durch die enge Sperre zu schieben, aber eine Sicherheitsbeamtin kümmerte sich um uns. Sie war eine nette junge, modisch gekleidete Israelin, nur am Funkgerät war sie als Offizielle zu erkennen. Sie führte uns um die Sperre herum und war von unserer Tour begeistert. Dann erzählte sie: „Ich habe noch viele Verwandte in Syrien, und wenn sich die Politik nicht drastisch ändert, habe ich nicht die geringste Chance, sie zu besuchen."

Die uniformierte Dame am Schalter bei der Passkontrolle war weniger begeistert von uns. Sie erklärte, dass es seit kurzem nicht mehr möglich sei, nach Israel einzureisen ohne dass der Pass abgestempelt würde. Unsere Sicherheitsbeamtin setzte sich aber für uns ein. Sie redete so lang auf ihre Pass-Kollegin ein, bis diese uns endlich den verräterischen Stempel auf ein Extrablatt drückte und uns einen schönen Aufenthalt in Jerusalem wünschte.

In Jordanien waren wir begeistert von der Landschaft, für uns sind Berge und Wüsten nach wie vor das Faszinierendste. Es gab viele Nomaden, freundlich grüßten sie uns, wenn wir mit unseren vollbepackten Rädern an ihren Zelten vorbeifuhren. Nicht so die Kinder in den Städten, die warfen mit Steinen nach uns. Oft standen Erwachsene daneben und verharmlosten die Situation, selbst wenn der geworfene Stein so groß wie eine Faust war. Wir schwangen wieder einmal die Knute, so wie wir es oft in Äthiopien getan hatten.

Nach Petra, der antiken in die Felsen gehauenen Stadt, war ein Bad im Toten Meer das nächste unvergessliche Erlebnis. Das Tote Meer liegt 400 Meter unter dem Meeresspiegel, die Luft ist dick, schwer und heiß. Da fiel uns sogar manchmal das Atmen schwer. Auch das warme Salzwasser war keine Erfrischung. Trotzdem war es ein unbeschreibliches Gefühl, ins Wasser zu steigen und wegen des hohen Salzgehalts nicht schwimmen zu können, sondern wie ein Korken auf der Wasseroberfläche zu bleiben.

Die Länder Israel und Syrien waren und sind geprägt durch ihre Religionen, die unterschiedlicher und gleicher nicht sein könnten.

In Jerusalem steht das bedeutendste Bauwerk der Juden, die Klagemauer. Viele orthodoxe, traditionell gekleidete Juden halten ihre speziellen religiösen Zeremonien ab. Gleich daneben befindet sich der Felsendom, eine wichtige Kultstätte für Muslime. Christen pilgern zur Grabeskirche.

Wegen dieser drei Religionen, die auf so dichtem Raum zusammenleben, ist Jerusalem eine sehr interessante Stadt. Wir waren von den Bräuchen und feierlichen Handlungen, die da gelebt werden, fasziniert.

Syrien war unser letztes großes „Hindernis". Vergeblich hatten wir in Kairo versucht, ein Visum für dieses Land zu bekommen. „Sie müssen Ihr Visum bei der syrischen Vertretung in Ihrem Heimatland beantragen", beschied uns der Beamte bei der syrischen Botschaft in Kairo. „Aber wir waren doch schon jahrelang nicht mehr in unseren Heimatländern. Wir sind auf der Heimreise, und einen anderen Weg als durch Ihr Land gibt es nicht." Doch dieser Fakt interessierte ihn wenig. Immerhin bemerkte er noch: „Probieren Sie es doch einfach an der Grenze, vielleicht haben Sie Glück und Sie bekommen Ihre Visa dort."

Nun standen wir also an der Grenze, und der Zöllner fragte uns: „Warum haben Sie Ihre Visa nicht bereits in Amman oder Kairo beantragt? Sie müssen zurück und sich in Amman eines holen." Meine Gedanken waren: „Blödes Theater, der weiß doch genau, dass die dort uns keine ausstellen."

Doch ich blieb freundlich und erzählte ihm von unseren erfolglosen Versuchen und dass uns die syrische Botschaft in Kairo gesagt hatte, wir würden an der Grenze eines bekommen. Mit einem Murmeln nahm er unsere Pässe und die ausgefüllten Formulare entgegen, und wir mussten warten. Wir stellten uns auf eine lange Wartezeit ein, schauten uns schon einmal nach einem geeigneten Platz für unser Zelt um. Darum waren wir völlig überrascht, als uns nur 20 Minuten später der gleiche Mann ganz freundlich die Pässe mit den Visa übergab. Wir mussten nur noch die Gebühr entrichten, und die letzte bürokratische Hürde war geschafft.

Bereits an der Grenze schaute uns der amtierende syrische Regierungschef Baschar al-Assad von überdimensionalen Plakaten aus an, sein Blick verfolgte uns durchs ganze Land. Mal freundlich lächelnd, mal lässig mit Sonnenbrille, dann wieder ernst und nachdenklich, aber immer anbiedernd. So einem würden wir nicht über den Weg trauen. Noch nie hatten wir auf der ganzen Reise so viele extrem große Porträts von einem Regierungschef gesehen.

Syrien wird wie der Iran mehrheitlich von schiitischen Muslimen bewohnt. In die Moscheen gehen zum Gebet nicht nur Männer, man sieht dort auch viele Frauen, die beten, ausruhen oder Familienangehörige und Freunde treffen. Oft sitzen ganze Großfamilien beim Picknick zusammen. Für nichtmuslimische Frauen gibt es am Eingang Mäntel mit Kapuzen, damit sich niemand in seinen religiösen Gefühlen durch allzu freizügige Kleidung von Touristinnen verletzt fühlt.

In Syrien war das Radfahren wenig angenehm. Wir durchquerten das Land auf der Hauptdurchgangsstraße nach Norden Richtung türkischer Grenze, das Verkehrsaufkommen war enorm. Dafür waren die alten Städte wie Damaskus oder Aleppo sehr interessant. Stundenlang konnten wir durch die überdeckten Basare schlendern, und wir waren verwundert, als wir dort in vielen Geschäften Damenunter- oder gar Reizwäsche ausgestellt sahen. Das passte so gar nicht in das Straßenbild, wo alle Frauen in langem Mantel oder mit Tschador herumliefen und natürlich das Haar bedeckt hatten.

Kulturschock Europa

Mit der Fähre verließen wir im türkischen Ort Lapseki Asien, doch so leicht diese Überfahrt auch war, so einfach sollte das Weiterfahren in Europa nicht werden. Seit Jahren waren wir nicht mehr gewöhnt, Verkehrsschilder und -regeln zu beachten. So strandeten wir jetzt oft auf der Autobahn, die rechts und links mit hohen Zäunen versehen war, und kamen uns dabei vor wie in einem Raubtierkäfig. Dabei hatten wir auch seit langem wieder einmal ein schlechtes Gewissen und hofften, dass uns die Polizei nicht erwischte.

Aber das war nicht der einzige Unterschied. Niemand interessierte sich mehr für uns, was recht angenehm war. Wenn wir irgendwo anhielten, gab es keine großen Menschentrauben mehr. Dafür liefen die Menschen griesgrämig und übelgelaunt an uns vorbei.

Wir waren daran gewöhnt, an jedem Tag der Woche einkaufen zu können, in islamischen Ländern selbstverständlich mit Ausnahme der Gebetszeit am Freitagmittag. Nun standen wir des Öfteren an Sonntagen mit dummen Gesichtern vor geschlossenen Supermärkten. Gut, dass wir wie alle Tourenradfahrer stets Angst vor dem Verhungern hatten. Darum war immer noch für einige Tage Proviant dabei, außerdem hatten wir natürlich auch noch diverse Keks- und Schokoladevorräte.

In ganz Afrika hatten sich unsere Mägen nie beschwert. Kaum waren wir in Europa, probte meiner den Aufstand. Es dauerte mehr als eine Woche, bis er sich wieder beruhigt hatte und sich mit der Rückkehr nach Europa zufrieden zeigte. Kurts Sattel versuchte auch die Rebellion, er fand es wohl zu feucht, auf ihm wuchsen über Nacht die Schimmelpilze. Erst nach einer intensiven Essigbehandlung des Leders konnte Kurt wieder ohne Schimmelflecke auf dem Gesäßboden weiterfahren.

Beim Durchradeln der „Peninsula Europa" ging es dann recht flott von einem Land ins nächste. In Griechenland waren wir entsetzt von dem vielen Müll, der die Straßenränder säumte, kein schöner Anblick. In den Balkanstaaten gab es davon wesentlich weniger, und die meisten dieser kleinen Länder wären wohl einen längeren Aufenthalt wert gewesen. Es gab alles, was ein Tourenradler sich nur wünschen konnte: Kultur, Natur, Berge, zahllose gute Plätze zum Zelten und darüber hinaus auch immer gutbestückte Supermärkte.

Traurig und bedrückend waren die vielen zerschossenen Dörfer. Es gab darin nur noch alte Leute, die sehr misstrauisch auf alle Fremden reagierten, wohl eine Erinnerung an den Krieg.

Der Herbst verabschiedete sich langsam, uns saß bereits der Winter im Nacken. Darum hatten wir leider nicht die Zeit, die wir gern gehabt hätten. Aus diesem Grund wählten wir in Richtung Schweiz die Route durch die Poebene, statt über diverse schöne Alpenpässe westwärts zu fahren.

Auch hier ging es im Eiltempo an vielen sehenswerten Städten vorbei. Selbst auf den kleinsten Straßen gab es in Italien noch sehr viel Verkehr. Die Autos fuhren oft Stoßstange an Stoßstange. Es war aber deutlich zu spüren, dass Autofahrer radelnde Verkehrsteilnehmer gewohnt waren. Sie hatten meist die Geduld, ruhig hinter uns herzufahren, bis eine übersichtliche Stelle kam, an der sie überholen konnten. Die gefährlichen Überholmanöver, die wir von anderen Kontinenten gewohnt waren, kamen selten vor.

Noch radelten wir bei schönem, spätherbstlichen Wetter. Auch über den 2005 Meter hohen Simplon-Pass, den ersten Alpenpass in der Schweiz, begleitete uns die Sonne. Als wir jedoch über den letzten Pass, die Grimsel (2169 Meter), fahren wollten, ereilte uns der vorhergesagte Wetterumschwung.

In Gletsch, einem kleinen Ort nur 400 Höhenmeter unter und sechs Kilometer vor der Passhöhe, stürmte es heftig. Der Regen ging in Schnee über, und so machte es keinen Spaß mehr, über diesen wunderschönen Pass zu fahren, der vor unserer Reise noch unser „Hauspass" gewesen war. Gletsch am Rhonegletscher war nur noch ein Geisterdorf. Alles war schon winterfest gemacht worden, Cafés und Restaurants hatten geschlossen. Was nun?

Nach Kurts Motto „man muss mit den Leuten reden", fand sich auch hier eine Lösung. Einen Gemeindearbeiter, der die letzten Wanderschilder vor dem Winter abschraubte und die einzige lebende Seele in diesem Dorf war, fragte Kurt: „Wo können wir hier am besten zelten?"

Schnell wurde uns dann ein Platz im Hotel Glacier du Rhône zugewiesen. Dass es nur der Abstellraum für die Motorräder war, störte uns wenig. Hauptsache, Wind und Schnee blieben draußen. Hier stellten wir unser Zelt auf, dann genossen wir „Kaffee Fertig" und Käsefondue.

Am nächsten Tag fuhren wir über den Pass. Er war offiziell noch gesperrt, doch unser Freund der Gemeindearbeiter, meinte: „Fahrt beruhigt los!" Eine Stunde später war der Pass auch soweit geräumt, dass Autos wieder fahren durften. Auf der Nordseite schoben wir trotzdem noch einige Kilometer bergab, es lagen noch Schnee und Eis auf der Straße und wir wollten nicht auf der letzten Etappe vor Thun einen Unfall riskieren. Bald verzogen sich auch auf der Alpennordseite die Wolken, und bei strahlendem Sonnenschein fuhren wir der Aare entlang nach Thun. Hier erwartete uns Kurts Familie, natürlich mit einem Käsefondue.

Angekommen

Nach ein paar Tagen fuhren wir weiter nach Köln. Unterwegs besuchten wir viele Leute und Freunde, die wir noch von früher kannten, aber auch solche, die wir auf unserer Reise kennengelernt hatten. Gern hätten wir noch mehr Umwege gemacht, um mehr Freunde wiederzusehen, aber das Wetter lud nicht mehr zu langen Radtagen ein. Selbst für wirklich begeisterte Radfahrer, wie wir es wohl sind, ist es kein richtiges Vergnügen, den ganzen Tag mit kalten Füßen zu radeln.

Es gab oft Nieselregen und Schnee, im Schwarzwald lag bereits so viel Schnee, dass die Skilifte in Betrieb genommen wurden. Bei unserer letzten Zeltnacht an einem Feldrand war unser Außenzelt schon am Abend steif vor Eis. Das Wasser gefror sofort beim Spülen der Töpfe, und am Morgen waren die zwei Liter Wasser in den Flaschen durchgefroren.

In Köln auf der Domplatte erwartete uns das WDR-Fernsehen, und am Samstag nach unserer Ankunft wurden wir als Studiogäste bei dem Lokalsender begrüßt.

Nicht nur das Fernsehen interessierte sich für uns, neben diversen Zeitungen brachte ein Kölner Blatt online eine Filmreportage über uns und unsere Reise. Unter den Zeitungen war sogar eine Kölner Boulevardzeitung, die uns eine volle Seite widmete mit sage und schreibe 12 Fotos.

Als Andi, Dorothees Bruder, ins Wohnzimmer gestürmt kam und berichtete, dass an den roten Verkaufskästen dieser Zeitung die Schlagzeile „Kölner radelten um die Welt" prangte, schwangen wir uns sofort in die Sättel, das mussten wir sehen.

Dies war die erste Fahrt seit unserer Ankunft in Köln, und es fühlte sich gut an, wieder auf unseren „Babys" zu sitzen. Doch nach nur drei Kilometern, kurz bevor wir die ersten Verkaufskästen erreicht hatten, stimmte etwas nicht mehr bei meinem Rad. Ich stieg ab und erschrak: der Rahmen war am Sitzrohr über dem Tretlager gebrochen! Neben dem Schock schwang auch Erleichterung mit, mein Rad hatte mich doch noch ans letzte Ziel gebracht. Dass der Rahmen genau hier brach, war wie ein Zeichen: Wir waren angekommen, die Reise war zu Ende. Vorläufig ...

ANHANG

Jahres- und Länderliste

1998: Schweiz – Deutschland – Österreich – Ungarn – Rumänien – Bulgarien – Türkei – Iran – Pakistan – Indien
1999: Indien – Nepal – Pakistan – China – Laos – Thailand
2000: Malaysia – Thailand – Laos – China (Tibet) – Hong Kong – USA
2001: USA – Mexiko
2002: Mexiko – Belize – Guatemala – Honduras – Nicaragua – Costa Rica – Panama – Venezuela – Brasilien – Peru – Bolivien – Chile – Argentinien
2003: Chile – Argentinien – Uruguay – Paraguay – Brasilien – Neuseeland
2004: Neuseeland – Australien
2005: Australien – Südafrika – Namibia – Sambia – Botswana
2006: Südafrika – Lesotho – Swaziland – Moçambique – Malawi – Tansania – Kenia
2007: Kenia – Äthiopien – Sudan – Ägypten – Jordanien – Israel – Syrien – Türkei – Griechenland – Mazedonien – Albanien – Montenegro – Bosnien-Herzegowina – Kroatien – Slowenien – Italien – Schweiz – Deutschland

Hier noch etwas Statistik

- 58 Länder haben wir auf allen fünf Kontinenten bereist.
- Der höchste Punkt war ein 5350 Meter hoher Pass in Tibet, der tiefste Punkt mit minus 400 Metern das Tote Meer in Jordanien.
- 37 Pässe über 4000 Meter haben wir überquert, davon fünf über 5000 Meter.
- Die heißeste Temperatur war über 50 Grad im Sudan und in Australien, die tiefste war –15 auf dem Salar de Uyuni in Bolivien.
- Insgesamt haben wir 70 Reifen, 51 Schläuche und 17 Felgen verschlissen, 33 Radlerhosen durchgesessen und 330 Platten geflickt.
- 20 Bremsklötze und 50 Ketten, 4 Vorderradnaben und 6 Hinterradnaben, 8 Kettenblätter und 13 Einzelritzel haben wir verbraucht.
- Mit dem 4. Zelt, dem 9. Kocher und dem 3. Wasserfilter, aber immer noch mit dem ersten Rad, kamen wir am 21. November 2007 in Köln an.
- Durchschnittlich kostete jeder Tag unserer zehnjährigen Weltreise umgerechnet etwa 5 Euro pro Nase – ein Betrag, der sich durchaus ersparen lässt.

Danksagung

Ein ganz herzliches Dankeschön an:
- Alexandra Rainer hat endlose Korrekturarbeiten gemacht und uns immer wieder zum Weiterschreiben ermutigt.
- Marianne Beutler und Martin Hirschi haben unserer Finanzen verwaltet.
- Andreas Krezmar hat uns seinen Dia-Scanner zur Verfügung gestellt, uns bei der Gestaltung der Webseite www.reducespeed.de und in anderen Computerfragen geholfen.
- Rudolf Krezmar schenkte uns seinen Laptop, auf dem ein großer Teil unseres Buches entstand.
- Andi und Alexandra haben uns dreimal unterwegs besucht und begleitet und uns immer viele wichtige Ersatzteile und Käsefondue mitgebracht.

- Martin und Susanne statteten uns in Nepal einen Besuch ab und brachten Ersatzteile mit.
- Roger hat uns in Malaysia ein Stück begleitet und überließ uns seinen Gepäckträger, weil unserer gebrochen war.
- Hubi (Markus) radelte mit uns von Denver nach Las Vegas.
- Ursula und Olivier haben uns in Namibia besucht, viele Ersatzteile mitgebracht und uns einen „Luxus-Urlaub" ermöglicht.
- Armin brachte uns alles, was auf unserer langen Liste stand, nach Argentinien mit, selbst die Gummibärchen.
- Carla und Michele haben uns mit der Greencard in China sehr geholfen.

Dank an unsere Gastgeber:

Kurts Mutter (Thun), Helga (Biel), Dani und Brigitte (Derendingen), Hubi (Basel), Ursula (Zürich), Dani und Katrin (Scherzingen), Dorothees Eltern (Köln), Barbu und Ica (Bukarest), Mohammed (Tabriz), Javid (Teheran), Basim (Esfahan), Sasan und Zari (Abade), Majid (Persepolis), Aftab (Bhakkar), Beatrice (Islamabad), Linda (Elkhorn), Dana (Sierra Canyon), José und Courtney (Las Cruses), Frank und Madlen (San Diego), Bob und Gary (San Antonio del M.), Jen (Shafter), Gosia und Stan (Carlsbad), John und Joanne (Tularosa), Cheryl (Santa Fe), Kyle und Ann (Denver), Lane und Jennifer), Olga und Jack (Moab), Scott und Chris (Boulder), Sigfrido (Tlalmanalco), Johny (Halacho), Oscar (S. Rosa), Sandra (San José), Antonio (Macuto), Alexis (Los Caracas), Philipp und Brigitte (Osorno), Michel (Bahia Blanca), Ursula und Horacio (Sierra de la Ventana), Lilia und Walter (Jeppener), Monika (Montevideo), Gonzalo und Jacky (Paysandu), Friedelmeyer (Virasoro), Heldor und Blanca (Dos de Mayo), Romanito und Chelo (Ciudad del Este), Milciades (Nueva Esperanza), Racel (S. De Guaira), Rudi und Jean (Pocone), Nivea und Ricardo (B. Mansa), Paulo und Ivonette (Lidice), Gustavo (Angra dos Reis), Gilberto (Nova Friburgo), Felipe (Teresopolis), Miquel (Caragutatuba), Colin und Dorothy (Waiuku), Diane und Martyn (Aukland), Sue (Maugaturoto), Barbara und Dawson (Taupo), Greg und Karey (Bulls), Anne und Paul (Palmerston North), Geoff und Ingrid (Waikanae), Marilyn und Sandy (Christchurche), Jill und George (Westport), Kate (Motueka), Doug (Nelson), Andrew (Wellington), Andrew (Napier), Toni und Wendy (Mt. Maunganui), Austin und Sam (Melbourne), Seven (Canberra), David (Sydney North Rocks), Paul (Sydney Dulwich Hill), Peter und Narelle (Bethanga), Jack und Lucinda (Torquay), Emil und Rosmarie (Beachport), Gusti und Melcolm (Robe), Michael (Adelaide), Jack und Jenny (Tanunda), Gloria und Reece (Eurelia), Nicola und Alexander (Minitata Park), Allan (Darwin), Jenny (Bidyadonga), John und Kathy (Perth), Silvia und Jeremy (Perth), Nev und Di (Albany), Judy (Perth), Susannita und Kenneth (Table View), Jan und Burnelle (Barrydale), William (Krakeelriver), Jerley und Cornel (Jefrey's Bay), Kevin und Diane (Port Elizabeth), Matthew (Uitspan), Vimbi und Clare (Livingstone), Traugott und Christl (Kabwe), Theo (Choma), Seele (Letlhakane), Dane (Serowe), Mali (Palapye), Sheldon (Gaborone), Rob und Jill (Rustenburg), Chris (Rustenburg), L.B. und Martie (Baltimore), Philip und Hantie (Maarsstroom), Julanda (Makhado), Leon und Alta (Mooketsi), Kobus und Debora (Olyfberg), Tobi (Tzaneen), Hennie und Marly (Marble Hall), Peter und Sannette (Warmbad), Francoise (Nguni Huisie), Martie (Schoemanshof), Herkie und Suzette (Bethlehem), Giell und Liona (Flicksburg), Boeta und Inalie (Dewetsdorp), Hansie und Madelein (Withewell Farm), Alta und Kobus (Rouxville), Peter und Jzelle (Smithfield), Hank und Anette (Smithfield), Rian und Susanne (Austins Post), Mynhardt und Riana (Modderriver), Linda und Canny (Salt Lake), Koos und Niti (Orange River), Manus (Vanderkloof), John und Susanne (Colesberg), Hennie und Helene (Aliwal North), Soan und Elsie (Landy Grey), Du Plessis (Mitte zwischen Landy G. und Barkley), Belinda (Barkley East), Willie (Maclear), Bridget und Carlos (Howick), John (Ladysmith), Gudrun und Japie (Piet Retief), Jörg und Elder (Maputo), Elias (Unguana), Tutti und Fannnie (Inhassoro), Anton und Tessie (Inhassoro), Hendrik und Marietjie (Revue River), Fred und Kathy (Limbe), Zybion und Cecilia (Dedza), Lynn und Mike (Mumba Village), Donatus (Kipili), Ted und Kim (Kapenta), Kim und Cory (Mbeya), Res und Irina (Nairobi), Dika (Walda), Brita und Christoph (Addis Abeba), El Tom (Kamlin), Ricardo und Swen (Khartoum), Dan und Lauren (Kairo), Dana und Jonathan (Jerusalem), Olivier (Würenlingen), Annette (Glottertal), Uwe (Durmersheim), Tobias (Koblenz), Klaus (Adendorf).

... und gleichfalls Dank an alle anderen, die uns in irgendeiner Form unterstützt haben

Die Reiseführer von Reis

Reisehandbücher
Urlaubshandbücher
Reisesachbücher
Edition RKH, Praxis

now-How auf einen Blick

REISE KNOW-HOW

Die Reiseführer von Reis

now-How auf einen Blick

REISE KNOW-HOW

Wales
Wangerooge
Warschau
Wien

Zypern, der Süden

Wohnmobil-Tourguides

Kroatien
Provence
Sardinien
Südnorwegen
Südschweden

Edition RKH

Durchgedreht –
  Sieben Jahre im Sattel
Eine Finca auf Mallorca
Geschichten aus dem
  anderen Mallorca
Mallorca für Leib
  und Seele
Rad ab!

Praxis

Aktiv Algarve
Aktiv Andalusien
Aktiv Dalmatien
Aktiv frz. Atlantikküste

Aktiv Gardasee
Aktiv Gran Canaria
Aktiv Istrien
Aktiv Katalonien
Aktiv Polen
Aktiv Slowenien
All inclusive?
Bordbuch Südeuropa
Canyoning
Clever buchen,
  besser fliegen
Clever kuren
Drogen in Reiseländern
Feste Europas
Fliegen ohne Angst
Frau allein unterwegs
Fun u. Sport im Schnee
Geolog. Erscheinungen
Gesundheitsurlaub
  in Dtl. Heilthermen
GPS f. Auto, Motorrad
GPS Outdoor-
  Navigation
Handy global
Höhlen erkunden
Hund, Verreisen mit
Inline Skating
Inline-Skaten
  Bodensee
Internet für die Reise
Kanu-Handbuch
Kartenlesen
Kommunikation unterw.
Kreuzfahrt-Handbuch
Küstensegeln
Langzeitreisen
Marathon-Guide
  Deutschland

Mountainbiking
Mushing/
  Hundeschlitten
Nordkap Routen
Orientierung mit
  Kompass und GPS
Paragliding-Handbuch
Pferdetrekking
Radreisen
Reisefotografie
Reisefotografie digital
Reisekochbuch
Reiserecht
Respektvoll reisen
Schutz vor Gewalt
  und Kriminalität
Schwanger reisen
Selbstdiagnose
  unterwegs
Sicherheit Meer
Sonne, Wind,
  Reisewetter
Spaniens Fiestas
Sprachen lernen
Survival-Handbuch
  Naturkatastrophen
Tauchen Kaltwasser
Tauchen Warmwasser
Trekking-Handbuch
Unterkunft/Mietwagen
Vulkane besteigen
Wandern im Watt
Wann wohin reisen?
Wein-Reiseführer
  Deutschland
Wein-Reiseführer
  Italien

Wein-Reiseführer
  Toskana
Wildnis-Ausrüstung
Wildnis-Backpacking
Wildnis-Küche
Winterwandern
Wohnmobil-Ausrüstung
Wohnmobil-Reisen
Wohnwagen
  Handbuch
Wracktauchen
Zahnersatz, Reiseziel

KulturSchock

Familienmanagement
  im Ausland
Finnland
Frankreich
Irland
Leben in fremden
  Kulturen
Polen
Rumänien
Russland
Spanien
Türkei
Ukraine
Ungarn

Europa

Wo man unsere Reiseliteratur bekommt:
Jede Buchhandlung Deutschlands, der Schweiz, Österreichs und der
Benelux-Staaten kann unsere Bücher beziehen. Wer sie dort nicht findet,
kann alle Bücher über unsere **Internet-Shops** bestellen.
Auf den Homepages gibt es **Informationen** zu allen Titeln:

www.reise-know-how.de oder **www.reisebuch.de**

Christine Philipp
Südafrika
7. Auflage
ISBN 978-3-89662-394-2
€ 23,50 [D]

Südafrika

Das komplette Handbuch für individuelles Reisen in allen Regionen Südafrikas – auch abseits der Hauptreiseroute:

- Informiert reisen: Für alle neun Provinzen sorgfältige Beschreibung der sehenswerten Orte, der schönsten Naturschutzgebiete, Tier- und Nationalparks. Mit vielen Wanderungen und Tipps zur aktiven Freizeitgestaltung.
- Praktische Tipps und Wissenswertes zur Reisevorbereitung und zum täglichen Reiseleben. Viele Internet- und eMail-Adressen für zusätzliche Informationen. Mit neuen südafrikanischen Städtenamen.
- Durch Südafrika reisen: Unterwegs zu Naturschönheiten und bekannten Sehenswürdigkeiten mit Mietwagen oder Camper, Transporthinweise für Busse, Flugzeug und Eisenbahn. Routen- und Streckenvorschläge für mehrere Wochen Aufenthalt.
- Präzise Streckenbeschreibungen und detaillierte Karten, um auch abgelegene Gebiete bereisen zu können. Viele lohnenswerte Abstecher.
- Zahllose Unterkunftsempfehlungen und kulinarische Tipps für jeden Geldbeutel von preiswert bis luxuriös.

Und so urteilten Benutzer der vorherigen Auflage:

- »Wir waren vier Wochen in Südafrika unterwegs. Gratulation an Ihre Adresse! Der Reiseführer ist ausgezeichnet gemacht, meines Erachtens einer der besten, die auf dem Markt sind.«
- »Ihr Reiseführer ist außerordentlich zuverlässig und bringt viele Inhalte deutlich besser als die Konkurrenz.«
- »Herzlichen Dank für die gute Recherche und die vielen praktischen Tipps. Vor allem das Kartenmaterial war sehr hilfreich.«

▶ Strapazierfähige PUR-Bindung
▶ Mehr als 100 Stadtpläne und Karten, praktische farbige Übersichtskarten in den Umschlagklappen
▶ Über 250 Fotos und Abbildungen
▶ Griffmarken, Seiten- und Kartenverweise zur einfachen Handhabung
▶ Mit Glossar und großem Register
▶ Reisen durch Südafrikas 9 Provinzen, Abstecher nach Lesotho, Swaziland und Namibia
▶ Informativer Geschichtsteil, viele unterhaltsame Exkurse
▶ Ausführliche Kapitel über Kapstadt, Krüger-Nationalpark, Garden Route

Mit PANORAMA neuen Horizonten entgegen

Außergewöhnliche Bilder, lebendige Anekdoten und hautnahe Einblicke wecken Erinnerungen oder Vorfreude auf ein Reiseland. PANORAMA präsentiert sich im handlichen, quadratischen Format (18x18 cm, Hardcover mit Fadenheftung) und luftigen Layout, mit Fotos von atemberaubenden Landschaften, Land & Leuten ...

Andrew Forbes & David Henley
PANORAMA Tibet
ISBN 978-3-8317-1542-8 · € 14,90 [D]

Aroon Thaewchatturat & Tom Vater
PANORAMA Zur Quelle des Ganges
ISBN 978-3-8317-1702-6 · € 14,90 [D]

Andrew Forbes & David Henley
PANORAMA Cuba
ISBN 978-3-8317-1519-0 · € 14,90 [D]

Andrew Forbes & David Henley
PANORAMA Kambodscha
ISBN 978-3-8317-1610-4 · € 14,90 [D]

Elke & Dieter Losskarn
PANORAMA Südafrika
ISBN 978-3-89662-347-8 · € 14,90 [D]

Isabel und Steffen Synnatschke
PANORAMA USA Südwesten
Wonderland of Rocks
ISBN 978-3-89662-242-6 · € 17,50 [D]

Günter & Andrea Reindl
PANORAMA Australien
ISBN 978-3-89662-390-4 · € 14,90 [D]

Aroon Thaewchatturat & Tom Vater
PANORAMA Thailands
Bergvölker und Seenomaden
ISBN 978-3-8317-1524-4 · € 14,90 [D]

Aroon Thaewchatturat & Tom Vater
PANORAMA Rajasthans
Palasthotels
ISBN 978-3-8317-1601-2 · € 14,90 [D]

Hans Zaglitsch & Linda O'Bryan
PANORAMA Mundo Maya
ISBN 978-3-8317-1611-1 · € 14,90 [D]

Elke & Dieter Losskarn
PANORAMA Namibia
ISBN 978-3-89662-327-0 · € 14,90 [D]

Andrew Forbes & David Henley
PANORAMA Vietnam
ISBN 978-3-8317-1520-6 · € 14,90 [D]

Andrew Forbes & David Henley
PANORAMA Thailand
ISBN 978-3-8317-1609-8 · € 14,90 [D

Weitere Titel in Vorbereitung

Elke & Dieter Losskarn

Panorama
Südafrika

Bildband

156 Farbseiten, 18x18 cm,
Hardcover mit Fadenheftung,
mehr als 200 erstklassige
Fotografien auf Kunstdruckpapier

Der kompakte Bildband von den renommierten Autoren und
Fotografen Elke und Dieter Losskarn als Ergänzung zu den erfolg-
reichen Südafrika-Reiseführern von Reise Know-How. Ein ideales
Geschenk und ein perfektes Souvenir für Urlauber, die bereits in
Südafrika waren – zum Träumen fürs nächste Mal …

2. Auflage   ISBN 978-3-89662-398-0 · € 14,90 [D]

Elke & Dieter Losskarn

Panorama
Namibia

Bildband

120 Farbseiten, 18x18 cm,
Hardcover mit Fadenheftung,
mehr als 200 erstklassige
Fotografien auf Kunstdruckpapier

Wer sich bisher mit kiloschweren Reisebüchern belastet hat, bekommt hier die Bildband-Light-Version präsentiert: Die erstklassigen,
aber zwangsläufig oft sehr kleinen Fotos in den Reiseführern können
nun endlich groß genossen werden. Ein ideales Geschenk und
ein perfektes Souvenir für Urlauber, die bereits die Weite Namibias
erleben durften – oder zum Träumen vom nächsten Mal.

Neuerscheinung 2008   ISBN 978-3-89662-327-0 · € 14,90 [D]

Rad- und andere Abenteuer aus aller Welt

Edition Reise Know-How

In der Edition Reise Know-How erscheinen außergewöhnliche Reiseberichte, Reportagen und Abenteuerberichte, landeskundliche Essays und Geschichten. Gemeinsam ist allen Titeln dieser Reihe: Sie unterhalten, sei es unterwegs oder zu Hause – auch als ideale Ergänzung zum jeweiligen Reiseführer.

Abenteuer Anden - Eine Reise durch das Inka-Reich.
ISBN 3-89662-307-9 · € 17,50
Auf Heiligen Spuren - 1700 km zu Fuß durch Indien.
ISBN 3-89662-387-7· € 17,50
Die Salzkarawane - Mit den Tuareg durch die Ténéré.
ISBN 3-89662-380-X · € 17,50
Durchgedreht – Sieben Jahre im Sattel
ISBN 3-89662-383-4 · € 17,50
Myanmar/Burma – Reisen im Land der Pagoden.
ISBN 3-89662-196-3 · € 17,50
Please wait to be seated – Bizzares und Erheiterndes von Reisen in Amerika. ISBN 3-89662-198-X · € 12,50
Rad ab – 71.000 km mit dem Fahrrad um die Welt.
ISBN 3-89662-383-4 · € 17,50
Südwärts – von San Francisco nach Santiago de Chile.
ISBN 3-89662-308-7 · € 17,50
Suerte – 8 Monate auf Motorrädern durch Südamerika.
ISBN 978-3-89662-366-9 · € 17,50
Taiga Tour – 40.000 km allein mit dem Motorrad von München durch Russland nach Korea und Japan · ISBN 3-89662-308-7 · € 17,50
USA Unlimited Mileage – Abgefahrene Episoden einer Reise durch Amerika. ISBN 3-89662-189-0 · € 14,90
Völlig losgelöst – Panamericana Mexiko–Feuerland in zwei Jahren
ISBN 978-3-89662-365-2 · € 14,90
Die goldene Insel – Geschichten aus Mallorca
ISBN 3-89662-308-7 · € 10,50
Eine Finca auf Mallorca oder Geckos im Gästebett
ISBN 3-89662-176-9 · € 10,50
Eine mallorquinische Reise – Mallorca 1929
ISBN 3-89662-308-7 · € 10,50
Geschichten aus dem anderen Mallorca
ISBN 3-89662-308-7 · € 10,50
Mallorca für Leib und Seele – Schlange im Schneckensud und andere Köstlichkeiten · ISBN 3-89662-195-5 · € 14,90

„Rad & Bike"

Fahrrad Weltführer – Das Standardwerk für Fernreiseradler,
2. Aufl., 744 Seiten. ISBN 3-89662-304-4 · € 23,50
BikeBuch USA/Canada – 624 S., über 170 Fotos und 45 Karten
ISBN 3-89662-389-3 · € 23,50
Fahrrad-Europaführer– 3. Auflage, 648 S., über 50 Karten und 200 Fotos und Abb. · ISBN 978-3-89662-384-3 · € 25,00
Das Lateinamerika BikeBuch 696 S., 92 SW- und 32 Farbfotos, 27 Karten · ISBN 978-3-89662-388-1 · € 25,00

Gudrun Ziermann

Panamericana Mexiko–Feuerland in zwei Jahren:

Völlig losgelöst

Über 100.000 Kilometer und zwei Jahre lang sind Gudrun Ziermann und Tobias Groenen mit einem expeditionstauglichen Landrover unterwegs. Ihr Weg führt durch knochentrockene Wüsten und tropische Regenwälder, über riesige Salzseen und verschneite Andenpässe, hinauf aufs Altiplano, hinein in die heiße Hölle des Chaco und immer wieder zu den kleinen Orten abseits der Hauptstraßen, wohin sich nur selten ein Fremder verirrt. Im Schritttempo fahren sie durch den nahezu weglosen Kupfercanyon in Mexiko. In Belize werden sie gebeten, einen Militärkonvoi anzuführen. In Kolumbien gelangen sie nur über Umwege zu einer Ausgrabungsstätte mitten im Guerilla-Gebiet. In Bolivien stecken sie mehrere Tage in Straßenblockaden fest. Auf einer Sandpiste durchqueren sie das Feuchtgebiet des Pantanal. Ob beim Schamanenritual in den Anden oder bei der Kaiman-Jagd im brasilianischen Dschungel - die Gastfreundschaft und Offenheit der Menschen erlaubt es Gudrun Ziermann immer wieder, hinter die Kulissen zu blicken. Das Ergebnis ist ein spannender Reisebericht mit außergewöhnlichen Einblicken in fremde Länder. Es sind die Begegnungen mit den Menschen, die einer Reise Leben einhauchen.

Hardcover mit Schutzumschlag,
mehr als 100 Farb- und s/w-Fotos, 7 Karten
REISE KNOW-HOW Verlag   ISBN 3-89662-365-2 · € 17,50

Joachim Held

Abenteuer Anden

Eine Radreise durch das Inka-Reich

Ein Jahr mit dem Fahrrad durch die faszinierende Welt der südamerikanischen Anden zwischen Chile und Peru – das sind 10.000 km durch Sturm, Sand und Schnee, über 5000 m hohe Gebirgspässe und staubtrockene Wüstenplateaus. Aber es sind auch 10.000 km durch das alte Inka-Reich, 10.000 packende Kilometer in die Vergangenheit.

Joachim Held entführt den Leser in den geheimnisvollen Zauber eine Kultur, in der noch immer Naturverbundenheit und uralte Mythen das Leben bestimmen. Zahllose Begegnungen verdichten sich zu einem einfühlsamen, vielschichtigen Porträt mit verschiedenen historischen und kulturellen Aspekten. Eine aufrichtige Reportage, ein fesselndes Buch.

Hardcover, 320 S., über 100 Farb- u. s/w-Fotos, Abb. und Karten
REISE KNOW-HOW Verlag   ISBN 3-89662-307-9 · € 17,50

Christian Krug

Auf heiligen Spuren
1700 Kilometer zu Fuß durch Indien

Fünf Monate wandert Christian Krug zu Fuß durch Indien. Das Meer – der Fluss – die Berge: Auf drei Etappen erlebt er alle Gegensätze, die dieses Land zu bieten hat. Von Karnataka bis Mumbai wandert er 800 Kilometer an der paradiesischen Konkanküste. Er sieht die Touristenstrände Goas und kommt zu menschenleeren Buchten in Maharashtra. Am Fluss Narmada im Herzen Indiens taucht er in das ländliche Leben ohne Strom und ohne Straßen ein, wandert bei 40 Grad mit heiligen Männern und trifft Menschen, die seit Jahrhunderten Pilger versorgen. Im Land der Götter, dem „Dev Bhoomi" im Himalaya, sind die Hauptquellflüsse der Ganga seine Weggefährten. Bei Eis, Schnee und Steinschlag erreicht er Gaumukh, das »Kuhmaul« auf 4000 Meter Höhe - Quelle von Indiens heiligstem Fluss.

Indien in *dem* Tempo erleben, das dem Menschen am meisten entspricht – zu Fuß: Erst da erschließt sich dieses unbegreifbare Land, das wie kein anderes die Gegensätze des 21. Jahrhunderts in sich vereint. Mit viel Hintergrundwissen und genauem Blick für das Verborgene erzählt Christian Krug von einem spannenden Weg mit faszinierenden Begegnungen und täglichen Überraschungen.

Hardcover mit Schutzumschlag, 360 Seiten, über 100 Farb- und s/w-Fotos, 7 Karten
ISBN 3-89662-387-7 · € 17,50

Die Salzkarawane

Werner Gartung

ist ein jahrhundertealtes, erprobtes Transportmittel der Tuareg durch die Ténéré.

W. Gartung nimmt den Leser mit auf diese Extremreise durch eine unbarmherzige Sahara-Wüste. Es ist nicht nur ein Abenteuerbericht, sondern beschreibt das Leben und die Kultur der Tuareg, die Begleiter der Karawanen-Schicksalsgemeinschaft und gibt Einblicke in die Tiefen ihrer Seelen: Eine literarische Reisereportage erster Güte, getragen vom Respekt vor der Wüste und den Tuareg, die das »Unbewohnbare bewohnbar machen« ...

Reise Know-How Verlag
ISBN 3-89662-380-X · 2. Auflage
288 Seiten, Hardcover mit Schutzumschlag, über 100 Farb- und s/w-Fotos sowie Abbildungen, Karte · € 17,50

Suerte
Kirsten Kallinna

8 Monate auf Motorrädern durch Südamerika

Fast 30.000 Kilometer legen Kirsten und Jörg Kallinna in dieser Zeit auf ihren Motorrädern zurück, durchqueren sämtliche Klimazonen und eine Vielzahl von Landschaften, treffen dabei die unterschiedlichsten Menschen. Kirsten Kallinna schildert packend, humorvoll und vor allem sehr persönlich die kleinen und großen Erlebnisse und Herausforderungen eines faszinierenden Abenteuers. Ein Buch, das Lust zum ungebundenen Reisen macht.

Reise Know-How Verlag
ISBN 978-3-89662-366-9 · € 17,50· 1. Auflage, 216 Seiten, Karten, Fotos und Farbteil

»Suerte, das heißt Glück. Suerte wünscht man sich in Argentinien zum Abschied. Doch bis Argentinien ist es ein langer Weg ...«

SUERTE
8 Monate auf Motorrädern durch Südamerika

Das Lateinamerika BikeBuch
Raphaela Wiegers

Süd- und Mittelamerika für Tourenradler und Mountainbiker

Ein unentbehrliches Buch für alle, die mit ihrem Bike oder Tourenrad die Länder zwischen Rio Grande in Mexiko und Feuerland an der Südspitze des amerikanischen Kontinents entdecken wollen. Thomas Schröder und Raphaela Wiegers haben mit 18 Co-Autoren auf fast 700 Seiten eine Fülle an Informationen rund um Radreisen auf diesem Kontinent zusammengetragen. Jedes lateinamerikanische Land wird mit möglichen Radtouren und Rad-Besonderheiten vorgestellt. Das Lateinamerika BikeBuch wird ständig aktualisiert und ergänzt auf www.bikeamerica.de.

Reise Know-How Verlag
ISBN 978-3-89662-388-1 · € 25,00 · 696 Seiten, 150 Abb. und Fotos, 27 Karten

Das Fahrrad-Reisebuch für Süd- und Mittelamerika für Tourenradler und Mountain

Herbert Lindenberg
Fahrrad Europa Führer

36 Länder für Tourenradler und Mountainbiker

Ein 500-Seiten-Kompendium von Touren-möglichkeiten für ganze Europa – Routen und Regionen von Island bis Zypern, von den Kanaren bis Karelien. Das Buch bietet eine Fülle von Ideen und Anregungen, hilft bei der Auswahl optimaler Radziele, unterstützt mit praxisorientierter Infos die Verwirk-lichung einer Tourenidee. Mit zahlrei-chen Berichten von Radlern und Bikern.

„Der Verdienst des Werkes liegt in einem ausführli-chen Serviceteil mit radspezifischen Informationen. Interessant für Reise-Routiniers vor allem die Beschreibung, 'exotischer' Ziele!" (TOUR). – „Ideal für alle, die noch nicht so recht wissen, wo's hinge-hen soll. Toll zu Schmökern!" (MOUNTAIN-BIKE)

Reise Know-How Verlag
ISBN 978-3-89662-384-3 · € 25,00 · 3. Auflage, 648 Seiten, über 50 Karten zu Ländern, Regionen und Routen, über 200 Fotos und Abbildungen

Herbert Lindenberg

REISE KNOW-HOW

Fahrrad Europa führer

empfohlen von:
V·O·X VOXTOURS
Wolkenlos

Der Reiseführer für alle Radler durch ganz Europa. Touren, Routen und Radregione

---

Helmut Hermann
Fahrrad Weltführer

Der Reiseführer für Fernradler. Alles zur Vorbereitung, Planung und Durchführung für weltweites biken und Tourenradeln durch mehr als 80 Länder in Amerika, Afrika, Asien, Australien und Ozeanien. Ein spezieller Bike-Guide für alle Globe-Treter und Radnomaden, die querweltein auf die lange Meile gehen.

Mit interessanten »on the road«-Be-richten und speziellem Touren-Know-How von Co-Autoren, die mit dem Rad in allen Erdgegenden unterwegs waren.

Pressestimmen:

»... wärmstens zu empfehlen. Pflichtlektüre für Radnomaden.« (Radl)

»... die Bibel für Rad-Globetrotter.« (Tour)

»... ein Ratgeber, Muntermacher und toller Schmöker für alle schon-oder erst-noch-Radler!« („Der Trotter", dzg)

Reise Know-How Verlag
ISBN 3-89662-304-4 · € 23,50 · 2. Auflage, 774 Seiten mit 100 Ländern, 160 Fotos und Karten und zahllosen Strecken- und Routeninfos

Ein **Rad- und Bikeführer** für alle „Globe-Treter" und **Radnomaden,** die querweltein auf die „lange Meile" gehen. Das komplette REISE KNOW-HOW für **Touren** durch **100 Länder** in Nord- und Südamerika, Afrika, Australien, Asien und Ozeanien.

REISE KNOW-HOW

Fahrrad Weltführer

Helmut Hermann

Der Reiseführer für Fernradler durch Amerika, Afrika, Asien, Australien und Ozeanie